流れゆく日々

サイデンステッカー自伝

EDWARD SEIDENSTICKER
E・G・サイデンステッカー
安西徹雄＝訳

時事通信社

ストックホルム、スウェーデン・アカデミーでのノーベル賞受賞講演（1968年）。
私が英訳して全文を朗読し、川端さんは古典の引用だけを日本語で読みあげた。
（撮影：柿沼和夫）

母、兄（右手）と私（左手）、1922年頃。

グレン・ショー（右端）のインタビューを受ける私（左端）とハワード・ヒベット、1950年代初め。

湯河原の谷崎潤一郎邸にて。
左からハワード・ヒベット、私、谷崎、ドナルド・キーン。カメラ嫌いだった谷崎が、この時はめずらしく笑っている。彼に会ったのはこれが最後で、この数ヵ月後、文豪は世を去った。

谷崎、小山いと子と、
1960年、熱海にて。

仏像と並んだ華子。1980年代初め、
友人の福田さんの撮影。

歌右衛門の愛犬、華子と、
私の愛猫、華子との御対
面、1980年5月。
（『演劇界』提供）

パロアルトのキルマーティン家で開かれた還暦のパーティにて。二人の女性は、東京時代からの古い友人ルービンフィーン姉妹、男性は私の教え子の中でも特に優秀だった白根さんで、現在はコロンビア大学で教えている。

流れゆく日々・目次

装幀・阪田　啓

流れゆく日々

——サイデンステッカー自伝

一、コロラド時代

　私が生まれたのは一九二一年二月十一日、所はアメリカ西部コロラド州のほぼ中央、北のサウス・プラット川と、南のアーカンザス川の流域を分ける分水域にあたり、海抜二〇〇〇メートルに近い高地で、デンバーとコロラド・スプリングズのちょうど中間――厳密にいうとわずかにデンバー寄りだが、広大な農地の中にポツンと建つ一軒家だった。二月十一日は、日本ではもちろん「建国記念の日」、昔の紀元節である。戦後、日本の祝日は、いかにも真面目くさった、しかつめらしい名前に変わった例が多いが、それにしても、どうして紀元節を、わざわざ建国記念の日に変えなければならなかったのか、いささか理解に苦しむ。ただ「紀元節」という名称は（ちなみに私の生まれた頃は、もちろんこちらの名前だったわけだが）、戦前・戦中を通じて、極端な国粋主義に濫用され、悪い連想がこびりついてしまったからというにすぎない。

　名称はともかく、この日が、かつても今も、歴史上の根拠は相当にあやふやであるにしても、神武天皇が大和朝廷を開いた日とされていることに変わりはない。そんな記念すべき日に生まれ合わせたというのは、私が実は前世から、日本と深く結ばれていた証拠に違いあるまい――そんな話を、日本人からよく聞かされたものである。私は格別、輪廻転生を信じているわけではないけれども、私の身にも前世というものがあったかもしれぬと、少なくともその可能性くらいは認めてもいいような気がする。ただ、相手の日本という国そのものにも、はたして前世などありうるものなのかどうか。それはともかく、私の誕生日が、日本人なら忘れようのない日であることだけは確かで、だから昔、今よりよく酒を飲んで陽気に騒いでいた頃は、毎年この日は、ことさら愉快に飲んで祝ったものだった。ちなみにアメリカでは、昔は「リンカーン記念日」と呼んでいた日である。ただし、実を言えば、私が生まれたのはもうお昼近い頃だったから、その時刻には、日本はすでに翌日に入って、何時間もたっていたはずである。しかし別に、そこまで細かく気にすることもあるまい。日本にいる時は、いつでも建国記念の当日、誕生日を祝うことにしている。

私は今まで、寂しい思いをしたことは一度としてないが、幼年時代の生活は、客観的には、いかにも寂しい環境だったと言えるかもしれない。身の回りに、大勢の人のいたことはほとんどなかった。両親と、妹が一人、兄が一人いたほかは、雇い人が数人（その数は、季節によって増減した）、それに、年輩のドイツ生まれの女性がいた。便宜上「家政婦」と呼んでいたけれども、実はほとんど家族の一員で、父が結婚する前、祖父の代からわが家で一緒に暮らしていた。何度か、デンバーにいる親類の所で住もうと試みたこともあったが、うまくゆかず、いつも帰ってきたのである。この家で死んだ人といえば、実は彼女一人だけだったのではないかと思う。そういえば、この家で生まれた人間は、実は私一人だけだった。彼女は、私のことをあまり好いてはいなかったらしい。小生意気な、ませた小僧だと思っていたのだろう。だが、そんなことはどうでもよかった。新しい生活を始めようと、彼女が何度か家を出てデンバーへ去った時は、いつでもひどいショックだった。ちなみに私は、予定日よりは少々早く生まれたようで、母をデンバーの病院に連れてゆく間《ま》がなかったという。妹も兄も、どちらもデンバーの病院で生まれたのだが。

その頃、わが家はまだごく新しかった。父が、花嫁を迎えるために建てた家だったのである。農場には、ほかに建物が二つあった。ひとつは、私の覚えている限り、鶏小屋にしか使っていなかったが、もともと土地についていた掘っ立て小屋で、私の生まれた頃には、すでに半世紀もたっていた。われわれ子供たちは、日が暮れてからは決して近づかないようにしていた。わが家の最大の秘密とかかわる場所だったからである。開拓者の家庭には、何かしら血生臭い事件の歴史が、必ずひとつや二つは隠れていたものだが、わが家の場合は、この秘密というのがそれだった。一八八〇年のある晩、祖父の弟のアドルフが、馬に乗って村から帰って来ると、馬を小屋に入れた——ところまでは分かっているのだが、それっきり、二度と姿が見えなくなってしまったのだ。郡中の人々が捜索に加わったけれども、痕跡すらまったく見つからなかったという。地中に埋められたか、そうでなければ、相当遠くまで運び去られたに相違ない。さもなければ、翌日はヒメコンドルが集まってきて、死体のありかが分かっていたはずだからである。

それから何十年もたって、妹も私も中年になっていたが、妹は一大決心をして、「母屋」の地下室にしまい込んであった昔の手紙類を、残らず読み通してみることにした。多分、第一次大戦直後に祖父が死んでから、誰も目を通していなかったはずの手紙である。面白いことがいろいろ分かった。

一九六八年四月二十七日の私の日記に、その時分かったことについて、こんなことが書きとめてある。

　アドルフは……家族の中でいちばん企業家精神に富んでいたようだ。ビールの醸造や鉱山の仕事に手広く投資していて、妹も言うとおり、農場などいわば副業にすぎず、ほかの兄弟たちはみな、ほとんど雇い人のような立場だったらしい。もしアドルフがもう少し長く生きていれば、これも妹の言ったことだが、世間は今頃、クアーズ社のビールではなく、サイデンステッカー・ビールを飲んでいたのかもしれない。そういえば、クアーズ社の創業者の名もアドルフだった。

　祖父が、ドイツの親類に書き送った手紙の控えも見つかったが、それからすると、祖父はこの土地に着くと早々、コロラドは農業に向いていないと判断を下したらしい。一八八〇年代にはもう、何か別の仕事を探して、新しい土地に移るつもりになっていたようだ。もし実際にそうしていたら、当然のことながら父も、私たち兄弟も、この世に生まれてはいなかったはずで、とすれば、現実は一体どんなことになっていたものやら、さながら夢、幻のようにも思えてくる。確かに時にはキリスト教より、この世は幻と観ずる仏教のほうが、むしろ理にかなっていると感じられることもあるものだ。

　アドルフの失踪事件に関して、いろいろ混み入った事情が分かってきて、実に興味深い。一八八〇年、農場（少なくともその大部分）を誰かに賃貸に出したが、その時、また別の人物とも賃貸契約があり、まだ期限が切れてはいなかったらしい。アドルフが姿を消した直後、ウィリアム（祖父のもう一人の弟）を、わざわざシルヴァー・クリフから呼び寄せている。シルヴァー・クリフは、プエブロの西にあたるロッキー山中の町で、当時はコロラドで二番目に大きな都会だった。ウィリアムは、ここでビールの醸造所を経営していたが、農場の賃貸について、混み入った問題の解決を手伝ってもらうために、わざわざ呼び寄せたものらしい。この問題というのが、具体的にはどういう性質のものだったのかはっきりしないが、どうやら、身内同士の利害がからんでいたようだ。祖父自身は、ちょうどこの時期、母親（つまり、私たちにとっては曾祖母）を連れて来るためドイツに帰っていたから、事件にかかわりはなかったと考えていいだろう。

それにしても、ドイツからの手紙はみな、いかにも惨めな文面ばかりだ。病気の話、不平不満、それに、天候の不順を嘆く言葉が続く。何かといえば不平不満を並べるのは、昔からわが家の十八番《おはこ》だったということだろうか。

母屋以外の二棟の建物のうち一軒は、父が結婚するまで祖父の住んでいた家で、一面に羽目板を打ちつけた丸太小屋だった。子供の頃は「飯場《はんば》」などと呼んでいたが、雇い人の男たちが、いかにも厳しい条件で暮らしていた。水道もなければ、屋内のトイレもない。この二棟のほかに、納屋、家畜小屋、それに貯水槽があった。というのも、給水はかなり心もとなかったからで、農場のすぐ東側には、ウィロー・クリークという川が北に流れてはいたけれども、水の涸れてしまうことがめずらしくなく、特に夏は、よくカラカラになってしまった。かと思うと、今度は山脈のはるか上の方で雷雨があり、おかげで一気に洪水になってしまう。わが家には、大した被害の出たことはなかったけれども、デンバーの町では、時折大きな水害になることもあった。ウィロー・クリークは、うちの農場から北に数マイルの所で、チェリー・クリークという、もっと大きな川に流れ込んでいるのだが、デンバーの町は、このチェリー・クリークとサウス・プラット川との合流点に位置している。この二つの川が、時々両岸を溢れて洪水となり、デンバーの大部分を洗い流してしまうのである。うちではみな、わが家のすぐそばを流れている小さな川が、州都デンバーの水没に一役買っていることに、いささかの誇りを感じていたものだった。なにしろ、わが家のあるダグラス郡のことが新聞に出るのは、デンバーの水害の時だけだったからである。ちなみにダグラス郡の高地は、雷の多いことで有名だった。世間ではよく、一度雷の落ちた所には二度と落ちないなどというが、単なる俗信にすぎないことは、子供の時から経験して知っていた。樹木にしろ建物にしろ、周囲よりひときわ高い物には、雷は何度でも落ちるのを、現に目にしていたからである。

コロラド州で最初に郡の境界線が引かれた時には、ダグラス郡は西端のプラット川、それにロッキー山脈中の支脈のひとつ、フロント・レンジから始まって、東はカンザス州との境界線まで延びていた。ところがその後、東半分が削り取られて、ダグラス郡は、西の端の片隅に押しやられてしまったのだ。現在では、私の子供の頃に比べて人口は増えてはいるけれども、ロッキー山脈の東斜面に南北に連なる郡のうち、いちばん小さい郡であることに変わりはない。プラット川はダグラス郡と、その西隣の、はるかに大きなパーク郡との境界に近い山地を源流としている。そして、北米大陸の脊梁をなすロッキー山脈の分水嶺は、そこから西へ、ほんの一〇〇マイル足らずの所にそびえている。

ダグラス郡の住民は、西半分は主としてイギリス系、東半分はドイツ系の移民に分かれていた。「サイデンステッカー」という名前からも分かるとおり、私の父方の家系はドイツ人だが、四分の一はイギリスの血が混じっている。この郡に定住したのは、この母方の先祖の方だったのである。州の南部には、ずっと早くからスペイン人が住んでいたし、北半分には、動物を罠で捕らえて毛皮をとるフランス人がいたけれども、北ヨーロッパ系の移民が本格的に定住を始めたのは、一八五九年、ゴールド・ラッシュが始まってからのことだった。

ゴールド・ラッシュといえば、一八四九年、カリフォルニアに金鉱が発見されて、大挙してこの地に殺到した人々――いわゆる「フォーティーナイナーズ」（四九年組）が有名だが、コロラドの場合もやはり、それほど有名ではないにしても、「フィフティーナイナーズ」と称する人々がいた。母の母方の祖父はイギリスからの移民だったが、実はこの「フィフティーナイナーズ」の一人で、わが家ではみな、この事実を大いに誇りにしていたし、今でもその気持に変わりはない。

　コロラドのゴールド・ラッシュは、「パイクス・ピークのゴールド・ラッシュ」と呼ばれたが、採掘の中心地は実はデンバーのすぐ西の山々で、パイクス・ピークは一〇〇マイル近くも南、コロラド・スプリングズの西にあたる。デンバーが、都会としてコロラド・スプリングズを追い抜き、現在もその優位が続いているのは、多分、このゴールド・ラッシュの結果だろう。私自身は昔から、デンバーよりコロラド・スプリングズの方が好きだった。「スプリングズ」という名前のとおり、温泉で有名な保養地で、パイクス・ピークの山麓に位置し、見事な景観に恵まれた町である。デンバーとは違って、昔の雰囲気をよく残している。特に、町の北側の古い市街など、さながら、ウィラ・キャザーの小説に出てくるような開拓時代の面影を、今でもよくうかがうことができる。だが、わが家からはデンバーの方が近く、道も下る一方だったから、コロラド・スプリングズに出かけることは、実際にはそう多くはなかった。

　さて母の祖父は、結局のところ金を掘り当てることはできず、プラット川に近い高地に農場を買ったが、ここにもウェスト・プラム・クリークという小さな川が流れていた。高原が切れて山地に移るこうした土地では、いくつも続く起伏をひとつ越えると、川が溢れてできた盆地によく出くわすものだ。うちの農場の近くを流れていたチェリー・クリークと同様、このプラム・クリークもよく洪水を起こし、デンバーに水害をもたらすことがめずらしくなかった。この川も、デンバーの南でプラット川に合流している。

『女一人ロッキー山脈を行く』で、ヴィクトリア時代のイギリスの女流探検家イザベラ・バードは、デンバーからコロラド・スプリングズへと旅した時のことを書いている。バードはダグラス郡の西半分、主としてイギリス系移民の住んでいる地域を抜けて行ったというから、うちの曾祖父の家のそばも通ったに違いない。ウェスト・プラム・クリークを上り、ペリー・パークという、赤い岩肌の露出している美しい峠を越え、コロラド・スプリングズへ下ったとある。先程も言ったとおり、曾祖父の家は、このプラム・クリークのすぐそばに立っていたのだ。ところでバードの言葉によると、イギリス系の移民の中でも、このあたりに住みついた人々は、特に貪欲さが目立ったという。おそらく、彼女の言うとおりだったのだろう。これまで開拓者精神は、ずいぶんと美化されてきた。なるほど、勇敢で勤勉な人々だったことは疑いないが、しかし彼らの性格には、いやでも目立つ特徴として、目に入る物は何でも自分の物にしたいという、強烈な渇望のあったこともまた否定できまい。

当時ダグラス郡を南北に横切るには、ウェスト・プラム・クリークに沿って進むのが自然なルートだったようだが、やがて鉄道の時代になると、イースト・プラム・クリーク沿いの方が、岩だらけで荒涼としてはいても、勾配が緩《ゆる》やかなことが分かり、こちらに線路が敷かれることになった。当然、州と州を結ぶ高速道路なども、やはり同じルートを取ることになる。鉄道のおかげで、キャッスル・ロックが郡庁所在地にもなった。郡の首都にふさわしいところなど、大してなかったのかもしれないのだが、しかし、郡庁舎そのものは、なかなか立派だった。ただ数年前、残念なことに、放火で焼失してしまった。

このウェスト・プラム・クリークに、やがて私の祖父、ウィリアム・ディロンがやって来る。祖父の父親は、アイルランドから政治上の理由で亡命してきたジョン・ブレイク・ディロンで、しばらくニューヨークで生活した後、アイルランドに帰国を許される。私の祖父のウィリアムは、ジョンのニューヨーク滞在中、一八五〇年に生まれた。私の祖先のうち、アメリカで生まれた最初の人である。ジョン・ブレイク・ディロンは、「青年アイルランド派」の指導者だった。イギリス・アイルランド連合法に反対し、その破棄を主張した運動である。

その息子で、私の祖父の弟にあたるジョン・ディロンは、アイルランド政治史では名の知られた人物で、『ブリタニカ百科事典』にも六七行もの記事が載っているばかりか、写真まで添えてある。すぐ次のページには、ニューヨーク・ヤンキースの大打者で、マリリン・モンローと結婚したことでも有名なジョー・ディマジオが出ていて、やはり写真も載っているが、記事の長さは、ジョン・ディロンの半分しかない。アイルランドの自治を要求して、ジョンは一度ならず投獄されたが、一八八〇年から一九一六年まで、途中で二年間のギャップはあったものの、イギリスの下院議員を務めた。彼の党は、一九一六年、アイルランドの独立を要求してダブリン市民が蜂起した「復活祭蜂起」の結果、世論の厳しい批判を受ける。『ブリタニカ』の言葉を借りれば、ジョンは反乱者たちを弁護し、議会で「熱情あふれる論陣」を張ったけれども、一九一八年、デ・ヴァレラの率いるシン・フェイン党に敗れ、政界から引退した。ちなみにジョン・ブレイクにしろ、その息子のジョンにしろ、私もせめて半分でもあやかりたいと思うほどの美男子である。

『ブリタニカ』はジョンにたいして、肯定・否定相半《なか》ばする評価を与えている。「一八八〇年代を通じて、十九世紀最大のアイルランド民族主義者チャールズ・スチュアート・パーネルの、おそらく最も重要な盟友だったが、パーネルが友人ハーシェイの離婚裁判で、ハーシェイ夫人の不倫の相手と名指しされると、政治的慎重さに欠けるとしてパーネルを非難し、絶縁した」。

祖父がコロラドに来たのは、実は健康のためだった。高地の乾燥した空気は、呼吸器疾患のためには良いと考えられていたので、当時、そうした目的のためにコロラドに来る人は多かったのである。さて、この地に落ち着いた祖父は、『源氏物語』の主人公、光源氏と同じような行動を取った（ちなみに私は、後にこの長大な物語を英訳することになる。これもまた、前世からの因縁を示す証拠ということになるのだろうか）。源氏は、まことに愛らしい少女を発見する。だが、結婚適齢期にはまだ程遠く、彼女が成長するまで待ち、やがて妻とするのである。私の祖父も、実は同じことをしたのだ。祖母は、ゴールド・ラッシュでやって来た「フィフティーナイナーズ」の娘だった。この祖母の父親が、私の祖先のうち、初めてコロラドに来た人物だったわけである。

祖父は、郡庁所在地のキャッスル・ロックで弁護士を開業した。祖母との間に、都合十人の子をもうけることになるが、最初の二人はこのキャッスル・ロックで生まれ、まだ赤ん坊のうちに死んでしまう。一家は次にシカゴに移り、ここで残りの八人の子供が生まれた。私の母も、もちろんそのうちの一人である。祖母の姉、ルーシー伯母さんの話が事実とすれば（ちなみにルーシー伯母さんは、厳密には母の大伯母にあたるわけだが、家族の間では、いつも「伯母さん」で通っていた）、祖母は相当につらい目にも遭ったらしい。「リジーはいつも、貧乏籤《くじ》ばかり引いてたからね」――ルーシー伯母さんは、よくそんな言い方をしていた。一家はやがて、第一次大戦中、キャッスル・ロックに戻って来た。そこで私の母は父と出会い、こうして私が、今ここで、こんなことを書いているということにもなったわけである。

わが家はウィロー・クリークのそばに立ち、周囲をいくつもの丘に囲まれていて、ほかの建物は全く見えなかった。ただ夜になると、チェリー・クリークのはるか下流の村の明かりが目に入った。西の方角に丘を越えると、プラム・クリークの谷あいに、父の所有地の一部が広がっていた。キャッスル・ロックは、北西に五マイルほどの所にあって、一九三〇年の調査によると、州都とは言いながら、もし記憶が正しければ、人口は確か、わずかに四七六人だったと思う。正確な数字ではないかもしれないが、ともかく五〇〇人以下だったことは確実である。現在では、高速道路が発達し、昔とは比較にならないほど自動車が普及したから、デンバーまで通勤するのも普通になっているけれども、私の子供の頃には、そんなことを考える人など一人もいなかった。デンバーへ出かけるのは、丸一日かかる大仕事だったのである。

キャッスル・ロックは、郡庁舎の所在地ではあったが、今も述べたとおり、ごくごく小さな田舎町で、まことに寂しい所だった。けれども、私自身には、寂しい所といった印象はまるでなかった。親類が大勢住んでいたからである。伯母さんたち、それに、いとこたちが一杯いて、みな大好きな人たちばかりだった。大好きと言えば、大吹雪《ブリザード》も大好きだった。もっと東の大平原地帯――ウィラ・キャザーの小説の舞台になったネブラスカなどでは、確かに危険な現象だけれども、私たちの住んでいた地域ではそんな危険はなく、ただ、スクール・バスが止まって家まで帰れなくなり、伯母さんたちの家のどれかに泊めてもらうことになるのだった。

伯母さんたちは、みんな母方だった。父は一人っ子で、コロラドにいる父方の親戚は一人だけ。それも、いささか世捨て人じみた変わり者で、ほとんど会うことはなかった。生前は、この人の持っている自動車が近所の評判で、いわゆるチェイン・ドライブだった。自動車のことにはからきし無知だから、「チェイン・ドライブ」なるものがどういうものか、詳しく知っているわけではない。しかし、その頃でもすでに、いかにも旧式だったことは確かで、何しろエンジンから後輪に回転を伝えるのに、鉄の鎖を使うのである。ともかくウェンゼルおじさんのチェイン・ドライブは有名で、この車が通ると、子供たちは大声ではやし立てたものだった。

父方の、ドイツ系の祖父母は、どちらも記憶がない。祖父は、私がまだごく小さい頃に亡くなっていたし、祖母は、父がごく小さかった頃に亡くなっていたからである。祖父がもう少し長く生きていてくれたら、ドイツ語を習うこともできただろう。ドイツ語を読むことは、後に曲がりなりにもできるようになったけれども、子供の時、ドイツ語をしゃべれるようにならなかったのは、今になってみると、いかにも残念に思う。兄は、子供の頃、祖父からドイツ語を教わったらしく、ドイツなまりの英語を話していたという。

父はよく、彼の父から聞いた話を私たちに話してくれた。わが家のドイツ人の先祖はバヴァリア地方の出身で、ミュンヘンに近いアウグスブルクに住んでいたという。だがその後、父の死んだ後になって、妹がドイツから来た手紙の束を詳しく調べた結果、結論せざるをえなかった。うちの祖先は、古くは南のバヴァリアに住んでいたのかもしれないが、祖父と、その二人の兄弟、それに、後から彼らの母親もアメリカに移住した頃には、もっとずっと北の方、多分、ヘッセン州に住んでいたに違いないというのである。しかし、父が私たちに、たとえ他愛のないものであったとしても、嘘をついていたとは考えにくい。ただ、父に話して聞かせた祖父の方は、ひょっとして嘘を聞かせたのかもしれない。理由は多分、バヴァリアの方が、ヘッセンよりは聞こえがよかったからではあるまいか。

祖父の晩年の時期は、ドイツ系移民にとってもドイツ文化にとっても、あまりいい時代ではなかった。ドイツ系というだけでも白眼視されたのに、ヘッセン州の出身となればなおさらだった。当時のアメリカには、人種にたいする強い偏見が蔓延していたからである。ダグラス郡全体でもそうだったし、わが家の家系自体の中にさえ、同様の感情があった。イギリス・アイルランド系の親類は、ドイツ系の縁者に対して、必ずしも好感を抱いてはいなかったのである。ダグラス郡では、ドイツ系の移民が多かったから、外国語を習うとすれば、まずドイツ語にするのが自明のことだったのだが、第一次大戦が始まると、ドイツ語を教えることはやめになってしまった。代わりに第一外国語になったのはスペイン語だったけれども、実際にスペイン語を話していたのは、ほんの一握りのメキシコ人だけで、それも、鉄道の建設現場に働きに来ている人たちだけだった。当時のダグラス郡には、確かに人種的な偏見があって、私の一番親しかった友達の中には、鉄道工事の労働者の子供たちもいたけれども、みなアイルランド系ばかりだった。メキシコ人とは、全く付き合いがなかったのである。

うちの祖先はヘッセンの出身だという妹の説は、バヴァリア出身だという説よりも筋が通っている。第一に、父方の家系はプロテスタントだった（うちの家族がカトリックに改宗したのは、母方のアイルランドの家系の影響である）。バヴァリアは、もちろんカトリックの支配的な地方だ。それに、たまたま一九五九年、アウグスブルクを訪れた時、市役所でサイデンステッカー家のことを調べてみたのだが、そういう名前の家系は、全く記録が見つからなかった。

確かに当時のコロラドには、ある種の人種的偏見があったかもしれない。しかしメキシコ人は別として（メキシコ人は、定住民の社会にとってはアウトサイダーにすぎなかった）、偏見はごく穏やかな、漠然としたものでしかなく、ただイギリス系の住民は多少格が上で、ドイツ系はやや下という感じがあったという程度にすぎない。特に敵対感情などはなく、お互いごく親密な関係にある場合も少なくなかった。一九六五年、妹が、いとこのメアリー・クラークから、まことにすばらしいクリスマス・プレゼントをもらったことなど、その一例を示す話だろう。メアリー・クラークは、家族みなの尊敬を集めていたルーシー伯母さんの娘だが、そのプレゼントというのは、一八八八年の年号の入った二〇ドル金貨だった。一八八八年というのは、メアリーの父親が――私たちがみな、ディック伯父さんと呼んでいた人で、実に温厚で上品な老人だったが、そのディック伯父さんが、イギリスのデヴォンシャーからコロラドにやって来た年である。『バーク紳士年鑑』にも載っている名家の出で、ダグラス郡随一の名士だったことは間違いない。

さて問題の金貨は、このディック伯父さんが、私のドイツ系の祖父から受け取ったものだという。馬一頭の代金だったらしい。メアリーの言葉によれば、ディック伯父さんはこう言っていたという――「この金貨を手放すぐらいなら、いっそ借金した方がいい」。クラーク家はとても裕福で、うちではみな、どうしてあんなに金持ちなのかといぶかっていた。ルーシー伯母さんがよく話していたところでは、ディック伯父さんは力仕事など一度もしたことがなかった。多少ともそれに近い仕事をしたことがあったとすれば、ちょうど世紀の変わり目の頃、ウェスト・プラム・クリーク沿いの牧場を売ってキャッスル・ロックに移り住んだ時、プレイリー・ドッグに毒入りの餌をまき、始末したことぐらいだという。プレイリー・ドッグは、ネズミやリスの仲間の小動物で、見た目はなかなかかわいいのだが、困ったことに、大きな巣穴を掘って群棲する習性がある。それで、害獣と見なされていたのである。多分、クラーク家の収入は、この時に土地を売った金を抜かりなく投資に回し、そこから収益を上げていたのだろう。

イギリス人の祖母のことは、ごくぼんやりした記憶しかない。臨終のベッドに横たわっていた記憶で、窓からは、町の名前の由来にもなった玄武岩の、むき出しの山肌が見えていた。父方にしろ母方にしろ、はっきり記憶に残っているのは、アイルランド出の祖父だけである。最近、アイルランドのいとこたちが、祖父が彼女たちに送った手紙を、コピーして送ってくれた。それによると、コロラドに移住してきた当座は――つまり、やがてシカゴに移るまでは、経済的に苦しかったことが分かる。だが私の記憶に残っているのは、羽振りのいい弁護士としての祖父の姿だけで、土地や家屋を賃貸に出し、一九三二年のオリンピックの時には、兄と私をロサンゼルスに行かせてくれたりもした。兄も私も、コロラドの外へ出たのは、この時が初めてだった。とにかくこの祖父は私たちにとって、実にやさしく気前のいい好人物で、いわば旧世界のインテリを代表するような存在だった。片田舎の、いささかフロンティア風の残る土地――インテリと呼べる人など、ほとんど一人としていない土地に育った子供にとっては、まことに得がたい人だったのである。

人里離れた田舎ではあっても、少年時代、別に寂しいと感じたことがなかったのには、また別の理由もあった。家のまわりの自然である。その美しさを意識するようになったのは、そもそもいつ頃のことだったのか、思い出せないが、ごく早い時期だったことは確かだ。家のすぐそばを取りまいて連なる丘は、一年のうちほとんどは褐色だった。冬にはよく白くなることもあったし、晩春から初夏にかけてはごく短期間、緑になることもあった。それに秋には、丈の低い樫の茂みがトビ色に染まりもしたが、しかし、一年の大半は褐色なのだ。夏のカリフォルニアの山々のような、豊かな金茶色ではない。いささか生気のない――少なくとも、カリフォルニアの色調と比べれば精彩に欠ける、黄色がかった茶色なのだが、それでも私は幼い頃から、家のまわりをめぐる丘を、美しいと考えるようになっていた。これには理由が二つあった。

第一は、丘そのものが微妙に変化することだった。慣れない目には、ただ一様に生気のない褐色と見えるかもしれないが、八月の褐色は、三月の褐色と同じではない。それに、季節が移るにつれて、野草や樹々の花々が、時には点々と、時には一面に斜面を彩る。四月にはスモモやオキナグサ、マンサクの花が咲き出してから、九月になって霜が降り、エゾギクなど、最後まで残った花を枯らすまで、さまざまな花々が、さながら愛らしいパレードを続けるのである。中でも特に好きだったのは、初夏に咲くオダマキと、盛夏に咲くゴマノハグサの花だった。ロッキー山脈産のオダマキは、山地ばかりでなく平原にも咲く。平原では、せいぜい三、四フィートの窪地を見つけて、強い夏の風から身を守るのだが、その繊細な白と紫の花びらは、まさしく奇跡と言いたいほどの美しさだ（ちなみにダグラス郡立高校のスクール・カラーは白と紫だったが、単なる偶然の一致だったはずはない）。これに比べてゴマノハグサは、色そのものばかりではなく、生息地を選ぶ点でもより大胆で、風に吹きちぎられるのも構わず、さすがに丘一面を覆うことはできなくても、斜面のあちこちに群生し、鮮やかな朱色の花を咲きそろわせる。オダマキは元来は山の花、ゴマノハグサはもともと平原の花のようだが、わが家のあたりでは、まさにその両方が出会っていたのだ。

とはいえ、丘では何もかも善意に満ちていたわけではない。ある時、中でもひときわ高い丘の上に、妹と並んで立っていた折のことを覚えている。兄は、いつでも何か自分ですることがあって、一緒に散策したことは一度もなかったけれども、妹とはよく歩き回ったものだった。「あの下の方に、何匹ぐらいガラガラ蛇がいるかしら」――周囲をぐるりと手で指しながら、妹が言った。一体、どのくらい潜んでいたのだろう。その時も分からなかったし、今も見当がつかないが、ともかく相当の数だったに違いない。私も時々出くわしたことがあったけれども、別に怖いとは思わなかった。知り合いの中で、実際に噛まれた人は一人もいなかったからである。ただ、開拓者が噛まれたという話はよく耳にした。作家のジェイムズ・ミチナーは、生まれはニューヨークながら、コロラド州立大で教えていたこともあるからか、ガラガラ蛇について、ずいぶん大袈裟な話を書いている。しかし、現実のガラガラ蛇は実はとても臆病で、ほとんど礼儀正しいとさえ言える生き物だ。近寄る者があると、自分がそこにいることを、音を立てて相手に警告し、素早く逃げ去ってしまうのである。私がガラガラ蛇の肩を持つのは、やはり日本の影響なのかもしれない(だとすれば、これもまた、前世からの絆の証《あかし》というものだろうか)。私が師と仰ぐ文人、永井荷風は、夏の風情を叙情的に描き出そうとする時、例えば蚊というような、およそ好ましからざるものまで情景に取り込む。まるで蚊がいなければ、夏そのものが損なわれ、完全な夏ではなくなるとでもいわんばかりに。

それに、遠景の眺めもすばらしかった。うちの二階からは、パイクス・ピークの頂上がよく見えた。大晦日の晩にはいつも、家族みんながこの二階に集まって、どこかの酔狂な連中が、ピークの山頂で花火を打ち上げるのを眺めたものだ。ロッキー山脈の先端に、ある程度独立して見えたのはこの峰だけで、東の丘に立って見渡すと、左手のパイクス・ピークから始まって、右手はデンバーのさらに北、はるかに遠くそびえ立つロングズ・ピークまで、まこと壮大な山脈《やまなみ》が、実に一〇〇マイル以上にわたって連なっているのである。

ロッキー山脈は、よく、それ自体としてはそれほど高くはないといわれる。つまり、ミシシッピー流域の大平原は、西に向かって徐々に高度を上げ、山麓にさしかかった時には、すでに七〇〇〇フィートに達している。だから、山脈そのものとしては、そこからさらに七〇〇〇フィートほどの高さを加えるにすぎぬというのだ。なるほど、それはそうには違いない。けれどもやはり、何百マイルも、ただ平坦な平原が延々と続いた後で、突然、巨大な山々の壁にたどり着いた時、開拓者たちは、ある種の安堵を覚えたのではあるまいか。私にとっても山々は、一種の救いを感じさせてくれるものだった。子供の頃、なるほど手近に連なる低い丘の、例の褐色の風景が大好きではあったけれども、西に広がる壮大な山々には、何か、保護されているという感じを抱いていた。逆に東側の大平原にたいしては、どこか、裸でさらされているように感じたものである。家のすぐ東の丘の上に立ち、山脈の向こうに太陽の沈んでゆく情景を見つめていると、時として、神秘的とでも呼ぶしかない感覚を経験することがあった。何か、神聖なものが流露するのを感じるのである。そんな時、母はよく、どうして私があんなに長い間、あんな所に、じっと立ちつくしていたのか尋ねたものだ。私は、強いて説明しようとはしなかった。丘の上は、ひどく冷たいことがよくあった。というのも、眺めがことに忘れがたかったのは冬の間だったからで、夕焼けは、何百マイルも雪の続く純白の山肌を、パイクス・ピークからロングズ・ピークに至るまで、一面、深いバラ色に染め上げるのである。

その後、コロラドを離れてから半世紀近くたって、トルーマン政権の対ソ戦略を主導したジョージ・ケナンの日記を読んでいると、たまたまコロラド・スプリングズの、空軍士官学校を訪れた時のことを書いた一節に出くわした。一九五四年、町のほんの数マイルの所にできた施設で、私が子供時代を過ごした土地に近く、やはり山地と平地の出会う一帯に位置している。ケナンはその時の印象を、「荒涼として近寄りがたい所」と書き、「なぜこんな所を選んで学校を建てたのか、疑問に思う。おそらく周囲に、飛行場をいくつも作る空地が、ほとんど無尽蔵に広がっていたからだろう」とも記している。

これを読んで、さまざまの感想が一度に浮かんだ。コロラドではほとんど誰でも知っていることだが、この場所が空軍士官学校に選ばれたのは、アイゼンハワー夫人のマミーが、デンバーの出身だったからである。それに、コロラドの住民はみな、この土地がひときわ美しい所だと思っていた。ケナンは知らなかったようだが、キャサリン・リー・ベイツが有名なアメリカ讃歌、『美しき国アメリカ』を作詩した時、心に思い描いていたのは、ほかならぬコロラドのこの地域のことだったのだ。彼女がこの詩を書いたのは、パイクス・ピークに登った後、コロラド・スプリングズの、アントラー・ホテルに滞在中のことだったのである。

ケナンの日記を読んで、もうひとつ感じたことがあった。ほんのしばらく訪れたぐらいでは、大したことは見て取れないということだ。五〇年代、日本では「進歩的文化人」がわが世の春を謳歌していたが、同じ感想を何度も抱かされたものだった。この手のジャーナリストやインテリは、共産党政権の成立したばかりの中国を競って訪れ、ほんの一週間か二週間ほど滞在して帰ってくると、さながら天国のような国が生まれたなどと、口をそろえて礼讃に努めたものだ。いかに彼らに見る目がないか、苦々しい思いを抱かざるをえなかった。

それはともかく、私の子供の頃はまだ、コロラドに空軍士官学校ができてはいなかった――というより実は、そもそもアメリカ空軍そのものが、まだ生まれてはいなかったのだ。このどちらも、私がコロラドを離れた後になって、初めて誕生したものである。

子供の頃に通っていたカトリックの教会は、家の一族のうち、まだダブリンに住んでいた伯父さんの寄付で建ったものだった。七〇年代になって、町の東側の丘の上に新しい教会ができた。祭壇の奥の窓からは、パイクス・ピークの眺めが見事だった。この眺めは、最初の開拓者たちが目にした景色そのままに違いない――当時はそう思ったのだが、今ではもう、そんな感慨はもてない。ロッキー山脈に続く丘の斜面には、点々と家が建ってしまったからだ。一九七六年の夏の日記を見ると、古い方の教会について、こんなことを書きとめている（ちなみにこの年は、たまたまアメリカ建国二〇〇周年にあたり、同時にコロラド州にとっては、一〇〇周年の年でもあった。コロラド州が合衆国に加入したのは、ちょうど建国一〇〇周年の年だったからで、コロラドを別名「一〇〇周年記念州」と呼ぶのもそのためである）。さて、日記にはこうある。「丘の下の、川べりに建つ古いカトリックの教会は、なんと、レストランに改造されていた。こともあろうに、一族全員の遺骸の眠っている場所に入ってハンバーガーを食べるなどというのは、私にはひどく異様なことに思えるが、家族は誰一人、全く気にしていないらしい」。

私たち兄弟は三人とも、キャッスル・ロックの小学校と高校を出た。当時ダグラス郡は小さすぎて、中学校をもつ余裕はなかったから（現在は、もちろん何校もあるけれども）、小学校が八年、それから高校が四年間という制度になっていた。スクール・バスで送り迎えしてくれるのだが、小学校は結構楽しかった。町そのものと同様、こぢんまりして居心地がよかった。だが高校に入ると、郡には高校は一校しかなかったから、郡の奥地の辺《へん》鄙《ぴ》な方から、いささか垢抜けしない連中も入ってくる。小学校では、先生との間で意思の疎通に問題が生じたことなど一度もなかった。しかし高校の先生は大違いで、時には先生がどういうつもりなのか、ほとんど理解できない場合さえあった。中でも最悪だったのは、三年生の時の物理の先生で、どこかから廃品の自動車を拾ってきて、これを走れるようにしてみろ、それが授業だという。私は、どこから手をつければいいのか見当もつかず、結局、最後まで分からずじまいだった。おかげで私は、今でも物理のことはほぼ何ひとつ分からない。本気で学校をやめようかと考えたのは、生涯であの時一度きりだった。先生が母に話したところによると、私は手を汚すのが嫌いなのに違いないと思ったらしい。だが実は、そんなことが問題だったわけでは全然ない。

　高校時代でもうひとつ問題だったのは、まさしく思春期にあたっていたということだった。ほとんどの人にとって、思春期は難しい時期には違いあるまいが、仲間の尊敬を得るためには、当然できなくてはならないことが、必ずしもうまくできない者にとっては、ことのほか難しいこともまた事実だ。私は野球もバスケットも下手だったし、フットボールも苦手だった。ダンスもからきし駄目だったし、壊れたエンジンを吹かしてスタートさせるなどということも、うまくいったためしがなかった。その頃のダグラス郡では、まだ馬がさかんに使われていたけれども、私はいつも馬から落ちてばかりいて、もう一度乗ってみろ、さもないと、生涯、馬に乗るのはあきらめるほかないぞと、始終叱られつづけたものだ。コロラドにいるいとこたちは大好きだったが、夏になると大挙して押しかけてくるシカゴのいとこたちは、どうにも好きになれなかった。いつも私のそばにいて、私が馬から落ちるたびに、ワイワイはやし立てるのである。ずっと後になって、連中の一人が述懐して、あんなに大勢で押しかけて迷惑かけたのに、お母さんはよく親切に我慢してくださったなどと言ったが、私はよっぽど言い返してやりたかった――我慢していたのは、母ばかりじゃなかったんだぞと。しかし、私もまた我慢して、ついに口には出さなかったのだが。学校では成績は良かったのだが、実はこれもまた、どちらかといえばマイナスだった。まともなコロラド少年は、学校でいい成績など取ってはならなかったのだ。ところがあの物理の先生さえ、私にAをくれたのである。これもまた、一体どういうつもりか、理解に苦しんだ点だった。

母方の、弁護士をしていた祖父が世を去ったのは、私の高校時代だった。祖父の事務所は裁判所のすぐそばにあり、祖父の死後は空家になっていたのだが、私は鍵を持っていたので、この空家を使うような形になった。昼休みの時間、バスケットの試合で、いつもメンバーから外されるのが嫌になり、昼食を済ませると、いつも学校を抜け出しては事務所に出かけ、一人で本を読んでいた。祖父は、やや片寄ってはいたけれども、立派な蔵書をもっていたからである。事務所には暖房がなく、コロラドの冬の間は凍りつくようだったが、私は気にしなかった。寒さで死んだ人などいない――自分にそう言い聞かせていたものだ。しかしもちろん、寒さで人が死ぬことはめずらしくない。当時の私も、それは知っていた。

ほかの点で、私がどのくらい早熟だったのか、自分では分からないが、こと読書に関しては、確かに早熟だったと思う。祖父が生きていた頃は、しきりにウォルター・スコットを読めと勧められたが、その後はディケンズ、サッカレー、マーク・トゥエイン、それに、そう、トルストイなどを読んだ。正直にいうと、中で一番好きだったのはトルストイ、そして、一番好きになれなかったのは、実はマーク・トゥエインだった。

村の人たちは、ほとんどはいい人たちばかりだった。ただし、クー・クラックス・クラン(KKK)がいたのも事実で、これはもちろん、あまり好ましいことではない。一九二八年、伯父の一人が州議会に当選した夜、KKの連中が、祖父の家の前で、十字架を燃やすという事件があった。この時は怖かった。しかし、やがて怖さが薄れてみると、彼らが十字架を焼いたことより、伯父が州議会議員に選ばれたことの方が、はるかに大事なことのように思えてきた。

KKKに関しては、もうひとつ事件があった。小さな出来事ではあったけれども、ルーシー伯母さんにかかわることで、伯父の時よりもっと恐ろしかった。教会の集まりで（カトリックの教会ではない。ルーシー伯母さんは、一族のイギリス系に属していたからで、カトリックだったのは、アイルランド系の家族だけだった）、何かの建築計画に、ＫＫＫから寄付を受けるという案が出た。すると、ルーシー伯母さんが立ちあがり、発言した。もしそんな寄付を受け入れるようなら、私の寄付は取り返したいというのである。伯母さんの意見が通り、自分の寄付を取り返すなどという面倒もしなくてすんだ。ひょっとすると、帰り道でＫＫＫに襲われるかもしれない、家まで送って行こうと申し出た男が何人もいたという。まさか襲われることはなかったろうとは思うけれども、あの時は、ひどく恐ろしい思いをしたものだった。

ルーシー伯母さんは、実はなかなかの女性で、「エコロジー」などという言葉が発明されるはるか前から、すでにエコロジーを実践していた。だから、ディック伯父さんがプレイリー・ドッグに毒入りの餌をやるのを、なぜ伯母さんが黙って許しているのか、子供ながらに不思議に思ったものだった。ひょっとすると、ただ伯父さんを、家の外に出しておくためだっただけかもしれない。コウモリがベランダの天井に住みついても、熱烈にコウモリを弁護した。放っておくがいい、何の悪さもしないのだし、あそこに住みついたのだって、それなりのわけがあるに違いないのだから――そう言うのである。殺虫剤は、当時はまるで、天の救いのようにありがたがられていた。イナゴの大群を駆除してくれるからで、さもなかったら、作物が根こそぎやられてしまう。だが、ルーシー伯母さんは反対だった。殺虫剤で、イナゴも死ぬかもしれないが、ミツバチまでが死んでしまう。あの頃キャッスル・ロックでは、どこの家でも鶏を飼っていた。今は誰も飼っていない。キャッスル・ロックは、今ではデンバーの郊外に組み込まれていて、鶏舎は、何より例の臭いのせいで、住宅地では毛嫌いされる。しかし昔は、コヨーテに鶏を取られることは、どこの家にとっても大惨事だった。しかし、ルーシー伯母さんの見方は違っていた。鶏の半分は私のために育てているけれども、残る半分は、コヨーテのために育てているのだというのだった。

ずっと後になって、私も初めて気がついたのだが、村の人たちは、実に善良な人々だった。それに、これも当時は気がつかなかったが、あの恐慌の時代、わが家の家計は、ひどく苦しかったらしい。そして実は、この二つは互いに関連があったのである。両親は、家計の苦しいことなど、子供からは完璧に隠し通した。母にしろ父にしろ、子供たちのいる所で、金のことなど一度も口にしたことはない。後年、事情がずっとよくなってから、父の話してくれたところによると、一番苦しかったのは、大恐慌の時代そのものというより、むしろ、それに先立って襲ってきた、農村不況の時期だったという。大恐慌の時代には、都市と農村とを問わず、誰もが同じように苦しんだのだが、農村不況は、農業関連のセクターだけが、特別手ひどくやられたからだ。

第二次大戦後、母が亡くなってから、妹と二人で(兄は、先住民の土器などを、家のまわりの丘から掘り出すのは得意だったが、いつでも一匹狼で、家事に関しては、ほとんど頼りにならなかった)、家を賃貸に出す準備に、徹底的に大掃除をしたのだが、その時、それまでは考えもしなかった大事業をやってのけた。父の生前の手紙や書類が、たまりにたまって山のように残っていたのを、逐一調べてみたのである。父は、どんな小さな、さして値打ちのない紙切れに至るまで、ひとつ余さず取っておいたものらしい。村の店から来た勘定書きも、何から何までそろっていた。これを見ると、村の商人たちがどんなに善良で親切だったか、つぶさに思い知らされた。例えば食料品店の書きつけにしても、当時としては、それこそ天文学的な金額に達していたはずだが、支払いを、たとえ一部ですら要求するような文面は、全く見つからない。きっと、払える時が来れば必ず払ってもらえる、それまで持ちこたえることができると信じていたのだろう。あの頃はインフレのことなど、誰も大して気にしてはいなかったのだ。

それに私も、ダグラス郡が全体として、どれほどの窮状にあるか気づいてはいなかった。わが家は、農村地域の中では、最悪の状態とは程遠かったからである。ある時コロラド大学の教授が、どういう前後関係だったかは思い出せないけれども、こんなことを話したのを覚えている。もし本当の貧困を見たければ、デンバーの南の丘陵地帯に行ってみればいいと言うのだ。私は驚いた。この地帯とは、つまり、わが家のあるダグラス郡のことではないか。私はあらためて、郡の実状をよく調べてみた。教授の言ったことは正しかった。小学校の同級生の中には、ひどい生活を強いられている人たちが少なくなかった。その窮状は、罠を仕掛けて獣を捕らえ、毛皮を売って生活している人々と、大して変わらないほどだったのである。

　学校を逃げ出したいと思ったのは、例の、物理の授業を取っていた間だけのことだったが、いざキャッスル・ロックもダグラス郡も出て行くことになった時、私にも多少は勇気や野心のあるところを、人に見せるようなこともしなかった。本当は、どこか東部の大学に進みたかったのだが、父にはそんな金はなかったし、私にも、独力で冒険を冒す気概はなかった。そこで、ボウルダーにあるコロラド大に進むことにしたのである。ボウルダーは、キャッスル・ロックがデンバーから南に離れているのとほぼ同じ距離、北に離れた町である。地元の大学ですませるというのは、やはりどうにも不満が残ると、口ではブツブツ言ったものの、内心では、人並み以上に恵まれていると感じていた。ダグラス郡の高校の卒業生で大学へ進学したのは、実は、兄と私だけだったからである。

　コロラド大学は、ダグラス郡の高校に比べればはるかに良かったけれども、心から好きにはなれなかった。当時も今も、この大学をわが母校と――つまり、慈み深い母《アルマ・マーテル》と考えたことはない。卒業してから、かなりたってからのことだが、大学から寄付を懇請する手紙が届いて、いささか不機嫌な気分にされたことがあった。私は返事にこう書いた。むしろ大学の方こそ、私に借りがあるのではあるまいか、というのも、生涯で一番感受性の鋭かったあの時期、大学は私に、もっと多くのものを与えてくれて然るべきではなかったかと思えたからである。こんなものの言い方は、確かにあまり好感の持てるものではないだろう。同窓会から何の返事も来なかったのは、驚くには値しない。ただし寄付の要請は、その後も相変わらず送られてきているのだが、それにしても、しかし、私の返事は、私が長い間、適当な言葉を見つけるのに苦しんでいた問題を、ある程度端的に要約しているとは言えるかもしれない。つまり、ボウルダーという町にしろ、コロラド大学という学校にしろ、不満を覚えざるをえなかった理由は同じで、要するに、「東部」はあまりにも遠い東にあったということが問題だったのである。「東部」とはどんなものか、私はまだ直接には知らなかった。シカゴより東には、まだ一度も行ったことがなかったからだ。しかし、やはり「東部」なるものは現にあり、そしてそれはコロラドの片田舎より、やはり上であることは否定すべくもなかった。

祖父は弁護士だったし、伯父の中にも弁護士が何人もいたから、家族はみな(実は私自身まで含めて)、私も当然、弁護士になるものと決めてかかっていた。ところが大学では、最初、この目的からすると、およそふさわしくない学科を選んでしまった。経済を専攻することにしたのである。この点は、別に大学が悪かったせいではない。むしろ、家族の圧力の結果だった。だが、ニューヨークやワシントンから遠く離れたコロラドの山の中でも、いよいよ戦争が迫っていることは確かに見て取れた。東のヨーロッパからか、それとも西のアジアからか、あるいはむしろその両方から、戦雲が立ち上ってくる気配は濃厚だった。やがては私も、祖国のために戦場に赴かなくてはならないだろう。それならいっそ、残された最後の年を、自由に、好きなことをやって過ごそうと決心し、私は経済学部から、思い切って英文学専攻に切り替えてしまったのだ。両親は、英文学をやるなどということ自体、大反対だったし、卒業してからも、何の役にも立たないと考えていたので、もっぱら両親を懐柔するために、大学院へ進学するつもりだ、そうすれば将来、教職につく可能性もあるなどと抗弁した。とはいえ、こんな抗弁をしてみても、結局、何の効果もないだろうと思ってはいたのだったが。

当時は気がついてはいなかったけれども、キャッスル・ロックの高校でも、ボウルダーの大学でも、ひとつ、大事なものが欠けていた。親友と呼べるような友達が、一人もいなかったことがそれである。「友達」という中には、もちろん親戚は入らない。今でもコロラドに帰って、親類に会うことは続けているけれども、本当の意味での友達は、コロラドにはいないのである。一人か二人例外を別にすれば、一番古い友達でも、戦争中以後の友人ばかりだ。どうしてなのか、自分ではよく分からない。ボウルダーは、結局それほど好きにはなれなかったかもしれないが、ダグラス郡は大好きだった。こういうことは、多分、偶然の結果と考えるしかないのだろう。

あるいは、ひょっとすると大事な点は、コロラドを出る時、私がある決意をもって、もう二度とここで生活することはあるまいと、ひそかに思い定めていたからだろうか。自分でもよく分からない。

真珠湾攻撃は、大学を卒業する数カ月前のことだった。その結果、私の生涯はすっかり変わってしまうことになるのだが、その変化がどんな方向を取ったかについては、大学のおかげ――少なくとも、ボウルダーの町のおかげであることを認めなくてはならない。私はそれまで、日本にしろ、そのほか東洋のどこにしろ、全く何の興味も抱いてはいなかった。なるほど戦争になる直前、伯母夫婦が六年間、横浜に住んでいたことはあったけれども、二人の話を聞いても、別に興味を感じることもなかったし、ましてや、好意など生まれるはずもなかった。時代が悪かったのである。伯母や伯父にとっても、私たちのほとんどにとっても、日本は悪い国だったのだ。伯母に言わせれば、横浜で暮らした最初の三年間は寂しかったし、後半の三年間は怖かったという。

それにまた、日本のことを書いた文章を読んだり、あるいは写真などで見たところからしても（その量は、いずれにしても大したものではなかったのだが）、特に魅力を覚えることはなかった。例えば芸者にしてからが、あの法外にかさばった、とても洗えそうにもない黒い髪は、いかにも醜悪なものに思えたし、富士山にしても、ロッキーの山々と比べれば、およそ面白味のない小山――というより、地面から吹き出たにきびほどにしか見えなかった。それに日本の庭園ときては、あまりにも暗く、陰気そのものだ。そもそも、花が全くないではないか。戦争の影がいよいよ真近に迫って来た頃、伯母夫婦は帰国した。伯母の話では、横浜の岸壁を離れた時、期せずして、喜びの声が船全体を駆け抜けたという。岸壁からは、日本人たちが何か叫び返していたが、何を言っているのか、伯母には分からなかった。多分、好意的な内容ではなかっただろう。そういう時代だったのだ。

ボウルダーのおかげというのは、この町が、まずまず安全、安楽に、戦時中を過ごす手段を与えてくれたからである。大学に入った時には、まさかこんなことが起ころうなどとは、夢にも考えてはいなかった。ありがたいことに、私はまずまず安全、安楽に戦時中を過ごすことができたし、それに、絶対の確信があるとは言えぬとしても、やはり確かなことと思えるのだが、日本語で生活する方が、英語・英文学で生計を立てるよりは、もっと興味があったのではあるまいか。

二、大　戦

ケネディ暗殺のことを覚えている齢《とし》の人なら、あのニュースを聞いた時自分がどこにいたか、はっきり記憶しているとよく言われるが、真珠湾攻撃についても、多分、同じことが言えるだろう。ただ、こちらの事件を覚えているほどの齢の人は、ケネディ事件の場合より、今ではずっと数が少なくなっているから、卑怯な奇襲攻撃という悪名も、この先、そう長く世間に生き延びることはあるまい。

私はあの日曜の朝、マウント・セント・ガートルード校のチャペルで、ミサに出ていた。その頃は、大学の友愛会《フラターニティー》寮に住んでいたのだが、ガートルード校というのは、寮から丘を登った所にあったカトリックの女子校である。フラターニティーは、ギリシャ文字を三つ組み合わせて会の名前にすることが多かったから、よく「ギリシャ友愛会」などと呼ばれていて、そのメンバーは、会に属してない連中のことを、会員の「ギリシャ人」と対比して「バルバロイ」、つまり野蛮人などと呼んでいた。私はそれほど「ギリシャ人」らしくはなかったけれども、一応はそのメンバーだったので、会の寄宿舎に住んでいたのである。ミサから帰って、椅子に座り、コーヒーを片手に、『デンバー・ポスト』という、マンガや広告だらけの地方紙を読もうとしていた時だった。真珠湾のニュースを聞いたのだ。格別驚きはしなかった。「奴ら」は、中国で恐ろしい残虐行為を働きながら、正当な行為であるなどと強弁している。そんな「奴ら」なら、わざわざ日曜を選んで奇襲してくるのも当然だろう。われわれがみな、全く無心に礼拝に出ている時を狙って、抜き打ちで攻めてきたのだ。だから、格別驚きはしなかったわけだが、しかし当時の私の大問題は、この事件の結果、にわかに切迫したものとなってきた。どうやって戦時中を切り抜けるかという問題である。

開戦の前、一種の天啓を経験したという人がいる。ある人は、満開の桜が咲き誇っている姿が見えたと書いているし、古本屋で全く偶然、只同然の値段で、『源氏物語』を見つける夢を見たという人もいる。いずれにしても、そうした経験を通じて当人は啓示を受け、たちまちにして、日本語の勉強を始めねばならぬと悟ったというのである。そうした話を読むと、私自身は、失礼ながら、マッカーシー上院議員が得たという、一種の霊感の話を思い出さざるをえない。確かアリゾナのことだったと思うが、砂漠の向こうに陽の落ちてゆくのを見つめている時、突如として、自らの果たすべき使命を直観したというのだ。言うまでもなく、邪悪なる共産主義は、断固として地上から抹殺しなければならぬという使命である。コロラドの落日を見つめた私自身の経験からして、そうしたことも起こりうるだろうとは思うけれども、ただ、あのマッカーシーの野卑な面貌の上に神の恩寵が下るなどとは、やはり、にわかには信じがたい。同じように、日本と、そして日本語との美しい絆の始まりに、美しくも不可思議な奇瑞《きずい》が現れたなどという話も、あるいは事実なのかもしれないけれども、やはり、いささか信じがたい気がしないでもない。

いずれにしても私の場合は、この種のことが全く起こらなかったことは確かだ。先程も書いたとおり、私は日本にも日本人にも、真珠湾攻撃までは、何の興味も抱いてはいなかった。いや、真珠湾攻撃があっても、事態が突然、一変したというわけではない。奇襲は確かに犯罪と思えたけれども、罪を犯した当の国民にたいして、強い関心を呼び起こす種類の犯罪ではなかった。私にとって大問題だったのは、相変わらずただひとつ、どうやって戦時中を切り抜けるかだったのである。

私はどうにも居心地の悪い、宙ぶらりんの立場にあった。目は、完璧に健康ではあったけれども、形が少々異常だった。どうやら、生まれた時からこうだったらしい。異常が分かったのは小学校に上がった時で、それ以来、近視と乱視を矯正するために、ずっと眼鏡をかけてきた。こんな状態だったから、例えば兵役についたとしても、あまり有利なことは望めない。エリートだけが任命される（と当時は思われていた）職務につくとか、将校に任官されることなど期待できそうにもない。かといって、徴兵を免れるほどの病気ではない。しかし、徴兵されて歩兵になるというのは、何としても嫌だった。両親はそんな私を、必ずしも十二分に応援してはくれなかった。多分、私のことを臆病だ、開拓者精神を受け継いでいないと考えていたのだろう。そして多分、そのとおりだったのだろうとも思う。だが父には、さらに問題をややこしくする事情があった。実は、ダグラス郡の徴兵委員を務めていたのである。そこで、私の問題とかかわりをもつことを避けるために、私の名前をダグラス郡から外し、ボウルダー郡の名簿に移してしまったのだ。こういう事情があったので、一九四二年の六月、大学を卒業してからも、私はなお、ボウルダーに留まっていることになったのである。

私はたまたま、大学の図書館で仕事をもらった。一時的な、しかも、給料もよくない仕事で、日本でいうアルバイトである。細々とそんな形で働きながら、何かが起こることを待っていた。ボウルダーでは、キャッスル・ロックと違って、夏は一年で一番快適な季節で、その年も、穏やかな夏の日々を送っていた時、初めて戦争の味を、じかに味わうことになった。ボウルダー郡の委員会から、徴兵検査のために出頭するよう、呼び出しが届いたのである。私は、残念ながら先約があって、出席できないと返事を出した。男がやってきて、私は、生まれてこのかた初めて、本物の大目玉を食らった。指定された時刻に必ず出席しなければならない、否も応も許されぬのだと、思いきりどやしつけられたのである。やむなく私は出席した。不幸にして、合格だった。何かが起こってくれるようにと、今まで以上に熱望しながら、その夏の間中、戦時中をどう切り抜けるか、相変わらず思い悩み続けていた。大学の先生が親切にも、自分の主宰する文学者の会議があるから、出席してみないか、会費などは一切免除するからと言ってくれた。私は断った。もしあの時あの招待に応じていたら、私の生涯はどう変わっていただろうかと、あれ以来、私は今でも、いつも空想してみるのである。

だが、やがて本当に何かが起こって、事態は大きく変化する。どうやって戦争をやり過ごすか、私が一人悩んでいる間、大学の学長もまた、学生の激減した大学を、戦時中どうやって持ちこたえてゆくか、ひそかに悩んでいたらしい。そこで思いついた打開策のひとつが、海軍日本語学校を、ボウルダーに招致するというアイディアだった。海軍もこの招致を受け入れ、その夏、学校はボウルダーに移転してきた。それまでは、学校はカリフォルニア大学のバークリー・キャンパスにあったのだが、そこにはいられなくなっていた。教員のほとんどは日本人か、ないしは日系人だったからである。この人々は、アメリカのために貴重な仕事をしていたにもかかわらず、太平洋沿岸から離れなくてはならなかった。あの、まことに不幸な強制移住が決定されたからである。そこで日本語学校は全員、教師も学生も荷物をまとめてロッキー山脈を越え、ボウルダーにやって来た。そして実は、この学校がコロラドに移って来たことで、私の生涯は、決定的な影響を受けることになったのである。

その時移って来た人々の中に、ドナルド・キーンがいた。その後、日本で親友となり、やがて、コロンビア大学では同僚となる人物である。だが、彼の回想録、『なつかしい人びと』の第一章を読んで、私は大いに驚いた。日本語学校のコロラド移転という、私にとってはまことに重要な意味をもつ出来事が、彼には格別の意味など全くなかったらしいのだ。この学校のことは、確かに回想に出てはくる。しかし、ボウルダーに移転したことは書いてないし、索引を見ても、ボウルダーもコロラドも出ていない。一年間の日本語の授業を終えた時、彼が卒業生を代表してお別れの挨拶をした話は出てくるが、しかしそれは、バークリーでの出来事だったように書いてある。だがこれは、実はボウルダーでの出来事だった。私には確かな記憶がある。私自身も、その式に出席していたからである。それに、私が初めてバークリーを訪れたのは、戦争が終わってから後のことだった。式の時、私は彼が誰かよく知っていた。だが彼の方では、私が誰かなど、きっと知らなかったのだろう。挨拶で何を話したか、自分では覚えていないと書いてある。私も実は、彼の記憶を補えるほど詳しくは覚えていない。というのも、私はまだ日本語の勉強を始めたばかりで、ほとんど一言も理解できなかったからである。ただ、彼の日本語が、非常に流暢に聞こえたことはよく覚えている。それにしても、ニューヨーク育ちの彼にとって、コロラドなど、ほとんど何の興味も持てなかったのは当然だったとしても、同じ出来事のもつ意味が、人によってこれほど大きく違うのには、やはり、いささかの驚きを感じざるをえない。

話が少々先走りしてしまったけれども、時間を元に戻すと、ともかく私は、海軍日本語学校に入った。だからこそ、キーンさんの告別の挨拶にも立ち会っていたわけである。ところで、私の図書館での仕事は貸出係だったから、当然、利用者と直接顔を合わせることになった。そこで、日本語学校の学生たちにも、何人か知り合いができることにもなったのである。もちろん、中でも特に気の合った人たちもあれば、それほど好感の持てない場合もあった。少しばかり尊大な感じのする人もいた。今まで東部にいたことからして、われわれ遠い辺境の住人にたいして、多少の優越感を持つのも当然という気はしたが、それにしても、あれほどあからさまに優越感を見せなくてもいいのにとは思った。例えば、見るからにハーバード出の秀才然たる学生が、ある日、私にこんなことを言うのである。「小さいは小さいなりに、まあ、気持のいい図書館ではあるけれどもね」。

それはともかく、戦時中をどう切り抜けるか迷っていた私にとっては、まことに好都合な情況が降ってわいたことに変わりはなかった。海軍は、日本語学校に入学を認められた者には、さまざまな恩典を与えてくれるという。私の場合、目の悪いことを問題にすることもなく、やがては任官の見込みさえあるというではないか。要するに、私の抱えていた大問題が、ついに解決しそうに思えたのだ。

私は勇気を奮い起こして、学校の運営を統轄している海軍大佐と面談してみることにした。それというのも、日本語学校の学生はみな（ちなみにその頃はまだ、女子学生はいなかった）、食事その他、生活上の支給があるという特典まであったからである。大佐の話は、あまり芳しいものではなかった。話しているうちに、この大佐は、私の知りたい事柄について、実は詳しく知ってはいないのではないかと思えてきた。そこで、実際に教務を担当している女性と会ってみることにした。カリフォルニア大学から移ってきた人で、フローレンス・ウォーンといった。もう大分前に故人になったが、丸々と太った元気のいい女性だった。彼女の話も、必ずしも私を勇気づけてくれるようなものではなかったけれども、親切に相談に乗ってくれて、学校に入るにはどうすればいいか、詳しく説明してくれた。

入学の許可は、実はワシントンで処理している。ただ、あちらのお偉方が近いうちに、わざわざこのボウルダーまでやって来る見込みはないから、私の方で向こうへ出かけなくてはならない。それも、できるだけ早くした方がいい。学生数はごく限られていて、来期の授業が始まるのは、この十月のことである。その次の入学の機会となると、十二月まで待たなければならないという。十二月までには、ボウルダーの徴兵委員会が私を召集するのは、ほぼ確実なことと思えた。そこで私は、父から金を借り、ワシントンへ出かけることに決めた。その頃には、父の経済状態もよくなっていて、食料品店のツケも払い終えていた。早くも戦争がアメリカ経済に好影響を及ぼし、景気がよくなっていたのである。日本流にいえば、風が吹いて、確かに桶屋まで儲かっていたというわけだ。

前にも書いたとおり、私はそれまで、シカゴより東に行ったことは一度もなかった。だから、ワシントンへ出かけるなどというのは、少々怖いことだった。けれども、もし行かなかったら、軍隊の中でも一番望ましくない地位につくほかなかっただろう。旅行自体は、むしろなかなか面白かった。ワシントンには、実は伯父の一人が住んでいた。例の、戦前、横浜にいたことのある伯父である。伯父は、いよいよ面接に行く前、私のズボンにちゃんとプレスがかかっているかどうか、チェックしてくれ、面接が終わると、ニューヨーク行きの列車に乗せてくれた。ワシントンからならすぐ近くだから、ついでにニューヨークもぜひ見ておこうと、私は、あらかじめ決めていたのである。

面接にあたった試験官は、中年の温厚な紳士で、面接そのものは、別にどうということもなかった。試験官は、実はグレン・ショーという名前だったが、当時、日本文学は全然読んだことがなかったので、海軍以外でも有名な人物などとは知る由もなかった。近代日本文学の英訳ではパイオニアで、私ほど無知でなければ、誰でも名前を知っている人だったのである。私たちは、十分間ばかり愉快に話した。話題は、もっぱらコロラドのことだった。彼もコロラド出身だったからである。ざっと面接してみて、私がともかくも五体満足なところから、海軍の面汚しになることもあるまいと結論してくれたらしい。彼が、横浜にいた伯母夫婦と大学の同窓だと分かったことも、おそらく役に立ったのだろう。キャッスル・ロックのことが話に出て、意外にも、彼がこの町のことをよく知っていたので、そこから伯母夫婦と同窓だと分かったのである。私の語学上の知識とか能力などは、面接では一言も訊《き》かれなかった。その後、日本のことを多少は知るようになってからなら、この時の面接がいかにも日本流だったことにも、きっと気がついていたに違いない。肝心な点には一切触れずに、ただ、何となく雰囲気というか、空気というか、感触を得るというやり方である。十分間ほど話した後、彼は言った。「コロラドに帰って、入学の準備をしておきなさい」と。

言われたとおり、準備にかかった。だがその前にまず、一週間ほどニューヨークで過ごすことにした。その時受けた第一印象は、その後も長く私の中に生き続けることになる。ニューヨークは、恐ろしい所であると同時に、実にきらびやかな街だという印象だった。私の訪れたのは、たまたま夏と秋との境目だったから、ニューヨークの一番華やかな時期、いわゆる「シーズン」ではなかったけれども、それでもやはり、実にきらびやかだと思った。地下鉄は怖かったので、もっぱらバスや徒歩で端から端まで——北端のフォート・トライオン公園から、南の端のバタリー公園まで見て歩き、さらにはフェリーに乗って、スタテン島まで足を延ばした。マンハッタン以外では、この時足を踏み入れたのはこのスタテン島区（当時の名称ではリッチモンド区）だけだったが、デンバーの郊外と、それほど違っているとは思えなかった。違っているところと言えば、遠景に山が望めないということぐらいだったろうか。仮にシカゴを、この時と同様初めて、しかもたった一人で探索したとすれば、少なくともデンバーと比べて、やはりきらびやかな都会という印象を受けたかもしれないと思う。だが実際には、シカゴの場合はいとこたちの案内があったし、しかも彼らは案内そのものにも、文化的な事柄にも、あまり熱心とは言えなかった。博物館や美術館より、むしろパンダを見たがっていたのである。さてパンダを見物した後、次は何をしたいかと彼らは訊《き》く。私にも、そもそも知らない町で、次は何をすればいいかなど、分かるはずもなかった。

こうして、全く予期していなかったのだけれども、コロラド時代が一年延び、その分、大戦中の時代と重なり合うことになってしまった。日本語学校の時代は、だから、どちらの章に入れてもいいわけだが、やはり、戦時中に入れた方がぴったりするだろう。というのも、この時期のことを、あらためて振り返ってみると、やはり、その後の出来事の方に深くつながっているからだ。それ以前の時代とは、家族や親族のことは別として、ほとんど何のつながりもない。この点は、前にも触れた事実からしても明らかだろう。つまり、今でも友達と考えている人たちは、日本語学校で出会った人々がほとんどだという事実である。

大学時代、ないしそれ以前からの友人は、実際、ほとんど皆無に近い。ダグラス郡の開拓者の子孫たちの中に、今ではずいぶん齢を取ってしまったが、ほんの数人いるだけだ。大学の友愛会《フラターニティー》で一緒だった男とその奥さん(この夫婦は、今はコロラド州でも南部の都市、プエブロに住んでいる。当時は、州で二番目に大きな都会だった)、それにボニー。それ以外には、誰も思いつかない。小学校や高校の同級生で、今でも連絡のある例は一人もないのだ。大学の同窓生も、ブレットとボニーだけである。ブレット・ケニーは、今もいうプエブロに住んでいる男で、卒業以来ほとんど会ってはいないけれども、やはり友人と呼んでいいだろう。私のコロラドでの行動範囲は、ほぼコロラド・スプリングズとシャイアン・ウェルズを結ぶ線より北に限られている。プエブロは、もちろんこの線よりも南で、ボウルダー時代以後ブレットに会ったのも、確か一度だけだったと思う。

ボニー・ニムズは、旧姓はラーキンだったが、詩人のジョン・フレデリック・ニムズの奥さんで、実を言うと、ボウルダーの人ではない。一九四〇年だったと思うが、ボウルダーのサマー・スクールに来ていた時、出会ったのだ。シカゴに近いサウス・ベンドにある女子大、セント・メアリーズ・カレッジの学生で、もう一人、同じ大学の女子学生と一緒に、私の友愛会の寮に宿泊していた。私もサマー・スクールに参加して、アルバイトで食事の給仕をしていた。私はすっかり彼女に恋してしまったのだが、やがてサマー・スクールは終わり、彼女は去って行った。ボウルダーでは、ボニーほど面白い女の子に会ったことは一度もなかった。

二人でいろいろ悪戯《いたずら》もした。寮長の女性はテキサスの出身だったが、われわれコロラドの人間は、もともとテキサス人は大嫌いだ。おまけにこの女性は、テキサスでも最悪のダグラスの出である。そこで、ボニーと私はこの女性から、盗みを働いたのだった。私は調理場の鍵を持っていたので、夜中にこっそり忍び込み、食料庫を荒らしたのである。その仕業をとがめられると、私はしらを切りとおした。けれども、さほど良心の呵責を感じることもなかった。何と言っても、相手はテキサス人である。そしてテキサス人は、誰しもが認めるとおり、世界随一のほら吹きなのだ。

　ボニーと私は、あれ以来、時折思い出したようにではあるけれど、ずっと手紙をやりとりしている。ほぼ六〇年にわたって文通を続けるというのは、たとえ散発的であっても、そう馬鹿にしたものではなかろう。ニューヨークとシカゴで、何度か会ったこともある（今は、彼女はシカゴに住んでいる）。それに、一九五九年、初めてヨーロッパを訪れた時には、マドリッドで、彼女の家族のもとに、一週間ほど滞在したこともあった。フランコ政権の時代のことで、御主人のジョンは、当時はノートルダム大学で教えていたが、何かの助成金をもらって、スペインに留学していたのである。

　さて、わが家からボウルダーに戻る前の日のことだった。翌日は日本語学校の同級生たちと一緒に、デンバーの海軍徴兵事務所に出かけ、近視はあるものの、庶務係二等下士官になるはずだった。私は家の周囲の丘をたどって、たった一人で散歩した。忘れがたい散歩だった。どの丘にも、どの丘にも、秋の紫の花々が、点々と咲き乱れている。これから先も、また同じような散歩に出ることはあるだろう――そう分かってはいたけれども、しかし、明日はデンバーに出かけ、徴兵事務所に行くことを思えば、これで、私のコロラド時代も終わるのかという感慨が、胸に迫った。かりにあの時、このまま故郷に残って、生涯何一つ仕事などすることもなく、ただこの丘を歩き続けていろと言われたら、私は喜んでそうしていたのではないかと思う。

　クラス全員が徴兵事務所へ出かけてみると、意外にもなかなか愉快な結果になった。徴兵検査官たちは、思いもかけない事実を次から次へと発見して、そのたびに大笑いすることになったのである。というのも、クラスの誰もが何らかの欠陥があって、徴兵を免除する必要のある者ぞろいだったからで、中でも特に注目を浴びたのは、睾丸が一個しかない男のいたことだった。彼とはその後、ごく親しい間柄になったのだが、一体もう一方はどうしたのか、一度も聞いたことはなかったし、彼の方でも、一度も説明してはくれなかった。

海軍日本語学校について、何よりも第一に言っておかねばならないのは、実にいい学校だったということである。学生というものは、先生や授業について、いつでも不平を述べたがるものだし、現に私たち自身、当時はよく不平を漏らしたものだった。今でも私は、もう少し文法を教えておいてくれたらと思っている。実際ここの授業では、文法を全く教えてくれなかったから、いまだに動詞の使い方に——特に自動詞と他動詞の区別を覚えるのに苦労している。だからといって、別に、こちらの言う意味が伝わらないというわけではないけれども、やはり時々、自分の日本語が変に聞こえることは十分に自覚している。どんな教え方をしても、何らかの欠点が出てくるのはやむをえないが、しかし、大事なことは、この時の授業では、わずか十四カ月の間に、驚くほど多くの日本語を教えてもらったという事実である（ドナルド・キーンの場合はさらに短く、ちょうど一年にすぎなかったのだが）。

文法をやらなかった背景には、実はひとつの理論があった。外国語を学ぶには、赤ん坊が母国語を覚えるのと同じやり方が理想的だという理論である。そこで私たちも、話すにしても、いきなり日本語の会話の中にほうり込まれ、読むにしても、ひどく複雑な文章をいきなり読まされた。ほとんど、ばかばかしいほど複雑怪奇な文章とさえ言えるかもしれない。だが、如何せんこの理論は、重大な事実をひとつ無視している。赤ん坊と大学を出た若者とでは、全く別の生き物であるという、動かしがたい事実がそれだ。

日本語学校については、今になってもなお、必ずしも正確とは言えない話を耳にする。例えば、この学校では英語を使うことが一切許されず、一日中、夜中まで、日本語しか使ってはならないことになっていたという説があるが、先生のミス・ウォーンは十分常識のある人で、そんなことを強制するはずもなかった。多分、彼女は知っていたのだ。私たちはみな、もともとが神経質な連中ばかりで、そんな厳しい規則を押しつけられたら、ついには気が狂ってしまうだろうと。それにしても、やはり、授業がものすごい詰め込み式で、極端な速修コースだったことは確かに事実だった。しかし、ある意味ではまた、革命的な教授法だったと言えるのかもしれない。

戦争前、誰もが当然のこととして信じていた説によると、いわゆる蒙古襞《もうこひだ》――つまり、上瞼が厚ぼったく腫れているという特徴がなければ、東洋語を覚えることはできないとされていた。それにしても、そもそもなぜ、「蒙古襞」が言葉を習うのにそれほど重要なのか、誰も十分に説明はできなかったが、それはとにかく、こんな迷信じみた説など、全くのナンセンスにすぎぬという見方を取っていたという事実自体、この学校について、何より注目すべきことだったのかもしれない。十四カ月が終わる頃には、私たちは、ともかくも、日本語の新聞が読めるまでになっていた。楽に読めるとは言えないとしても、一応にしろ読めたということ自体、戦前の一般的な水準からすれば、ほとんど信じがたい成果だったのである。

この学校について、もうひとつ重要だった点がある。なるほど、海軍士官の姿が、時折周囲に見えることはあったし、それに、軍事上の専門用語を教える特別講義はあったにしても、海軍に入っていろいろ生活に変化はあったものの、別に、二等下士官らしい態度や任務を押しつけられたりはしなかったということだ。週に一時間ほど軍事訓練はあったけれども、それ以外は、これといって特別なことをする必要などはなかった。この点、海軍日本語学校の方が、ミシガン州のアナーバーにあった陸軍日本語学校よりもよかったのではないか――人によって違う見方もあるだろうが、少なくとも私にはそう思える。あちらでは、もっと軍隊式にしなくてはならなかったということが、やはり、最大の理由のひとつだ。

一九四二年の十月、日本語の勉強を始めたクラスは、翌四三年の十二月まで勉強を続けたが、秋に授業を始めたところから、自然に「秋組」と呼ばれることになった。同じ理由で、十二月に入学したクラスは「冬組」と呼んだが、季節に応じて組の名前をつける方式は、この二組だけで終わりになってしまった。これ以後は、新しい学生が切れ目なく、大量に入学してくることになったからである。私たちの組は学校中で一番少なく、三十人に満たなかった。その結果として、ある種の団結心というか、強い仲間意識が生まれたような気がする。私たちは、ほとんどみな同じ年齢だったし、ほとんどが大学を卒業したばかりだった。

クラスの中には、みんなの畏敬の的になる者が何人かいた。子供の頃に日本にいて、日常的な日本語がしゃべれる庶務係下士官である。「ＢＩＪ」と呼ばれて、われわれの間では、さながら貴族にも当たる存在だった。「ＢＩＪ」とは“born in Japan”の頭文字を取った命名だが、この点でも本物の貴族と同様、われわれ平民の志気を、いささか阻喪させる効果を及ぼした。つまり、初めからわれわれに無力感を植えつけるばかりか、いつまでたっても、この無能力は克服できまいと悲観させてしまうのだ。何しろ、日本語を覚えるのには、そもそも間違った国に生まれてしまって、いつかは彼らのように日本語が身につこうなどとは、とても考えられなかったのである。ところが、しばらくすると、われわれ平民の中にも、何とかかんとか、彼らに追いつく者が出てきた。ずっと後の話になるが、ミシガン大学で教えていた頃、同僚の中にＢＩＪがいて、ある時、こんな話をしてくれたことがあった。ＢＩＪは、そのうち追い抜かれてしまうことが多い、最初はともかく、後に学者として重要な業績を挙げる例は、ＢＩＪの中からは現れていないというのである。このミシガンの同僚は、心の広い控え目な人物で、だから彼の言ったことも、半分は謙遜と言うべきだろう。彼の意見の当てはまらない例も、実はそうめずらしくはないからだ。けれども、確かに一面の真理を突いていることもまた事実だ。同じ世代の中で、ＢＩＪが特に目につく業績を活発に発表しているケースは、なるほど、そう多くはない。

だが、おそらくＢＩＪよりもっと貴族的な同級生が二人いた。中国で日本軍に捕らえられ、抑留されていた人たちである。一人は香港で、もう一人は上海で捕まって、その後、「グリプスホルム計画」という捕虜交換制度で、故国に送還されてきた人たちだった。つまり日本人の被抑留者は、アメリカからまず、南アフリカのポルトガル植民地、モザンビークに送られ、そこで、日本からモザンビークに送られてきたアメリカ人被抑留者と、交換されるというシステムである。「グリプスホルム」というのはスウェーデンの客船で、アメリカからモザンビークまでの航海を担当していた。そんなわけで、この二人のクラスメートには、どこか、荒々しい冒険の雰囲気が漂っていた。実際そのうち一人は、日本の強制収容所から脱走を企て、再逮捕されたという経験の持ち主だったのである。

中にはまた、日本生まれではないけれども、日本に住んでいたことがあり、多少の日本語を身につけている級友もいた（ちなみに、横浜にいたことのある伯母夫婦は、日本語は全く覚えてはいなかった。というのも、二人はビジネスで日本に住んでいただけで、ビジネス関係のアメリカ人は、日本人とはあまり付き合わないという傾向が強かったからである）。このグループのクラスメートは、日本語を教えている数少ない大学を卒業していた（コロラド大学には、日本語のコースは全くなかった）。彼らも、ほとんどの場合、この有利な条件を活用し、スタートで人より一歩先んじていた。

そして最後に、少数派だったが、何の予備知識もない者がいた。言うまでもなく、私もその一人だった。こういう事情を考え合わせてみれば、私の日本語学校での成績を、別に恥ずかしいとは思わない。「秋組」の修了式で、私は修了生代表として、告別の挨拶を述べる役目など、申し付けられることはなかった。この名誉を得たのは、ニューヨーク出身の同級生で、後にコロンビア大学の教授になる。一列になって式場に入場する時、成績順に並んだのだが、私は何番目だったか、正確には覚えていない。ただ、上位六人の中には入っていた。最後尾に並んだのは誰だったのか、思い出そうとしてみるのだけれども、はっきりしない。誰だったにしろ、相当に恥ずかしい思いをしたに違いない。実際、思いやりのない並ばせ方をしたものだ。

日本語学校で過ごした一年あまりは、ボウルダーで暮らした五年間のうち、一番いい時期だった。理由を見つけることは難しくない。「秋組」の級友たちは、誰もがみな面白い人物ばかりだったからである。もちろん、みんなが同じ意味で面白かったわけではない。だが、一人一人がそれぞれにみな、大学時代の同窓生より面白かった。ひとつには、大学のクラスメートはほとんどが、同じコロラドか、近くの州の出身だったせいもある。もし日本語学校の級友たちと出会わなかったら、私はバッハやモーツァルトが大好きになってはいなかっただろう。私は今も、バッハやモーツァルトが大好きだが、その事実自体は、この広い世界にとっては、別に大した意味はあるまい。ただ私自身にとっては、大変な重大事である。「秋組」のメンバーは、全員が存命ではないけれども、そのかなりの人々と、今も音信を交わしている。だがその理由は、必ずしも、修了後はみんな一緒に新兵の訓練に耐えなくてはならなかったばかりか、その後はやがて、一緒に弾丸の雨をくぐることになったからというだけではない(二つのうちでは、私には実は、前者の方がつらかったのだが)。むしろ、みんな人間として、実に面白い面々だったからである。

私を音楽の喜びに目覚めさせてくれた点で、誰よりも強い影響力があったのは、ピアニストの才能に恵まれている級友だったが、戦争が終わって間もなく、自殺してしまった。一体なぜだったのか、私には見当もつかないし、子供の頃から彼を知っている人たちも、納得のゆく説明を見つけることはできなかった。子供時代からの彼の知己とは、その後、大勢知り合いになった。というのも、この級友はアナーバーの出身で、私もやがてミシガン大学で教えることになり、アナーバーには十年以上住むことになったからだ。それはともかく、私たちの間には、マゾヒスティックな傾向、さらには自殺志向のある者さえ、少なくなかったのではないかという気がする。

下士官から士官になる時期が来た時、私自身にも、実はそんな傾向があるのではないかと、疑念を抱いた人もいたかもしれない。海軍に入るか、それとも海兵隊にするか、それぞれ自分で選んだのだが、私は海兵隊を選んだ。このことは、私自身マゾヒスティックな傾向、ないし潜在的な自殺願望があると疑念をもたれていたことからして、むしろ当然のことと思われるかもしれない。クラスのほぼ三分の一が海兵隊を選び、その後、戦争が終わる時まで、みんなずっと一緒だった。この六人ほどの中で(確か、そのくらいの数だったと思うが)、私が一番、海兵隊員として適性に欠けていた。級友たちはこの事実を、いささか熱を込めて指摘したし、例のピアニストの友人などは、狂気の沙汰だとまで言った。私も、彼やほかの友達の言うとおりだとは思ったけれども、それでもやはり、あえて海兵隊にしたのである。あの、クリスプホルム号で抑留から帰ってきた二人のうちで、冒険心に富んだ方——つまり、脱走を企てた男は海軍に入り、もう一人の方が海兵隊に入った。これがどういう意味をもつのか、よく分からないが、少しばかり興味をそそる事実ではないかと思う。

私がなぜ海兵隊を選んだのか、理由を説明するとなると、いささか困惑する。自分が実際にマゾヒスティックだとも、自殺願望があるなどとも思えない。子供らしいロマンティシズムというのが、多分、説明として一番当たっているのだろう。モンテズーマだとかトリポリだとか、海兵隊の戦史には、ロマンティックな雰囲気が濃厚に立ちこめていたからである。それに、ひょっとすると、例えば私の両親に、自分が臆病者ではないことを、行動によって確信させたかったのかもしれない。ただ私自身は、海兵隊を選んだからといって、自分の勇気に十分確信があったわけではない。これから先の見込みは、やはり、いささか恐ろしいものに思えた。

こうして、あの奇襲攻撃からちょうど二年後、私は日本語学校を卒業し、コロラドに別れを告げることになった。これが決定的な別れになるだろうと直感してはいたけれども、別にはっきり意識して、もう二度と帰ることはないと考えていたわけではない。あれ以来、私は事実、何度となくコロラドに帰ってはいる。ただ、またここに住もうとは考えなかった。夏はよく故郷で過ごすことはあっても、ある程度長い期間、ここに居続けることは二度となかった。

それでも、今もコロラドは私にとって、やはり大きな意味をもっている。最近ますます、私の孤独な少年時代は、同時にまた美しい少年時代だったと思えてきたし、それは何よりもまず、あの高地の乾燥した丘と、祖父の蔵書のおかげだったと思う。はっきり説明しにくい点ではあるのだが、コロラド出身であるというのは、かなり際立った特徴だと言えるのではあるまいか。第一に、これは格別、くどくど説明するまでもない事実として、コロラド出身者は、そもそも数がごく少ない。それにコロラドは、アメリカの州の中で、平均の海抜がどこよりも高い。文字どおり、ほかの諸州を見おろすことができるのだ。もうひとつ、州の名前が実に美しい。少なくとも、近隣の州の中では抜群で、例外があるとすれば、「ワイオミング」ぐらいだろうか。これも美しい州名だと思う――と、ここまでは、コロラドを好ましいと思う理由を、ともかくも明快に説明することができるのだが、さて、ここから先となると、どうも捉えどころがない。にもかかわらず、私はあえて明言したい。嘘も偽りもなく、コロラドは私にとって、今もなお、深く重要な意味を帯びた存在なのだ。

　後になって知ったことだが、日本人の中には、「コロラド」という名前に聞き覚えがあるという人が多い。有名なポピュラー・ソングが流行したことがあったからだが、しかしこの場合、「コロラド」がはたして何を指しているかについては、しばらく困惑することになった。「コロラド」と「ザ・コロラド」とでは、実は同じではないことを、最初は説明しようとはしてみたのだが、すぐに諦めた。日本語の性格からして、日本人には、所詮この区別がつかないらしいと気づいたからだ。そこで、最初にまず、あのポピュラー・ソングの馬鹿馬鹿しさを説明することにした。もしも誰かが、愛する人と一緒に月光を浴び、「ザ・コロラド」（つまりコロラド川）に漕ぎ出しでもしようものなら、必ずや真夜中頃には、両岸に広がる荒涼たる砂漠に、舟を乗りあげてしまうことになるはずだ——そう説明しようとしたのだけれども、これもまた、別にこだわるほどのことでもないと、そのうち諦めてしまったのだ。

　われわれ海兵隊に入る一隊は、各自それぞれにルートを選び、東海岸に向かうことになった。私はセント・ルイス経由のルートを選んだが、主な理由は実は、それまでまだ行ったことがなかったので、カンザスやミズーリを見ておきたいと思ったからだった（ちなみに、デンバーからシカゴに行くのなら、もっと北寄りの経路を取って、プラット川沿いにアイオワを東に横切るのが普通である）。さてカンザスに入ってみると、西半分は、コロラドの東半分とほとんど同じで、いささか荒涼とした平原が続いている。大抵の人には嫌な風景と見えたろうが、私には違っていた。さらにカンザスの東半分に入ると、意外に風景がきれいなのに驚いた。

　ミズーリも同じで、これも私には驚きだった。子供の頃、うちの農場で働いていた雇いの人たちは、ほとんどがミズーリ州からの出稼ぎだったが、あの人たちから想像していたのとはかなり違って、今目にする風景は、思いのほかに穏やかだった。ミズーリからカンザスを西に抜け、太平洋岸のオレゴンまで続く道は、かつて開拓時代、主な街道のひとつだったルートで、いわゆる「オレゴン街道《トレイル》」だが、その東半分は、デンバーに行く主なルートでもあった。この街道の出発点となっていたのが、ミズーリ州北西部の町セント・ジョゼフで、その姿をひと目見ておこうと、十分気をつけていたつもりだったのだが、見つからなかった。多分、もう少し北に位置していたのだろう。それにしても開拓者たちは、このミズーリの緑の沃野を眼前にして、この先さらに西に広がる大地も、同様に穏やかで実り豊かな土地だろうと期待したに違いない。ところが実際、ロッキー山塊の荒涼たる高地や砂漠を目にして、どれほどの驚きと失望を感じたろう――そんなことを考え続けていた。

東海岸に滞在するのは二度目だったが、今度は一度目とは大違いで、愉快とは正反対の毎日だった。私の目的地は、もちろん、ボウルダーから来たほかのメンバーの場合も同じで、ノースカロライナの海岸にあるウィルミントンという町だった。ここで暮らした毎日があれほど惨めだったのは、別にノースカロライナが悪かったせいでは決してない。海兵隊の新兵の訓練のせいだった。実際、悲惨そのものだったのである。われわれの場合は士官の訓練だったから、志願兵ほど厳しくはなかったはずだが、それでも実に過酷だった。われわれの場合でさえこれなら、志願兵のためには、一体どんな地獄さながらの訓練を用意しているのか、想像もつかないほどの厳しさだった。

松林の続く砂地の向こうには、どこかに南部特有のやさしさ、穏やかさがあるのかもしれなかったが、海兵隊の訓練とは何のかかわりもなかった。そして海兵隊の訓練とは、大西洋を渡って北東から吹きつける強風にあおられ、砂や雪が激しく叩きつける中を、障害物競争を絶え間なく繰り返し（しかも毎回必ず、凍てつくような水中に飛び込まなくてはならない）、その上さらに強行軍の連続である（おかげで、霜焼けと水膨れは治る間もない）。海兵隊は、まさしく悪魔的な狡智の限りを尽くして、つらい毎日をいやが上にもつらくするべく、全知全能を傾けているとしか思えなかった。しかもこれは、任官された士官にたいする訓練であって、訓練を受けている側の方が、教官より階級が上なのである。

ただ、わずかに南部の穏やかさを垣間見ることも、時にはあった。友達と二人で、チャールストンまで車で出かけた時のことだ。この古い港町には、確かに美しさと気品があった。チャールストンは、進歩と開発をほぼ免れているというから、今でもなお、当時の快い雰囲気を守り続けていることだろう。ただ、わざわざチャールストンを再訪してみたいとは思わないし、ましてや、ウィルミントンに帰りたいなどという気は毛頭ない。繰り返して言うけれども、こんなふうに感じるのは、別にウィルミントンが悪いわけでも、ノースカロライナが悪いわけでもない。ただ、たまたま悪い時期、悪い場所に当ってしまったというまでのことだ。

ようやくノースカロライナを離れた時はまだ冬だったが、次の行き先（海兵隊の用語では、確か「舎営地《ビレット》」と呼んだと記憶している）に到着した時は、もう春の盛りになっていた。新しい任地は、はるかに大陸を横切った西の端、カリフォルニアで、ロサンゼルスとサンディエゴの間、キャンプ・ペンドルトンだった。ノースカロライナの大西洋岸と、カリフォルニアの太平洋岸とを隔てていたのは、単にひとつの大陸と季節の変化だけではない。西海岸への旅は、あたかも地獄からの脱出だったのである。乾燥し、広々と視界の開けたカリフォルニアの風景は、故郷コロラドの風景とかなり似通ってはいたけれども、色調ははるかに豊かで、一面が黄金色に輝き、遠景に移るにつれて紫色にけぶっている。ノースカロライナには、そもそも色というものがなく、ただ松の黒と雪の白しかなかったのとは大違いだ。それにカリフォルニアには、延々と丘が連なっている。これにたいしてノースカロライナの海岸は、ほんの小さな起伏すらなく、ただただ平坦そのものだった。

その後は北カリフォルニアの方が好きになったけれども、若い頃は、むしろ南半分の方が好きだった。ロサンゼルスも、一九三二年、オリンピックのあった時に初めて訪れた頃には、まだ中規模の美しい都会だった。特に好きだったのは、朝もやや遅くなって、ようやく海岸の靄《もや》が晴れ、黄金色の丘の連なりが姿を現してくる光景だった。戦争が始まってからも、美しさはまだ失われてはおらず、ペンドルトンからロサンゼルスまでバスに乗り、オレンジの樹々の茂みの中を抜けて行くと（当時のオレンジ郡は一面、文字どおりオレンジの森に覆われていたのである）、その常ならぬ美しさに、息を呑んだものだった。今ではすべて、それもこれも、進歩と開発で一変してしまっている。もう、あの黄金色の丘など、ロサンゼルスに残っているとは思えない。残っているにしても、大して目にすることはできないだろう。これに比べると、サンディエゴの記憶は、それほど鮮明ではない。ただ美しい砂浜と、水夫たちの数がおびただしかったことは記憶に残っているけれども。

人からはよく、第五海兵隊に入れたのは運がよかったと、祝福の言葉をかけられたものだったが、これは実は誤解である。第五海兵隊は古くからある連隊で、栄光ある勇猛の歴史を誇っている。だが私の所属したのは、実は第五海兵師団で、全く別の、ごく新しい部隊だった。戦争中に新しく編成された師団の中で、最後から二番目にできたものだ。実戦に参加したことは一度しかない。硫黄島で敵と交戦しただけで、それも実は、次の作戦のために訓練中のことだった。次には、本州の南端に上陸を敢行する予定だったのである。ところが、予定されていた日時には戦争はすでに終わっていて、部隊は代わりに、平和裡に日本の占領に協力することになったのである。翌一九四六年、師団は解散するが、第五海兵隊の方は、最近あらためて調べてみると、現在もなお活動を続けている。

ペンドルトンでは、一体何のためか、最初は分からないまま訓練を続けていたのだが、やがて、硫黄島作戦の準備であると分かってきた。ボウルダーよりは軍事訓練の面が強かったけれども、ノースカロライナほどではなく、長い行軍はあったにしても、砂も強風も雪もないのはありがたかった。その代わり、岸に打ち寄せる大波の中で、空気を入れてゴムボートを膨らませる訓練や、上陸用のネットを登り降りする訓練はさかんにやった。それに、絶望的な状況をどうやって切り抜け、脱出するかの訓練もあった。ボウルダーの学校から入隊した仲間の一人が、ある晩、この種の実戦訓練が終わった後も、帰ってこないという事件が起こった。散々迷った揚げ句、ようやく帰ってきた彼が言うには、方位を測定した時には調子は上々だったのに、その後、状況が悪くなる一方で、迷ってしまったというのである。将官の一人が、上陸用のネットで脚を折ってしまい、硫黄島に行けなくなるということもあった。みんな、大笑いしたものだった。今思い出してみると、こうしたこともみな、むしろ愉快な経験だったような気がする。私など、義理にも優秀な海兵隊員ではなかったから、大目玉を食らったことも一度ならずあったが、上官はよく、たとえ部下が悪戯《いたずら》や悪意のある行動を取った時にも、単に無器用なせいだと見なすことが多かった。とはいえ追憶の中では、こうした経験の痛みも怒りも、ついつい和らいでしまうものではあるのだけれども。

ペンドルトンにいたこの時期、初めて日本兵の捕虜と出会った。北カリフォルニアには、サンフランシスコ湾から少し内陸に入った所に、捕虜の宿営があった。こうした不運な人々に関しては、前々から言っておきたいと思ってきたことがいくつかある。ひとつは、戦闘の最中、捕虜を収容するのは、決して楽な仕事ではないという事実である。たとえ降伏しようとしている相手であっても、決して簡単なことではない。というのも日本人は、捕虜になることを極度に恥じていたし、それに、無事に収容に成功しても、司令部に送るためには、いろいろ手続きを踏まねばならない。しかも、すべて戦闘の続行中に行わなくてはならないのである。いっそ、ひと思いに銃殺してしまった方が、応急の処置として、はるかに手早く片が付こうというものだ。

その後、特にハワイ諸島では、ずいぶん長い時間をかけて、志願してきた下士官兵を相手に、捕虜がいかに重要なものであるか、捕虜を収容し、登録するにはどんな手順を踏むべきか、講義したものだった。下士官たちは静かに聴いてはいたけれども、ほとんど関心がなさそうに見えた。いざとなったら、手早い応急処置を取ろうと、心に決めていたからだろう。あの時われわれのお説教を聴いていた若者たちが、その後どれほど大勢硫黄島で死んでいったかを思うと、心が痛む。

もうひとつ言っておきたいと思うのは、われわれが日本人捕虜にたいして、相応に思いやりのある態度を取ったということ――と同時に、これは相当の確信を持って言えることだが、日本軍はアメリカ人捕虜にたいして、必ずしも人道的な扱いをしなかったという事実だ。先程、日本人捕虜の生活していた場所を指すのに、あえて「収容所」という言葉を避けた理由も、実際あの場所が、「収容所」などではなかったからにほかならない。なるほどみすぼらしくはあったけれども、十九世紀の末頃には、温泉地の観光ホテルとして賑わったはずの場所だったのだ。捕虜たちの生活で一番つらかったのは、多分、退屈だったろうが、こればかりは、大して改善の余地はなかった。

だが実は、われわれ自身が彼らの退屈を、多少なりとも和らげる役に立っていたのかもしれない。国際法からすれば、おそらく合法的とはいえないだろうが、彼らの話をひそかに盗聴する設備ができていた。それで分かったのだが、捕虜たちは、われわれの物真似をして大いに楽しんでいたのである。中にひときわ真似のうまい連中がいて、われわれのうち誰の真似をしているかまで、よく分かった。隊員の中には、前にも触れたとおりＢＩＪ（日本生まれ）が二人いたが、この二人の真似をすることは全くなかった。それではつまり、自分で自分の真似をすることになるわけで、これはなかなか難しかったに違いない。時には、あれは私の真似だと分かる時もあった。誰にしろ、こんな経験をして、愉快に感じる人がいるとは思えないが、少なくとも私自身は、愉快とは感じなかった。とはいえ、悔しい思いはしながらも、彼らにたいして怒る気にはなれなかった。みな、全く善良な人々ばかりで、ただ、運が悪かったというだけのことにすぎない。もしも彼らが、南京やマニラと同様、サンフランシスコを略奪、凌辱していたら、どんな無法を働いていたかもしれぬというのは、また別の問題と言うべきだろう。いずれにしても、私は捕虜を訊問することには気が進まなくなって、それ以後、そうした気持の消え去ることはついになかった。

ペンドルトンに到着したのは一九四四年初め、出発は同じ年の末も近い頃で、そこから真っすぐハワイ諸島に向かった。われわれの駐屯地《キャンプ》は、諸島中で最大のハワイ島にあり、東岸のヒロからは、諸島中最高峰のマウナ・ケア山を越えた反対側に位置していた。「タワラ・キャンプ」という名前だったが、一九四三年、太平洋戦争中最大の激戦地のひとつとなった中部太平洋の環礁、タワラ島にちなんだ命名である。パーカー牧場という、ひどく乾燥した埃っぽい土地にあったが、島の気候が場所によっていかに違うか、端的に示す例というべきだろうか。熱帯樹林がすぐ近くにあるというのに、ここでは埃がものすごく、車のトランクをどれほど厳重に密閉しておいても、必ず火山灰が侵入してしまうのだった。

戦争中、一番恐ろしい思いをしたのはどんな経験だったか、よく訊《き》かれる。正直に答えると、いささか拍子抜けすることになるかもしれないが、ピストルにまつわる事件で、実は弾丸《たま》を装塡したまま磨いていたのである。すると、いきなり暴発し、弾丸はテントの壁を貫通して、道を隔てた別のテントに飛び込んでしまったのだ。そこから先はどうなったのか、それは誰にも分からない。ピストルを膝に置いたまま、私は呆然として凍りつき、憲兵の来るのを待っていた。だが、憲兵も誰も現れず、やがて私は、そのままピストルを片付けた。話はそれで終わりである。まさに奇跡的というべきか、弾丸は別に、これといった物には当たらなかったし、二つのテントに空いた穴に関しても、何の審問も受けなかった。私が戦争中に経験したことの中で、こんな「事件」が最悪のものだったという事実からして、私にとって戦争が、それほど恐怖に満ち満ちたものでなかったことは明らかだろう。というより、むしろ、こんなことを書くのは、いささか当を失するのではないかと恐れざるをえないのだが、概して言えば、私にとって戦争は、それほど不愉快なものではなかったと、正直に認めなくてはならないだろう。ノースカロライナの訓練の方が、硫黄島の実戦より、かえってつらかったような気さえするのである。

　われわれ語学将校は、やがて真珠湾に送られ、日本語にかかわる仕事につくことになった。所属は、太平洋艦隊総司令部の翻訳・通訳担当で、大いに敬意を集めていたニミッツ提督の指揮下に入ることになったのである。提督のおかげで、マッカーサーさえ、われわれには手が出せないとされていた。時々、外出中に提督とすれ違うことがあったが、敬礼すると、きちんと敬礼を返してくれる。以前、日本語学校を受験した時、ワシントンで面接してくれた、あの温厚な紳士を思い出させる物腰だった。

　これにたいしてマッカーサー将軍の方は、海兵隊では全く人気がなく、当時も、その後の日本占領時代にも、ジョークや替え歌で揶揄の対象にされることがしばしばだった。あの頃の海兵隊は、日本軍より、むしろ、味方の陸軍の方を憎んでいたのではないかとさえ思う。ある戯《ざ》れ歌の一節が、今も記憶に残っている。『彼らすべてに祝福を』という軍歌のメロディーに合わせて歌う替え歌である。

トゥラギに来てくれと陸軍に頼んだが
マッカーサーが駄目だと言った
なぜなら今はシーズンじゃない

おまけにそこにはＵＳＯもいない

「トゥラギ」というのは、南太平洋、ソロモン諸島中の島で、ガダルカナル島のすぐ北にあたる。ソロモン諸島の戦闘は、南太平洋の戦局全体の転機となった重要な戦いだった。日本軍は、ここからさらに南進して、オーストラリアに進攻することもできたはずだが、実際には、ここから先には進もうとしなかった。それどころか、ほどなく戦況が逆転し、退却しようにも、退却して行く先さえないという、絶望的な状況が到来する。それから「ＵＳＯ」というのは、United Service Organization の略語で、前線の兵士たちを慰めるため、女性たちを派遣して、罪のない、ごく上品な慰問を提供した組織のことである。

風刺詩と言えば、もうひとつ思い出す歌の一節がある。確か『アイランド・ブルース』という題だったと思うが、キャンプ・タラワでよく歌っていた替え歌の最後の連だ。節《ふし》は、「インディアナのわが家」のメロディーだった。

カムエラなどには　もう飽きた
コレコレ峠も　もう沢山だ
ハワイなんぞは　くれてやる
インディアナの　わが家が恋しい

冒頭の二つの地名は、どちらもハワイ語で、「カムエラ」というのは、サムエルをハワイ読みにしたものらしい。ハワイ島の、キャンプ・タラワのすぐ近くにあった村の名である。

われわれ同様、日本軍にもユーモアのセンスがあったのだろうかと、時々考えてみることがある。多分、そんなものはなかったと考えるべきだろうが、しかしカリフォルニアの宿営で、日本兵の捕虜たちが好んで演じていた物真似などは、いささか意地の悪いものではあったけれども、かなりウイットを感じさせるものではあった。

真珠湾でのわれわれの任務は、何週間か翻訳にかかりきりになったかと思うと、次の何週間かは尋問に当たるというものだった。翻訳したのは、日本軍から捕獲した文書類で、大抵はおよそ退屈そのものだったが、時として、意図しないユーモアのひらめきを発見することもあった。中でも特に気に入ったのは（そのうち、これにも退屈してくることにはなったのだけれども）、作戦指令書の決まり文句だった。「海岸線ニ於テ最後ノ一兵ニ到ルマデ能ク戦ヒ、然ル後ハ後方ニ退キ、航空機発着地ニテ最後ノ一兵ニ到ルマデ戦闘に挺身スベシ」。日本人は時として、必ずしも論理的ではなくなることがあるという印象は、その後も長く、私の脳裏に焼きつけられることになった。

廊下には、この手の文書がうず高く積み上げられ、小さな山を築いている。その中をかき回しては、ほんのわずかにでも意味のありそうな書類を探し出す。これを、題目や重要性に従って分類し、それぞれの箱に詰め込むのである。箱のひとつには、こう大書してあった。

「完全なるガラクタ。ワシントン行き」

尋問の対象は、もちろん日本人捕虜だった。捕虜たちは、ここの収容所が満員になるほど大勢いた。そしてこの施設は、カリフォルニアの場合とは違って、確かに本物の収容所だった。場所は、真珠湾の湾口の西端で、およそハワイらしからぬ名前だが、「イラクォイ岬」といった。尋問は、実は大嫌いだった。最初に経験した時から、尋問には嫌悪を抱いていたことはすでに書いたとおりだが、イラクォイ岬ではその上さらに、全く無意味なことに思えてきたのである。少なくとも、日本語の会話能力を向上させるためには、全然役に立たなかった。その頃すでに、自分は日本語を話すより、むしろ読むのに向いていると考え始めていたし、今でもその考えに変わりはない。だが、実を言うと、これはいささか残念なことではある。もっと話すのがうまければ、もっと金になるからだ。

それればかりではない。捕虜を尋問などしてみても、何か新しい情報が得られる見込みは、ほぼ皆無に近かった。捕虜の方でも、尋問にはもう飽き飽きしていたし、それも無理のないことだった。すでに散々、嫌になるまで、尋問されつくしていたからである。中には、かなり教育程度の高い者もいたし、まとまった話のできる者も少なくなかった。だから適当に話をでっちあげて、私たちがその話を司令部に持ち帰り、点数を稼げるようにすることもできたに違いない。私たちにたいする思いやりの気持さえあれば、そうすることもできたはずだが、おそらくそんな気はなかったということだろう。

それにしても、彼らが人間としてどんな性格の人たちなのか、私はついに知ることができなかった。カリフォルニアでは、捕虜にたいして一種の親しみさえ感じていたのだが、ハワイでは、全くどんな感情も抱くことはなかった。一体なぜそうなったのか、よく疑問に思ったものだが、少なくともひとつの理由は、カリフォルニアではわれわれだけが捕虜と付き合っていたのにたいして、ハワイではことごとに海軍が割って入り、事態を混乱させていたからだったのかもしれない。

いずれにしても、捕虜たちは一度も、個々人としての姿を見せることはなかった。この時の付き合いから、その後も長く続く友情が生まれたと書くことでもできれば、まことに美しい話ということになるのだろうが、それでは作り話になってしまう。戦後になってから、かつてイラクォイ収容所にいたという日本人と出くわしたことが何度かあった。例えば、そうした経験のあるジャーナリストに、一人か二人知り合いになったこともあるし、あそこにいたことのある耳鼻科の医者にかかったこともある。しかし、確かにあの岬の収容所で見た覚えがあるという記憶を呼び起こす顔には、ついに一度も出会ったためしがない。

ある日、思い切って大尉に尋ねてみた。尋問を免除してもらうわけにはゆかないだろうか。そんなことが許されるとは、実は夢にも思ってはいなかったのだが、意外にも免除されたのである。大尉は、キャンプ・タラワからわれわれの隊に加わった士官で、一番位が上だった。そして海軍は、われわれ語学将校の指揮については、ほぼ全面的に彼の意向に委ねていた。多分、私が願い出た時が、たまたま彼の機嫌のいい時に当たっていたのかもしれない。あるいは、ひょっとして、そう愉快な想像とは言えないけれども、私は会話の面では見込みがないと、ただ諦めていただけのことだったのかもしれない。いずれにしても、もう尋問を続けなくてもよいと言われたのだ。これからは、君が希望するなら、文書の翻訳だけやればよろしいというのである。こんなことなら、もっと早く頼んでおけばよかったと悔やんだのだが、しかし、折悪しく、機嫌の悪い時にぶつかっていたかもしれない。それはともかく、それなら翻訳作業のスケジュールをどうするか、早速決めなくてはならない。つまり昼番にするか、それとも夜勤にするのか。翻訳セクションの指揮を担当していた上官に、夜だけ仕事につけるようにできないかと申し出ると、この上官も、意外に簡単に認めてくれた。

こうして、気に入った場所で気に入ったスケジュールが整い、昼間は自由に、思いどおり過ごせることになった。その自由な時間を、私は砂浜に座ったり、町や島のあちこちを探索するのに費やした。あんまり毎日砂浜に出ていたので、肌は日に日に色が焦げ、おかげで、皮膚癌にかかってしまうことにもなった（ただし、もちろん、それほど悪性のものではなかったのだが）。なぜそんなに肌を黒くしたいのかと、みんな尋ねたものだが、別に、黒くしようと思って黒くしたわけではない。ただ熱帯の砂浜というのは、神様の与えてくださったものとして、もっとも甘美にして官能的な賜物であって、いくら味わっても味わいつくすことができないからだ――私はいつも、そんな答えをしたものだった。

半世紀以上を経た今日でも、この考えに変わりはない。ヤシの木は貧相で、面白味がないという人もいる。だが私は、中でも特に、ココナッツの実のなるココヤシは、まことに堂々として、威風を払っていると思う。なかんずく心を打つのは、太平洋から吹きつける風と、絶えず争っているその勇姿だ。コロラドでは、春や夏の風は嫌いだった。さながら大地を引っかき、噛みつくような感じだった。まるで、大地がそこにあるのが我慢ならぬというふうなのだ。しかし熱帯の貿易風は、引っかいたり噛みついたりなどはしない。むしろ、愛撫するかのようだ。

町にもまた、すっかり惚れ込んでしまった。当時は、波止場のまわりの古い地域は、なお一番重要な地区でもあって、ワイキキだけが巨人のごとく、ほかの地域を見くだすということはなかった。波止場と、砂浜沿いのホテルとの間には、まだ家の建て込んでいない空地が広がり、アヒルの泳いでいる池まで点在していたし、ホテルの数も、三軒くらいしかなかった。古い町はまだ水夫の町で、ちょうどデンバーが、まだ乳牛の町だったのと同じだった。当時すでに私は、いつかここへ帰ってきて住みたいと考えていたと思う。だが本当は、少しばかり距離を取って愛し続けていた方が、むしろよかったのではないかという気のすることもある。英語のことわざにも、「親しみすぎては軽んずる」、つまり、あまり慣れ親しみすぎると、貴重なものもくだらないものに思えてくるという。私とこの町の場合、必ずしも、これがそのまま当てはまるというのではない。ただ、ある種の幻滅が生まれたこともやはり事実だ。時々自問することがある。なぜ私はメルヴィルみたいに、思い切って船を降り、そのままホノルルに住みつくことにしなかったのか。というのも、やがて戦争が終わって日本から帰国する途次、われわれは現にホノルルを経由したからである。しかしその時は、そんな考えはついぞ思い浮かばなかった。途中で船を乗り捨てるというのは、やはり、少々冒険的すぎたのかもしれない。だが除隊するには、別にカリフォルニアまで帰らなくとも、途中のホノルルで隊を離れる方法も、確かにあったはずである。

ホノルルには、まだ高層ビルなどひとつもなかった。一番目立つビルでも、せいぜい三階か四階止まりで、いわゆる「五大資本《ビッグ・ファイヴ》」の本部も、波止場の近くに建っていたが、ごくつつましい人好きのする建物で、いかにも熱帯風だった。「ビッグ・ファイヴ」というのは、大農園経済を支配していた五つの会社で、われわれの中でも社会変革を支持し、公平・公正な経済制度を推進すべしと考える者たちは（実は私もその一人だったのだが）、わずか五つの会社が一切を取り仕切るなどというのは、まことに嘆かわしいことと思えた。だがわれわれは、寡占を問題にするには、ハワイがあまりにも狭い土地だという事実を、十分考慮に入れていなかったと言うべきだろう。それに、観光事業はまだ存在さえしていなかったから、現在のような観光経済に比べれば、農業経済がどれほど好ましいものか、当時は知る由もなかったのだ。

大農園の経営者たちは、さながら貴族を偲ばせる裕福な生活を送っていたが、われわれにたいしては、まことに親切にしてくれた。キャッスル家とかクック家の人たちは、よく夜のパーティーに招待してくれたものである。別に、そんな義務などは全くない。純粋に親切で招いてくれたのである。パーティーの後、将軍や提督たちの襟章に全部でいくつ星がついていたか、それぞれ数えた結果を論じあったりしたものだが、数の一致したことは一度もなかった。将軍や提督がいかに大勢出席していたか、この事実がその証拠にもなるだろう。

町の裕福な地域には確かに品があったが、私自身はむしろ、みすぼらしい地域の方が好きだった。ロバート・

ルイス・スティーヴンソンは、十九世紀の末ハワイを訪れ、モロカイ島のハンセン病医院で、生涯をハンセン病患者の支援に捧げたダミアン神父の事跡を知り、熱烈に神父を擁護する文章を書いたが、その頃は典型的なお屋敷街だったベレタニア・ストリートも、私たちの駐留していた時期には、すでに昔日の面影を残してはいなかった。それでも、しかし、まだ今のような、何の特徴も面白味もない商業地域になってはいなかった。

みすぼらしい地域の中に、チャイナタウンも入れていいものかどうか、よく分からない。中国人は世界中、ほとんどどこへ行っても金持ちで通っているが、ただホノルルのチャイナタウンには、そんな気配は全く見えなかった。ちっぽけな食料品店に並んでいる雑多な品物を、一体どう料理すれば食べられるようになるのか、まるで見当もつかない。だが店々の喧騒と、独特の臭いと、緑色の下見板を張った正面の壁とが大好きになった。ニューヨークにもチャイナタウンはあるが、この前ワシントンの帰りに立ち寄った時は、急いでいたから探検してみる暇がなかった。デンバーには、チャイナタウンなどはなかった。だからホノルルのチャイナタウンは、まだ見も知らぬさまざまの世界を、私に語りかけてくるのだった。いつか自分も、そんな国を親しく訪れることもあるかもしれない……。ロッキー山脈の麓から出て来た若者にとっては、まさしく未知の、新しい世界だった。

だが、私が一番好きだったのは、ホテル・ストリートにしろリヴァー・ストリートにしろ、正真正銘みすぼらしい通りだった。街娼が繰り出す通りでもあって、女たちは、いかにも野性的な黒い髪と、見るからに野性的な黒い目をしていた。臆病な私は、思い切って店の中へ足を踏み入れることはせず、ただ通りを歩くだけで、時々は、今ならエスニック・レストランとでも呼びそうな所で、まことに風変わりな料理を食べてみるだけ。当時、ホノルルでまともなバーといえば、将校クラブのバーしかなかった。

娼婦たちの家のどれかに、試しに入ってみておけばよかったと、今になっては残念にも思う。ただ見てみるだけでよかったのだが（しかし、ただ入って見るだけなどということが、できるはずもなかったとは思うけれども）。ずっと後になって、ホテル・ストリートの店で、店内の装飾を担当した女性に会って、話を聞く機会があった。もう相当の齢だったが、店のオーナーの注文には、何でもそのとおり応じたと言う。そして実際オーナーは、アッと驚くような仕掛けを注文したものらしい。例えば、アン女王時代風の華麗な壁のくぼみ《ニッチ》から、怒張した男根がポンと飛び出してくる仕掛けであるとか。

　さて、こうしてまたタラワのキャンプに帰り、私たちは硫黄島作戦のための準備にかかった。と言っても、もう大してすることはない。訓練はもう終わっている。その成果がどんな効果を現すか、後は実際にやってみるしかない。かくして一九四五年二月、われわれはトラックと列車でヒロの港まで行き、硫黄島に向けて出航した。ハマクア海岸から無蓋車に乗り込み、ヒロまで走ったこの時の眺めはすばらしかった。まさしく、すばらしいとしか言いようがない眺めだった。

　ハマクアの海岸は、恐ろしく凹凸の激しい地形で、切り立った尾根や断崖と深い谷とが、交互に連なっている。自動車で移動する方がはるかに楽で、というのも、道路は谷を迂回しているからだが、鉄道は、目もくらむような高い橋脚の上を、いきなり谷へ突っこんでゆくのである。この線路がなくなったのは、別に開発の結果ではない。由緒ある好ましい建造物が、開発のために取り壊される例はめずらしくはないけれども、この線路の場合は、実は自然の力で壊れてしまったのだ。一九四六年の津波で大きな被害を受け、その後、二度と修復されることはなかったのである。おそらく大農園経済には、もう先の見込みがないと考えたからだろう。というのも、この鉄道が作られたのは、われわれ兵隊を運ぶためなどではなく、砂糖の運搬のためだったからである。それはともかく、この日われわれがこの列車で港に移動することは、島中の人が知っていたらしい。どうして知ったのかは分からないが、橋脚が高すぎて近寄れない所は別として、沿道には、終始切れ目なく群衆がギッシリつめかけ、大歓声を上げて見送ってくれたのである。実に感動的だった。ことに、人々の顔はほとんどが、東洋人の顔だったからなおさらだった。

　軍の輸送船ほど不潔、不快な武器は、多分、ほかにはあるまい。もしかりに清潔で、明るく照明の行き届いた輸送船などがあるとしても、私は一度として、乗ったこともなければ見たこともない。それに兵員を、いつでもすし詰めにやたら詰め込む。そもそも輸送船の本来の目的からして、当然のことなのかもしれないし、その上、詰め込まれた兵員がいつでも汚なくて臭いというのも、詰め込みすぎた当然の結果なのかもしれない。それにしても、特にひどかったのは便所で、船が揺れるにつれて水がパシャパシャ跳ね、水と一緒に汚物もバシャバシャ跳ねる。私の乗った中でも、まさしく最悪の輸送船は、確か「T・S・エリオット号」という名前だったと思うのだが、私がそう断言すると、そんなことはありえないと誰もが言う。海軍が、まさかそんな名前を輸送船につけたはずがないというのだ。

ともかくこうして、二月も終わりのある日の朝、われわれの眼前に硫黄島が浮かんでいた。到着の前夜は、戦争中を通じて最悪の夜だったと思う。多分、少しは眠ったのだろう。文字どおり、完全に一睡もしないというのは、実際にはほとんどないことだ。しかしあの夜ばかりは、まさしく一睡もしなかったと確信して疑わなかった。私はおびえ切っていた。あれ以来、硫黄島に戻ってみたことは一度もないが、戻ってみた人の話によると、今では緑の生い茂った島になっているという。だがあの日の朝は、まるで鉱滓《こうさい》さながらに褐色だった。爆撃と艦砲射撃で、緑の最後の一筋まで剝ぎ取ってしまっていたのだ。季節が真冬だったことなど、何の関係もない。島は亜熱帯に位置し、降雨も十分ある。爆撃や砲撃さえなければ、冬でも緑は豊かだったはずである。

あの日の朝デッキに立ち、第一次の上陸部隊が舟艇に乗り込んで出発するのを待っていると、やがて有名になる摺鉢山が、船の左手に見えていた。山は岬になってい て、細い首に当たる部分で島の本体につながっている。島そのものは低い丘で、その比較的平坦な部分に、仮設の飛行場——というより滑走路があり、これを守るためには、敵は最後の一兵に至るまで、必死に抵抗するに違いなかった。しかし実際には、ここで最後の一兵まで死ぬことにはならなかった。というのも、最も激烈な戦闘が行われたのは飛行場の北、船から見て右手に当たる一帯だったからである。

第五海兵隊は、島の南端の砂浜に上陸することになっていた。つまり、船から見て一番左の端である。一見いかにも静かに見えたが、地形は非常に危険を帯びていた。上から山が、あたかも威嚇するかのように見おろしていたのである。だが現実には、最も熾烈な激戦となったのは島の北端で、というのも、頭上から断崖が迫っていたからだった。第五海兵師団は、摺鉢山の首のつけ根の部分を横切り、敵を分断した後、山に攻め登って、島の西岸を北進することになっていた。その結果、実は、思いがけない御褒美を手に入れることにもなった。太平洋戦争中の報道写真として、最も有名な写真が生まれることになったのである。

私も第一陣に参加して上陸したと言いたいところだが、それでは嘘になってしまう。別に私の方から、後の隊に回してくれと頼んだわけではない。そういう問題は、すべて隊長が決定することになっていたが、彼も多分、私が必ずしも、大いに頼りになる隊員ではないことは、先刻承知していたのだろう。やがて、遅ればせながら私も上陸し、必死に砂浜を這いずり上って、持ってきた辞書類を、ようやくの思いで滑走路の上に下ろしたのだった。

その頃にはもう、銃声は聞こえなくなっていた。日本軍は北方に退却していたが、やがてその一帯で、今度こそはほとんど文字どおり、最後の一兵に至るまで戦うことになった。私はと言えば、仲間の語学将校たちを探し、難なく見つけた。私たちの分隊は、D2と呼ばれていた。Dは“division”（分隊）、2は、なぜなのかは謎と言うしかないけれども、昔からの伝統で、「諜報」の意味である。同僚たちは、予想どおり、滑走路の一番端の、坂のすぐ下に集まっていた。以後、硫黄島での戦闘中、私はずっとこの場所で過ごすことになる。ただし時々、地雷原を抜けて浜まで行き、海水を浴びることはあったが。

そんな所に馬鹿みたいに突っ立っていないで、早く壕を掘れ——上官は私にそう命じた。確かに私は、まさしく馬鹿のように突っ立っていたに違いない。気を取り直して、一人用の塹壕を掘り始めたが、ほとんど掘り終わる頃になって、初めて気がついた。いかにも気味の悪い物体が、ほんの数フィート先に、なぜ今まで目に止まらなかったのか不思議なくらい、これ見よがしに突き出しているではないか。新しい壕を掘り直すつもりはなかったから、私はしばらく、その物体と一緒に、ひとつ穴の中で生活することになった。塵芥の山の中から、剝き出しの日本兵の腕が突き出ていたのだ。今わの際に、最後に何か強く訴えるかのような、あるいは何か、挑戦する身振りのようにも見えた。その片腕以外の部分は、塵芥と砂の中に埋もれている。やがて死体処理班が来て、ようやく亡骸を掘り出し、運び去った。彼らが来るのに時間がかかったのも、まずアメリカ兵の遺体の処理を優先させたことを思えば、別に不思議はなかった。大いに不思議に思えてきたのは、むしろ私が、あれほどたちまちのうちに、この腕に注意を払わなくなってしまったという事実だった。そのまわりを歩いても、目をそらすこともなくなってしまっていたのだ。人間は、自分の平静を乱す可能性のある物体は、本能的に視野から外すようにできているものらしいのである。

もうひとつ、摺鉢山に星条旗を立てた瞬間を撮ったという有名な写真についても、私自身、その場に居合わせたと言えたら鼻が高いというものだろうが、これも嘘になってしまう。私が摺鉢山に登ったのは、実際には島が完全に平定されて、われわれがここを離れる直前になってからのことだった。それはともかく、この写真については、これまで実にさまざまの説が行われてきた。ただ、これが実際に現場を撮影したものではなく、後でわざわざポーズを取らせて撮ったもの――いわゆる「やらせ」だと見なす点では、どの説もほぼ一致している。私自身も、あの写真を初めて見た時、本当にしては、うまくできすぎているのではないかと思った。一時期、雑学の大家と称する連中のよく出す質問のひとつに、現存のアメリカ人のうちで、切手になっている人は誰かというのがあった。答えはもちろん、そんな人物は誰もいない、なぜなら、そんなことは法で禁じられているからだというのだが、しかし、実はこの答えは正確ではない。硫黄島に星条旗を立てた人々は、現に生存しているからである。けれども、「やらせ」であるかどうかはともかく、あの写真が世界中の目を釘づけにしたことは事実だった。あの旗が掲げられている時、私は一体何をしていたのか、全く見当がつかないが、多分、捕獲した何かの文書に――それも、何の役にも立たぬ文書に、必死に目を凝らしていたのだろう。

私にとっては、戦闘は、本来あるべき姿とは全く違っていた。この年の早春の数週間は、本来なら流血と恐怖に満ちた時期だったはずだが、私の記憶に残っているのは、もっぱら不潔と倦怠感なのである。時には、私も危険にさらされる状況にあったのだろうが、自分では気がついていなかったし、だから当然、恐ろしいと感じることもなかった。各隊の司令部も、全体を指揮する軍団司令部も、しばしば迫撃砲の砲撃を受けた。日本軍が、司令部の位置を把握していることは明らかだった。翻訳隊にしろ、私の一人用の壕にしろ、滑走路に沿って置かれたほかの施設と同様、砲撃される可能性は大いにあったし、命中する確率も同様に高かったはずである。だが結局は、翻訳隊も私の壕も、砲撃されることはなかった。砲弾が今にも命中するのではないかと、心底から恐怖に駆られた記憶は、実は全くないのである。

硫黄島では、捕虜になった日本兵はほとんどないに等しかった。それに、戦争が終わって以来、かつての捕虜に出会ったことも、私の気がつかなかった場合はともかく、一度もない。当時同僚だった語学将校の中には、戦後そうした経験をした人もいる。国際親善を図る各種の組織の中には、かつて戦闘に参加した両軍の退役軍人を、一堂に集めるという団体もある。けれども、私はそういう機会は避けてきた。少なくとも私は、そうした会合に、何の屈託もなく出られそうにはない。

かつての捕虜のその後の身の上について、時折ニュースを聞くことがある。彼らの中には、捕虜となって生き長らえ、故郷に帰るという恥辱に甘んずるよりは、むしろ自決を選びたかったという人々もいたけれども、実際に故郷に帰って、現に恥辱を経験したという報道は、幸いにして耳にしたことがない。一九六四年七月二十七日の日記には、硫黄島で捕虜になった元日本兵のその後について、面白い記事を読んだことを書きつけている。『朝日』の戸板康二の連載に、まことに興味深い話があった。旅回りの歌舞伎一座の話である。硫黄島でわれわれの捕らえた捕虜の一人は、帰国後ずっと九州の旅回りの一座で、年寄りの女形を勤め続けてきたという。つまり、あれほどの危険を冒して救った命が、こうしたことに費やされてきたというわけだ。いかにも悲しいことにも思えるが、同時にしかし、まことに美しい話とも言えるのではないか」。

戦闘も最後に近くなると、自殺行為も同然の斬り込み隊の突撃が繰り返された。われわれアメリカ人には狂気としか思えなかったが、自決を神聖視する教義を叩き込まれていた日本兵は、夜中に突然、敵陣に乱入して来る。自らの意志で命を断つことはできなくても、あえて自ら死を招くことを求めるのだ。この場合もまた、私たちの所に斬り込み隊が殺到しないという保証は何ひとつなかったし、事実、一度などは、われわれのいる司令部の北側のほんの数十ヤードの所を、突撃隊が突進して行ったことがあった。もし彼らの進路がわずかに左手にそれていれば、われわれ全員が突撃に遭遇していたに違いない。翌朝になって初めてこのことを知り、動転したのだったが、しかし、それ以後この島を離れるまで、毎晩恐れは感じたとしても、上陸前夜の、あの圧倒的な恐怖に比べれば、所詮、ものの数ではなかった。

四月に入ったある日、われわれは島の東海岸に戻った。上陸の時、逆方向で浜を横切った時より、人数は大きく減っていた。それから水陸両用艇に乗り、乗船用のネットをよじ登って、太平洋を越え、東に向かった。目的地はヒロだった。戦争も最終段階に入ったこの数カ月の間に、まだいくつか重要な事件があり、その事件の意味について私の意見は、周囲のほとんどの人とは食い違うことになった。第一は、ルーズベルト大統領の死である。ヒロまで、あと数日という航行中のニュースだった。悲嘆と不安の声が船を満たした。何たることだ（さらには、もっと厳しい言葉もあったが）、後を引き継ぐのは、あのトルーマンではないかというのが、ほぼ全員の一致した反応だった。しかし私は、あえて口に出して、みんなの意見に反対した。おかげで、さかんに体中を小突かれ、懸命に身を守らなくてはならなかったが、自分にそんな勇気のあったことを、私は今でもうれしく思う。彼にチャンスを与えてやるべきだ——私はそう言ったのだ。そして、わが敬愛するハリー・トルーマンは、事実、私の寄せた信頼を裏切ることなく、立派に職務を果たしおおせてくれたのである。

やがて、われわれはヒロに着く。上陸に際して島民の歓迎は、出発の時の熱狂をさらに上回るものだった。彼らには、世にも優秀な口コミのネットワークがあるに相違ない。今度もまた、何があるのか、あらかじめ誰もが知っていたからである。島民の間に、たとえ少数でもいい、親しい友達ができるように、もっと本気で努力しておけばよかったなどと、今さらになって残念がったものだった。けれども、われわれボウルダー日本語学校の出身者は、大半の時間は村ではなく、かなり離れた真珠湾で過ごしていたし、キャンプ・タラワの近くにも、いわゆる「土地の人」はそう多くはいなかった。
まだ戦闘の傷も癒えぬうちに、早速また訓練が始まった。ただし、われわれ語学将校の中には、かすり傷程度の負傷さえ受けた者はいなかった。戦傷者には「パープル・ハート勲章」が与えられるが、われわれの得たこの勲章の数など、これ以上はありえないほど惨めなものだったのである。われわれの中にも、勇気のある連中がいなかったわけではない。硫黄島の北半分、それに山の上にも、至る所に洞窟が掘ってあったが、その中から日本兵を引きずり出すのに、非常な勇気を見せた仲間もいた。しかし、私はその数には入らなかった。われわれが島を離れる前、島は完全に平定されたと宣言されたが、実は、その後も長く、抵抗を続けた日本兵が残っていたのである。

さて、今度われわれの上陸する地点がどこになるか、硫黄島の時よりはよく分かっていた。海兵隊のほかの部隊は、この春も終わる頃、三つの部隊ともすでに沖縄に上陸していた。今度はわれわれの番である。秋には、日本本土の南端に上陸することになるだろう。

われわれ語学将校は、また真珠湾に移動した。だが、あの八月、どうしてまたタラワに戻っていたのか、思い出せない。ただ、原爆投下のニュースをどこで聞いたかは、今でもよく覚えている。ルーズベルトやケネディ死去のニュースを聞いた時に劣らず、鮮明な記憶である。ただし、時間に関してはいささか混乱していて、私の記憶では、ニュースが届いたのは夕食前の、いわゆるカクテル・アワーだったような気がするのだが、しかし広島と――ということは、つまり日本との時差を考えれば、当然、もっと早く届いていたはずだ。ひょっとすると、ただ通信に手間取っただけだったのかもしれないし、それに、そもそも記憶力というのは、人間のさまざまの能力の中で、一番頼りにならないものだという事実もある。あるいはまた、その日はカクテルの始まるのが、いつもより早かったということだってありえなくはない。つまり早く始めたいという誘惑は、確かに強かったはずである。キャンプ・タラワでは、その時間こそ、一日のうち、一番楽しみな時間だったからである。

戦争も終わりに近づいたこの数カ月のうち、私の意見が周囲の誰もと対立した第二の大事件とは、実はこの原爆投下という問題にほかならなかった。少なくとも、この問題についてはっきり意見を口にした人々とは、ことごとく意見が対立したのである。別に私が、ことさら声高に意見を開陳したというわけではない。その点、何カ月か前、トルーマンがあれほど露骨に非難された時とは違っていた。いや、今度のこの機会に、みんながトルーマンのことを今ではどう思っているのか、訊《き》いてみることすらしなかった。きっと四月よりこの八月の時の方が、彼の人気はずっと高くなっていたに相違ない。だが原爆については、周囲の雰囲気は歓迎の気分だった。これで戦争が早急に終わるだろう、そうすれば、たとえどれほどつつましい家であろうと、みんな、ようやくわが家に帰れる――そうした反応がほとんどだったのである。その点に関しては、私も別に、反対すべき理由は何もなかった。確かに、いいことに違いはない。もう二度と、上陸作戦を敢行する必要もなくなるだろう。われわれは、すでに、日本の前哨基地を次々と陥落させていた。後は、本土そのものに進攻する時で、だとすれば、抵抗はこれまで以上に頑強、熾烈となるに決まっている。これで戦争が終われば、そんな危険にさらされることもなくなるはずだ……。

しかし原爆の知らせは私の心に、深い動揺をもたらしたこともまた事実だった。私は今まで、原爆は投下すべきではなかったという意見にくみしたことは一度もない。あるいは広島へ出かけて行って、訪問者の記帳簿に謝罪の言葉を書きつけようなどとは、いささかなりと望んだこともない。かりに私がトルーマンの立場にいたとしたら、私も彼と同じ決断を下していたに違いない。大事なことは、これによって戦争を終わらせることであり、おびただしい人命を救うことだったのだ。そして、原爆によって救われた命の数は、原爆によって失われた命の数より多かったことは、ほぼ確実と言っていい。さらにもうひとつ、あの時は気づかなかったが、投下には、また別の動機があったかもしれない。ソ連の勝手な進出を抑止するという動機である。もし当時知っていたら、私はこの動機にも賛成していたに違いない。日本の左翼はもちろん、アメリカ人の中にさえ、原爆の投下を罪悪視する人々は少なくないが、私には、そんなふうには決して思えないのである。

いずれにしても、しかし、われわれがあの日、新しい世界に突入したことは確かだ。しかもこの新しい世界は、われわれの経験したことのない危険に満ちていたことももまた確かだ。これは恐ろしいことだった。私はただ、あのニュースを聞いて、とっさに、直覚的に感じたことを書いているだけではあるが、あの時受けた最初の印象は、その後も根本的には変化していない。

　海兵隊の兵士たちに、捕虜がいかに重要かについて、長々と説明する必要はもうなかった。これはありがたいことだったが、しかし、隊員たちに状況を説明する仕事は残った。ただし、今はずっと楽になった。これからどこへ向けて出発するのか、今はおおっぴらに話すこともできる。硫黄島作戦の時にしろ、本土攻撃が迫っていた時も、行き先を明かすことなどできなかったのとは大違いである。今は誰もが知っていた。われわれの目的地は佐世保だった。九州最大の軍港である。だが北九州については、私に話せることはほとんど何ひとつなかった。せいぜい役に立ったのは、蝶々夫人の話くらいのものである。結局一番有効な方法は、北九州――なかんずく、佐世保よりさらに北の大きな工業都市群を、インディアナ州北部の工業地帯と比較して説明することだった。海兵隊には、どういうわけか、インディアナの出身者が、異常に多かったからである。

　九月、私たちはヒロに移動し、そこから再び船に乗った。あのすばらしい鉄道に乗ったのも、この時が最後になってしまった。今はもう、いくら乗りたいと願っても、二度と乗ることはできない。われわれが佐世保に着いたのは、マッカーサー元帥が厚木飛行場に着陸してから、一カ月あまり後のことだった。

三、戦後

一九四五年九月の佐世保は、まこと見る影もなく荒廃していた。中心部は爆撃によって一面の焼土と化し、港の近くでわずかに目につく建物と言えば、カトリックの教会しかない。言いようもないほど異様な光景だった。中世ヨーロッパに由来する建築物が、今、地球の反対側のこの焼野原の中にただひとつ、剝き出しのまま、ポツンと立ちつくしているのである。到着後間もない日曜日、私はこの教会のミサに出た。これもまた、ローマ的というよりは、いかにも日本的な光景と思えた。典礼のラテン語は、今まで耳にしたどのラテン語とも似ていない。もっと異様だったのは、中に入るのに靴を脱がなくてはならなかったことである。説教の題目は、その後の私なら、おそらく陳腐と形容したに違いない題目だった。「平和」というテーマである。会衆はみな懸命に、私に気がつかないふうを装ってはいたけれども、嫌でも気にしないではいられない。そのことは、当の私にも十二分に読み取れた。

海軍の工廠も奇妙だった。ハーバードの卒業生が、コロラド大学の図書館を評した言葉を思い出さざるをえなかった。小さいながら気持がいいのだ。実際、驚くほど小さいのである。いやしくも世界の強国を相手に、全面的な大戦争を始めようという国なら、それにふさわしい工廠をもっていて然るべきものだろう。例えばサンディエゴとか、真珠湾がそれである。ところが、今、目のあたりにする佐世保の施設は、まるでおもちゃではないか。戦争の準備として、わずかにこの程度のものしかもっていない国が、サンディエゴや真珠湾を備えている国と戦争を始めようなどと考えたとは、一体、何に取り憑《つ》かれてのことだったのか。全くの狂気だったとしか、言いようがないではないか。

この時からほぼ半世紀後、一九九六年になって、もう一度佐世保を訪れる機会があったが、旧海軍工廠は、あの頃とほとんど変わっていないことに驚かざるをえなかった。これほどあからさまに軍事的な施設が、これほど戦闘的に平和主義を鼓吹するこの国で、まさか重要文化財に指定され、政府の保護を受けることなど、およそありえないこととは思うけれども、しかしまた、当時の姿を伝える物が、ほかにはほとんど何ひとつ残っていないことを考えれば、佐世保の旧海軍工廠は、十分にその資格を備えているのではないかとも思う。

それから翌一九四六年の初めまで、佐世保に駐留していた数カ月の間に、何度か長崎を訪れたことがあったが、二つの都市のうちでは、佐世保の方がはるかに惨めなように思えた。予想からすれば、そんなことはありえないはずだけれども、実際に経験したところからすれば、確かにそのとおりだったのである。佐世保は、海軍工廠ができるまでは無に等しかった。ところが、その工廠は戦争で破壊されてしまい、戦後は、かつての役割を果たすことなどできなくなってしまった以上、佐世保にはもはや、どんな未来がありえたというのか。にもかかわらず、町は今も生き延びているどころか、立派に繁栄さえしているように見える。この事実は、人間の精神力の証《あかし》であり、さらに具体的には、もちろん今では有名になった日本人の頑張りの、もうひとつの証明でもあると言うべきだろう。

長崎は丘の多い町で、しかも原爆は（もちろん、広島に次いで二発目だが）、市の中心から、やや南に外れた地点に落ちた。中心部がそれほどの破壊を受けずに済んだのも、実はそのためである。長崎は面白い町だけれども、鎖国時代、日本が世界にたいして開いていた唯一の窓だった頃の遺物は、今ではもう、大して残ってはいない。しかし、開国後の明治時代の事物は、今でもかなり残っている。

あれ以来、佐世保も長崎も、何度も訪れている。日本人から始終訊《き》かれるのは（私だけではなく、いわゆる外人は誰しも同じだろうと思うが）、日本で一番好きな所はどこかという質問だ。最初はまず、正直に答えることにしている。「東京です」。けれども、相手が期待しているのはそういう答えではないと分かっているから、第二の答えも用意してある。佐世保と長崎も、私の好きな土地ですと。なかんずく佐世保にたいしては、特別の愛着を感じざるをえない。誰しも、この町は滅びてしまうに違いないと思っていた。にもかかわらず、断じて滅びようとはしないからだ。

断じて滅びようとしなかった点では、日本全体も同じだった。戦争直後のこの何カ月間に、私は日本人についても、日本語についても、全く違う見方を抱くようになっていた。特に日本語については、私はそれまで、実は一度も、真剣に取り組んだことがなかった。結局のところ、戦争を無事に切り抜けるための方便にすぎず、だから戦争中は、知る必要のある以上のことは、あえて知ろうという興味も持たなかったのである。いわば、右の耳から入ったことが、そのまま左の耳から出てゆくだけのことだったのだ。目の前に、何か習わなくてはならないことが現れると、必要に迫られて習いはしても、直接の必要が過ぎてしまえば、すぐに忘れてしまうのだった。新聞は、いささか苦労しながらも、いつも読み続けてはいたけれども、必要な単語力を身につけようとはしなかったし、特に、内容のある文章を読むには不可欠な漢字も、一向に身についてはいなかった。

戦争中に、『源氏物語』を読んだ。もちろん、アーサー・ウェイリーの英訳である。すばらしい作品だと思ったが、しかし何年もの間、原文で読もうと試みたことは一度もなかった。初めて原文で読んだ文学作品が何だったか、それに、いつのことだったかはよく覚えている。太宰治の『斜陽』で、一九四八年のことだった。その当時、ほとんど誰もがこの作品は読んでいた。この同じ一九四八年、日本の年号で言えば、昭和二十三年にあたるが、太宰は、玉川上水に身を投じて死んだ。

私を変えたのは、私の周囲の日本人たち自身だった。終戦直後のこの時期、日本人の行動を一言で形容すれば、「見事」という一語に尽きるのではあるまいか。さまざまな職務のうち、これなら私の手にも負えると上官の判断した問題が起きると(ただし、ほとんどの問題は私の手には負えなかったのだが、誰も格別気にしなかった)——例えば、中国から帰還してくる日本兵を乗せて復員船が港に着くと、出かけて行ってその処理を助けるよう命じられることがあった。彼らについて何より印象的だったのは、みんな、実に明るかったということだ。彼らにとって、これは実は、極めて過酷な経験だったとはずである。にもかかわらず、彼らは実に快活だった。ちなみに佐伯彰一さんは、後に文芸評論家として名をなし、私とも親交を結ぶことになる人だが、この同じ時期、ここで、やはり復員船にかかわる仕事をしていたという。だが二人とも、実は、この時会ったという記憶がない。当然、会っていて不思議はなかったと思えるのだけれども。

しかし、私の心に深い印象を刻んだのは、この、大陸から復員し、まことに絶望的な状況のもとで、何とか自活してゆくことを強いられている元日本兵たちばかりではなかった。佐世保や長崎の一般市民、なかんずく佐世保の市民たちもまた、実に印象的だったのである。彼らの方が、親しく接する機会ははるかに多かったのだが、彼らは敗戦の衝撃をかなぐり捨てると、自分の周囲をつぶさに見た。軍事的な拡大政策は、夢想したような輝かしい成果など、何ひとつもたらしはしなかった。だとすれば、何か、新しい道を模索しなくてはならない。そう思い定めるや、人々はみな、懸命に働き始めた。瓦礫の山を片付け、家を建て、物を作り、売ることを始めたのである。とはいえ、私がその時直ちに、将来の奇跡の経済成長や、巨大な産業構造の形成を予見したなどと言えば、それは嘘になってしまうだろう。ただ、私はその時、はっきり思い知ったのだ。この人々、そして、この人々の言葉を研究することは、決して時間の無駄などには終わらないはずであると。この人々は、やがて必ず、世界に伍して恥ずかしくない国民となるはずだと。本当なら、いち早くこの確信に達していればよかったのだが、実際には、私がいよいよ本格的に、日本や日本語の研究に取りかかるのには、まだこの先、もう少し時間がかかることになる。

当時よく言われたことだし、今でも時折耳にすることがあるが、天皇が敗戦の責任を問われなかったという事実を正当化しようとして、日本社会が瓦解するのを防ぐためには、皇室が不可欠だったと主張する説がある。私は、当時もこの説を信じなかったし、今もこの説を信じない。日本人は、皇室があろうとなかろうと、自ら行くべき道を発見する内面の力は、十分にあったと信じるからだ。

この話題は、これ以後二度と取りあげる機会はないかもしれないから、ここで私自身の意見を、手短に述べておいた方がいいかもしれない。天皇が退位を強いられることもなく、戦争犯罪者として法廷に引き出されることもなかったのは、一体なぜかという問題である。その説明は、要するに、マッカーサー元帥の虚栄心のためだったのではないのだろうか。元帥は、天皇を自分の下に置くことに、強烈な喜びを感じていたのだ。同様に、次には、アメリカ大統領まで自分の下に置くことを望み、それができないと分かると、今度は、強烈な失望を味わったのだ。

われわれの最大の任務は、日本軍の武装を解除することだった。しかし、極めて有能にこの任務を遂行したとは言えないと思うし、私自身、与えられた職務を果たすについて、そう高い点はつけられなかったと思う。銃器を発見し、ドリルで穴をあけて使用不能にすること自体は、それほど大変な仕事ではなかった。しかしほかにも、弾薬や糧食をはじめ、あらゆる種類の軍需品や物資があった。まことに膨大を極める各種の目録を押収したのだが、それがすべて、どういうわけか知らないけれども、よりにもよって、私の机の上に積み上げられるのである。どうやら、隊長は考えたらしい。真珠湾で、捕虜を尋問している間は別として、あれほど長い時間をかけて私が身につけたはずの知識を、今こそ実際に開陳してみせるべき時が来たと。理由はともかく、このうず高く積み上げられた目録の山は、さながらあの、高校の物理の時間の廃品の山と同様、どこからどう手を付ければいいものやら、まるで見当もつかない。もちろん、まず一ページ目から始めなくてはならないが、しかし、そこに書いてあることが、実はほとんど理解できない。しかも、そんなチンプンカンプンのページが、それ以後何百ページとなく、無限に続いている。それがまた、すべて実に入念に、ビッシリ書き込んであるのだ。何人もの人々――というより、おそらく相当の数の人々が、恐ろしく長い時間をかけて完成したものに相違なかった。

はたして目録が正確かどうか、チェックすることはほとんどなかったと記憶している。われわれはただ、これを厳粛に承認し、ここに記されている物資や資材が、無事になくなってゆくことを望んだのだ。そして実際、みな無事になくなってしまったことはもちろんだが、しかし、当時われわれも薄々気づいていたし、後に疑問の余地なく明らかになったところによれば、莫大な量の物資が闇市に流れ、同時にまた、このことによって、壊滅状態にあった日本の企業が、息を吹き返すこともできたのだった。しかし考えてみれば、もっとはるかに危険なことも起こりえたのである。ちなみに、今の秋葉原の電気街は、まさに東京の驚異のひとつに数えられているけれども、もともとは、千葉県から流入した旧軍隊の物資から始まったものだという。

分遣隊の一員として、対馬や五島列島に派遣され、島に駐屯していた日本軍の武装解除に当たったこともあった。なかなか興味深い経験で、こんなことでもなければ、おそらく行く機会のなかった場所をあちこち訪れることができた。対馬からは、はるかに韓国を望見することもできた。かつて日韓貿易では、当然のことながら枢要な役割を果たした島だ。一方、五島列島は、江戸時代、隠れキリシタンの中心地だった所である。島に駐屯していた日本の部隊は非常に友好的で、われわれが穴をあけるべき銃のありかを、実に礼儀正しく案内してくれた。あれ以来、対馬も五島も、いまだに再訪する機会に恵まれていない。

闇市を調査するため、あちこち出かけることもあったが、これは、そう楽しい仕事ではなかった。訴えがあると、必ず小隊を派遣して調査に当たるのだが、私は最初から、これは日本の当局者の仕事であって、われわれの任務ではないと考えていた。この意見は正しかったと、今でも私は考えている。日本の当局者が、問題に気づいていたことは確かだったし、この種の問題の処理には、われわれよりはるかに能力があったことも確かだ。実は彼らは、こうしたことにはあまり手を出したくなかったのかもしれないが、この点については、自信をもってどうこう言う資格は私にはない。われわれは、私の記憶する限り、大して意味のあるようなことは、何ひとつ摘発するに至らなかった。ただ、闇市の調査に出たおかげで、いろいろ面白い所、美しい土地を見ることができたことも確かである。例えば唐津で、というのも、この古い陶器の町にも、やはり闇市があったからだ。当時、闇市のない所など、ほとんどありえなかったのである。

佐世保時代の一時期、町中に住んでいたこともある。工廠を見下ろす士官宿舎を接収していたのだが、小さくて清潔な日本家屋に、相当ひどい瑕《きず》をつけてしまったこともあった。時折、ここにも決死隊が斬り込んで来るという噂があり、いかにもひ弱なこの住居を、できるだけ安全にしようと、考えられる限りの手を加えたのである。つまり、釘などおよそ似つかわしくない所に、やたらに釘を打ちまくったのだ。もちろん、斬り込み隊など来なかったことは言うまでもない。そもそも、日本人がアメリカ人に危害を加えたことなど、一度として記憶にない。ただ、私があえて、警察に嘘をつかざるをえない事件のあったことは覚えている。われわれの宿舎でボーイをしていた日本人の少年が、チョコレート・ミルクの缶を二個、ポケットに入れて門を出ようとしていたところを、警備員に捕まってしまったのである。その子のことがひどく可哀想に思えて、私が与えたのだと嘘をついてしまったのだ。

市内に住んでいた時期以外は、相浦に駐屯していた。佐世保の北に当たる、ごく小さな海軍基地である。美しい海岸で、かわいらしい島々が点在し、気候が寒くなるまでは、泳ぐにはうってつけの所だった。今は、長崎大学のキャンパスの一部になっている。便所がひどく臭《にお》ったことは、当時の感覚的な記憶として、一番強く心に焼きついている印象のひとつで、この印象は、今も生々しく記憶に残っている。

全体としてみれば、私が占領軍の一人として九州で過ごしたこの数カ月は、決して不愉快なものではなかった。それどころか、やはりどうしても日本語を真剣に習わなければならないと、ようやくにして私に決意させてくれたという意味で、少なくとも私の生涯にとっては、重要な意味をもつ時期となった。ボウルダーで海軍日本語学校に入学した時、私の一生に大きな転機が訪れたのだったが、その変化が、今や完成することになったのである。

こうして、一九四六年の一月、私たちは佐世保を発《た》ち、サンディエゴに帰還した。この時も、やはり船旅だった。戦争中も、終戦直後も、太平洋の横断は、私の場合、いつでも船だった。もっと恵まれた連中は、水上飛行機で飛び回っていたけれども、私はそんな特権に恵まれてはいなかった――というより、私はそもそも、船の方が好きだったのである。輸送船は、恐ろしいこともあったけれども、しかし、飛行機で恐ろしい思いをするよりは、まだましだった。現在では、誰でも飛行機を利用する時代になっているが、今の時代の一番具合が悪い点は、選択の余地が奪われているということだ。今ではもう、定期船などというものは、乗ろうにも、事実上姿を消してしまっている。

ペンドルトンでの除隊には多少時間がかかったが、まだ冬景色が消える前に、コロラドに帰ることができた。やがてすぐに春が来て、そのうち夏になる。その頃には、やはりここを出て行かなくてはなるまい。春の間、私はもっぱら庭いじりに時を過ごした。昔から、わが家の庭を手入れするのは、私の仕事になっていた。だから私がいなくなると、わが家の庭は、また自然そのままに戻ってしまう。今になって考えると、むしろ、そのままにしておいた方がよかったのかもしれない。まるでイングランドの一隅であるかのように仕立て直そうなどと、懸命になるべきではなかったのだ。コロラドでは、いい庭はみな、草を思い切り短く刈り込むか、さもなければ、自然の風景をそのまま残すか、どちらかなのだ。

やがてここを出て行かねばならないと考えたのは、このままコロラドに残るつもりはなかったからである。なるほど景観は壮大だったが、文化的には、やはり、いかにも狭苦しい。しかし、それなら、一体どこへ行くのか、そもそも何をしようというのか。

この問いのどちらについても、私には満足のゆく答えはなかった。ともかく、まず東部へ行こう。だが、私は心に決めていた。大学教授と称するディレッタントにだけはなりたくない。ただ、結局、この決心を守ったとは義理にも言えないし、そもそも、なぜそんな決心をしたのかも、実はよく分からないのだ。はっきりしているのは、私がもう、英文学を勉強するつもりはなかったということ、同時にしかし、日本語を研究する自信ももてなかったということである。親類の叔父さんたちのように、弁護士になる可能性は初めから問題外だった。かといって、前にもすでに触れたが、ホノルルへ帰ろうという気は、ハワイは大好きにはなっていたけれども、心に浮かんだことすらなかった。ハワイもまた、文化的には、狭苦しい土地と感じていたのかもしれない。

そのうちに、もう少し具体的な考えが、ぼんやりと浮かんで来た。外交関係の仕事をやってみてはどうだろう。そこで、ワシントンにある予備校（実はジョージ・ワシントン大学の一部なのだが、外交官試験を受ける人々のための大学院）に願書を出し、入学を許されたのである。ほかにも東部の大学の、確か三校だったと思うが、大学院に願書を出し、こちらも入学が認められた。その中から、私は迷わずコロンビア大学を選んだ。前に一人でニューヨークを訪れた時、チラリと見て、勉強するならここだと考えたことがあったからである。こうして、それ以後一年ほどの作戦計画が形を整えた。夏はワシントンで過ごし、学期が始まればニューヨークに行くという計画である。

ワシントンでは、ずいぶんいろいろなことを覚えた。例えば、マレーシアにはスルタンの位階がいくつあり、それぞれの名称は何というか、など。これが実際、試験で役に立ったのだが、試験が終われば、たちまち完全に忘れてしまった。秋には、ニューヨークで筆記試験を受けてパスし、翌年の春には、ニューヨークに呼ばれて面接を受けた。これもうまく行った。後、外交官として任用されるのに必要なのは、上院の承認を得ることだけだった。

けれども、この承認がなかなか出ない。少しばかり不安になって、古くからコロラド州選出の上院議員を務めているエド・ジョンソンに会いに行った。歴史の本などでは、それほど大きく取り上げられてはいないけれども、コロラドでは、ほとんど伝説的と言ってもいいほどの人物で、何をやっても必ず成功を収め、州議会議員から副知事になり、さらに上院議員にまで出世したが、その後、自ら望んで、再び州知事に戻った経歴の持ち主である。けれどもエド(われわれはみな、彼のことをこう呼んでいた)が、一番世間の耳目を集めることになったのは、マッカーシー上院議員にたいする譴責委員を務めた時だった。それはともかく、私のようなただの若造が面会に現れたのには、エドもきっと腹を立てていたに違いない。当然、私の父が現れるものと思っていたはず――というのも、父とは昔からの知己だったし、父と私は同姓同名だったからである。しかし、彼は怒りを自制し、できるだけのことはしようと約束してくれた。この約束が、実は非常に重みのあるものだったことはすぐに分かった。ほんの一日か二日で、上院で承認は可決されたからである。

コロンビアでは、「公法及び行政学」で修士号を取った。もっと一般的な呼び方で言えば、要するに政治学である。私が将来の職業として選んだ分野からすれば、文学などは場違いと思えたのである。ただ、日本や日本語に関する科目はいくつも取った。学位という点について言えば、私がきちんと勉強して取った最終学位は（つまり、やがて名誉として与えられることになる学位は別とすれば）、この、コロンビアで取った「公法及び行政学」修士号だけである。日本文学では何の学位もないし、当然ながら、博士号もない。もちろん学位は大事なものだが、何より大事というほどのものではない。

ドナルド・キーンも『なつかしい人びと』の中で、角《つの》田《だ》柳作先生にたいして非常な敬愛の念を示しているが、実際この時期、コロンビア大学で日本の文学、歴史、思想についての研究・教育を、文字どおり一身に体現していた人物は、角田先生その人だった。私も、先生にたいする敬愛の念においては、キーンと全く思いを同じくしている。学識、寛容、温厚――どの点にかけても、他に類例を見ない先生だった。キーンとも、その年、ある程度は会っていたが、いつでも遠くから見ているという感じで、初めてきちんと自己紹介をしあったのは、翌年、イエールかハーバードでのことだったと思う。私はコロンビアが大好きで、ニューヨークも大好きになった。だから、ここで学生だったのはほんの一年にすぎないけれども、コロンビアこそ、わが母校と考えるようになっていた。コロラド大学にたいしては、一度も抱くことのなかった感情である。そういうわけで、出身校はどこかと訊《き》かれると（そういう質問をするのは、大抵は日本人だが）、コロラドではなく、コロンビア大学と答えることにしている。

さて、一九四七年の初夏、宣誓をして、国務省外交局に入るための書類に署名を済ませた時、局内の誰かが私に会いたがっていると聞かされた。その誰かとは、ジョン・エマソンという人物だと分かったが、その名前だけは、すでに何度か耳にしていた。公務員として有能、誠実な人物でありながら、マッカーシーと衝突したため、本来なら当然もっと昇進していて然るべきであるのに、不遇に終わることになった人物である。

会ってみると、全く気取りのない、気さくで人当たりのいい人柄だったが、私に、日本語担当官になる気はないかと尋ねるのである。そして、いかにも申し訳なさそうに彼の付け加えたところによると、君としては、ぜひとも早く日本に戻りたいと考えているのだろうが、もしこの提案を受け入れれば、日本に戻るのは一年ほど遅れることになるという。私は実は、たとえ佐世保よりもっと興味のある所であっても、それほど強く日本に戻りたいと願っていたわけではなかったのだが、それはともかく、彼の提案というのは、同じ外交局の同僚何人かと一緒に、夏はイエール大学で日本語の集中教育を受け、その後一年間ハーバードで、日本関係のやりたい研究を続けてはどうかというものだった。私は、もちろん、喜んでこの提案に賛成した。こうして、私の新任の外交局員としての最初の任地は、いささか奇妙な場所になった。イエール大学の所在地、コネティカット州ニュー・ヘブンになったのである。

イエール大学では、そう大したことは習わなかったと思う。ただ、その夏はまことに愉快で、コロラド生まれの若者には、全く経験したことのない楽しみに費やすことが多かった。例えば、対岸のロングアイランドまで、ヨットで往復するのである。実に爽快だった。コロラドでも、特に私の生まれ育ったあたりでは、舟を漕ぐ所といえば、夏は涸れて干上がってしまう、ほんの水たまりのような川しかなかったからである。

ハーバードでの生活は、エマソンが言っていたとおりだった。時間と体力の許す限り、本を読んだり授業に出たりすることになってはいたが、試験は受けなくていい。授業も、興味のあるものがあれば、どれを取ってもよかった。私たちの面倒を見てくれたのは、まだ若手の教授だったエドウィン・ライシャワーさんで、やがて駐日大使となったことは周知のとおりだ。まさに寛大そのもので、私の方から諸君に質問などすることはないが、君たちの方で必要があれば、いつでも質問に来なさいと言ってくれた。

国務省から出向していた同僚は、全部で四人だった。私の場合、外交官としての経歴は長くは続かなかったし、もう一人、当時私たちの中で唯一、日本語を全然知らなかった同僚も、外交官の仕事を長くは続けなかった。残る二人、デイヴィッド・オズボーンとオウエン・ザーヘレンは大使にまでなったが、どちらも重要な国の駐在ではなかった。二人とも、すでに故人となってしまったけれども、私の知り合った人々の中で、最も優れた人物だった。もっと重要な国で、大使を務めて然るべき人たちだったと思う。

大体アメリカ政府は、専門の外交官にたいして、正当な扱い方をしない場合が多い。重要な大使の職は、どういうわけか東ヨーロッパだけは例外として、政界から選ばれる傾向が強いのである。アメリカ以外の国では、この点、事情が違っていて、もっと正当に扱っていると思う。イギリスは、時には政界出身の大使をワシントンに送ってくることもなくはない。例えばオームズビー＝ゴアが大使に任命されたのは、ケネディと個人的な友人だったからである。日本の場合、少なくとも最近の例としては、どこの国にたいしても、政治家を大使に任命した例は、ちょっと思い当たらない。イギリスにしろ日本にしろ、専門の外交官出身の大使の仕事ぶりは、アメリカの政治家出身の大使の場合より、一般にいい結果が出ている。少なくとも、日本駐在のアメリカ大使のうち、一番いい仕事をした人々は、専門の外交官出身の場合だったと私は思う。いずれにしても東京には、時々、職業外交官が大使として赴任することがあるけれども、ロンドンやパリでは、今までそんな例は一度もない。

故人となった親友、オズボーンとザーヘレンについては、これ以後あまり多くを語る機会がないかもしれない。だから、多少は繰り返しになり、あるいは脱線になるかもしれないけれども、ここでこの二人について、肝心な点だけは書いておきたい。二人とも、語学の才能はすばらしく、物事を的確に分析する能力と、冷静な常識を備え、公務員として献身的に精励した。ちなみに二人とも、海軍日本語学校の卒業生である。ただし、私が入るより前にすでに卒業していたから、在学中は彼らのことは知らなかった。ただ卒業後は、ザーヘレンは私と同じ第五海兵隊の所属になった。オズボーンに初めて会ったのは、イエール大学時代のことである。オズボーンは、最後は駐ビルマ大使、ザーヘレンは南米スリナムの大使で終わったが、二人とも、もっと重要な職務につくに十二分に値する人物だった。私と同様、オズボーンは辺鄙な土地の出身で、南部の片田舎の生まれである。ザーヘレンの方は、ニューヨーク生まれの聡明な都会っ子だった。もう一人思い出すのは、なかなかの才能に恵まれた外交官、リチャード・スナイダーのことである。最後の任地はソウルで、ほかの二人より重要ではあったけれども、ソウルの次に行きたい所はただひとつ、東京しかないと言っていた。しかし、その希望がかなえられず、退職を申し出て、事実、そのとおりになった。

私たちの所属していた学科は、現在は「東アジア言語文化学科」と呼んでいる所で、学科長を務めていたのは、セルゲイ・エリセーエフ教授だった。ロシアから亡命して来た人で、角田先生と同様、アメリカの日本研究の礎を築いた一人である。いかにも都会的で愉快な先生だったから、私はすぐ好きになった。ドナルド・キーンも、この同じ一九四七年から四八年にかけての学期、やはりハーバードにいたが、エリセーエフのことは、あまり好きではなかったらしい。『なつかしい人びと』の中に、角田先生に関して、エリセーエフと意見が衝突したことを書いている。エリセーエフは角田先生について、キーンの言葉を借りれば、「あんな男がどうして大学にいられるのか、不思議だ」と言ったという。キーンがそう書いているのだから、確かにエリセーエフはそう言ったのだろう。私に言えるのはただ、こういう物の言い方は、私の知る限り、エリセーエフの性格とは合わないということだけである。私の経験からすれば、彼はいつも変わらず礼儀正しく、控え目だった。旧世界の、完璧な紳士と思えたのである。この点、角田先生も全く同じで、東と西と、地球の反対側の生まれではあったけれども、二人とも、まさしく旧世界の紳士というものの、典型的な実例だった。

エリセーエフ先生は、教室の中より、むしろ外にいる時の方がよかった。講義は、義理にも上手とは言えず、いつもノートに目を落としたままである。ただ、学生を笑わせたい時だけは別で、目を上げて私たちの方を見る。ここで笑ってほしいという、サインなのだ。ただ、英語は下手だった。この点も、角田先生と同じだった。ただし角田先生の場合は、一言も聞き逃すまいと懸命だったが、エリセーエフ先生の場合は、聞き逃して惜しいと思うようなことは、どうせそう多くはないと、たかをくくっていることができた。それに、エリセーエフ先生独特の癖は、最初のうちは面白く感じていたけれども、そのうち退屈になってきた。そう言えば、必要もないのに言葉を繰り返し、表現に重みをつけるのも癖だった。例えば、「及び、かつ等々」(and etcetera) とか、「逆もまた同時に同様にして」(vice and versa) といった具合である。

先生の担当していた「日本文学通史」の講義は、一時間半の授業が週二回という時間割だった。ある日、いつも私の隣に座るフランス人のイエズス会士が、半分うめくように、フランスなまりの英語でつぶやいた。エリセーエフ先生の英語より、はるかに耳当たりのいいなまりだったが、「長すぎる！」というのである。多分、私にしか聞こえなかったと思うが、全く同感だった。

　エリセーエフの講義ぶりについては、もうひとつ、忘れがたい思い出がある。ある日、彼の授業に、非常に高名な聴講者があった。開戦前、最後の駐日大使を務めたジョゼフ・グルーである。この時は、ハーバード・イェンチン研究所で、評議員か何かをしていた。講義の中ほどまで来た時、この元駐日大使は、何と、補聴器のスイッチを切ってしまったのである。この時も、多分、気がついたのは私一人だった。元大使も、私の隣に座っていたのだ。エリセーエフの講義ぶりについて、この無言のジェスチャーは、何より雄弁に物語っていると思った。私は、にっこり彼に笑いかけたのだが、彼の方では、いささか冷やかな貴族的なタイプだったからか、笑い返してはくれなかった。

　エリセーエフ先生のこの退屈極まる授業を、それでも私は、年間を通じて一回しか休まなかったと思う。みんなは、実は、私の休んだ授業こそ、多少なりとも興味のもてた唯一の授業だったのにと、わざと残念がってみせた。能と、中世の日本の抑制された美の感覚についての講義で、最も「日本的」な美学とされるテーマである（ただし日本には、実はあらゆる種類の美意識が存在しているのだが）。みんながしきりに褒めるのを聞いて、惜しい講義を聞き逃してしまったと、その時は口惜しいような気がしたけれども、そんな思いは、そういつまでも続くことはなかった。この手の「日本的」美感については、その後、嫌になるほどお題目を聞かされることになったからだ。

　私が好きだったのは、ロウランド教授の日本美術についての授業だった。教室はいつもフォッグ美術館を使ったが、昼食後の一時間目という、そうでなくとも一番眠い時間なのに、その上スライドを映すために部屋を暗くするので、ことさら眠くなりがちだった。「次のスライド出してください」——教授は映写係にいつもそう言うのだが、その声がまた、まるで催眠術師の声のように眠りを誘う。だから、ついつい眠り込んでしまうのである。しかし、この授業で取ったノートは、今でも私の手許にある。どうやら私は奇跡的な秘術を編み出し、大事なところで一瞬目を覚ましては、スライドの絵をスケッチする方法を身につけたらしい。しかもそのスケッチが、実はなかなかよくできているのだ。スケッチといえば、エリセーエフ先生の授業の間に描いたいたずら描きの中には、当時よく『ニューヨーカー』に寄稿していた風刺画家、ソール・スタインバーグに匹敵するかと思うものさえある。

そのほかに、学生たちの通称で「稲《ライス》・田《パディーズ》」と呼んでいた授業があった。日本・中国の歴史と文化を概観する学部生のための講義で、担当していたのはライシャワー、それにジョン・キング・フェアバンクという、二人の有名教授だった。とはいえその当時は、まだそれほど有名になっていたわけではなかったが、それはともかくこの授業は、面白いと思う時もあったし、それほどでもないと感じることもあった。ある意味では、エリセーエフ教授の場合より、この二人については疑問を抱くことがままあったからである。もちろん、ライシャワー教授は日本の歴史と文化、フェアバンク教授が中国の歴史と文化を担当したのだが、どちらも、いつもというわけではないけれども、時折、いわば少々酔っぱらって、正気をなくしているのではないかと思えることがあった。自分の研究対象をあまりに愛しすぎて、いささか贔屓《ひいき》の引き倒しに陥っているような気がすることがあったのだ。

二人についてひとつずつ、そうした例を挙げてみよう。もっと挙げることもできなくはないけれども、私の目的は別に、告発状を提出するなどということではない。ただ、高名な両教授について、いわばズブの素人の学生が、ふと、子供じみた疑問を感じたことを告白しようというにすぎない。

ライシャワー教授が口癖のように語っておられたのは、日本には古くから尊敬すべき民主主義の伝統があり、第二次大戦後の今になって、初めて生じたように見える事態も、実は決して、無から唐突に現れ出たものではない、という説だった。私には、しかし、どうもそんなふうには思えなかった。教授の説には、もちろん、私の意見などとは比較にならぬ権威があったが、それでも私には、今日、日本に現れた民主主義には、あまりにも信頼性が乏しいように思えたし、しかもまた、かつて民主主義の実験を試みた時も十分には根づかず、ほんの少しばかり風が吹いただけで、本格的な嵐の来襲を待つまでもなく、早々と瓦解してしまったことを考えれば、この国に民主主義の根が遠く、深く張っていたとは、とても考えられなかったのである。

一方、フェアバンク教授がいつも繰り返し説いていたのは、中国がその歴史を通じて、いかに平和的な国であったかという点だった。他国を攻撃し、軍事的手段によって領土を拡張した歴史はないというのである。だが、二千五百年前の中国の地図と、今日、中国が自国の領土と見なしている地域とを比較してみれば、たとえ台湾を除いても、その拡大ぶりは歴然としている。黄河の流域に限られていた領土が、いかにして今日の巨大な国家に成長したのか。周囲の民族がこぞって自ら参入し、勇んで漢民族国家の一部となることを熱望したからだろうか。そんなことは、そもそも人間の本性からしてありえない。そして中国の人々とは、人間の中でも、一番ふんだんに人間的本性を備えた人々ではないか。当時、私は臆病で、そんな意見を口に出す勇気はなかった。ただ、心の中で考えただけである。ずっと後になって、私はベトナムの歴史を知り、この国の歴史がなぜこれほど単調、退屈であるか、その理由に気がついた。ベトナムの歴史には、終始一貫、ただひとつの問題しかなかったからだ。いかにして中国人を閉め出しておくかという、この一事しかなかったのである。

ハーバードは、コロンビアほど好きにはなれなかった。それほど親しみを感じる所ではなかった。ひとつには、単に聴講しただけで、卒業生ではないからかもしれない。コロンビアでは寮にいたが、ハーバードでは寮に住むこともなかった。私はまだ、一年ここにいて、後はどこかへ行ってしまうだけ、そして、ハーバードの学位を世間に見せびらかすつもりもなかった。なるほどハーバードは、卒業生の定義についてはかなり気前がよく、私など、ほんの一年在籍しただけなのに、ハーバード・クラブの会員にしてくれた。私がまだ会員だった頃には、東京にも支部があり、最高に便利な場所にクラブを持っていた（大分昔の話になるが、東京ハーバード・クラブのメンバーに、同じ外交官でキャボット・コヴィルという男がいた。こんな由緒ありげな名前なら、当然ハーバードの卒業生だろうと思っていたが、実はコーネル大学の出身だった）。それでもやはり、フィリップス・ブルックス・ハウスで学部のパーティーに出たり、ハーバード・スクエアのすぐ近くのフェアバンク・ハウスでティーに出たりすると、やはり、何となく余所者《よそもの》の感じを受けたことも事実だった。

大学ばかりではない。町そのものについても同様で、ボストンは、ニューヨークほど好きにはなれなかった。確かに文化の中心地のひとつには違いないが、しかしニューヨークほど、圧倒的に文化の中心であるとは言えない。とはいえ、この町を好ましく思っていたことはやはり事実で、少なくともひとつ、ニューヨークより優れている点があった。日本美術の収集という点である。もちろん、だからといって、ボストンという町全体の価値が決まるほどの重大事ではないだろうが、それはともかくとして、私が好きだったのは、実は、有名なボストン美術館ではない。確かにあそこの収集品は、抜け目のないヤンキーが、日本人の鼻先から引っさらって来た名品ぞろいだけれども、私の贔屓《ひいき》にしていたのは、むしろガードナー美術館で、雑多ではあるにしても、実にすばらしいコレクションだ。今でもなお、世界中の美術館の中で、私の大好きな所のひとつである。私の住んでいたのは、ボストンでも特に美しい地域で、ビーコン・ヒルの中でも、古いお屋敷の集まっているルイズバーグ・スクエアから、坂を登ったすぐ上だった。その冬は特に寒さが厳しく、東風が激しく丘から吹き下ろすので、這《は》うようにしてよじ登ることも多かった。ほとんど文字どおり、四つんばいで登らなくてはならなかったのである。

けれども、ようやくにしてレンギョウの花が咲き始め、春がすぐそこまで近づいて、学年も終わりを迎え、国務省から派遣されていたわれわれ四人は、またワシントンに戻った。そこで数週間、外交官としての生活や、そのややこしい仕来《しきた》りなどを学んだのだが、その時に知ったことの中で特に興味があったのは、実は、外交などとはほとんど関係のない問題だった。ライシャワー教授が外交局に送ってきた書類では、私のハーバードでの一年間について、それほどいい成績がついていなかったのである。

私は別に、教授を批判しようなどというつもりはない。ことさら悪意ある評価ではなかったし、私の成績は、実際、ほぼそんなものだったと思う。ただ、私が十分考えることもなく、すぐ何かに熱狂する傾向が強いと評価されていると知って、いささか困惑を感じざるをえなかったのだ。しかし、よく自省してみると、なるほどそういう批判にも、当たっている面があるのかもしれないとは思った。私は当時まだ、いわばトマス・ペイン時代——理想家の時代にいたのかもしれないからだ。世の中を説得し、真理の光に目覚めさせ、愚行を改めさせることができるなどと、かなり本気で考えていたのである。こう言うと、先程、ライシャワー教授やフェアバンク教授にたいして、いささか疑問を抱いていたと書いたことと、矛盾しているように聞こえるかもしれない。私の疑問は、基本的には、保守的な見方に発する疑念だったからである。しかし、それを言うなら、私などよりははるかに知恵のある人々がしばしば指摘してきたとおり、われわれはみな、結局のところ、さまざまな矛盾の塊ではないのだろうか。

もうひとつ、ライシャワー教授が私に下した評価の中には、必ずしも外交官という職業に献身する覚悟が固まっておらず、この仕事を長く続けることにはならぬのではないか、という危惧も示されていた。この観察は、実は確かに的を射ていた。そのことは、その後まもなく実証されることになる。

その夏は、少なくともわれわれの頭が受けつけることのできる限度一杯、外交官としての任務の何たるかを叩き込まれて、私たち四人はいよいよ、日出ずる国ならぬ、西の方、日の没する国たる目的地、日本に向かって出発した。当時、日本にはまだ、アメリカ大使館はできていなかった——というより、実はアメリカばかりではなく、どの国の大使館もできてはいなかった。各国の大使館が開設されるのは一九五二年、サンフランシスコ講和条約が締結されて以後のことである。だからわれわれが配属されたのは、実は占領軍だった。四人のうち三人は、「連合軍最高司令長官付外交部局」なるものに所属することになった。つまり、マッカーサー元帥の下に配属されたわけである。残る一人、ザーヘレンだけは、横浜で領事館に勤務することを選んだ。オズボーンと私はまだ独身で、船で太平洋を渡ることにした。あとの二人は飛行機だった。

オズボーンと私は、サンフランシスコからプレジデント・ウィルソン号に乗り込んだ。当時まだ、定期航路として運航していた最後の客船の一隻である。プレジデント・ウィルソン号と、その姉妹船、プレジデント・クリーヴランド号は、太平洋沿岸の港を逆方向で周航していた。ウィルソン号は時計回り、クリーヴランド号はその逆回りで航海するのだ。サンフランシスコから時計回りで巡航するのは、まことに快適そのものだった。ほぼ一カ月かかったが、その間に私は、成人してから初めて体重が増え始めた。横浜に着くまでに、ホノルル、マニラ、香港、そして上海に寄港したのである。

上海にいた数日間、それに、上海に到着するまで河を上り下りした時のことは、実に鮮明に記憶に残っている。厳密に言えば、私が中国本土に足を踏み入れたのは、この時だけというわけではない。すでにマカオに行ったこともあったし、香港の九竜地区や新界を訪れたこともあった。みな、中国本土の一部である。しかし中国のうち、やがて中華人民共和国の一部となる土地を訪れたのは、この時の上海の場合だけである。

ウィルソン号が上海に停泊している間に、せめてほんの短い時間でも、北京に行ってみればよかったのにと、後になって、よく悔やんだものだった。その時は、いずれ将来、そういう機会は十分あるだろうと考えたのだ。中国の内戦は、当時は手詰まり状態にあるとされていた。けれども、台湾を除いて、中国全土が中国共産党の手に落ちたのは、いうまでもなく、そのほんの一年後のことである。中共の首都となってからは、わざわざ北京に行ってみたいと思ったことは一度もない。

香港や上海にいる間、東洋の夏の音や臭いに強い印象を受けたことを、今でもよく覚えている。あの夏は、それこそ息がつまるほどの暑さだったが、あの臭いは、むしろ、ほとんど「異臭」と呼んでもよかったかもしれない。音の方も、混じり気なく心地よいというには程遠かったが、臭いほどではなかった。中でも特に耳についたのは、けたたましい蟬の鳴き声である。実は、蟬の声を実際に聞いたのは、この夏が初めての経験だった。それ以後は、もちろん、毎年耳にしているけれども、最初は、あまり好ましいとは感じなかった。むしろ、昼寝の邪魔だった。

蟬の声はいかにも鋭いから、最大の俳句詩人が「岩に沁み入る」と形容したのも、あながち無理な着想とは思えない。あれ以来、蟬の声は、夏には不可欠の要件と思えるようになって、今ではむしろ、これが欠けては、夏は完全な夏にはならないようにさえ感じる。この頃は、毎年夏が来ると、蟬の音が小さくなったなどという記事が出ていないか、心配しながら新聞を見る。実際、そういう記事がよく出るのだ。野生の生き物はほとんどが同じだけれども、蟬もやはり、大都会の環境にはなじまない。毎年、蟬の数が減っているなどというのは、断じて事実ではないと信じたい。そもそも日本の新聞は、当てにならないのだからと、いつも自分に言い聞かせてはいるのだが。

その夏は、実際に目にすることがなかったから、当然ながら知る由もなかったけれども、今では私も知っている。蟬の幼虫が地面の下から姿を現し、成虫に変身し、飛び立ってゆく有様は、自然が見せてくれる光景の中でも、特に驚異に満ちた情景のひとつである。夏、この変身の起こる日はほぼ予知できるから、その可能性のある夜は、私たちはみな公園に降りてゆき、待ち受けている。すると地面に、まるで小さなニキビのように、土の盛り上がった所が現れ、やがて蟬の幼虫が這い出し、木を登り、殻を脱ぎ、羽根を広げる。もし、この奇跡のような光景が二度と見られなくなったとしたら、それはまさしく、悲劇というしかないだろう。

けれども、この夏、上海で目にしたことで何より鮮やかに記憶に残っているのは、この巨大な都市がいかに平穏に見え、河岸の田園がいかに平和だったかということだ。もちろん、われわれは事実をよく知っていた。さもなければ、この光景からはとても想像もつかなかったろうが、この都市も、この田園も、まさに革命に直面していたのだ。サンフランシスコ条約の後になると、日本の進歩的文化人がしばしば、ごく短期間、革命後の中国を見て回っては、帰国後いつでも、口をそろえて報告したものだった。この国がいかに平和を回復し、繁栄に向かっているか。だが、私は反論したのである（といっても、聞いてくれる人はそう多くはなかったのだが）、私が昔、「解放」前に訪れた時にも、まさしく同様に平和で、繁栄もしていると見えたものだと。いずれにしても、ほんの短期間では、ひとつの国家について、そう多くを知ることはできないと指摘し、大革命の直前、上海で受けた印象を例として持ち出したのだ。私の主張は正しかったと思うけれども、私の反論で意見を改めた人は、多分、一人もなかった。というより、日本のインテリが、すっかり革命に心酔して中国から帰って来た頃には、私はもう、楽天的な理想主義、ないしは進歩主義にたいする信頼を失い、「トマス・ペイン時代」に別れを告げていたのである。

横浜に着いたのは七月の末で、ここもまた、息がつまるほどの暑さだったけれども、あんな空を見たのは、この時が初めてだった。終戦直後、佐世保に駐留していたのは、秋から初冬にかけてのことで、湿気の多い日本としては、比較的湿気の少ない、よく晴れた日が続いていた。佐世保でも、太陽は照っていながら空が靄《もや》って、視界の悪い日はあるのだろう。私には何とも言えないが、横浜の靄は、自動車などのせいではなかった。町を走っている車は、ほとんどがアメリカ製ばかりだったが、問題はそんなことではない。何よりも、数そのものが少なかった。靄は、あくまで自然現象だったのである。

さて、私たちは東京まで車で運ばれ、新橋の第一ホテルに降ろされた。ここがわれわれの宿舎だという。軍隊は今や、われわれ国務省の人間にとっては敵になっていたから、当時は正直に認める気にはなれなかったが、軍隊は、実はわれわれに良くしてくれていたのだ。第一ホテルは、本来は佐官級の将校のための宿舎だったのである。しかも私は、国務省外交局の職員としては、一番弱輩だったのだ。

第一ホテルは、あまりホテルらしいホテルではなかった。もともと戦争直前、東京で開催を予定されていながら、戦争が災いして中止になったオリンピックのために建てた所で、もっぱら、小柄な日本人客を念頭に置いて設計したらしい。あらゆるものが、われわれにとっては小さ過ぎた。オズボーンは、バスタブに入った時、いつでも膝がお湯の上に出てしまうとこぼしていた。いかにもヒョロ高い男だったからである。

私が東京で初めて経験した小さな冒険は、非行記録に記録されることになってしまった。私は第一ホテルを出て、同じ「第一」ではありながら、はるかにもっと有名な第一——第一生命ビルを見に行ったのである。言うまでもなく、マッカーサー元帥が総司令部を構えているビルで、ひょっとすると、あのあまりにも有名な人物の姿を、たとえチラリとでも、目にすることができるのではないかと思ったのだ。その時間はちょうど、元帥が第一生命ビルから、宿舎になっているアメリカ大使館まで移動する時刻に当たっていたからである。

私は、お堀端の日比谷交差点まで出てみた。第一生命ビルから、ほんの目と鼻の先である。と、突然、一メートル先も見えないような、物すごいにわか雨が降ってきた。日比谷の交差点には名物があって、二人の警官が交差点の真ん中に立ち、わずかばかりの交通の整理に当たっている。ところがこの二人が、二人同時に、同じ動作を繰り返し、腕を上げたり下ろしたりして、人や車の動きを指図しているのだ。一人は日本人警官、もう一人はアメリカ軍のＭＰだが、しかし二人が、全く同時に同じ動作をしているように見えたのは、実は、見ている側の単なる錯覚にすぎず、日本人の警官は、アメリカ軍ＭＰの動作をよく見て、一秒のほんの何分の一か遅れで真似していたのだ。

あまりの雨でよく見えないまま、私は交差点を渡り始めた。すると、ＭＰに大声でどなりつけられ、非行記録のチケットを渡されてしまったのだ。二人の警官が二つの腕を差しあげ、渡ってはならないと禁止している、まさにその方向に歩き出していたのである。こうして、私の東京での生活と外交官としての経歴は、非行と共に始まることになってしまった。これ以上こんなことを続けていると、いっぺんにクビになるぞと脅かされて、それからは、ＭＰの姿を見ると、十二分に気をつける癖がついた。とはいえ、ＭＰの姿など見えない時には、規則に反するようなこともいろいろやった。例えば、外国人用と特に指定されてない電車やバスに、あえて乗ってみるといった「非行」である。しかし日本の警察官は、アメリカ人にたいしては、それほどやかましいことは言わなかった。ちなみに、われわれが一般の電車やバスを利用するのに窮屈な規則があったのには、それなりの理由があった。何しろ、恐ろしく混みあっていたからである。

それにしても、几帳面に規則を守ってばかりいたのでは、東京という都会について、あらゆることを知りたいと思っている者にとっては、往々にして大変な邪魔になることもまた否めない。

私の外交官としての経歴は、実は最初から最後まで、奇妙なことずくめだった。最初の任地からして、イエール大学のあるニュー・ヘブンと、ハーバード大学のあるケンブリッジだったし、その次は東京である。なるほど外国には違いないが、配属されるべき大使館そのものがまだなく、その上われわれの第一の任務は、自国の軍隊に監視の目を光らせ、知りえたことを国務省に報告するというものだったのである。ただしこの任務は、奇妙とはいえ、立派に意味のある仕事だった。というのも国務省は、いずれは占領軍から任務を引き継ぐことになるはずで、とすれば、現在何が行われているかよく承知していれば、将来業務を行う上で、それだけ確実に準備が整うことになるからである。それにしても、一団のアメリカ人外交官が、同じアメリカ人をスパイするというのは、やはり、尋常なことではないように思えたものだ。ただ、私の外交官としての経歴は短すぎて、結局のところ、その「尋常のこと」とはどんなものか、十分わきまえるには至らなかったのだけれども。

東京の連合軍総司令部の中に、いわば飛地のような形で置かれた国務省の出先事務所には、実は二つの名前があった。ひとつは「外交部局」(Dip Sec)、もうひとつは「政治顧問室」(Polad)で、どちらにも、正式には、いかにも重々しげだが、「連合軍総司令官付」(SCAP)という肩書きが付く。この二つの帽子(と、当時はよくそんな言い方をしたものだったが)をかぶっていたのは、ウィリアム・シーボールドという人物で、私の前々からの知りあいで、かつ尊敬していた人だった。戦争の前は海軍士官だったが、イーディス・デベカーという、ヨーロッパ人とアジア人との混血の女性と結婚するために、あえて退役したのだった。戦前、海軍士官には、そんな結婚など許されなかったのである。

われわれのオフィスは、日本橋にあった。単に江戸期以来、金融や商業の中心地のひとつだったというばかりではなく、三井財閥の影響の特に強い場所でもある。オフィスから道ひとつ隔てた向かい側には、巨大な三越デパートがあったが、言うまでもなく、もともと三井の越後屋から発展した百貨店で、これこそが、三井財閥の富と権力の、そもそもの発祥だった。そういう意味でこの土地は、日本の大財閥の動向を観察するには、まことにふさわしい場所のはずだと思えた。今から考えれば、その頃私が観察と考えていたものなど、まことに漠然とした、あまりにも無知なものだったと思うが、私の見たところ、三井の動きは、われわれの意図した解体とは程遠く、一向に消滅する気配は見えなかった。

オズボーンと私は、同じ日の朝に着任し、コインを投げて、彼は領事事務に行き、私は経済担当に回ることに決まった。私は、内心では実は、逆になってくれればいいと願っていた。領事事務なら、誰でもすぐに覚えられると、当時はそう思い込んでいたからである（ただし、やがて、そんな思い込みは間違いだと気づくことになるのだが）。他方、私は学部生時代、もともとは経済を専攻するはずになっていたにもかかわらず、経済に関しては、ほとんど何の知識もなかった。しかし、コインを投げた結果、私が経済担当に決まった以上、仕方がない。経済顧問の所へ出かけて、私が担当する旨を報告した。経済顧問は気さくな人で、経済問題にもいろいろの分野があるが、君はどれをやってみたいかと訊《き》く。よく分からないまま、財閥解体ですと答えた。そこで、私は財閥解体問題の担当に決まったというわけである。

この点についていては、前にも述べたとおり、当時の私がまだ、トマス・ペイン流の理想主義に染まっていたことと、大いに関係があったと思う。トマス・ペインも財閥の解体も、民衆主義、平等主義の立場から、既成の秩序の改革を目指すという点で、同じ傾向を共有していたからである。それに、あれほど即座にこの問題を担当すると答えたのは、財閥解体には抵抗が非常に大きいに違いないから、その動きを捉えて報告するのも、かえってやさしいはずだと考えたからかもしれない。いずれにせよ、財閥を解体する第一歩は、その株式を公開して売り出すことで、これをまず実施すれば、財閥はもはや存続しえなくなる――少なくとも、傘下の数々の企業群を結びつけている絆を、弱体化することにはなるはずだった。

司令部の財閥解体セクションにいた人々は、ほとんど過剰にと言っていいほど、率直で協力的だった。ひょっとすると、ある種の引け目を感じていたのかもしれない。というのも、巨大な「経済・科学部」の中では、財閥セクションなどさしたる重要性をもたず、この仕事を真面目に相手にする人は一人もいなかったし、大して成功の見込みはないと思われていたからである。

私自身も、実は同じ意見だった。膨大なバランス・シートを渡され、そこに、これまでの成果と同時に、将来の明るい見通しも示されているはずだった。ある意味で、例の佐世保の武装解除を、今一度繰り返すような作業だったが、大事な点で、違っているところがひとつあった。昔、コロラドの学部生時代、一族の伯父たちの例に倣って弁護士になろうと考え、会計学の授業をいくつか受けたことがあった。そこでごくぼんやりと、いわば手探り状態ではあったけれども、バランス・シートの意味を読み取ることができたからだ。佐世保の時、目録が皆目わけが分からなかったのと比べれば、かなり事情が違っていたのである。

しかし、私が実際に頼りにしていたのは、むしろ私の直観だった。そして、その結果として私の達した結論は、財閥解体などという仕事は、初めから失敗する運命にあるということだった。あの三井ビルに巣食っている金融の専門家たちは、何かしら老獪な計略をめぐらしている。あの連中は、巨大資本の渦巻く複雑怪奇な金融界のメカニズムを、われわれの誰よりもはるかに深く知悉している。かりに株式を公開市場で売りに出しても、彼らは手先を使ってその株を買い取り、金融界にたいする支配力を易々として維持し続けるに違いない。けれども、当時まだ、私は重大な事実に気がついていなかった。三井財閥傘下のどの会社でも、社長はみんな、実は同じ学校の同窓生だったのだ。もし私がこの事実を知っていたら、私も自分の結論にもっと自信をもち、この仕事には成功の見込みが乏しいという意見を、ワシントンにも、もっと大胆に報告できていただろう。だが、彼らがみな、いわば同じ穴のむじなだとは知らなかった私は、勢い、ワシントンへの報告にも、いささか躊躇しがちになったのだった。

もうひとつ、これも全く予想しない事態が起こった。極めて日本的なやり方だが、名称だけは改めても、実態は、従来とほとんど変わらず続けてゆくという抜け道である。名前だけは「財閥」を廃止し、「系列」という名称に改めても、その実、内容は同じことでしかなかったのだ。なるほど今までのように、親会社が子会社の株を所有し、支配するという形は姿を消したに違いない。けれども、例えばクラブとか会員組織、あるいは互助会とか共済会などといった、名目的には非公式な集まりを通じて、実質的には、従来同様の効果を上げることもできたし、それに、会社同士の株の持ち合いという、例の悪名高い方式も相変わらず存在していた。

もちろん、こうした問題をすべて、あらかじめ細かい点まで予見していたわけではなかったけれども、直観的に察知した結論は、以上のようなことだった。バランス・シートを詳細に検討し、そこから引き出した点はほとんどなかった。私がワシントンに送った報告書は、あれ以来ほぼ半世紀、あらためて読み返したことは一度もない。しかし多分、いささか迂遠な言い回しになっているのではないかとは思うけれども、外交局の誰かが、この報告書によって判断を誤ることなどはなかったと思う。

司令部付の外交部局・政治顧問室での勤務は、二年もしないうちに終わった。二年目に入った頃だったか、誰か台湾に異動してほしいという依頼が来たのである。オズボーンと私は、今度もまたコインを投げた。今度は彼が勝ち、台湾行きを選んだ。確かに賢明な選択だったと思う。台湾なら、もっと本格的に、外交上の仕事を始めることができたからだ。領事業務上の彼の仕事の方が、経済セクションの私の仕事よりなぜ重要と思われたのか、その理由はよく分からなかったが、ともかく、たとえ経済セクションに欠員ができるとしても、彼の仕事の後は、誰かが埋めなくてはならないという判断だったらしい。

そんなわけで、私は財閥解体の仕事は途中で見限り、領事業務に切り換えることになった。当時、私はよく人に話したものだった——領事は、掃除道具入れの部屋のドアを開いて言った、「君のオフィスはここだ」と。もちろん、あえて誇張したジョークだけれども、全くの嘘というわけでもない（ちなみに『なつかしい人びと』の中でも、この領事のことは、あまり好意的に語られてはいない。確かに、そう人好きのする人物ではなかった）。

領事業務というのは、いかにも退屈な仕事だった。時たま退屈の雲の晴れ間があったとすれば、有名な映画スターかスポーツ選手にビザを出す時ぐらいだった。日常の業務はほとんど、証明書を発行する仕事だけである。そんな中で、当時一番面白かったのは、多分、戦争花嫁の審査で、その頃は横浜で行っていたのだが、時に、なかなか愉快なことが起こった。特に笑ってしまったのは、副領事の話してくれた実話だろう。アメリカ軍の兵士と、その花嫁候補の日本人女性を面接するのが彼の仕事だったが、型どおりの質問のひとつとして、目の前に座っている軍曹に尋ねた。「で、奥さんのコセキトーホンは見たんですね？」。副領事は、もちろん「戸籍謄本」

のつもりで訊《き》いたのだが、軍曹は、何を勘違いしたのか、断乎として力説した――「いいえ、自分らは、まだ何もしてはおりません！」。

けれども、仕事とは逆に、自分の自由にできる時間は、実に楽しかった。もっぱら、東京の町をあちこち探索したのである。まず手近な所から始めたのだが、第一ホテルから道ひとつ渡った向こう側には、いかにも怪しげな小さな店が固まっていて、もっぱら闇市と、売春にかかわりのある一帯だった。東京のほとんどの地域について言えることだけれども、当時は今よりはるかに面白かった。第一、扱っている商品や提供しているサービス自体、どれほど怪しげな性質のものであっても、不思議なことに、不潔な感じ、下劣な感じがしないのである。どこか明るく、健康な感じがしたのだ。日本人――ばかりではなく、中国人や韓国人も少なくはなかったのだが、どれほど品位のない仕事であろうと、品位を失うことなくやってのけることができる。私には、実に驚くべきことに思えた。新橋では、まるでわれわれの退屈な日々を紛らせようとするかのように、しょっちゅう火事が起こっていたが、消防士たちの仕事ぶりは、今よりははるかに真剣で、キビキビしていた。江戸の花は、火事そのものばかりではなく、火消しの気っぷの良さもまた、なお生き生きと息づいていたのである。

築地の市場も大好きになった。ホテルから、歩いてほんの十分の距離である。今でもやはり大好きなのだけれども、一番活気のある時間に見に行くスタミナが、残念ながら今はもうない。東京中で、あれほど活力に溢れた場所はほかにないが、あの活気が最高潮に達するのは、朝まだごく早い時刻なのだ。財閥の解体だとか証明書の交付だとか、面倒な仕事にかかずらう必要のない日には、よく日の出前に起き、市場の見物に出かけたものだ。やがて、朝食に寿司を食べることも覚えたが、これがまた、最高だった。

築地は、東京で初めて、外国人居留地の作られた所でもある。十九世紀も、真ん中をわずかに過ぎた頃のことだ。その時にはまだ、魚市場はここにはなかった。日本橋にあって、三井家をはじめ、大きな店々が軒を連ねるこの町に、悪臭を満たしていたのである。魚市場については、いろいろの逸話や伝説が残っている。私のお気に入りの話は、ある魚屋の話で、何か御上《おかみ》のお達しに背いたかどで、役人が令状を持って出向いて来たところ、魚屋はこう啖呵《たんか》を切ったと言う。「後でまた来てくんねえか。今お前さんの相手をしている暇はねえんだ」。本当にあった話かどうかは分からない。しかし、いかにもありそうな話に聞こえなくはない。

そのうちに、今度は山手線に乗って、町を回ってみることも始めた。ただし、外人専用車が来るまで待っていることなどせず、どの電車でもかまわず乗った。もちろん、完全な規則違反である。どうやら私は、そもそも「非行記録」を避けようなどと、真面目に考えたことがなかったらしい。それでも、最初の日から後は一度も引っかからなかったのは、ただし、好運だったと言うべきだろう。新橋から日本橋まで、地下鉄にもよく乗った。これも規則違反である。考えてみれば、ずいぶん危ない橋を渡っていたわけだ。

初めのうちは有名な駅で降り、その近所を探索した。一番最初に降りたのは、公園や博物館で有名な上野だったと思う。今日では、きちんと手入れの行き届いた公園だが（ただし、最近はここに住みついている人々もいて、いささか好ましからざる人種と見られているようだけれども）、当時は雑草が生い茂り、荒れ果てていた。将軍家の菩提寺のひとつがあって、何人かの将軍の墓のほか、近くには、徳川家に連なる人々の墓も並んでいた。当時、公園が荒れていたために、かえってありがたかったのは、あちこち垣が壊れていたことである。おかげで、今なら全く不可能なことも、当時はできた。たった一人きりで、そばには誰も止める人もいなかったから、何時間であろうと、気の済むまで墓標を見て回り、栄華のはかなさを目の当たりにして、憂愁にふけることもできたのである。今もし、もう一度あの数々の墓を見に行く機会があったとすれば、あの墓所についてもまた、当時の方が、今より良かったと思うことだろう。当時は草に埋もれ、見る影もなく荒れていたからこそ、滅び去った栄耀の美しさが、ひとしお心に沁みたのである。

上野のほかに、ごく早い時期に探索した所のひとつは、池袋だったと思う。今でこそ、新宿や渋谷と並んで、山手線の西半分の盛り場として栄えているが、当時はまだ、それほどの盛況を呈してはいなかった。ただ、闇市の露店が密集している点では確かに壮観で、その間を縫って警官が、いかにも屈託なく巡回していた。とても、取り締まりに精を出しているとは見えない。どうやら警官自身、闇市の存在理由を認めていて、あえて干渉を控えているのではないかとさえ思えた。売る方も買う方も、闇市のあるおかげで生活できている人々は、決して少なくなかったのである。

初めて池袋に出かけたのは、巣鴨拘置所を見ておくためだった。ちなみにこの拘置所は、巣鴨よりは池袋の方がはるかに近い。にもかかわらず、巣鴨拘置所と呼ばれていた。この施設ができた時、池袋はまだ全く名もない所だったのにたいして、巣鴨の方は、すでに郊外の住宅地として、広く名前が通っていたからである。私がわざわざここを訪れたのは、「戦犯」が収監されていたからだった。ということは、つまり、私がここに出かけたのは、戦後かなり早い時期だったということになる。いわゆるA級の戦犯は、全員がこの拘置所にいて、一九四九年の末には、そのうち何人かは絞首刑になった。今でも鮮明に覚えているが、その年のクリスマス・パーティーで、私のボスのウィリアム・シーボールドは、真っ青な顔をして、ひどく落ち込んでいた。その前の晩、絞首刑に立ち合ったばかりだったのである。

戦争犯罪という問題に関しては、私の意見はあれ以来、絶えず動揺を続けている。今思い出しても、初めて巣鴨拘置所を目にしたあの日は、戦争犯罪人としてここに収監されている人々にたいして、気の毒だという思いを抱いたものだった。しかし私の意見が動揺したのは、何よりも天皇の問題に関してである。東京国際法廷で裁かれた人々は、ナチの戦犯の場合とは違って、個々人として人道にたいする罪を犯したわけではない。もし日本の場合、「戦争犯罪」という観念がかりに成立したとすれば、もっと徹底的に、かつ首尾一貫性をもって適用されるべきではなかったろうか。たとえ名目上にしろ統治の任にあった以上、天皇にも適用されるべきだったとは言えないのだろうか。

昭和天皇は、例えば一九四五年の春の時点で戦争を終わらせ、何十万、何百万の人々の命を救い、原爆の投下を阻止することなど、実際問題としてはできなかったのかもしれない。しかし、せめて、終わらせようと試みることはできたのではなかったろうか。少なくとも私は、何度もそんなことを考えた。だが、そんなふうには考えられなかったこともある。今の時点では、私はまた、そんな考えに傾いているかもしれない。いずれにしても、一九四五年の八月、天皇は、自らの地位を失う虞《おそ》れを覚えながらも、あえて決断を下す勇気を示した。だが、同じ一九四五年の四月には、その勇気がもてなかったのではないのかと、やはり、強い疑念が残らざるをえないのである。

やがて山手線を離れて、その東側一帯を、あちこち探索するようにもなった。いわゆる紅灯の巷を探して歩き始めたのである。とはいえ、ホノルルの時と同様、別にいかがわしい遊びをしたかったわけではない。ただ、そうした街をつぶさに見たかっただけである。色街の中でも、一番誇り高かったのは吉原で、江戸が始まって以来の古い歴史を持ち、誇るに足る来歴を背負っていた。というのも、ここはまさしく、かつては町人文化の中心のひとつだったからである。江戸の町そのものと同様、ここでも昔から火事が絶えず、悲劇的な死者の物語も枚挙にいとまがない。火事が絶えなかったのは、建物がみな木と紙で出来た華奢《きゃしゃ》な造りだったから当然だったが、悲しい死者の例が数多く出たのは、この遊廓を囲んで濠が作られていて、女性たちが逃げ出せなかったからだった。こうした歴史を思うにつけ、私にとっては、この色街もまた、憂愁を誘わずにはいない場所だったのである。とはいえ、現実の町並みそのものは、戦災跡の焼野原に、にわか造りで建てた見すぼらしいバラックの塊だった。やがて、年輩の女性の客引きの中に、何人か顔なじみができた。彼女たちは、自分がどこの出身かを話してくれて、中には、お盆の休みにでも、一緒に故郷に来てみないかと、わざわざ誘ってくれる者さえあった。さすがに、実際出かけることはしなかったが、賢明なことだったと思う。そんなことをしていれば、若い外交官として、いかにも具合の悪いことになっていたに違いない。一九五八（昭和三十三）年、売春防止法が施行されて、例によって名前だけは改まった。遊廓は、「トルコ風呂」と名を変えたのだ。ところが今度は、トルコ人の留学生からクレームがついて、今では「ソープランド」と呼ぶことになっている。

さらに東に、隅田川を渡って探索を広げるのには、もう少し時間がかかった。この方面には貧困と、そして、アメリカの本物のスラムを知らぬまま、人々が、ものものしく「スラム」などと呼んでいる地域が広がっていた。貧困だとかスラムだとか、そんな話に怖気《おじけ》づいて、私はしばらく尻込みしていたが、ついに意を決して訪ねてみた。今度もまた、有名な紅灯の巷があったからだ。そして、川の東に広がるこの平坦な町々に、思いもかけず愛着の情を感じ、その思いはそれ以来、一度も私の心を離れたことはない。わざわざ時間を割いて出かけてゆかねばならぬほどの、格別有名な名所があるというわけではないかもしれない。けれども、少なくともあの頃は、通りには溢れんばかりの生気があり、そこに住む人々には、江戸の昔さながらの温かい人情があった。

だが今は、こうした風情も、ほとんどすべて消え去っている。最大の原因はテレビだ。かつての下町では、通りが一番活気に溢れたのは、夏の宵だった。ところが今や、テレビのおかげで、夏の宵にも、通りから人影が消えてしまった。だから今では私も、かつてほど下町を楽しいとは思えなくなっているのだが、それでもなお、大好きであることに変わりはない。山の手より、ずっと親しみ深いと思う。金持ちの有名人は、今ではほぼ例外なく山の手に住んでいる。ちなみに、有名ではなくとも金持ちの人はいるだろうが、金持ちでない有名人など、はたしているものかどうか。

隅田川の東側には、本当の意味で「スラム」と呼べるような所は、実はどこにもない。東京にも、いつかは本物のスラムが現れる時が来るかもしれない。コンクリートの建物が、みなボロボロ崩れ落ちるようになる時が、まさしくその時ということになるのだろうが、しかし今も、そして当時も、スラムなどは見当たらなかった。ある日、友人と散歩に出た時のことである。やがて有名な教授になる人物だが、狭い路地伝いに歩いていると、その友人が言うのである。「確かにこの町には、惨めな人たちが大勢住んでいますね」。私は何も答えなかったが、実は内心びっくりした。このあたりに住んでいる人々は、なるほど貧乏ではあるかもしれない。しかし私には、彼らが惨めであるとも、世の中を恨んでいるとも思えない。アメリカなら、スラムに住んでいる人々は、確かにそうした感情を抱いてもいるだろう。しかし、今目のあたりにしているこの下町なら、私も喜んで暮らしてみたいと思えたのである。

外交官時代に探索した場所を、ひとつ残らず列挙しようというつもりはない。第一、その頃に探索した印象と、その後訪ねた時の印象と、記憶の中で混じり合ってしまっていて、どちらがどちらか、区別をつけるのは容易ではない。それに、東京はおそろしく広いと同時に、おそろしく変化に富んだ大都会だし、しかも、皇居だけは別として、どの部分もみな、濃密に内容が詰まっている。隙間というものがどこにもない。探索した所をいちいち列挙してゆくとすれば、どこまで続けても切りがなく、それでもまだ、触れずに終わった所が残ってしまうに違いない。とはいえ、せめてあと何カ所かは、やはり、名前を挙げておかなくてはなるまい。

山手線の西半分に連なる三つの主な盛り場のうち、池袋は、すでに一度簡単に触れたけれども、三つの中では一番発展の遅かった所で、奇跡の経済復興の分け前にあずかるのも、やはり一番遅くなった。そのせいもあってか、池袋には、どこか新開地というか、フロンティアの雰囲気があったし、今でもまだ、薄れたとはいえ、そんな感じの残っている点が、池袋特有の魅力のひとつと言えるだろう。昔とは、まるで見違えるほど変わってしまった点では、三つの盛り場とも同じだけれども、そこここに、チラリと見覚えのある面影が残っていたりして、昔を思い出させることがある点では、やはり池袋が一番だ。ほかの二つは、今ではもう、かつての面影など、どこにも残ってはいない。

新宿や渋谷が東京市に編入されたのは、ようやく一九三五（昭和十）年になってからのことだが、その頃にはもう、巨大な商業の中心地に発展する第一歩を踏み出していた。だが元来は、山手線から私鉄に乗り換えるターミナルとして出発した町で、市域に編入された時にもまだ、駅のまわりに、主婦が買物できる多少の店と、通勤客が一杯飲める居酒屋の類が、多少集まっているというにすぎなかった。新宿の西口は、今でこそ巨大なデパートや超高層ビルが林立しているけれども、終戦直後に一番繁盛していたのは、駅を出てすぐの「小便横丁」で、小さな飲み屋が密集し、肉体的にも精神的にも、文字どおり人々を温めていた。今の新宿には、こんな所はもう見当たらない。一方東口では、暗い住宅地に所々ネオンが光っている程度で、かなり寂しい感じだった。これが、現在の歌舞伎町の始まりである。今日では、ここではあらゆるものが金で買える。駅のそばの小さな屋台で、酒や寿司を食べた寒い冬の夜の景色は、もう二度と帰ってくることはない。

変化の大きさという点では、新宿より、むしろ渋谷の方が上かもしれない。一般的に東京では、例えば銀座や日本橋といった中心地から南、あるいは西へ遠ざかるにつれ、変化のテンポが早いという現象がある。急激な変化が起こる時は、まず南や西で鮮明に現れ、やがて北や東に広がってゆくのである。一九六四年のオリンピックは、東京中に激しい変化を引き起こしたが、中でも一番激しく変化したのが渋谷だった。オリンピックの前までは、渋谷はいわば小新宿といったところで、新宿の後を追っかけている形だった。例えば「小便横丁」に当たるのは、道玄坂下の「恋文横丁」で、ここを舞台にした丹羽文雄の小説、『恋文』にちなんだ名である。しかしその後は、渋谷は騒々しい若者たちの町になってしまう。彼らは、過去の歴史などには関心がない――というより、自分たち自身以外には、そもそも何にたいしても関心がない。そういう若者たちには、なるほど今の渋谷が気に入るだろう。だが世の中には、別の渋谷が気に入っていた人たちもいるのだ。まだたっぷり泥臭い音と、光と、臭いに満ちていた頃の、あの渋谷を懐かしいと思う人種が。

あの頃は、渋谷の町を歩いていると、若い人たちが近づいてきて、英語で話しかけ、英会話の練習をするようなことがよくあった。気の向いている時なら、これもなかなか楽しかった（ただフランス人などは、こんなふうに英会話の稽古台にされるのには、大いに迷惑していたようだが）。しかし今の若者は、もうこんなことなど試みようとはしない。人から習わなければならぬことなど、もう何ひとつないと信じているような顔をしている。昔、熱心にものを習おうとしていた若者たちは、なかなか愉快なこともよくあった。ある晩、渋谷で若い人が近づいてきて、例によって英語で話しかけてきた。何分か私を相手に英会話の練習をした後、彼が突然言うのである。"I must go." そう言い捨てて、彼は立ち去った。変にしゃっちょこばった、固苦しい表現だと思ったが、見ていると、猛然と公衆便所に飛び込んだ。その途端、今の英語は、まことに自然で口語的な表現へと、印象がガラリと一変したのだった。

今の渋谷は、いつ行ってみても、若者の大群がひしめいている。彼らは当然、意見を異にするだろうが、私の目からすると、現在の渋谷はひどくがさつで、人間味に欠けていると思えてならない。あまりに大量の金が流れすぎる場所では、しばしばこうした雰囲気がつきまとうものだ。とはいえ別に、今ではもう、人を思いやることのできる人など、いなくなってしまったというのではない。ただ、私がかつて出会ったバーのマダムほど親切な人が、今でもまだいるかどうか、疑問だと思う。その晩、私はスリに財布をすられた。きっと、都電に乗っている間に取られたのだろう。その頃は、まだ都電が主な交通手段だった。都電が姿を消したのは、ほぼオリンピック前後のことである。それはともかく、私は、スリにやられたことに全く気がついていなかった。いざ勘定を払う段になって、ポケットから金を出そうとした時、初めて財布のないことに気付いたのである。

その店は、初めて行った所だった。私は、全く見も知らぬあかの他人だったわけだが、マダムは言うのだ——いつか、またいらした時に払ってくだされぱいい。そればかりか、帰りのタクシー代まで貸してくれたのである。彼女の態度からして、たとえ私がまた店を訪ねてこなくても、別に店が潰れるわけではないと言っているようだった。もちろん私は、翌日早速また店に出かけた——ばかりではない。店が廃業になるまで、その後も何度となく通うことになった。渋谷では、同じように廃業するこの種の店は多かった。こうして閉店が相次いだのも、またしてもデパートを建てるためだった。

ついでに付け加えておくと、東京では治安は非常にいいはずだったが、スリには何度もやられたことがある。スリにあったというと、いかにも間抜けのように聞こえるけれども、それを覚悟で人に話すと、相手は必ず、口をそろえて同じ反応を示すのだった。あまりにも異口同音だから、ほとんど滑稽にさえ思えるほどだった。「朝鮮人の仕業だ!」。

あの頃の東京は、まことに見る影もなく打ちのめされて、ほとんど誰もがみな貧乏だった。誤解しないでいただきたいが、私は別に、日本人はいつまでも貧乏でいた方がいい、などと言っているのではない。ただ、長い経験から得た結論に従えば、日本人は、貧乏な時の方が立派である。ということは、つまり、少なくとも私にとって、あの頃の東京の方が、今よりは好ましかった。私が言わんとするのは、要するに、われわれアメリカ人が金持ちで、日本人は貧乏だった頃の方が、私には好ましかったという意味だと解釈されるむきもあるなら、それはそれで、やむをえないのかもしれない。それはともかく、日本の再建が本格的に始まったのは、私が外交官を辞めてから後のことである。その第一歩は、何よりもまず、朝鮮戦争の特需の結果だった。隣国の混乱から利益を得たからといって、別に日本人が、特に悪いことをしたということにはならない。第一、日本人がやらなくても、ほかの誰かがやっていたに違いない。ただ、ほかの連中がやるより、日本人はこの僥倖を、もっと効果的に利用したとは言えるのかもしれない。

　ほかに仕事のない晩は、ほとんど勉強に費やした。実は、私にはひとつ野心があったのである。学者外交官になりたいと夢見ていたのだ。つまり、単なる職業的な外交官であるばかりではなく、任地の文化や歴史について、深い学殖を備えた外交官になりたかったのである。アメリカの外交は、こうしたタイプの人物をつくり出すのは、あまり得意ではなかった。だがイギリスの外務省は、サー・アーネスト・サトウから始まって、サー・チャールズ・エリオット、サー・ジョージ・サンソムなど、こうした人材を数多く生み出している。彼らにたいして、私は深甚の賛嘆の念を抱いていた。サー・ジョージ・サンソムは、かつてロンドンの王立アジア協会で、まことに滋味溢れる講演を行ったが、その中で、この種の外交官は、今や消滅した種族だと語っている。昔の外交官は、月々の給料袋が空になる直前だけは、外交上の仕事に集中して精励するけれども、それ以外の時間は外を出歩き、自分の目と耳で、任地の事情を調べることに専念したという。そういう時代だったからこそ、学者外交官という種族も繁栄できたわけだが、そんな時代は去った今、この種族もまた消滅に向かうほかない——サンソム卿はそう言うのである。

　けれども私は、必ずしもそうは言えないと思った。そして、自分もこの種族の仲間入りをしたいと願った。アメリカの外交官として、サンソム卿の業績に迫ることのできた最初の人物——もしそんな存在になれたとすれば、これ以上に名誉なことがほかにあろうか。それに第一、私の場合、夜はほとんど自分の自由になる。当時はまだ、仕事上、義務として、ほとんど毎晩のように、パーティーに出なくてはならないなどということはなかった（もっともこれは、われわれの任務が、外交官としては、いかにも奇妙な性質のものだったためもあったかもしれない）。そこで私は、勉強をし、ものを書きたいと思い立ったのである。

その頃は、たっぷり煙草さえお礼にあげれば、喜んで力を貸してくれる先生を見つけることは、そう難しいことではなかった。私も、司令部の外交セクションで働いている日本の女性の紹介で、そうした先生を見つけることができた。東京の、ある有名な大学の教授で、大変なヘビー・スモーカーだった。何もかも話が整い、先生は週に二晩か三晩、第一ホテルの私の部屋へ来てくれて、一緒に何か、古文を読むことになった。

あまり詩的なタイプの人間ではないから、私は散文を読みたい、それも、平安時代のものがいいと希望した。わざわざ平安時代を選んだのには、もちろん、それなりの理由があった。私が多少とも念を入れて読んだ日本の文学作品と言えば、『源氏物語』だけだったからである。前にも一度触れたように、私はこの作品をすばらしい傑作だと思っていた。とはいえ、まだまだ、いきなり原文で読んでみようという気にはなれない。それに、まだ英訳の出てない作品を読みたいというつもりもあった。

こうして選んだのが、『蜻蛉日記』だった。数年後、この英訳が出版されて、私の最初の著作になる。「日記」と題されてはいるけれども、内容は日記というより、むしろ追憶をまとめて綴ったものだが、最初、先生と一緒に読み始めた時には、これがどのような作品か、必ずしもよく分かっていたわけではない。だが実は私は、極めて優れた作品の中に踏み入っていたのである。「日記」という、いささか誤解を招きかねない名称を与えられているジャンルの中では、最も優れた作品ではないかと私は思う。しかも、後世に大きな影響を及ぼすことになった作品でもある。

作者はもちろん女性で、そのためもあって、男性の書いた漢詩文に比べると、近代に至るまで、あまり顧みられることがなかった。女性の作品で注目を集めてきたのは、言うまでもなく、まず『源氏物語』、それに和歌だけである。だがその『源氏物語』さえ、注目されたのは実は、われわれ欧米人の目から見れば、誤った理由のためだった。最近とみに評判の悪い「西洋の文化的帝国主義」も、『源氏』が本来あるべき姿で評価される道を開いたという意味では、ひょっとすると、悪いことばかりではなかったのかもしれない。

一九五〇年に入ってまもなく、私はひとつの決断を下した。外交官の生活は、私にとって、必ずしもふさわしい生活ではないし、私の方も、外交官の生活にふさわしい性格ではないと結論したのだ。私は、その春に行われる昇進のリストを待っていた。届いてみると、私の名前は載っていない。そこで私は、退職の決意を告げたのである。オズボーンは、すでに一年前に昇進していた。ザーヘレンは、この年のリストに名前があった。無二の親友たちの昇進にたいして、私はもちろん、いささかの不満も妬みもなかった。ただ、状況は疑問の余地なく明白だった。こんなに早い時期に取り残されてしまっては、もう追いつくことなどできはしない。私は、まだ三十にもなってはいなかった。何かほかのことを始めるとすれば、今ならまだ時間はあるし、今こそまさにその時である。外交局の私に対する処遇は、これ以上はないというほど好意的なものではなかったけれども、私はむしろ感謝した。これほど早く、これほど明らさまに、現実を思い知らせてくれたからだ。私の決意を告げると、シーボールドは、思いとどまるよう、いろいろ説得してくれた。同じセクションのお偉方も、ほとんど誰もが同じことを言ってくれた。唯一の例外は、クロイス・ヒューストンだった。シーボールドの次席である。彼は言ってくれた。君の決断は正しい、幸運を祈ると。あのセクションで、誰からも好かれている人ではなかったけれども、あの瞬間、私は彼が好きになった。

好きになったというのは、つまり、私より年配の上司の中で、という意味である。もっと若い同僚やその奥さんたちには、親しい友人は大勢いた。まだこの世にいる人たちもあれば、すでにあの世に旅立った人々もいる。存命者の中には、今でも親しくしている友人も何人かいる。ほとんどは、私からすれば遠い所に――例えばワシントンに住んでいて、会いに出かけることは滅多にないが、東京に住んでいる友人も一人いる。ベネディクト会の司祭、ニール・ヘンリー・ローレンス神父である。お互いに若かったあの頃と今とを結びつけてくれる旧友、貴重な絆とも言うべき人だ。彼は詩を書く。私は、前にも触れたとおり、義理にも詩人肌とは言えない。しかし、こんな性格の違いなど、私たちの友情にとっては、何の障害にもなりはしない。

以上、私の退職について、私の記憶するとおり、できる限り正確に書いてきた。そして、当の私以上に正確に、当時の事情を記憶している人はいないはずだ。あの頃は、さかんに魔女狩りの行われた時代だった。好んでその餌食にされたのは、独り者の男だった。なぜ結婚しようとしないのか、世間はあらゆる種類の妙な想像をたくましくし、そんな男が退職をしたとなると、あらゆる種類の妙な噂が広まった。私が退職した時も、もちろん例外ではない。私に言えることはただ、私が独身タイプの人間であり、退職は、純粋に私自身の意志によるものだったということである。当局からの圧力など、全くなかった。もちろん、昇進リストに載らなかったという事実を、間接的に圧力をかけたのだと見れば、話はまた別かもしれないけれども。

どうも、第一ホテルの私の部屋が、盗聴されていたのではないかと疑うべきふしがなくはない。例の国文学の教授が私の部屋にいて、長い間シンと静まり返っている時、かりに誰かがいきなり部屋に入ってきたとすれば、二人が机に向かっている姿を見て、あるいは当惑したかもしれない。教授は煙草をふかしている、そして私は、今二人で読んだばかりの一節を訳している。あるいは面白い光景と見えたかもしれない。もし誰かが、本当に部屋に入ってきていたら、私はきっと、また別の先生を探さなくてはならなくなっていただろう。

こうして、一九五〇年の五月の初め、私はバッハやモーツァルトのレコードと、そのほかわずかな持ち物を木箱に詰めて、第一ホテルを後にしたのだった。

四、冷　戦

皇居を過ぎて北へ向かった時、私の心は、明るい期待に燃えていたわけでは決してなかった。むしろ、まことに不吉な予感に満ちていた。私は、大変な間違いを犯してしまったのではないか、その代償を支払わねばならなくなるのではあるまいか。だが実は、北へ向かっていたあの時、私は、生涯で最も興味溢れる時代に入ろうとしていたのである。

私が荷物と一緒に乗り込んだのは、アメリカ軍のトラックだった。ただし、運転手は日本人である。私たちは千代田区を走り、皇居の東を通り過ぎて、すぐその北の文京区に入った。新しい住居《すまい》は、この区内にあったからだ。それ以来、ごく短い中断の期間を除いて、ほとんど半世紀というもの、私はこの区に住んでいる。私以上に多くの年月、この文京区に寝泊まりした経験を持つ住民は、今ではもう、そう多くはないはずである。

東京の各区は、実は一九四七（昭和二十二）年、整理・統廃合が行われたばかりだった。ほとんどは、古い市政で二つ、ないし三つの区だったものを統合し、ひとつの区にまとめたのである。文京区の場合もそうした例のひとつで、旧小石川区と本郷区の二つを統合して生まれた。昔からの由緒ある名称は、この統合と共に消滅してしまった。理由はおそらく、二つの区とも、それぞれの名称に非常な誇りをもっていたので、どちらか一方を新しい区名にしたのでは、名前を失う側の住民が、とてものことに納得しなかったからだろう。だが、その結果生まれた新しい区名は、いかにも官僚的な、あえて言うなら、化け物じみた名前だった。現在の二十三区の中でも、一番魅力のない名称なのではあるまいか。意味だけからすれば、さしずめ「文化の都」というようなことになるだろうか。「文京区」にある文化的な施設といえば、さしづめ後楽園球場と東京大学ということになるのだろうが、官僚が念頭に置いていたのは、もっぱら大学の方だったに違いない。というのも、彼らのほとんどは、実は東大出身なのだから。

文京区で気に入らないのは、区名ばかりではない。この大学そのものも気に入らない。けれども、この二つを別にすれば、この区はなかなか気持のいい所だ。流行の先端に立ったことなど、ついぞ一度もないというのも、私にとっては好ましい。それに、野球場と後楽園遊園地を除けば、派手な所でもないし、変化のテンポも、東京の標準からすれば、ゆっくりしている点もいい。

大学は、当時はまだ、嫌いになるほどよく知ってはいなかったのだが、この都会に居続けるためには、実は、ここに通うことを口実にしなくてはならなかった。ちょうどその春、アメリカ人が「文化関連入国者」として、日本国内に在住することが可能になったからである。これもまた、いかにも官僚の考えそうな専門用語だが、要するに、占領軍関係者でなくても、日本に住む道が開かれたのだ。ちなみに、この頃はもう、今や占領が終わりに近づいていることは、誰の目にも明らかだった。そして、「文化関連入国者」になる方法のひとつは、学生になることだったのである。私は、この方法を初めて利用した外国人だった。

大学は、言うまでもなく本郷にあった。統合される前の二つの区のうち、東側の地域だが、私の住居《すまい》は、西側の旧小石川区にあった。戦災をわずかに免れた一角に建つ、日本家屋の離れである。ここを見付けてくれたのは、私が英会話のレッスンをしていた若い人たちのグループで、メンバーは、ほとんどが各種の官庁に勤めていた。私は、授業料を受け取ることはしなかったが、時々は、彼らに頼みごとはしていた。そこで彼らも、この時は一奮発して、私の新しい住居を見付け出してくれたのである。

外交セクションの中には、英会話のレッスンをしている者は大勢いた。オズボーンもその一人だったが、時として生徒たちに、持ち前のユーモアのセンスを発揮しすぎて、少々危険な結果を招くこともあった。生徒の中に、領事館で働いているかわいい女の子がいたが、その女性に向かって言ったのである。「よく覚えときなさい。領事は昔、宣教師をしていたことがある。だから、彼と話す時には、宗教のことを持ち出すといい。例えば、何か嫌なことがあったら、〈ジーザス・クライスト！〉と言いなさい」。ところが、その女の子は本当に、領事に向かってそう言ってしまったのだ。私はその場に居合わせてはいなかったが、彼女から聞いたところによると、領事閣下の顔に浮かんだ表情からして、自分が何か、変なことを口走ってしまったと感じたらしい。領事はたまたま大変な日本贔屓で、日本的な謙譲の美徳を十分わきまえていたから、明らさまに怒ったり叱ったりはしなかったという。けれども、やがて領事閣下のショックも、無事に消え去ったのだろう。彼女はその後も、自分の机を失うこともなく、相変わらずタイピストの仕事を続けていた。

私は今でも、英会話の生徒たちのくれたプレゼントを、身の回りに置いて使っている。東京の家の机には、この五十年近く、漆塗りのお盆が載っていて、ペン入れの役を務めているが、これは実は、司令部の外交セクションを退職し、レッスンもやめることになった時、生徒たちが、お別れの記念に贈ってくれたプレゼントだ。この時の生徒の中で、一人だけ官吏ではなかったメンバーとは、今でも音信を続けている。西川健郎という造船技師で、今はイギリスに住んでいるが、東京へ来た時には、奥さんともども会って、旧交を温めている。

西川さんは、私の日本人の友人のうち、一番古くからの知己の一人だが、もう一人は、外交セクションに勤めていた島田栄子（旧姓は中村）さんで、先程の、オズボーンのジョークの犠牲になった女性である。もう長年、ニューヨークに住んでいるが、それにしても、どこか遠くに住んでいる場合の方が、すぐ近くに生活している場合より、日本人との友情が長く続いているというのは、一体なぜなのだろう。理由はよく分からないが、ひょっとするとこの事実は、一般に友情というものについて、何事かを物語っているのかもしれない。この二人とは、そもそも私が、日本人と知り合いになれる状況になった、その最初の頃からの付き合いである。

さて、私の新しい住居に話を戻すと、この離れに住んでいたのは、実は私一人ではなかった。二階には、ほかにもアメリカ人たちが住んでいたのである。日本人の家主の中には、日本人に部屋を貸すより、外国人に貸したがる人が多かった。外国人なら、部屋を明け渡してくれと頼めば、文句を言わずに荷物をまとめ、出て行ってくれると当てにできるが、日本人の場合は、ただ拒否するばかりか、弁護士まで連れて来かねない。そして実際、立ち退きの要求に対抗するためには、借家人を保護する法的手段が多々あったのである。

二階は、なるほど陽当たりがよく、特に冬には、これは何よりの利点ではあったけれども、階下の私には庭があった。そして私は、この庭が大いに気に入ったのである。当時の私は、花で飾った西洋式の庭園より、花のない日本の庭の方が好きだった――と書けば、今は違うように聞こえるだろうが、実際、今は違うのである。それはともかく、新しい住居は、全体として、小さいながらなかなか優雅で、日本間が二つあり、大きい方にはテーブルと座布団がいくつかあるだけ、小さい方には机と、椅子と、本棚が何個か置いてあるだけだった。

便利という点から言えば、特別よくも悪くもなかった。最寄りの駅は、早足で歩いても十分ほどかかったけれども、別に、足許を見られたなどとは思わなかった。大学までは、歩けば小一時間かかったが、時には歩いて行くこともあった。ただし、普通はバスと都電で通った。そんなことより、私は何より、古くからの区のひとつに住んでいることが誇らしかった。なるほど、私の住居からわずかに西に行くと、昭和十年代になってようやく市部に編入された区が始まっていて、私の家は、かろうじて旧市内の西の端に入っているにすぎなかったけれども、こういう所に住むことができたことに、私は大いに満足していたのである。

実を言うと、第一ホテルを出る時、日本橋に下宿しようと思えばできるチャンスはあった。外交セクションのオフィスには近いし、古い商業の中心地でもある。しかし、その話は断った。長く住み続けることは、多分、できそうにもないと考えたからである。私の判断は、結局間違ってはいなかった。今ではもう、この地域には、ほとんど誰も住んではいない。小中学校も、通学する子供がいなくなって、閉校が続いている。東京は土地がなく、あまりにも家が建て込みすぎていると、日本人はしきりに嘆く。そのとおりには違いないが、しかし東京にしろ日本全体にしろ、人の住んでいない所は、実はあちこちあることもまた事実なのである。

東大は、最初行った時から嫌いになり、いまだにその気持を抑えられないでいる。まず第一に、そもそも物理的に言って、とても好きになれるような所ではない。そのことは、外交セクションにいる時代からよく知っていた。その頃から、数え切れないほど訪れたことがあったからだ。その時期は、ここが醜悪であることなど、別に大した問題ではなかったけれども、しかし今、曲がりなりにもこの大学に在籍する身になってみると、大いに気にせざるをえなかった。キャンパスは、かつての大名の中でも最大の富を誇っていた加賀百万石、前田家の用地だった所で、その痕跡があちこちに残っていた。中でも目立ったのが三四郎池で、周知のとおり、漱石の有名な(そして卓抜した)小説の主人公の名に由来する。ただ私には、池というより、むしろ陰気な沼という感じがした。キャンパスのほかの部分も、やはり陰気でジメジメしていて、しかも当時は、自然の寒暖を和らげてくれる設備もなかったから、冬は凍え、夏は猛烈に汗をかいた。日本の学期は、なぜそんな学年暦になっているのか、いまだにその理由が理解できないのだが、まさしく盛夏まで授業を続ける仕組みになっているのだ。

けれども、物理的な環境などよりはるかに厄介だったのは、むしろ人間関係だった。ジェネレイション・ギャップの問題である。とはいえ、普通の場合とは、むしろ逆のギャップの形を取っていた。普通は、若い世代と古い世代との間の対立である。だが私の場合、教授たちとの関係は、まことにうまくいった。みんな、私より一世代以上も年上の先生方ばかりだったけれども、実に親切に指導に当たってくださったし、特にそのうち二人とは、友人と呼んでもいいほどの間柄になった。問題はむしろ、私とほぼ同年代の人たちで、ほとんどは、単に冷やかどころか、敵意すら感じたのである。ただし、あくまでも「ほとんどは」であって、いつでも例外というものはある。この場合もやはり、親切に助力を惜しまない人々はいた。しかし、ほとんどは違っていた。

サンフランシスコ講和条約が発効したのは、一九五二(昭和二十七)年のことだったが、その後に起こるであろう事態にたいして、私は多分、大抵のアメリカ人より、正確な予想をもっていたと言えると思う。占領中は、日本のマスコミは、すべて極めて親米的だった。けれども大学のキャンパスでは、雰囲気は全く違っていた。だから、大学の雰囲気を知っている者には、マスコミやインテリが本心ではどう考えているのか、よく察知できたのである。正門から管理棟（これもまた、世にも醜悪な建物）に至る道は、種々雑多なグループやサークル、あるいは各種の委員会の立看板が、まるで屏風のように立てめぐらされていて、いかにも激越なスローガンがなぐり書きしてある。どれもみな、一様に悪意に満ちた文句ばかりだ。私は、こうした立看板を教材にして、日本語の練習を試みた。ちょうど日本人の若者がよく（東大の学生はほとんどいなかったけれども）、私を相手に英語の練習をしたのと同じだったわけだが、しかし、どうもうまくゆかなかった。その頃はまだ、日本語を読むのにはかなり苦労していたので、立看板を読むにはことさら時間がかかったのだが、ようやく読み終えると、いささか暗然たる思いに駆られないではいられなかった。

私のトマス・ペイン時代が決定的に終わったのは、こうした立看板をつぶさに目にしたこの時だった。社会主義や進歩派の思想が、いかに容易に狂気に走りうるか、思い知らされたのである。ただ、今はこの点を、これ以上詳しく語ることはやめておこう。講和条約発効後の時代、マスコミがどんな論潮に支配されたか説明する時まで、しばらく先に延ばしておきたい。この時期、進歩派と社会主義は燎原の火のごとくに燃えあがり、行く手に横たわる物一切を焼きつくす勢いだった。だが、その時期を待つまでもなく、条約発効の前、初めてキャンパスの立看板を見た時すでに、つい昨日までトマス・ペインの信奉者だった者の目にも、そうした主張が全くの狂気にほかならぬという事実は、ただちに明らかとなったのだった。

大学へ通い始めて困ったのは、誰の目にも、私がアメリカ人であることが、すぐに分かったということだ。そしてアメリカは、誰にとっても敵だったのである。もし私がフランス人だったら、あれほど困ることはなかっただろう。仮にロシア人だったとすれば、困るどころか、大いに優遇されていたに違いない。時には、公然と敵意ある扱いを受けることもあった。例えば、探している建物があって、どう行けばいいか尋ねると、フンと鼻を鳴らして、ソッポを向かれたりするのである。だが、大抵は無視された。一人の人間として見てもらえないのだ。なぜ私が、これほど即座に、しかもこれほど決定的に、アメリカの帝国主義者という固定観念で片付けられねばならないのか、私には理解できなかった。これもまた、一種の偏見ではないかと思えた。当時、ラディカルな学生たちは、逆にアメリカ人こそ、反共思想の虜《とりこ》になっているのと信じていたのだけれども。

しかし教授たちに関しては、事情は全く違っていた。最初の一、二年の間、一番親しく接していただいたのは、『源氏物語』研究の権威、池田亀鑑先生だった。その頃は、私は平安文学を専門にするつもりで、第一ホテルで始めた日記の読解と翻訳をまだ続けていたのだが、自己紹介したすぐ後で、先生に、とても実現はしないだろうとは思いながら、小さな提案をしてみたのだった。何人か学生たちが集まって、『源氏物語』を、もちろん原文で輪読する会を作り、指導していただけないだろうかという提案である。先生が、意外にも快く引き受けてくださった時は、かつて経験したことがないほどうれしかった。そこで、先生が大学院の学生に何人か声をかけてくださることになった。学生たちは、先生からのお話となれば、かわいそうに、断るわけにはゆかない。こうして、『源氏』の読書会が始まったのである。

だが私は、自分の図々しさに、今さらになって驚いた。ひょっとすると、あの当時われわれアメリカ人は、欲しい物は何でも思いどおり手に入れることに、あるいは慣れっこになっていたのかもしれない。学生たちは、この会でどれほど努力したからといって、別に単位が取れるわけでもないし、もちろん、『源氏』の第一人者である先生が、われわれ学生から何かを学ぶなどということもありえない。学生たちは、個人的には冷ややかだったかもしれないが、学問的には私の希望に付き合ってくれ、黙って我慢してくれたのだ。私は今も彼らにたいして、深い感謝の念を禁じえない。

池田先生は、それほど頑健な方ではなかった。けれども私たちと一緒に、夏は汗をぬぐい、冬は寒さに震えておられた。私たちは若かったが、先生は、実年齢だけからすれば、それほどの高齢ではなかったにしろ、少なくとも私たちの目には、やはり老人と見えた。その先生が、冬のさなか、夕闇が迫る中で、オーバーに身を包んで震えておられる姿は、いかにも哀れな光景だった。もうこの会はやめにしましょうと、何度も言おうかと思ったのだが、結局、口に出すことができなかった。この会のおかげで、平安時代の日本語を読み解く力は着実に身についていたのに、もしやめようなどと言い出せば、何の役にも立っていないと言っていることになってしまう。先生は、一九五六（昭和三十一）年の末、他界された。まだ還暦を過ぎたばかりの、あまりにも早い死だった。ちょうど母が死んで、コロラドに帰郷し、日本に帰ってきたばかりの時だった。

池田教授が亡くなる前から、多少言いにくいことではあるが、私はむしろ、すでに久松潜一教授の方が好きになっていたかもしれない。国文学科長で、古代から近世に至る評論史と、上代歌謡の浩瀚《こうかん》な研究で知られる碩学だった。ただ教授に関しては、思想的に、批判すべき点が全くなかったわけではない。日本の極端なナショナリズムが猖獗《しょうけつ》を極めていた時代、教授はその理論家として活動しておられたことがある。それに、もっと卑近な点で言えば、話が非常に分かりにくかった。教授としては、あまり褒めたことではない。最初のうちは、先生の講義がよく分からないのは、私一人かと心配していたのだが、そのうちに、ほかの学生にも分かりにくいのだと知って安心した。言葉を呑み込む癖であるとか、具合のよくない癖がいろいろあったが、近代以前の言葉遣いを、好んで使うことなどもそのひとつだった。

だが私にたいしては、いつも変わることなく親切にしてくださった。その温和な人柄と博学ぶりには、コロンビアの角田先生を思い出させるものがあった。時として極端なナショナリズムを説くことがあったとしても、声高に鼓吹したなどとは想像できない。池田先生よりは長生きなさったけれども、久松先生もまた、すでに鬼籍に入っておられる。一九六二（昭和三十七）年、日本に住み続けるのをあきらめて、またアメリカで暮らし始めた時、先生は別れの餞《はなむけ》に歌を詠み、自ら筆を揮《ふる》って色紙にしたためてくださった。

　万葉をときあきらむと　ひとよをは
　　すくしはきつれ　道ははてなく

この歌には、今も深く心を打たれる。先生がいかにいい人であったかを思い出すと、なおさら心に沁《し》みる。この色紙は、いつか、どこかの文学館に寄贈しようと思っている。

学科の先生の中には、もう一人、大好きな人がいた。ただし、彼だけは国文学の専攻ではなく、中国語の講師をしていた魚返さんである。小柄で、肌が浅黒く、フィリピン人か、マレー系に間違われそうな風采だった。私は中国語が読めるようになりたくて、何人か中国語の専門家に助けてもらおうとしたのだが、魚返さんは、ほかの人を全部合わせたよりも力になってくれた。もっと中国語がうまくなれなかったのは、いかにも残念だと思う。私の中国語は今でもあやふやで、どうしても中国語の知識の必要な時には、相変わらず、いつでも専門家に相談している。その結果、自分では理解したつもりだった一節が、実は全然理解できてなかったと分かることも少なくない。

一九六五（昭和四十）年七月十三日の日記に、私はこんなことを書いている。

昼過ぎ、帝国ホテルへ行く。あの大谷石を使った建物は、遠からず取り壊しになる惧《おそ》れがある。だから、待ち合わせの場所には、できるだけあのホテルを使うことにしているのだ。今日待ち合わせた相手は魚返さんで、一緒に銀座で昼食。いつにもまして憂鬱な顔で、自分のことを「余計者」だと言う。アメリカは世界で二番目に好きな国だが、一番目はどこか、まだ見つかっていないという。……実に端倪すべからざる人物だが、当然受けて然るべき名声を、ついに得ることはできないだろう。沖縄から出てきて、学位がないにもかかわらず東大の教壇に立ち、さらにはＮＨＫの番組に出るなど、いろいろ活躍してはいるけれども。

夜中に家に帰ってくると、迎え火の残りがまだ燃えていた。わが家にも先祖の霊が来てくれたら、どれほどうれしいことだろう。わが家には、そうしたことは絶えて久しい。

最後の一節までわざわざ引用に加えたのは、東京に住んでいると、思いがけない新しい発見がいつもあって、心楽しい驚きを覚えることがよくあるという、日頃の経験の一例を挙げておきたかったまでである。

魚返さんは、一九六六（昭和四十一）年の夏、亡くなった。アーサー・ウェイリーが他界したのと、ほぼ同じ時だった。二人の死は、残念なことに、たまたま私の日記が中断している時期に当たっている。ただ、その後、日記が再開したところから逆算して、この時期のことだったはずだと想定できるのだ。ウェイリーには、直接会ったことは一度もなかったけれども、深い喪失感を味わった。だが魚返さんの場合は、喪失感はさらにはるかに深かった。話していて、いつでも啓発されるところが多く、時にはまた愉快で、才能に富み、心やさしい人物だった。

池田先生の『源氏』サークルに参加していた学生たちについては、私の勉強には大いに役に立ってくれたけれども、特に親しく付き合ったメンバーは記憶に残っていない。ただ、それ以外の学生の中には、ごく親しくなった友人が何人かいて、中でも高橋治さんは、親友と呼んでいいほどだった。後に有名な作家になったが、千葉県の出身で、彼と、義理の兄さんに当たる陶芸家、原照夫さんのおかげで、何年かすばらしい夏を、外房の海岸で過ごすことができた。

東京と境を接する県の中では、いつでも千葉が一番好きだった。この点、私は多分、千葉県人は別として、ごくわずかな少数派に属しているのではあるまいか。東京の人は、ほとんどの場合、千葉県がすぐ隣にあることを、いささか恥ずかしいことと思っているらしい。ヤクザと、悪徳政治家の土地ということにされている。こういう見方にたいしては、私はあえて反論したい。それを言うなら、日本全国、どこでも同じようなものではないか――というより、千葉は、なるほど少々粗野ではあるにしても、変に取り繕っていない分だけ、むしろ正直でいい。千葉以外の東京の近県は、東京に同化されすぎていて、そういう率直さを失ってしまっている。ほかの県でも、千葉に劣らず不正な、規制を破る行為は多々あるはずだが、千葉はその事実について、もっと開けっぴろげだというだけのことではないか。

谷崎潤一郎の『細雪』は、やがて私の訳すことになる小説だが、その中に、家族のかかりつけの医者が出てくる。いかにも温かみのある人物で、明らかに、誰か実在の人物をモデルにしたと思われるのだが、この医者が、実は、千葉の出身ということになっている。それにまた、私がやがて知り合いになり、大好きになる有名な作家の一人、立野信之も千葉出身だ。高橋さんも、原さんも、同じく千葉の出身だった（原さんは、もう何年も前、アメリカで他界した）。どうやらこの土地には、何かがある。土臭い、気取らない、率直で、たくましい、何かがある。

　外房で過ごしたすばらしい夏は、全部で六度にわたったが、すべて一九五〇年代のことで、最初は五一（昭和二十六）年の夏だった。九十九里の片貝村で、薬屋の二階を借りてひと夏を過ごしたのだが、東京や千葉から、ひっきりなしにお客があった。ふた夏は原さんも一緒に滞在して、料理を作ってくれたし、ほかの年は、階下の家庭が食事を用意してくれた。

　料理に関しては、私にできるのはせいぜい卵をゆでるくらいで、それ以上ややこしい料理は、まるで習ったことがない。料理を覚えておいて然るべき時期には、いつでも家政婦さんがいたからである。別に、贅沢な暮らしをしていたというわけではない。ただその頃は、家事労働はごく給金が安かったのだ。家政婦は、片貝まで一緒に来てくれることこそなかったけれども、東京で、いつでも私の帰りを待っていてくれた。しかし六〇年代も末になると、お手伝いさんを雇うことなど、とてもできなくなってしまった。日本人全体が金持ちになり、賃金も物価も、急上昇を始めたからだ。一方私もその頃には、料理をやってみようなどという野心は、もうなくなってしまっていた。

　片貝村という地名は、今では地図に載っていない。町村合併で併合されてしまったからだが、半農半漁の村だった。農業にかかわる半分には、さして私の注意を引くものはなかった。あったとすれば、いろいろのお祭の時で、その中心は、夜、火を燃やす行事だったが、これはなかなか見事だった。もうひとつ目を引いたのは、螢が姿を現した時の光景で、夜の田んぼが、さながら、またたくエメラルドを敷きつめた絨毯《じゅうたん》に変身するのだ。時には、螢は私の部屋の中にまで迷い込んで、蚊帳の中で一晩中光っていることもあった。

　漁業にかかわる半分は、漁師の人たちも、漁船も、浜に打ち寄せる大波も、さらには四つ足の住民たちに至るまで、実に愉快だった。一見、いかにも獰猛そうに見える巨体ながら、実はまことに愛すべき秋田犬がいた。自分のことを、愛玩用の小犬だと信じ込んでいて、私が砂浜に腰を下ろし、本を読もうとしていると、しきりと身をすり寄せてきて、膝の上に上がってくる。彼の巨体が、まるで壁のように顔の前をふさいで、世界がまるで見えなくなってしまうのだった。あの犬も、もうはるか、はるか昔に、死んでしまったに違いない。漁師の人たちはと言えば、あれほどつらい労働に精を出す人々を、私はかつて目にしたことがなかった。港がないから、一日の漁が終わると、船を砂浜に引き上げなくてはならない。それも、決して小さな舟ではないのである。みんな、ほとんど素裸に近い姿だった。時には私も船に乗せてもらって、沖の漁の様子を見せてもらうこともあった。網を引く仕事は、まさに重労働そのもので、私など、三十分も持ちこたえられそうになかった。

にもかかわらず、すべては笑いと、猥雑な歌に満ちていた。中でも猥雑でたくましかったのは女性たちで、船に乗ることは許されないけれども、魚を降ろしたり、船を浜に引き上げる仕事は、ものすごい勢いで手伝った。私は、この女たちが好きだった。男たちも、そしてこの村そのものも、大好きだった。

しかし突然、破滅が訪れる。まことに悲劇的な結末だった。下宿先の薬屋の奥さんは、一家の中で一番元気な働き手だったが、脳卒中で倒れ、何カ月も寝たきりになった挙句《あげく》、死んだ。一人息子は自殺する。原因はよく分からない。だが、少なくともひとつには、母を喪ったためではなかったろうか。御主人は、気はいいけれども体が弱く、薬屋は店を閉め、生き残った家族――父親と、成人した二人の娘は、散り散りになってしまう。私は、何年かは墓参りに出かけて花を捧げたけれども、やがてやめてしまった。なぜだったのか、今となっては分からない。この前、片貝を訪れた時、薬屋の建物は――私が何年も二階を借りて、あれほど幸せな夏を送ったあの家は、跡形もなく姿を消して、駐車場になっていた。薬屋の奥さんが亡くなった後も、その気になれば、片貝で、また別の家を見つけることもできただろう。だが、私はもう、そんな気にはなれなかった。

ほぼ十年後の一九六七（昭和四十二）年の六月、私は日記にこう書き残している。

一年で一番長い一日を、片貝を訪れて過ごすことにした。千代元〔村で一番いい宿屋〕に宿を取る。ほかに泊まっているのは、オリエンタル・カレーの宣伝をするチンドン屋の女たちばかりのようで、彼女たちを別にすれば、かなりさびれた寂しい宿屋だ。どうやら、不気嫌な女中が一人きりで、お客の世話をしているらしい。十年前、顔見知りだった仲居さんたちは、その後、一体どうしているのか、尋ねてみる勇気もなかった。そういえば、あの頃は確か、日本髪の女性も一人いたのだが。若旦那は、数カ月前、東金から車を運転して帰る途中、交通事故で死んだという。

部屋は北向きで、茅葺《かやぶ》きの屋根に面しているが、残念なことに軒の部分が、青いプラスチックで縁取りしてある。それでも、松林が望めるのは、実に懐かしい。夕方、窓の外でクモが何匹も群がって、しきりに巣を作っている。この町が、これほどクモの多い所だとは、すっかり忘れてしまっていた。

昔は、片貝に入るには、ガタガタ列車に揺られて着いたものだが、今はもう、そんな贅沢は許されない。しかしバスで来たのでは、同じ畑の中を走っても、なぜか、緑の色が褪《あ》せて見えるような気がしてならない。とはいえ、緑はやはり深く、夏の盛りで重々しげだ。ほんの一瞬、耳鼻科の病院の前を通り過ぎた時(ある夏、耳に黴《かび》の菌が入って、診察してもらった所だ)、今年も、ひと夏ここで過ごすために来たような錯覚に陥った。しかし、ぜひにも逗留する気があるのなら、逗留してもいいではないか。

しかし、実はそんな気はないのではないか。昔の片貝ほど面白くはないはずだ。私も変わった。町も、そして何より、砂浜も変わった。昔は、午後はほとんど浜で過ごしたものだった。曇っていても、風があっても。けれども今は、海水浴客はそう多くはない。そのくせ、海の家だけは群がっている。……漁船の帰ってくるのを見た。一瞬、昔に返ったかのような気がした。だが、かつての姿の、遠い、かすかな影を見たにすぎなかった。女たちを呼び集める合図のホラ貝も、もうない。入念に、まるで儀式のように網を広げ、干す作業もない。こうしたことより、さらにはるかに残念なことだが、生命感に溢れた裸姿も、今はもうない。

「半三《はんざ》」という網元の頭《かしら》と話した。かつては、村の貴族のような存在だった。十五年ほど前、何度も船に便乗させてもらい、その後、「封建制の遺物」について、つまらない文章を書いた時には、今の頭の先代が網元だったが、あの老人は、亡くなってもう七年になるという。網元の中で、一番親しかった「源七」は破産して、やはり先代は、もう故人になっていた。しかし、網元の数そのものは変わっていない。ただ、貝を集荷する業者は、何社かが合併して大きくなっている。山口さんは（「半三」の主人は、確かそういう名前だったと思う）、お役所仕事の話になると、ひどく厳しい口調になった。

憂鬱な気分で浜を見ていると、若者が話しかけてきた。考えてみるとゾッとするが、私が初めて片貝を訪れた頃、この青年は、ようやく生まれたばかりだったはずだ。若い人たちが、漁業についてどう思っているかという話になった。みんな、できるだけ辞めたがっているという。だとすれば、片貝の漁業もまた、あらゆる物を破壊して顧みない今の時代が、ものの見事に破壊した一例ということになるのだろうか。ある意味では、網元が当然の報いを受けたのだと言えるのかもしれない。配下の漁師を、あまりにも苛酷に搾取していたからである。確かにこれは、「封建制の遺物」には違いなかった。しかし、それでもやはり、無念と感じざるをえない。とはいえ、同時にまた、事態はそれほどひどくはないのかもしれない。今でもなお、この国の若い人々の中には、かつて私の知っていた和夫のような若者もいるだろう。本当に海や漁が大好きで、だから、搾取されることなど、さして気にしていなかった。あの和夫は、今もこの町にいるのだろうか。山口さん以外、船を引き上げている人々の中に、見知った顔は、ひとつも見当たらなかったのだが。

変化したことが、ほかにも、もうひとつあった。ハマグリを採るのは禁止になったという。

さらに、翌日の日記にはこうある。

夕方、もう一度浜に出る。満潮で、波が船の足元を嚙んでいる。網元の山口さんも来ていて、船の引き上げを指図している。その仕事が終わってから、また彼と話し合った――というより、彼の意見に耳を傾けた。ヘーゲルから漁業の将来に至るまで、話題は多岐にわたったが、ほとんどの問題について、彼の意見に賛成だった。十五年前なら、激しく意見が対立していたはずなのだが、変わったのは私の方で、彼ではない。誰もが都会へ脱出してゆくことを、彼は嘆く。そして、いささかの苦いユーモアを込めて想像するのだ。もしまた爆撃でもあったら、漁師は、大抵の人よりは助かる見込みが大きいだろう。そしたら都会の連中も、漁師がどんなに重要か分かるだろう。……当然のことながら、彼は再軍備に賛成である。自分で自分の面倒が見られないなら、誰が面倒を見てくれるというのか――彼はそう言う。昔は山口さんのことを、少しばかり物知りぶっていて、少々嫌な奴だと思っていた。だが今度の片貝再訪で、何よりも強く、鮮明に印象に残ったのは、結局、山口さんと話し合ったことだった。

そして、三日目の日記から――

朝、まだごく早いうちに発《た》って帰京。乗り継ぎが大変良くて、まだ昼にかなり間のあるうちに上野に着く。窓の外の緑は、出かけた時より色が深まっているように思えた。結局のところ、あの頃の楽しみがあれほど姿を消してしまった今でも、片貝を去るのは、やはり心残りだった。浜からは、たくましい生命感は、もうなくなっていたかもしれない。けれども田んぼには、今もなお命の息吹は感じられた――少なくとも、バスに乗り降りする陽に焼けた人々の、屈託のない健康な笑顔を見ていると、そんな感じが強くした。東金では、悲しい光景を目にした。昔の九十九里鉄道の車輌が何列も、ただ錆《さ》びるに任せて放置されている。もう二度と、われわれを片貝までゴトゴト運んでくれることもない。

一九五〇（昭和二十五）年の夏は台湾を訪れ、二週間ほど、オズボーンと一緒に過ごした。その前の年、東京で結婚式を挙げたばかりで、私は、晴れがましくも、新郎の付添人の役を務めたのだった。奥さんは、中国本土から脱出してきた人だったが、台湾の人たちの間には、今にも本土から進攻があるのではないかという恐れがあった。私は、行きも帰りも船便を使ったのだが、往路の途中、初めて沖縄をわが目で見た。戦争の惨禍から、まだほとんど立ち直っていない状態で、それというのも沖縄では、戦争のもたらした破壊は、日本のどこよりも苛烈だったからである。長崎は、原爆のせいではるかに大きな注目を受けていたが、沖縄の方が、比較を絶するほど悲しい光景を呈していた。もうひとつ、すぐに気がついたことがある。沖縄には沖縄独自の文化があり、日本本土の文化とは大いに趣を異にしている。アメリカの統治を離れた時、なぜ独立した国家になる道を選ばなかったのか、不思議に思えるほどだった。この感想を人に漏らすと、誰一人耳を傾けてくれる人はいなかった。なぜシンガポールのような道を取らなかったのかと尋ねると、答えは決まって、沖縄にはその気がなかったというのである。事実、そのとおりだったのかもしれないけれども、確かなところは、結局、よく分からないということではないのだろうか。

私の日本語の読解力は、当時は依然として相当にあやふやだった。平安朝文学を読んでいて困るのは、ほとんどは平仮名で書いてあって、漢字に触れる機会がごく少ないということだ。ところが現代の日本の書き言葉では、やたらに漢字だらけである。私には、まだまだ覚えるべきことが多かったわけだ。そこで、台湾までの往復の船旅の間に、その勉強をしようと決心したのだ。

漢字を四千字集めた辞典を持って行って、東京に帰ってくるまでに、全部暗記しようと決めて出発し、そして事実、この計画を実現したのである。東京に帰ってみると、もう、いつでも辞書を持ち歩く必要もなく、あるいは、通りがかりの本屋に飛び込んで、字引きを立読みする必要もなくなっているのに気付いた。この喜びは、脚を骨折した後、初めて独力で歩けた時の喜びにも匹敵した。日本語を覚えるのに、一番いい方法は何か尋ねられると、私はいつもこう答えることにしている。「辞書を一冊、丸ごと暗記することです」。だがみんな、私が冗談を言っていると思うらしい。

台湾の滞在中は、実に面白かった。独力で島を一周してみたが、台北にいる間はオズボーンの世話になった。それが、実に愉快だったのである。大使館の広報セクションを担当していたので、英語教育の番組を放送していたが、聴取者に質問を出し、正解者には、例えば安物のペンなど、賞品を出したりしていた。番組は、いろいろな場面を想定したスキットの形を取っていたが、オズボーンはどの役も、男はもちろん女性の役まで、すべて自分で演ずるのである。

私も、そういう番組のひとつで、音響効果をやってくれと頼まれた。といっても、要するに、水のピシャピシャ跳ねる音を出すだけのことである。どんな場面だったかは覚えていないが、とにかく、水の音をだんだん激しくしてゆかなくてはならない。やっているうちに、思わず噴き出しそうになるのを、必死に我慢したことだけはよく覚えている。オズボーンは、物真似をするのが実に巧みだったが、この才能は、語学が実に堪能だったことと関係があるかもしれない。それにしても不思議でならないのは、彼が全くの音痴だったことである。広報官としての仕事に関しては、難しいのは人々に親米感情を抱かせることではなく、いかにして親米になりすぎないようにするかだと話していた。

台湾では、恐怖を感じたことなどは一度もなかった。ただ、この同じ夏の初め、朝鮮戦争が始まった時には、本物の不安を感じた。北朝鮮は一気に半島を蹂躙し、よほど愚かでもない限り、その勢いを借りて、日本にまで進攻してくるに違いないと、本気でそう思ったのである。ところが日本人自身は、すぐ隣の国でこんな事態が起こっているというのに、まるで無関心のように見えた。全く、信じがたいことだった。日本人は、誰かがどうにかしてくれるものと、頭から決めてかかっているらしい。もちろん、結果的にはそのとおりになったわけだが、どうもこの無関心に混じって、韓国人は自業自得の目にあっているだけだという、例の、韓国蔑視の偏見も伏在していたのではないのだろうか。

危機意識は、台湾ではすでに薄らぎ始めていたけれども、しかし、そもそも台湾に危機意識が存在したということ自体からしても、生まれながらの台湾人の間には、本土の人民共和国の一部になりたいと考えている人々など、そう多くなかったことは明らかだろう。それも、けだし当然というもので、彼らは、本土から来た蔣介石政権から、手ひどい虐待を受けていたからである。私が台湾を離れた頃には、「僥倖が台湾を救った」という言葉が広がり始めていた。この説がどこまで真実をついているものか、私には分からないが、この説によると、その「僥倖」とは、大河がもたらしたものだったという。つまり、海峡を渡って台湾に進攻するべく、本土の大河で渡河訓練を受けていた人民軍が、突然の洪水で何千人も溺死した結果、進攻作戦は中止に終わったのだというのである。

東大時代になってまもなく、もうひとつ大きな変化が訪れた。一九五一（昭和二十六）年の初め、アメリカ政府の当局者とイザコザが生じたのである。私が、あまり勤勉に大学に出席していないと、クレームをつけてきたのだ。できる限り勤勉に出席していると反論はしたのだけれども、納得してもらえない。私は「復員兵援護法」とかいうもの（実は、正確な名称をついぞ覚えたことがない）に従って援助を受けていたのだが、その支給が、ついに打ち切られてしまったのだ。そこで、今度はフォード財団の奨学金に申し込んだ。その頃ちょうど財団は、海外留学にたいしても、奨学金制度を始めたばかりだったのである。その夏はコロラドで過ごすつもりで、船で出発する直前、私の応募は、不採用になったという通知が届いた。

それでも私は、別に気落ちすることもなく出発した。どうにかなるだろうと、タカをくくっていたからである。そして確かに、結局どうにかなったのだ。こういうことに関しては、私はいつでも好運に恵まれてきた。困った時には、いつでも何か都合のいいことが起こって、私を助けてくれたのである。

この時の船旅は、何度となく太平洋を横断した中でも、最高の旅だった。前に英会話を教えた生徒たちが、今度もまた骨を折ってくれて、サンフランシスコ行きの日本の捕鯨船に、たった一人の乗客として乗り込む手筈を整えてくれたのだ。南氷洋が冬の間は、南極の捕鯨シーズンはオフになるから、その間は、捕鯨船は貨物船として就航していて、東に向かって航海する時は空で行き、帰りは石油を積んで戻ってくるのだった。もし、今でもこの種の船が同じことをやっているとすれば、積荷の状況は全く逆になっていることだろう。東行きでは、あらゆる種類の日本の機器を積んで行き、帰りは空船になっているに違いない。さて、この時の航海では、東行きは空船だったから、船はまさしく、木の葉のように揺れに揺れた。幸い私は、今まで船酔いで苦しんだことは一度もない。この時も、むしろ、さかんに揺れて、面白がったくらいである。実際、まるでジェット・コースターのようだった。ほかに乗客がなく、気を散らされることもなかったので、旅の間、『蜻蛉日記』の翻訳の仕上げに集中することもできたのだが、翻訳者として、これ以後絶えず経験することになる問題を、この時初めて経験した。翻訳の作業全体を通じて、粗訳《あらやく》に手を入れ、英語としてすらすら読める文章に練りあげるという段階が、実は一番むずかしい部分なのだ。食事は、船長や航海士など、上級の乗組員と一緒だったが、みんな、船乗りの生活がいかにつらいか、いつもその話を繰り返す。確かにそのとおりだと思えて、同感しながら耳を傾けたものだった。

サンフランシスコに入港する前夜、私は少し怖くなっていた。実は、小さな浮世絵の版画を持って帰っていたのだが、私自身は、なかなかかわいいと思っていたのだけれども、春画と言えなくもない作品だった。東京に残してきてもよかったのだが、あえて持って返ったのは、かりに誰かに私の家の持ち物を調べられることがあったとして、その中に、この絵が見つかっては、少々具合が良くないと思ったからだった。しかし、いよいよ明日は上陸という夜になってみると、はたしてこの絵を持ったまま、黙って税関を通ってもいいものかどうか、疑念に駆られてしまったのだ。そこで、絵を小さくちぎって、甲板の手摺り越しに海に投げ捨てたのだが、突風にあおられて舞い戻り、デッキの上に、一面、散らばってしまったのである。文字どおり風を食らって、私はその場を逃げ去った。翌朝早くデッキに出てみると、水夫たちが集まり、喜々として断片をつなぎ合わせているではないか。そもそもちぎったりなどしないで、どうして丸ごと海に投げ込まなかったのか、自分ながら、今もって分からない。

列車でデンバーに着いた時、うれしい知らせが待っていた。母が駅まで持って来てくれた郵便物の中に、フォード財団からの通知が入っていたのである。私の申し込みにたいする回答を、再考したとある。都合がつけば、サンフランシスコまで来て、面接を受けてくれないかという。すぐ次の、サンフランシスコ行きの列車に飛び乗った。今度は、財団が用意してくれただけあって、はるかに贅沢な設備が整っている。もう一度サンフランシスコに行けるというのも、大いに気に入った。例の、前に横浜に住んでいたことのある伯母夫婦——私の大好きだった夫妻が、ゴールデン・ゲイト・ブリッジを渡ったマリン郡に住んでいたからだ。私は、かつてないほど幸せだった。私の申し込みを再考した結果、わざわざ二度まで不採用の決定を下すなどということは、まずありそうにもない。サンフランシスコまで呼ばれたということは、採用を約束されたも同じことではないか。

私の予想は正しかった。コロラド出身であるというのは、ありがたいことも多い。それまでにも、いろいろな場合に、そう感じたことがあった。例えば、ワシントンで面接してくれた、あの温厚な年輩の紳士が、同じコロラドの出身であると分かった時もそうだった。そして、今度もまた、新しい形ではあったけれども、やはりコロラド出身ということが、ありがたい結果を生んだのである。財団がなぜ私を呼び出すことになったか、その理由はすぐに見当がついた。地域的に、できるだけ広い範囲から受給者を選びたかったのだ。そして、たまたまコロラド出身者には、私以外、応募した者がいなかったのである。その後いろいろな情報を集めた結果、この推理の正しかったことが確認できた。

コロラドに帰省した直後、財団からまた次の通知が届いた。思いがけない知らせではなかったけれども、ありがたいニュースであることに変わりはなかった。奨学金を受けられることが、正式に決まったのだ。これで、また東京に戻ることができる。しかも今度は、特に選ばれた、名誉あるグループの一人として——つまり、フォード財団の海外留学奨学金の、最初の受給者として戻るのである。ただし研究対象は、今度は現代の日本文学ということになる。というのも、応募にあたって、研究対象は現代文学ということで申請していたからである。平安文学から近・現代文学へと専攻を変えたことは、私の生涯にも大きな変化をもたらすことになるはずだった。しかし、私は別に、金のために志望を変えたなどと、自らの誠実さに、ひねくれた疑念を抱いたりしたことはない。いずれ、現代の日本文学を本格的に読んでみたいと思っていたし、他方、『蜻蛉日記』の翻訳は、この夏の間に脱稿することになっていた。妹といとこの一人が、タイプで清書してくれていたのだ。ひと区切りつけるには、まさに格好のタイミングだったのである。

この夏は、いい夏だった。これが、コロラドで過ごす最後の夏になるだろうとは、その時は気がついてはいなかったのだが、結局そうなってしまった。あれ以来、何度も帰省はしたものの、あれほど長期間、故郷で過ごしたことは一度もない。翻訳の仕上げを続けるかたわら、散歩したり、泳いだり、庭の手入れをしたり、近くに住んでいる家族の誰かれと会ったりした。庭のことを本気で気にかけていたのは、家族の中では私一人だったから、私の留守の間に、庭は雑草に埋もれていた。母は、私がこの次コロラドに帰る前に、世を去る。だから、それ以後、故郷のわが家も、もうそれほど深く、わが家という思いがしなくなってしまったことも、悲しいかな、やはり事実なのである。

日本への帰途は船で、ロサンゼルスを発《た》って神戸に着き、神戸から列車で東京に帰った。すぐ大学へ出向いて、専攻を変えたことを報告したが、反対を唱える人は誰もなかった。新しく、私の指導に当たってくださることになる教授さえ、別に反対はなさらなかった。実を言えば、この人は教授ではなく、講師だった。大学ではこれまで、近・現代文学には、ほとんど注意を向けてはいなかった。ようやくこの頃になって、研究・教育の対象として授業科目の中に割り込み始め、最初はまず、東京の大学の中でも一流の所から（そんなものがあるなどとは、東大の人はほとんど誰一人認めようとはしないだろうが、それはまた別の問題である）、教授を引き抜いてきて講師に採用し、やがて、近代文学担当の教授に据えたのである。

その人物とは、吉田精一先生で、当時、東京教育大の教授だった。ただ私自身は、吉田先生とは、池田先生や久松先生の場合ほど、うまくはゆかなかったような気がする。別に、先生が私にたいして、敵意を見せたというようなことではない。しかし、これまでの二人の先生方ほど、親しく好意を示されなかったことも事実だった。私の方にも、別に不平を漏らすべきいわれは何もないと同時に、特に愛着を感ずべき理由も別になかった。

思うに、先生は私のことを好きではなかったのだろう。よくあることだが——少なくとも私の場合、よくこういうことがあるのだが、相手が自分のことを好きではないと、こちらも相手のことを好きにはなれない。吉田教授はある時、新聞のインタビューで、私の日本語の力は（ということは、つまり、私の日本語を書く力のことだと思うが）、日本の高校生程度だと言われたことがあった。もし久松先生にこう言われたのなら、私は無邪気に笑えただろう。けれども、吉田先生の口からこう言われると、なぜか、素直には笑えなかった。先生は、助言を得たいと思う時は、いつでも会ってくださった。この点では、私はいつも先生に感謝していた。ただ問題は、先生の所に出かけてゆくのは、どうも気が進まなかったということだった。池田先生の場合には、こんな遠慮を感じたことは、一度としてなかったのだけれども。

それはともかく、こうして私は、近・現代の小説を読み始めた。ただ、近・現代の詩や劇に関しては、私の知識は今でも断片的にすぎない。ある意味で、日本の一般的な価値基準に従った結果である。近代以降、日本では、文学の世界を圧倒的に支配してきたのは、何をおいても小説である。明らかに西洋の影響だが、ほかのジャンルは、みな、陽の当たらない場所に追いやられてきた。なるほど近代の小説のうち最良の作品群は、平安時代以後の千年間を通じて見ても、最高の水準にあることは確かだろう。しかし同時にまた、必ずしも小説に向いているとは思えない才能の持ち主が、にもかかわらず小説を書いたという例も、実はめずらしくはない。近代以降の日本では、小説を書いてこそ、名声も富も得られたからだ。

これ以後、東大で勉強している間に、近・現代の小説の代表的な名作は、事実上すべて読破した。一般に代表作と認められている作品のリストは、驚くほど固定している。そもそも、個人にしろ特定の時代にしろ、「全集」と称する出版物が、日本ほど普及している国はほかにない。少なくともアメリカでは、日本ほど広く見られないことは確かである。ところが日本では、「全集」が刊行されて、初めて一人前の作家として認められる。ということは、つまり、最初の「全集」が出た後も、当の作家は、まだまだ長く作品を発表し続けることも大いにありうる。だから、最終的な決定版が出るまで、誰かの「全集」が何度も出るということも、別にめずらしくはない。

この点は、「日本古典文学全集」とか、「近代文学全集」とかの場合も同様で、要するに、一般に広く名作、代表作と認められた作品の選集と考えていい。この種の「全集」は数多く出ているが、どれを取っても、作品のリストには、ほとんど違いはないのである。私は実は、この種の全集をそろいで買ったことは一度もない。献呈でもらったことがあるだけだ。

かりにもし買うことになったとすれば、一番安いものにするだろう。一番安いセットでも、豪華で高価なセットでも、入っている作品には、ほとんど変わりがないと分かっているからである。それに、やがて私は、読むばかりではなく、翻訳することも始めた。私の翻訳で初めて出版されたのは、前にも書いたとおり平安朝の『蜻蛉日記』だったけれども、東大時代に、現代の短篇小説の英訳も、すでにいくつか出版した。

サンフランシスコ講和条約の調印されたのは、一九五一(昭和二十六)年の秋、発効したのが翌年春のことである。いきなり堰《せき》を切ったように、反米的な言論の大洪水が溢れ出し、われわれ誰もが押し流されることになった。進歩派、社会主義者の天下が始まったのである。われわれのように、「進歩」とか「社会主義」などを好まぬ者は、別の名前で彼らを呼んだ。「平和屋」と呼び、「文化屋」と呼んだのである。

すでに一度触れたとおり、キャンパスに林立する立看板のスローガンから、占領が終わればどんな状況になるか、ある程度は予想していた。それに片貝の海岸でも、同じような予想を抱かせる出来事に出会ったこともあった。いわゆる平和集会が開かれたのである。名前とは裏腹に、まことに騒々しく戦闘的な集会だった。幸い、魚が怖がって逃げてしまうことはなかったようだ。漁民たちは、その後も相変わらず、つましい生業《なりわい》を続けていた。魚は、あまり耳がよくないらしい。

この時代は、平和と社会主義と進歩とが、いつでも手をたずさえて行動を共にしていた。だから平和集会とは、つまりは社会主義と進歩のための祭典だったのである。そして社会主義とは、すなわちソ連ブロックを意味していた。当時、中国とソ連はまだ喧嘩を始める前だったから、ブロックは、まさしく一枚岩と見えていたのである。この平和の祭典が、わが愛する片貝の浜にまでやって来たばかりか、いかにも好戦的だったのだ。若者ばかりで、勇ましげで、それに、いささか向こう見ずだったと言ってよかろう。私はあえて反撃した。別に、お互い、実際に暴力を振るったというのではない。だが、何度もさかんに言い争った。君たちの言う平和など、大嫌いだと私は叫んだ。彼らが、わざわざ私などに叫び返してくれたことは、むしろ、褒めてやって然るべきだったかもしれない。その頃、彼らのような信条を抱いている若者たちは、普通、ただ鼻でせせら笑うだけだったからである。

しかし東京の言論界では、堰はすでに、大きく開き始めていた。当時、テレビはまだそれほど影響力をもってはいなかったから、進歩派の言論活動の中心となっていたのは、もっぱら印刷メディア——なかんずく、岩波の雑誌『世界』と、いやしくもインテリと名のつく者なら、誰もが購読していた『朝日新聞』だった。『世界』の方は、今では昔日の勢いを失い、さほど目立たない雑誌になってしまったけれども、『朝日』の方は、最大の発行部数を誇る地位こそ失ったにしろ、インテリの新聞という性格は、今なお失ってはいない。

講和条約が調印される前から、平和主義の進歩派は、条約に反対していた。彼らが望んでいたのは、彼らの言う「全面講和」だったからである。『世界』も『朝日』も、強くこの考えを支持していた。「全面」という意味は、日本が交戦したあらゆる国が調印するということだった。というのも、中華人民共和国は、サンフランシスコに招かれてはいなかったし（ただ、それを言うなら、台湾も招かれてはいなかったのだが）、ソ連も、代表団を派遣はしたけれども、調印はしなかったからである。「全面講和」とは、だから、実質的には、ソ連が調印するような条約の締結ということになる。しかしそれでは、結局のところ、ソ連はいつまでも拒否し続け、条約は、いつまでたっても結ばれないことになってしまう。要するに、ソ連に拒否権を与えることにほかならない。

当時の首相、吉田茂は、強固な意志の持ち主であると同時に、実際的な人物でもあって、こんな意見など受け入れる気は全くなかった。ともかくまずアメリカの占領を終わらせ、経済復興に邁進したかったのだ。もちろん、彼は自らの方針を頑として貫いた。しかしそれで、インテリが静かになったわけでは全くない。実際この時代は、まことに騒々しい時代だった。

一九五〇年代は、私の生涯で一番面白い時代だったと前に書いたが、確かに面白かったことは事実としても、いつも怒ってばかりいたこともまた事実である。自分もインテリの端くれと考えていたから、『朝日』を読んではいたけれども、その平和主義、進歩主義、社会主義のお題目を目にするたびに、何度朝食が台なしになってしまったことか。やがて、こんなことで胃潰瘍になるのは御免だと心を決めて、購読をやめてしまった。社会主義は、今では昔日の面影をもはや残してはいないし、『朝日』も微妙に論調を変えてしまってはいるけれども、またこの新聞を取ることはないと思う。今でもなおあの紙面を見て、せっかくの朝食の味が悪くなることは、一度や二度ではすまないだろうからである。

日本では、一番いい新聞が一番広く読まれていて、これはまことに異例なことだと、以前は私もよく人に話していたものだが、「一番いい新聞」とは、そもそもどういう意味で言っていたのか、今となってはよく分からない。多分、日本の一般的な評価に従って、『朝日』のことを指していたのだろうが、実を言えば、莫大な発行部数を持つ全国紙の間には、ほとんどこれといった違いはない。『朝日』は、インテリには一番よく読まれている(そして、私の一番気にくわない)新聞かもしれないけれども、ほかの四紙と比べて、かりにいいとしても、その違いはごくわずかでしかない。つまりは、いわゆるドングリの背比べでしかないのである。昔、日本の新聞がいかに異例かなどと、得意になって話していた頃は、例えばニューヨークの『デイリー・ニューズ』にたいして、不当な評価を下していたのだ。一番広く読まれていても、それほど悪い新聞では決してなかった。今で言えば、『ウォール・ストリート・ジャーナル』は、一番広く読まれてはいるけれども、もちろん、一番悪い新聞などでは全くない。昔、私の好んで指摘していた「事実」など、少しも事実とは言えないのである。

それはともかく、東大のキャンパスで読んだ立看板のスローガンから、進歩派の主張がどんなものかは、十分予想はついていた。政治的綱領などというものは、その本来の性格からして、陳腐な決まり文句になりがちなものではあるとしても、進歩派の主張は、ことさら単純化が激しかった。つまり世界には、明確に善の勢力と悪の勢力とが存在し、日本から見て西にあたる大陸には善があり、太平洋を隔てた東では悪が支配しているというのだ。ただ単に、資本主義は悪、社会主義は善というだけではない。あらゆる悪は全て資本主義の側にあり、あらゆる善はことごとく社会主義の側にある。そればかりか、やがて社会主義は必ず勝利し、あらゆる問題は正しく解決されると主張するのだ。もし狂気というものの定義、ないしは特性が、現実とのつながりを失うということであるとするなら、こんな主張は、まさしく狂気そのものと言うほかあるまい。

私は今まで、アメリカはいつでも正しいなどと言ったことは一度としてない。例えばアメリカの中米政策など、まさに慨嘆すべきものである。けれども、もしアメリカがあらゆることを引き起こし、モンテズーマの王宮からトリポリの海岸まで、あらゆる悪の元凶であったとすれば、アメリカは超人的に優秀な知能の持ち主ということになり、当然、もし正気の人間なら、誰しも敵に回して倒そうなどとするよりは、むしろ同盟して協力することを望むだろう。進歩派の主張は、皮肉にも、現実のアメリカの能力をはるかに超えた賞賛を、彼らの敵たるアメリカに与えることになるはずだが、そのくせ他方、同じ彼らの主張によれば、アメリカは、その内部に抱えた自己矛盾の故に、必ず瓦解するに違いないというのである。こんな主張は、およそ馬鹿げているばかりか、もし真面目に信じたとすれば、それこそ気が狂ってしまうほかはあるまい。

中国とソ連が、お互い、必ずしも大いに友好的というわけではないという兆候が垣間見え、同時にまた、ユーゴスラビアとハンガリーでは、同じブロックに属しながら、ソ連との友好関係は必ずしも一様ではないという兆候が現れたのは、もはや隠そうにも隠し切れない東側の秘密だった。他方、ベルリンを封鎖し、東西の間に壁を築いてしまったのも、朝鮮戦争を引き起こしたのも、一方的にアメリカの責任であるという彼らの主張は、何より私の気に障る点だった。彼らに言わせれば、こうしたことはすべて、平和的な社会主義が、資本主義の悪に直面して、取らざるをえぬ行動を、やむなく取った結果だという。

当時、広く正論と認められていた論潮は、ごく大ざっぱに要約するなら、ほぼ以上のようなものだった。ただし、誰しもが等しく、これを正論と受け入れていたというわけではない。だが、『世界』や『朝日』はこうした主張にくみし、またインテリの多くは、良識をわきまえているはずの人々まで、この「正論」を支持したのである。中には、こんな正論のいかがわしさは十分に察知しながら、名声と富のためにはやむをえないと腹をくくって、あえてシニカルに「正論」にくみした人もいたのかもしれないが、しかし日本のインテリの間では、こうしたシニシズムの傾向は強くもないし、広く見られるわけでもない。こうした皮肉な態度を取るためには、強靱なユーモアのセンスが必要だろうが、そんなたくましいユーモアを持ちあわせたインテリは、日本にはそう多くはないということだろう。

ただし、彼らが確かにシニカルだった点がひとつあった。自らの立場を、「レジスタンス」と呼んだことがそれである。これがいかに場当たり的な、大向こうの受けを狙った文句だったか、彼ら自身、実はよく承知していたに違いない。現存の政治体制に反対することが本当に危険だった時代には、彼らは何ひとつしなかった。ところが、政府に反対しても何ひとつ危険のなくなった今、自らを果敢な抵抗の戦士と名乗ろうというのである。いわんや今アメリカを批判することほど、危険とは無縁の行動はほかにはありえない。何の処罰も受ける心配はなく、どんな不名誉も貧窮も、いかなる投獄も追放も恐れる必要はないのだ。

こうした問題の場合、とかく誇張に陥りやすいものだし、私も実は、この新しい「レジスタンス」派が、行く手にある物をことごとくなぎ倒したなどと、少しばかり誇張した表現をしてしまった。というのも、この「レジスタンス」に対抗するレジスタンスもまた、確かに存在していたからであり、そして私自身も、この「レジスタンス」への抵抗に参加することができたのは、けだし幸運だった。もっぱら親友の高橋治のおかげで、私も論壇にデビューすることができたのである。なるほど私など、評論家としてはごく小粒の存在にすぎなかったが、ともかく一九六二（昭和三十七）年、日本に住み続けることを断念するまで、以後、ほぼ十年にわたって活動を続けることになったのだ。とはいえ、「レジスタンス」にたいする抵抗は、確かに存在はしたものの、はるかに勢力が弱く、さながら葦笛《あしぶえ》のように細い声でしかなかったから、時には、もう消滅したのかと疑われることすらあったかもしれない。それほど力弱い声だったのだ。

その頃は日記をつけていなかったから、完全に自信があるわけではないけれども、確か一九五一（昭和二十六）年か、あるいはその翌年だったかの冬、高橋さんと一緒に、いわゆる裏日本を旅行したことがあった。最初、東京を発《た》った時は、ハーバード時代に知り合った若いフランス人女性、シュザンヌ・ル・ブロンも一緒だった。しかし彼女は、最初に泊まった金沢から、急遽、東京に帰った。フランス大使館に勤めていたのだが、たまたまその時フランスの政府が倒れて、故国がいわば、無政府状態になってしまったからだった。その頃は、実はフランスはよく、政府のない状態に陥っていた。昨今のイタリアと似たようなものである。

高橋さんと私は旅を続け、東京に帰ってくると、それぞれに旅行記を書いた。私の英語の原稿は、英文の日刊紙が連載してくれることになった。高橋さんの文章は、週刊誌の『サンデー毎日』に載った。今でも、誰かがどこかで、私のこの連載のことに触れることも全然なくはないけれども、事実上、忘却の淵に呑み込まれてしまったと言えるだろう。だが高橋さんの文章は、もっとはるかに注目を受けて然るべきだったし、事実、注目されもした。その結果、『サンデー毎日』の編集を担当していた松田文子さんが（ちなみに彼女は、日本のキャリア・ウーマンとして、重要な仕事を残したパイオニアの一人である）、私を拾いあげてくれたのである（ただし、高橋さんを拾いあげようとはしなかった。当時はまだ、ただ普通の、日本の一学生にすぎなかったからである）。

私が初めて進歩派と公に一戦を交えたのは、この『サンデー毎日』の誌上だった。松田さんが、私と中野好夫との対談を企画したのだ。日本のジャーナリズムは、よくこうした対談や座談会を掲載するが、これは二人なり数人なりが、コーヒーやビールを飲みながら話した言葉を、忠実に再現したものである——と、少なくとも最初、私はそう思っていた。だがこの対談で、初めて私は知ったのである。実際の対談記事は、全くそんなものではない。活字になった「対談」では、中野氏の発言は、徹底的に書き直してあるではないか。他方、私の言葉の方は、ほとんど全く書き直しなどしていない。おかげで私は、いかにも馬鹿なことをしゃべっているように見えてしまう。以後、私はこの種の罠《わな》は、注意して避けるようにしている。別に、松田さんが騙《だま》したなどと、文句を言っているわけではない。多分彼女は、当然私が知っているものと思っていたのだ。

中野氏とは、すでに東大で顔見知りにはなっていた。辞任して評論活動に専心するまで、東大で英文学の教授を務めていたからである。サマセット・モームの翻訳で莫大な印税を稼いでいたが、問題によっては親切に力を貸してくれた。例えば、トクヴィルの本が法学部の研究室に持ってゆかれたままになっていたのを、強引に取り戻してくれたりもした。だから、講和条約後に彼が取った行動にも、大学を退職してしまったことにも、私は呆然とせざるをえなかった。その名もズバリ、『平和』という雑誌の編集長になったのである。こういう名前の雑誌がどんなものになるか、予想することは容易だった。新しい正統の、もっとも攻撃的な主張が盛られることになるのは明白である。私が呆然としたのも、けだし、当然だろう。私の知っている中野氏は、まことに気持のいい、親しみのある人物で、こんな論陣を張ることになろうなどとは、全く想像もつかなかった。

かといって私には、裏切られたと感じる権利などはなかった。彼は別に、嘘をついていたわけではない。ただ、何も口には出さなかったというだけのことである。だが、それでもやはり、裏切られたと感じざるをえなかった。彼は、新しい平和主義の教祖たちの中で、私が一番嫌いになった一人だと言っていい。一体彼は、なぜあんな行動を取ることになったのか、いろいろな人に聞いてみた。かつて、超国家主義に抵抗しなかったという自責の念から、贖罪の行為として平和運動に入ったのだというのが、一番よく聞かされた答えだった。こんな答えに、どう応じるべきかは明らかだろう。ひとつの嘘を償うために、また別の嘘をつくとは、ずいぶんと奇妙な贖罪行為というものではないか。

ほかにも、嫌わざるをえない人は大勢あった。なかんずく大嫌いになったのは、かつてアメリカで教育を受けていながら、今では熱烈に反米思想の正統にくみしている人々だった。もちろん、彼らにそんなことをする権利はないなどと、私が云々することはできない。しかし、私には集団的狂気としか思えない運動の中にあって、彼らはいわば、飼主の手を噛むという点で、ことさら露骨に攻撃的だったのである。文化交流の推進に熱心な人々は、異国の人間同士がお互いよりよく知り合えば、互いをより深く愛するようになると信じている——少なくとも、そう信じていると口癖のように言っている。けれども、第二次大戦後の言論人の、こうした豹変ぶりを目にしては、その信念を再考せざるをえなかったのではあるまいか。アメリカを一番よく知っているはずの人々が、アメリカについて、必ず好意的なことを言うとは限らないのだ。

こういう人は、決して少なくはなかった。例えば松岡洋子氏である。日本ペンクラブの事務局長を務めていたが、非常に毒のある人で、会長の川端康成さんが、彼女と意見が合うはずがないにもかかわらず、どうして彼女のことを我慢しているのか、いつも不思議に思っていた。弱さなのかとも考えたが、ある日、決して弱くなどないことを川端さんは立証した。「御苦労様でした。今までの御努力を感謝します」――川端さんはそう言って、彼女を解任したのである。それから、鶴見和子、俊輔の姉弟もいた。二人のうちでは、弟の方がはるかに辛辣だった。石垣綾子氏もいた。ただし彼女の場合、すでにニューヨーク在住時代から、同様の進歩主義的傾向を示していたという点で、ほかの人々よりは、まだしも正当性があったと言えるのかもしれない。別に、そんな発言をしたからといって、それで彼女がニューヨーク時代、迫害を受けたというわけではないが、戦後の「レジスタンス」派の中で、アメリカにいた頃からすでに、彼女ほど明確に自らの立場を表明していた例は、ほかにはほとんど一人もない。このほかにも、社会心理学者として有名な、南博教授もいた。

だが、このグループの中で特に目立っていたのは、経済学者の都留重人氏である。『世界』の最盛期、この雑誌に寄稿した進歩派の教祖たちのうちで、都留氏ほど数多く論文を寄稿した者は一人もなかった。かつてハーバードで学んだ彼が、いつでも繰り返し、繰り返し主張してやまなかった論点はただひとつ、資本主義経済が繁栄を維持してゆくには、軍備に莫大な金を支出し続けるしかないという主張だった。私はもちろん経済学者ではないけれども、彼もまた、それほど優秀な経済学者であるとは信じられない。現にほかならぬ日本で生じている現象を、少しも把握できていなかったからである。吉田首相は、本格的な軍隊をもとうなどとは、全く望んではいなかった。戦前、戦中に軍部を相手に経験してきたところからして、軍備は最小限に抑えておきたかったのである。にもかかわらず、日本は奇跡の経済復興を遂げつつある。都留氏の持論にたいして、これほど雄弁な反証がありうるだろうか。都留氏はまた、長年『朝日』の論説委員に名を連ねていた。だが『朝日』に関しては、これ以後本書で触れる機会が、もう多くはないことを期待するばかりだ。

とはいえ、戦前にアメリカで教育を受けた人々が、すべて反米主義に転向したというのではない。例えば坂西志保さんがいた。戦前は、アメリカの議会図書館に長く勤務し、日本部長にまでなった人だが、グリスプホルム交換船で帰国。戦後は、自らの出会った正しい主張のためには助力を惜しまず、またアメリカの誠実な友人として、世界でもほかに例を見ないほど、不屈の活動を続けた人である。私は、彼女の大磯のお宅に伺《うかが》うのが大好きだった。昔の高名な政治家のお屋敷だった古い建物で、見事な庭をめぐらし、実に美しいお宅だった。

一九六四（昭和三十九）年の晩夏、初めてこのお宅を訪れた時のことを、私は日記にこう書いている。

まことに美しいお屋敷で、東京のこんな近くに、こんな所があろうなどとは思いもかけなかった。庭には苔がむし、踏み石に沿って堂々たる梅の古木が立ち並び、離れの向こうには——私たちは、夕方の光の中で、この離れに座って静かに杯を傾けたのだが——見上げるばかりの竹林の、薄緑の幹がすがすがしい。静寂で、どこか、あたりに光の満ちた気配は、さながら京都の西、嵯峨野を思い出させる。例えば、光琳に描いてほしいと思うような光景だった。……至る所に猫がいた。

直ちに憲法を改正せよという主張に反対を唱えたために、彼女は右翼から脅迫を受けている。そのため、ボディーガードをつけようという申し出を受けたというが、彼女は断った。そんなことをされるくらいなら、むしろ暗殺されるほうがいいと言う。

もうひとつ、一九六六（昭和四十一）年の日記に、こんな一節がある。坂西さんが主役ではないが、彼女との縁で出くわしたエピソードである。坂西さんと会うと、いつでも何か興味深い発見があったが、この時は、その後の世論の動向を予示するような話が出た。この年の夏の一日、大磯のお宅にお邪魔してみると、もう一人、高名な先客がいた。美術史家の、矢代幸雄博士である。サー・ジョージ・サンソムと親交のあった人で、サンソムの信頼した人物となれば、確かに信じるに足る人物と考えて間違いない。

矢代博士が詳しく説明してくれたところによると、

少なくとも美術に関する限り、日本は朝鮮にたいして非常に寛大だったという。その理由はもっぱら、寺内将軍が、バーナード・リーチの影響を受けていたからだというのだ。なるほど、それはそのとおりだったかもしれない。しかし私としては、ローターがかつて、メキシコ・シティーで語った言葉を思い起こしていた。「アメリカ人は、ヴェラクルスの黄熱病を根絶してくれた。しかしメキシコ人は誰一人、感謝している者などいない」。

ローター・クナウトというのは、いい意味で挑発的なドイツ人で、その年の夏の初め、メキシコ・シティーで出会ったばかりだった。

太平洋戦争中、日本はアジアの大半を蹂躙《じゅうりん》し、何百万ものアジア人を殺戮してしまったけれども、しかし、これはあくまで、善意の目的のために行った行動の結果だという考え方は、最近、かなり広く支持されているように思える。この意味で、あの日の午後、矢代博士の語ったことは、その後の世論の動向を予示するものだったと言えるだろう。日本の朝鮮統治は、実は極めて苛烈だった。寺内正毅《まさたけ》将軍は、一九一〇（明治四十三）年の日韓併合を統轄した陸軍大将で、初代の朝鮮総督として、日本の朝鮮支配の基礎を固めた人物である。

この日の日記の最後には、もうひとつ、同じく善意から発したことが、思わぬ結果を招いた例が出ている。今触れておかないと、二度と触れる機会はないだろうし、それではいかにも残念だ。やはり、ここで書いておくことにしよう。今から思えば、まさに昔日の感のある当時の状況を、よく示している例だと思う。東京在住の友人で、すでに故人となってしまったが、かつてマッカーサー元帥の総司令部で、労働部長を務めたこともあるシオドア・コーエンの家に、夕食会に招かれた時のことである。主賓はフォード財団のさるお偉方だったが、彼の話によると、「今最大の問題となっているのは、アメリカがあまりにも圧倒的に、世界の先頭に立ちすぎていることだという。例えばコンピューターとか、その種の先端技術の話なのだが、しかし、世界全体を一個の巨大なコンピューターに変えるなどという問題なら、賭けてもいいが、日本人も決して負けてはいないだろう」。これは、その日の日記の文章そのままで、書き足したり消したりは一切していない。どう控え目に言っても、私の予測の方に分があったと思う。その後まもなく、アメリカは日本にたいして、膨大な貿易赤字を背負い込むことになったからだ。

一九六七（昭和四十二）年の夏は、坂西さんのおかげで、思いがけず勇気づけられる事件があった。もう一度、当時の日記から、その事件そのものを記した部分と同時に、そのすぐ前の一節も一緒に引用しておく。というのも、この小さなエピソードは、はしなくも、その頃の東大がどんな様子だったか、よくうかがわせてくれるからだ。

うちの学生のハーパーと帝国ホテルのバーで飲む。大学へ出す山のような書類がまだそろわず、苦労しているらしい。書類のために、学科長と学部長代理の両方に会うことが必要だが、どちらも実は五味教授が兼務している。そこで、まず学科長室で、それから今度は学部長室で、同じ五味教授の面接を受けた。しかし、この二つの面接を通じて、教授はニコリとすることすら一度もなかったという。ところで実は坂西さんも、たまたま同じホテルのロビーにいて、『朝日』の誰かと待ち合わせていたのだが、例の『東京新聞』の小さな記事について、こう言ってくれた。「あの人たちから意地の悪いことを言われたということは、あなたもようやく、一人前と認められたということよ」。

『東京新聞』に出た小さな記事というのは、もちろん無署名で、ひどく意地の悪い文章だったが（意地の悪い文章は、大抵は無署名である）、私のことを無知蒙昧呼ばわりしたのである。なるほど私は、無知かつ蒙昧であるかもしれないけれども、礼儀正しいことでは有名な日本人も、時として、ことに自分の名前が表に出ないとなると、礼儀などかなぐり捨てて恥じないこともあるものらしい。

日記に書き残しているところから見る限り、最後に坂西さんと会ったのは、一九七五（昭和五十）年の春、一緒に昼食をした時だったようだ。事実、これが最後だったに違いない。というのも、もしこれ以後にも会ったことがあったとすれば、そんな大事な出来事を、日記に書き忘れることなど、ありえないからである。

この前会った時と比べて、ギョッとするほど老けて見えた。言葉があまりよく聞き取れず、口元は落ちくぼんで皺《しわ》が寄り、話の内容も、かつてのオプティミズムは消え失せてしまっている。……それでも依然として、委員会という委員会には必ず出席し……その上、猫と家と庭の世話を、たった一人でやり通している。アパートに移る気など、毛頭ないという。

次に坂西さんのことが日記に現れるのは、一九七六（昭和五十一）年一月三十日、彼女の葬儀の当日である。青山墓地で行われた葬儀には、もちろん私も参列した。

坂西さんからもらった葉書や手紙が、今も二十通ほど手許にある。一通を除いて、すべて英語だ。彼女の英文には、時折小さな間違いがあるけれども、アメリカの平均的な大学生の英語より立派だった。会話の方は、ほぼ完璧なアメリカ英語だったと言えると思う。一通だけの日本語の手紙というのは、一九七二（昭和四十七）年のもので、私が送った本にたいする礼状である。英語で書いて、日本語に訳してもらった本だったが、私の論点について――正確に言えば、いくつかの論点について書いた文章を集めた本だったかというのも、あちこちに発表した文章を集めた本だったから）、感想を書いてくれている。それも、非常に細かく、具体的な批評で、実際に読んでくれた上での感想であることは明らかだ（本を献呈しても、読んでくれる人は多くはない。実を言えば、書評を書いてくれる人でさえ、全部が全部、実際に読んでいるとは限らない）。坂西さんのコメントのひとつは、三島由紀夫にたいして、あまり性急に評価を下さないほうがいいということだった。すでに故人となった今、彼の作品にも、じっくり年代を重ねて熟成する余裕を与え、しばらくは、最終的な判断を猶予すべきではないかというのである。確かに賢明な忠告だとは思うが、相変わらず私はこの忠告に従っていない。死後三十年たった今でも、一人の人間としての三島には深い魅惑を感じ続けているけれども、作品には、やはり不満を覚えざるをえない。あれほど並外れた才能に恵まれた人物の作品としては、やはり、物足りなさを感じざるをえないのだ。

坂西さんからもらった手紙のうち、一番早い時期のものは、一九五四（昭和二十九）年、何通か続けて届いた手紙である。ちょうど坂西さんが、ニュー・ディレクション社の『大西洋』という雑誌の付録に、論文を書いていた時のことで、書くのにずいぶん苦労していたらしい。しかも、結果にも満足していないとある。日本人の国民性というテーマだったが、このテーマそのものからして不満で、そもそも当時、「日本人の国民性」と呼べるようなものが、はたして実体として存在しているのかどうかすら、疑問だと書いている。これは八月の手紙で、十月、ようやく論文が完成した時にも、「この文章には、いまだに不満が残っています」とある。「現在のこのひどい混乱を脱出する道を、どうしても見つけ出すことができませんでした。……この絶望的な混沌から、何かが生まれてくることでもあれば、大いに結構なことと言うべきでしょうが、しかし、今何よりも必要なのは、強力なリーダーシップというものでしょう」。

当時もそうだったとすれば、今はさらに切実に必要としているだろう。日本の首相で言えば、吉田茂は確かに強力な指導者だったけれども、それ以後この国を指導してきたのは、先見の明のある政治家というより、近視眼的な官僚たちだった。彼らの目は、せいぜい、現役を退いた大企業の相談役程度しか、先を見通してはいなかったのだ。

坂西さんからもらった年賀状も一通あるが、日付がよく分からない。消印には十二月二十七日とあるけれども、何年の十二月なのか読めないのである。本文にはただ、葉書に描いてある風神が、あなたをもう一度日本に吹き送ってほしいものですとあるだけだ。宛先は、ミシガン州アナーバーになっている。もし一九七五（昭和五十）年の末に投函したのなら、これが、坂西さんから届いた最後の便りということになる。もしそうでなければ、この年の三月にもらった何通かの葉書が、最後の便りだったことになる。その中の一通には、東京にはよく出かけるけれども、女中さんもいないし、猫の面倒を見なくてはいけないから、いつも早々に家に帰るのだとある。坂西さんの亡くなったのは、翌年の一月だったが、その日、お気に入りだった猫は家を出て、森の中に入って行き、そこで死んだという。

今まで名前を挙げた進歩派の人々にたいしては、私の気持は今でも全く変わっていない。純粋な敵意以外、感じたことは一度もない。しかし、今までまだ名前を挙げてない人たちの中には、はっきり気持を決めかねている人々も何人かいる。例えば丸山眞男氏である。ハーバード時代のフェアバンク教授の場合とやや似ていて、興味深い意見もしばしば吐くし、中には卓見といっていい場合も少なくはないのだけれども、そのすべてを通じて、ひとつの先入見が貫いている。丸山の場合、その先入見とは、いわゆる「社会主義」への共感である。一九六〇(昭和三十五)年、世に言う「六〇年安保」の騒動で、ごく短期間で終わったにしろ、反米運動が過激化した時、丸山も街頭デモに参加してマスコミの注目を浴び、自分がどちらの側を支持するか、公然と表明した。ただその後は、彼も成熟してきているようには見えるのだけれども。

似たような例は、ほかにも多々ある。例えば清水幾多郎氏で、進歩派の指導者の中でも、特に影響力の大きい一人だった。進歩的文化人の一番華やかだった時期、何度か彼の講演を聞きに行ったことがあったが、一度ならともかく、わざわざ二度、三度と出かけたというのは、私にはどうやら、マゾヒスティックな一面があるのかもしれない。実際、彼のアメリカにたいする冷笑的な敵意は、ほとんど耐えがたいほどだった。ところが六〇年安保以後は一転、彼はこの痛烈な批判を、かつての同志たちに向けることになる。少なくとも私には、これは一種の転向だったと思えるのだが、わざわざ確かめてみようとしたことはない。

四十年前、日本ペンクラブは、今よりはるかに面白い組織だった。ただ、どういう経緯で私が会員になったのか、実はよく分からない。一度も加入を申し込んだことはないのに、一九五〇年代の中頃から、なぜか会員ということになっていたのだ。多分、川端さんが手配してくださったのではないかと思う。川端康成さんは、高名な作家のうち、私が初めて会った人だったが、その頃はすでに、親しくお付き合いいただいていたからである。日本ペンクラブは、もちろん、ロンドンに本部を置く国際ペンクラブの日本支部だが、当時、多数派の進歩的文化人と、(少なくとも私の目から見て)良識を備えた人々との抗争の舞台として、重要な意味を帯びていた。

声高に自説を主張したのは進歩派の面々で、特に事務局長の松岡洋子氏は、本来なら中立の立場を守るべきはずであるのに、およそ中立とは正反対の態度だった。オ能もあり、頭脳明晰な女性だったが、その才能を生かすべき方向を誤っていたと思う。あらゆる手段を駆使して、日本ペンクラブの立場を、ソ連の主張と一致させようと試み、しかもこれに成功したのである。というのも彼女の背後には、最も影響力が大きく、かつ、ズケズケ物を言うメンバーの支持があったからだ。川端さんも、当然、影響力は大きかったはずだが、如何せん、ズケズケ物を言う人ではなかった。一見、中立の立場を取っているように見えたけれども、しかし当時のあの状況下では、中立でいるということは、つまり、敵の肩を持つことにしかならないように思えた。けれども、すでに前にも一度書いたとおり、ついにある日、川端さんは、実に明確、決然と、自らの立場を明らかにした。そしてこれが、その後の議論の方向を決定する転換点となったのだった。

敵方で一番影響力のあったのは、青野季吉氏である。当時、私が好んで用いていた呼び方に従えば、文壇の「総督」の一人で、ほとんどあらゆる会や組織の会長や理事長を務めていた。日本の近代文学事典の類を見ると、「文学と政治の間に立って」活動したと評している。大雑把な表現ながら、まさしくそのとおりだったと言ってよかろう。彼の支持した政治的立場がどのようなものだったかは、総評や社会党の後援する雑誌、『社会タイムズ』の編集長だったことからも明らかである。社会党は、今は事実上消滅してしまったけれども、私は共産党以上に嫌いだった。共産党は、少なくとも正直で、自らの立場を隠すようなことはなかった。これにたいして社会党は、表向きはきれいごとを繕い、本性を偽っていたからである。この点、社会党を支持するインテリ連中も同様だった。自分たちは、あくまで平和を守ると自称していたのである。

一度、青野氏を相手に、自分ではそれと気がつかないで喧嘩するという、面白い経験をしたことがある。ある晩、青野氏ほか何人かと、一緒に新宿で飲んでいた。しこたま酒が入って気が大きくなり、私は、当時多少は世間で流布していた説について、自分の意見を開陳した。つまり、もし日本も戦後、オーストリアのように分割されていたとすれば、東西両勢力の間で無事に中立を守るという、得がたい幸運に恵まれていただろうとする説にたいして、批判を展開したのである。そして実際、大戦末期、日本の北部はソ連に占領させてもよいという話が、現に行われていたらしいのだ。青野氏は、私の議論にいささかも注意を払っているとは見えなかった。ところが後になって、彼が実は激怒していたことを知ったのである。次に私と顔を合わせた時、彼は私を完全に無視した。ただし、この件で彼に無視されたことと、彼の意見や著作を私が認めないこととは全く別のことであって、何の関係もないことは言うまでもない。

だが日本ペンクラブの中には、青野氏や松岡洋子女史をはじめとする進歩派には、断固として反対する人々もいた。かりにこの論争がなかったとしても、この反進歩派の指導的なメンバーとは、いずれは必ず友人になっていただろうが、彼らが、少数派であるにもかかわらず、実に勇敢に反論を展開する姿を見ては、たちまち、友軍として共感を覚えざるをえなかった。日本では、少数派でいるというのは、ことにつらいことである。日本人は今でもやはり、最大の多数派に属していたがる。少数派の意見を明確に表明するのは、投獄される危険など全くなくても、やはりつらいことであって、大いに勇気を必要とすることなのだ。

例えば、小松清さんがいた。一九六二（昭和三十七）年に他界したが、ペンクラブでの論戦の当時は、まだ六十代の初めだった。フランス文学が専門で、ジードやマルローとも親交のあった人物である。戦時中、数年間ベトナムに滞在し、独立運動に共鳴していた。私が知遇を得た頃には、かつての左翼的傾向は捨て、少なくともフランスに関しては、どちらかと言えばドゴール主義に近い立場を取っていた。当然、アメリカのことは好きではない。ある晩、彼の家で、そんなことを持ち出す理由は別にないのに、アメリカ人にはピカソは分からないなどと言う。私は、ことさら反論はしなかった。多分、いろいろの人たちと話した結果、そんな結論に達したのだろうが、私にとっては、彼がアメリカ嫌いだという事実などよりもっと大事だったのは、彼が青野嫌いだということだった。確かに彼は、青野氏を嫌っていた。それも、実に頑強に嫌っていた。

それから、平林たい子さんがいた。私の、いちばん深い愛着を感じる日本人の一人である。まことに愛すべき、かつ、勇気ある女性だった。亡くなったのは、一九七二（昭和四十七）年の二月だったが、この年の春は、ほかにも大きな事件が相次ぐことになった。川端さんが亡くなったのも、やはりこの年の四月だったし、六月には沖縄返還の調印もあった。信州の諏訪出身の平林さんは、若い頃はプロレタリア文学運動に積極的に加わっていたけれども、私が知り合った頃には、それはすでに、遠い過去のことになっていた。

平林さんと出会ったのは、「文化自由会議」(Congress for Cultural Freedom)の東京支部でのことだった。私がどのようにしてこの組織と関係をもつようになったかは、後でもう少し詳しく説明しなくてはならないが、パリに本拠を置く国際的な反共組織で、平林さんは、その東京支部のもっとも強力な支持者の一人だった。ハーバート・パッシンは、やがてコロンビア大学で同僚となり、現在は私と同じく名誉教授になっているが、当時はこの会議の運営に、私などよりはるかに重要な役割を務めていた。平林さんは、このパッシンに語ったという。私にできることがあれば、何でも言ってください、喜んでやりましょうと。

私にとって、平林さんがまことに立派だと思えたのは、ペンクラブの会議で決然と立ち上がり、青野副会長にたいして、堂々と反論する姿だった。しかもその論旨たるや、少なくとも私には、まさしく正論そのものだった。会に集まった人々はほとんどが敵意を示し、中でも松岡事務局長は、青野氏よりもさらに露骨に敵意をあらわにしている中を、席を蹴って退室する平林さんは、さながらジャンヌ・ダルクだった。とはいえ、外見は決して、たけだけしい人などではない——どころか、いかにも穏やかで物静かで、まことに女性らしい人だったし、晩年もなお、多少太り気味ではあったけれども、美しい女性だった。

平林さんとは、一九六二(昭和三十七)年、私が離日してカリフォルニアで教えるようになってから、七二年の初めに彼女が他界するまで、毎年、夏ごとにお目にかかった。彼女一人の時もあったし、誰か、彼女の選んだ連れと一緒のこともあった。平林さん一人の時も、いつでも興味深かったのはもちろん、ほかの人たちと一緒の時も、また楽しかった。

平林たい子さんの招待で、八芳園にて夕食。ほかに円地文子、石原、ハーバート・パッシンが招かれていた。……H女史とE女史は見事なコンビで、仲間の文学者たちの誰かれについて、歯に衣着せず批判したが、しかし、いささかの個人的悪意も感じられない。例えば三島由紀夫について、E女史は言う。あらゆるものをもちながら、結局、何ひとつものになってはいない。

そのほか槍玉に挙がったのは、大江健三郎、それに有吉佐和子。

E女史は、まことに魅力的な女性だった（H女史が実に見事な女性であることは、今さら云々するまでもない）。鈴のような笑い声、育ちのよさを思わせる静かな物腰、聡明さ。日本文化を海外に伝える人々（例えば私自身のような）が、然るべく好遇されないのは残念だという石原氏の発言にたいして、彼女は言う。「だって、そもそも橋は、人が踏んでゆくためにあるのだもの」。

四十年前の今夜、東京の街は炎に包まれていた。一年前の今夜、私はカリフォルニアのパロアルト（スタンフォード大学の所在地）で寝ていた。二週間後の今夜は、東京での最後の眠りについていることだろう。

関東大震災のことを「四十年前」と書いているところからして、この日記を書いたのが、一九六三（昭和三十八）年だったと分かる。震災は一九二三（大正十二）年九月一日のことだった。石原氏とあるのは、日本文化フォーラムの理事長、石原萠紀さんのことである。ちなみに言えば、この時槍玉に挙がった作家たちは、その後、みな英訳されている。

一九六七（昭和四十二）年には、平林さんのお供をして、一緒に韓国を旅行した。人柄は大好きで、大いに尊敬してはいたけれども、彼女には、ハラハラさせられることも多かった。最大の原因は、とかく、唐突に計画を変える癖があったことだ。一度など、そうした計画の変更の結果、私一人が、光州に取り残されてしまったこともある。光州は、後に学生が大勢殺害される事件が起こり、有名になった所だが、もともとは日本人が、鉄道の分岐点として建設した町で、あまり好きにはなれなかった。いっそブルドーザーで平らにして、どこか別の所に造り直すしかないのではないか——そんなことさえ感じたほどである。だからその後、虐殺事件のニュースを知った時も、当然ショックは受けたものの、好きな町で起こった場合と比べれば、まだしも衝撃が小さかったと言えるかもしれない。けれどもこの時の旅行は、全体として、長く記憶に残る旅になった。それに、美しい南岸の島、済州島を訪れることができたのも、結局この時一度きりになってしまったのだが、忘れがたい経験だった。この時の日記の一部を引いておく。

最初にやったことと言えば、事故を起こしてしまったことだ。私たちの乗ったジープが、ホテルから勢いよく飛び出して、角を曲がった途端に、もう一台のジープと接触してしまったのである。両方の運転手が車を降り、ひとしきり怒鳴り合いがあってから、ようやく出発。

島の南西の端の町モスルポで昼食。見すぼらしい、妙な臭いのする小さな店で、韓国の伝統的な様式の見事な簞笥《たんす》が目を引く。おびただしい子供たち、それにもましておびただしい蠅の大群。そして、すばらしい料理……これほどの料理は、どこであろうと、かつて味わった記憶がない。これほどの物が出て来ようとは、全く予想していなかっただけに、いっそうすばらしいと感じる。

〔州都の町で〕夕食をとった後、一同、防波堤に下りて漁の様子を見た。実に美しい。だが、この「美しい」という言葉自体、使いすぎて飽きてきた。むしろ、「あはれ」とでも形容しようか。完璧な静寂。聞こえるのはただ、時折呼びかわす漁師たちの声ばかり。蛸《たこ》を突いている者もあれば、潜って貝や海鼠《なまこ》を採っている者もいる。……現代に飽きた者にとって、これ以上、現代から遠く隔たった状況を見いだすことができるだろうか。韓国のはるか片田舎の海辺で、しかもこんな夜中、韓国の若者が水に潜り、海鼠を採っているなどという情景以上に。

私は実は、ごくささやかなものではあるけれども、密輸の実績がある。税関の検査が、少なくとも私には全く不合理だと思えて、ひそかに品物を持ち出したのだ。中でも特に記憶に残っているのは、この、平林さんと一緒に韓国を旅行した時のことである。平林さんは、またしても急に予定を変更し、先に日本へ帰ってしまった。韓国の税関は、この時期、常にも増して不合理で、近代以前の品物は、どの程度めずらしいか、どのくらい値打ちがあるかなどにはお構いなく、一切合財、国外持出しを禁止していたのである。役人たちの定義では、近代以前とはつまり、一九一〇（明治四十三）年の、日本による韓国併合以前という意味だった。私は十九世紀の陶器を、別に貴重でも何でもない、ごくありふれた物だったが、旅行中にいくつか手に入れていた。国外に持って出ることができないのは分かっていたが、しかしこんな物を持ち出したからといって、韓国の文化遺産に、いささかたりと損失を与えることになりはしない。そこで、ひそかに一計を案じたのだ。この陶器を、アメリカ大使館の友人に預け、誰か外交官特権のある人に頼んで持ち出してもらい、後で私に送ってもらうことにしたのである。大使館の友人は、ヒューバート・ハンフリーに品物を託してくれて、秋になってワシントンに行った私は、そこで無事、品物を受け取ることができたのだった。

平林さんの話となると、彼女の飼っていた九官鳥のことを外すことはできない。実に利口な鳥で、もちろん言葉はしゃべったが、ごく限られたことしか言えない。たったひとこと、「コーフク、ヨ」（幸福よ）しか言わないのである。

一九六九（昭和四十四）年の春には、日記に悲しい書き入れがある。石原氏が、文化フォーラムの理事長を辞《や》めたいと漏らした時、平林さんは彼に、せめて後しばらくは辞めないでくれと懇願したという話である。医者から、私の余命は、後一年しかないと言われているからというのだ。実際には、すでに書いたとおり、彼女は三年後、一九七二（昭和四十七）年の春まで生きていてくれたのだったが。

平林さんの葬儀には、確かに出席したはずなのだけれども、日記には書いてない。おそらく、飲みつぶれていたのではないかと思う。日記に空白があるのは、そのためであることが多い。悲しみを忘れるために飲むなど、私の場合滅多にない。酒を飲むのは、悲しみのためであるより、むしろ楽しみがきっかけになることの方が多かった（少なくとも、齢をとって、酒は控え目にすると決めた時までは）。けれども、平林さんのお葬式のあったその日は、きっと飲み続けていたに違いない。私は平林さんという女性を、心底から敬愛していた。たとえ、韓国旅行中に出くわしたような、小さな欠点があったとしても、そんなことは、そもそも物の数ではなかった。

日本文化を海外に紹介している人々にたいして、日本人が十分に報いていないと石原氏が嘆き、しかし橋はそもそも、人に踏まれるためにあるのだと円地さんが語ったことはすでに書いたが、しかし概して日本人は、われわれ翻訳などを手がけている者にたいして、むしろ好意的であることが多い。翻訳者にたいしてこれほど注目を払う国は、世界中にそう多くはないだろう。少なくとも、アメリカではありえないことである。一九六四（昭和三十九）年の九月の初め、中央公論の嶋中鵬二社長が、椎名悦三郎外相に働きかけて、われわれの何人か（みなアメリカ人）のためにパーティーを開いてくれたことがあった。三島由紀夫、川端康成さんも同席し、純日本風の料亭で、まことに優雅な宴席だった。もちろん、お勘定を見たわけではないけれども、私が今まで招かれた食事のうちで、一番高価な料理だったことは間違いない。

大臣は、いささか素ッ気ない、さほど面白味のない人だったが、ある話題が出た時だけは、非常に興味ある話を聞かせてくれた。一九六〇（昭和三十五）年の、いわゆる六〇年安保騒動の話である。当時、椎名さんは内閣官房長官だったが、政府部内には、本気で心配していた者は誰一人いなかったという。同じ年の春、韓国で起こった李承晩大統領反対の争乱とは、まるで違っていたからだ。韓国では、デモの規模はいつも見る見る大きくなってゆく。最初はそばで見物していた群衆が、次々にデモの隊列に合流してゆくからである。だが日本では、この種のことは全然起こらない。大臣の言葉によれば、飲み屋の亭主たちが、後でわざわざ岸首相の所へ礼を言いに行ったという。デモのおかげで人が大勢出て、お客が増えて儲かったというわけだ。

三島さんは、実に堂々たるものだった。われわれは戦争の産物で、だから後継者などできそうにもない――嶋中さんがそう言うと、すかさず三島さんは切り返した。なら、もう一度戦争すればいい、たちまち問題は解決する。

椎名さんの安保騒動についての発言は、私が別の筋から聞いた話とは大いに食い違う。私が聞いたのは、十二分に信頼できる情報源から出た話だし、しかも複数の人物から得た話なのだが、首相は実は、パニックに陥っていたという。急いで自衛隊の出動を求めようとしたけれども、側近の冷静な忠言でようやく思い留まったというのである。しかし椎名さんの、「本気で心配していた者は誰一人いなかった」という言葉も、必ずしも全くの嘘ということにはならない。「首相以外」という但し書きさえ付ければいいのだ。

そのほか、第一級の著名人の招待で、あれこれパーティーに呼ばれることもあった。アメリカでは、こんな待遇を受けたことは一度もない。そんなパーティーのひとつに、ちょっとした誤解があって、特に記憶に残っている例がある。四月二十九日の、昭和天皇の誕生を祝うパーティーでのことを、日記には、次の引用にあるとおり、「チャーリーの誕生日」と書いている。占領時代、われわれアメリカ人はみな、昭和天皇のことを「チャーリー」と呼んでいた。しかしこの呼び方は、天皇が先祖の霊のもとへ帰られた頃には、もう誰も使わなくなっていたのだが。

それから、チャーリーの誕生日のパーティーに出る。外務大臣の主催で、会場は首相官邸。ちょっとした行き違いがあった。外相は比較的若かったが、私に向かって、どこの大使かと聞く。私は大使ではありませんと答えると、「ノー」という返事を聞き違えたのか、「ああ、ノールウェイ大使ですか」と言う。そうではないと日本語で説明したのだが、日本語で話しているとは思いつかなかったらしい。外相は、結局この間違いに気付かずじまいだったようだが、ノールウェイ大使が二人も出席しているとは、変だとは思わなかったのだろうか。

女流作家として、もう一人、私の大好きな人がいた。小山いと子さんである。文壇では、あまり人に好かれていなかったようで、有名な編集者が口にしているのを、たまたま耳にしたことがある。小山さんには、他人に敵意を抱かせる特異な才能がある、というのだが、しかし少なくとも私の場合、実に楽しくお付き合いをいただいた。昔さかんに飲んでいた頃は、よく一緒に飲んで騒いだものだ。もっぱら新宿の西口だった。私は、小山さんほど痛飲する方ではなかったけれども、尻込みするようなことはなかった。私より二十歳年上で、彼女もまた、今はもう、この世の人ではない。

ただペンクラブでは、小松清さんや平林さんほど、積極的な活動は見せなかった。理由は、思うに、小山さんが、この二人ほど、論理的な性格ではなかったためではなかったろうか。しかし、それなりの貢献はあって、特に現地報告の文章では、いつになく積極的な仕事ぶりだった。一九五六(昭和三十一)年、ハンガリー動乱の年ヨーロッパを訪れ、帰国後、ソ連軍による武力鎮圧の暴挙を、厳しく弾劾する論文を矢継ぎ早に発表した。論壇の趨勢が一転したのには、この小山さんの批判も、確かに一役買ったのではなかったろうか。

当時の日本が男性中心社会だったことを考えれば(今でもこの傾向は、当時ほどではないにしても、依然として残ってはいるけれども)、論壇の動向を決定的に変えるには、やはり、男性の論客が必要だった。それなら、誰がその論客の役を果たすことになったか、それは、このすぐ後で詳しく書かなくてはならないが、実は一人ではなく、二人の男性の共同作業となった。この二人も、私としては、いわば戦友と考えていた。そして実際、こと友人に関しては、私は大変に恵まれていたと思う。私は、別に予言者でもなければ、政治情勢を見極めるという点で、特に優れた観察眼の持ち主でもなかったから、当時すでに、潮流が転回点にあったことに、まだ気がついてはいなかったし、それに第一、進歩派が一番強烈に盛り上がった六〇年安保の騒動も、まだ訪れてはいなかった。しかし、あれ以後、ほぼ半世紀近い今の時点から振り返ってみれば、確かにあの時、時代の潮流は、まさしく転回点にあったのだと、あらためて気づかざるをえないのである。

私が、日本の進歩的インテリたちを相手に、一番派手に戦った論争の原因は、そもそも日本ペンクラブの松岡・青野体制自体にあった。一九五八(昭和三十三)年、ボリス・パステルナークがノーベル賞を受賞しながら、ソ連政府の圧力で辞退を余儀なくされた時、日本ペンの取った態度は、最大限に好意的な表現を用いたとしても、玉虫色というしかない曖昧な態度だった。支持・不支持双方の主張について、長々と言葉を費やした挙句に出した結論はといえば、日本ペンクラブはこの問題に関して、何らかの明確な意見を表明すべき立場にはないというものだったのである。日本ペンクラブの母胎たる国際ペンクラブは、元来、言論の自由の擁護を目的とする組織である。同クラブもまた、その日本支部である以上、パステルナーク問題にたいするこうした態度は、そもそも本来の趣旨に背反するものというほかはない。

私は、会長の川端さんに抗議の手紙を書いた。もともと日本ペンクラブという組織は、表現の自由が直接侵害されたといった場合は別として、非政治的な組織であるべきはずだ、ところが今回の行動は、明らかに政治的行動ではないかと訴えたのである。やがて丁重な返事が届いたが、川端さんの手紙としては、見た目にも美しいものではなかった。川端さんは能筆で有名で、和紙に毛筆で書いた書簡はまことに美しかったが、この時の手紙は、つやのある洋紙——それも、罫を印刷した原稿用紙に、ペンで書いたものだった。ただ、見た目にはそれほど美しくない手紙にも、読みやすいという利点はある。美しい毛筆の手跡は、時にはほとんど判読できない。こういう筆跡でも、楽に読める人もいるのだろうが、少なくとも私の場合、往々にして、読むのにいささか苦労する。しかも日本の書道では（中国や韓国の場合、事情はどうなのか知らないけれども）、美しさと読みにくさとは、一致している場合が通例なのだ。手紙は、病院から出したものだった。なぜ入院していたのか、今ではもう思い出せない。手紙には、大した病気ではないと書いてはあるのだが。日付は二十七日となっている。だが、何月なのかも、今となっては分からない。封筒を捨ててしまったとは、まことに愚かなことをしたものだ。

もしパステルナークがノーベル賞の受賞を許されていたとすれば、ちょうどストックホルムで授賞式に出ていたはずの時期、ソ連の三流文士が何人か来日して、日本ペンクラブが歓迎パーティーを開いていた。有名な歌手やタレントまで連れてきて、会は、歌と踊りで大いに盛り上っていた。私は怒りで、ほとんど息がつまりそうだった。

有名な日本学者で、日本文学の翻訳も手がけたアイヴァン・モリスも、やはり同じパーティーに出ていた。彼もまた、息がつまるほどだったかどうかは知らないが、十二分に義憤を感じていることは明らかだった。その晩は、イギリス大使館でも、何の集まりだったかは忘れたけれども、何か別の会合があって、一緒に大使館まで歩きながら、何とかしなくてはならぬと話し合った。モリスは、父親はアメリカ人だったが、誰もが彼のことを、イギリス人だと思い込んでいたので、今のわれわれの目的には都合がよかった。われわれの行動を、アメリカ人だけの行動とは思われたくなかったからだ。

われわれは、さらにもう一人、いわゆる「青い目の外人」に参加してもらってはどうかと考えた。人選は、迷う余地はない。ヨゼフ・ロゲンドルフ神父である。ドイツ人のイエズス会士で、上智大学の教授でもあり、モリスや私と親しい間柄だったばかりでなく、日本人の間でも、大いに尊敬を集めている人物だったからである。

こうして、私たち三人は声明文を書き、これが結局、『毎日新聞』の第一面に載ることになった。『毎日』の記者に渡したのは私で、ちょっとした特ダネを提供したことになったわけだが、しかし日本では、これは必ずしも得策とはならない。ある特定の記者一人を好遇すると、ほかの記者全員を敵に回す結果になるからである。本当は記者会見を開いて、記者クラブの全員に、同時にニュースを提供すべきだったのだ。もしも私に、この記事が一面に出るだろうなどという予想が、かりにかすかにでもあったとしたら、たった一人の記者に声明文を渡したりはしなかったかもしれないのだが。

それにしても、記事の出たタイミングがまた、偶然ながら、まことに絶好だった。ちょうど『毎日』の英語版が出た時に、世界的に有名な人物が来日し、記事を読んで、論戦に参加することになったからだ。その人物とは、『真昼の暗黒』などの作品で、ソ連の全体主義体制を厳しく批判したハンガリー生まれのイギリス人作家、アーサー・ケストラーだった。たまたまこの時、「文化自由会議」に派遣されて訪日していたのである。どこの国でも、国際的な有名人には弱いものだが、日本人はこの点で、世界でも一、二を争うのではないかと思う。こうして、最初は「三人の外人の問題」だったものが、今や「ケストラー事件」として、広くメディアに取り上げられ、世間の耳目を集めることになったのである。

一九五九(昭和三十四)年三月七日付の『英文読売』に、私は「事件」の経緯について寄稿した。その一部を引用しておく。

ケストラー氏は、『毎日』英語版に出た私たちの声明文に注目し、日本ペンクラブに公開状を送って、ペンクラブの会合には出席を拒否する旨を伝え、その理由を詳しく述べた。特に彼の怒りを買ったのは、ペンクラブが私たちの声明文に答えた文章のうち、次の一節である（ちなみにこの回答の執筆者は、『毎日』によると、ペンクラブの専務理事、高見順氏であるという）。「パステルナークの事件は、サイデンステッカー氏やモリス氏の言うとおり（どういうわけか、ロゲンドルフ神父の名前だけは抜けているが、おそらく、聖職者を攻撃するのは失礼だと考えたのだろう）、原理・原則論からすれば重大問題ではあるかもしれない。しかし、もしわれわれが、かりにソ連政府にたいして抗議声明など発表した場合、どのような反響が生まれるかもまた、十分考慮しなくてはならない。いつでも原理・原則に固執することが、必ずしも賢明であるとは考えられないのである」。

これはまさしく、政治家の言辞であるとケストラー氏は語った。そして、私は前もって、政治的会合には一切出席しないと言明してある以上、日本ペンの会合にも、欠席するのが当然であると考えると述べた。次に氏は、パステルナーク事件の事実関係を彼の立場から要約し、最後にこう付け加えた。すなわち、今、日本の知識人たちは、断乎として抗議する勇気に欠けているように見えるが、もしスペイン内戦当時、ヨーロッパの知識人が同様に勇気を欠いていたとしたら、私が今、ここにこうして生きていることはなかったろう。なぜなら、フランコによって死刑囚として捕らえられていた私を救ってくれたのは、まさしく、勇気ある彼ら知識人の抗議の力だったからである、と。

『英文読売』に寄稿した記事で、私は続いて、ケストラーが出席を拒んだペンクラブの会合の模様を、かいつまんで紹介した。当日の討論は、本筋を外れた脇道の議論ばかり続出して、論理的な討論など不可能となり、「ほとんど誰一人、ケストラー氏の明確に提起した問題の核心を論ずるに至らなかった。すなわち、『毎日』に出た高見専務理事の主張が、もし正しく引用されているのなら、倫理的に根本的な誤りを犯しているという事実であり、さらにはまた、政治的としか思われぬ理由によって、日本ペンクラブは、パステルナーク支持のために発言する意志がないという事実である」。

『英文読売』の記事の最後を、私はこう締めくくっている。

しかしながら、荒涼たる風景の中に、ひとつだけ、明るい陽射しの照らしている点がある。火曜日の『読売』が伝えるところによれば、作家の田村泰次郎氏が、次のように述べたと伝えられていることだ。つまり、日本人が外人ほど原理・原則を気にしないように思われるのは、いかにも残念なことだというのである。これ以上的確な評言は、けだし、ありえないというべきだろう。

その後日本ペンクラブは、ケストラー氏に長文の書簡を送ったが、しかし氏の批判にたいして、明確に答えてはいない。この書簡を読むと、日本人を相手に議論することがいかに困難か、あらためて痛感せざるをえないのである。

今の引用の中に、たまたま田村さんの名前が出てきたのは幸運だった。この機会に、彼のことにもぜひ触れておきたい。彼とは、ごく親しい間柄だった。田村さんのことを、「重要な二流作家《マイナー》」などと書いたことがあるが、確かに彼を、戦後の日本の作家として、十指のうちに数える人は、多分いないだろう。だが彼の作品ほど、あの終戦直後の混沌とした時代の雰囲気を、生き生きと呼び戻してくれる作品はほかにはない。代表作の『肉体の門』は、一九四七（昭和二十二）年に出た中編小説で、上野の地下街に住む一群の街娼たちと、彼女たちが必死に生き延びるために交わした鉄の掟を描いている。

さて、ケストラー事件に話を戻すと、さかんに非難、攻撃が飛び交ったが、外国人であるというのは、こうした攻撃の応酬に加わるには、大きなハンディキャップだった。その上、この種の問題に外人は容喙すべきではないという見方が、広く行われていたということもある。この見方にも、一斑の真実もなくはない。しかし、怒りに息がつまりそうになっている人間には、容易に自制などできるものではない。世間一般の下した判定としては、結局、われわれは負けたということになったようだ。確かに日本ペンクラブ側では、自分たちの行動が不適切だったと認めたことは一度もないままに終わったし、松岡事務局長も青野副会長も、相変わらず、もっとも有力なメンバーとして活動を続けていた。結局のところ、たとえ言論の自由は万国共通の原理であっても、その効力は、国によって違うと結論せざるをえなかったのである。

とはいえ、われわれ外人の主張を雄弁に支持してくれる人々もいた。例えば竹山道雄氏である。何よりも、『ビルマの竪琴』の作者として広く知られているが、ケストラー事件に関しても、われわれの立場をもっとも雄弁に支持してくれた一人だったし、一番大きな影響力を及ぼした人でもあった。竹山さんを知ったのは、「文化自由会議」の東京支部を通じてだったが、氏はまた、ロゲンドルフ神父とも親しい間柄だった。ただ二人はその後、どちらにとっても極めて重要な問題について、意見が対立することになる。キリスト教は、はたして日本のためになるかどうかという問題である。ロゲンドルフ師は、宣教者としての熱意からして、当然、必ず日本のためになると強調したけれども、竹山さんはその愛国心から、懐疑的にならざるをえなかったのである。

竹山さんから届いた便りのうちで、今も手許に残っているのは一通しかない。少なくとも、今見つかるのは一通だけで、私が竹山さんの論文を送ってもらって礼状を出したのにたいして、わざわざ返事を書いてくれた葉書である。私の礼状に返礼を述べてから、今回の事件について、私とロゲンドルフ神父の努力に感謝している旨を記し、さらにこう書いている。「こういう風潮は困ったものにて、ゆっくり気長にやるほかはないと思っております。それにしても、五年前に比べると、大いに改善いたしました」。当時の私には、そんなふうには思えなかったが、今から振り返ってみれば、確かに竹山さんの判断は当たっていたのだ。葉書の日付は、一九五九（昭和三十四）年五月十五日となっている。

ほかにも、不幸中の思わざる幸いとでも言おうか、あるいはまた、黒雲に覆われた空の一角に、まぶしく光る青空が垣間見えたようにと言おうか、うれしい出来事もあった。当時、文壇の最長老の一人として、大いに敬意を集めていた山本有三さんが、ケストラーと、最初に抗議の声明を出したわれわれ外人三人のために、わざわざパーティーを開いてくださったのである。それも、並大抵の会合ではなく、大変な出費だったに違いないが、ケストラーのような人を、日本にたいして怒ったままで帰国させたくないとおっしゃって、地唄舞の名手として高名な武原さんの料亭で催した集まりだった。しかも、御主人のはんさん自身が、私たちのために舞を披露してくれたのである。考えられる限り、あらゆる意味で、「美しい」としか言いようのない一夕だった。山本さんに、深く感謝したことは言うまでもない。しかし、だからといって、日本ペンクラブにたいする私の気持が変わることはなかったけれども。

いずれ、どこかで断っておかなくてはならないことだから、ここで言っておいてもいいと思うが、本書に出てくる人物は、ほとんど例外なく、私が個人的に、じかに会った人々ばかりである。これは歴史書ではない。あくまで私自身の、個人的な思い出を綴る回想録だ。実を言うと、吉田茂さんや岸信介さんにも、個人的に知る機会があった。吉田さんには、GHQの外交セクションにいた頃、何度も会ったことがある。吉田さんは、もともと外交官だったから、私たち外交セクションのメンバーには、好意をもっていたのではないかと思う。小柄な人で、私の肩ぐらいまでしかなかった。私も、アメリカ人としてはそう大柄の方ではないが（ただ日本人は、私がアメリカ人というだけで、見上げるばかりの、熊みたいな大男と思い込んでいることが多いのだけれども）。

岸さんとは、シンポジウムで、一緒にパネリストを務めたことが二度ばかりある。私は彼が好きだった。シマリスみたいな、いかにも人懐っこい笑顔が印象的だったが、あの感じは、写真ではよく出ていなかった。報道機関が、そんな写真は、わざと紙面に出さなかったのかもしれない。ジャーナリズムは、岸さんを嫌っていたからである。戦前の、大日本帝国時代の官僚の精神や組織は、戦後はもっぱら悪評の的となったが、岸さんはこれを維持し、擁護しようと努力して、相当の成功を収めた。けれども、そのためにマスコミからは、いまだに大いに批判され続けている。とにかく、非常に頭のいい人だった。ひょっとすると、戦後日本の歴代の首相の中で、一番頭のいい人だったのではないだろうか。六〇年安保の騒ぎで首相を退陣する直前、メディアがこぞって彼を攻撃していた時期だが、岸さんが、自分を支持してくれる勢力のことを、「声なき声」と呼んだことがあった。岸さんの言わんとしたのは、数もおびただしく、勢力も強大であるにもかかわらず、メディアに取り上げられることのない人々のことだったのだが、インテリはこの表現を、一斉に揶揄したものだった。しかし岸さんの指摘は、決して的外れではなかったし、その後も長く、人々の記憶に残ることになった。

ここで、ノーベル賞を受賞した二人目の日本人作家に触れておくことにしよう。これ以後、大江健三郎氏について触れる機会は、多分ないと思うからだ。というのも、この回想記に登場する人物は、先程も言ったとおり、私が個人的に知っている人々だけだからである。大江さんには、実は一度も会ったことがない。人と話をしていて、そのことを認めざるをえない場合が時折あるが、相手は決まって、信じられないという顔をする。しかし、確かに事実なのだ。彼の小説も政治的な立場も、私は好きになれないから、強いて彼に紹介してもらおうとしたことはない。彼の方でも、私を紹介してもらう必要など、感じたことはないだろう。大きな会合で、彼の姿を見かけたことはあるけれども、言葉を交わしたことは一度もない。私にとって、彼はいつでも遠い存在だったし、彼にとっては、私など、全く何者でもなかったに違いない。

さて、例の外人三人組に話を戻すと、その後ケストラーとは、かなり親しく付き合うことになった。私が、「文化自由会議」の活動をしていたからである。相当に気難しい人物だった。あちこち案内しようとして、何かと忠告してみても、頑として自分の意志を曲げようとはしない。東京の盛り場では、美女が顔をそろえている店でも、なじみのない所に入るのは非常に危ない、気をつけるようにと言っておいても、気に入ったバーがあると、構わず入り込んでは、勘定書を突きつけられ（もちろん、法外な値段である）、断じて払わないと言い張る。けれどもこの手の店は、大概は暴力団のシマになっていて、警察も見て見ぬふりをしていることが多く、結局のところ、誰かが代わりに払わなくてはならない羽目になるのだった。

ある時はまた、とある夕食会でのこと、憤然として席を立ち、退席したこともあった。誰かが彼の故国、ハンガリーを中傷したからというのである。おそらく、ただ、彼の思い違いでしかなかったのではないかと思う。その日のお客は、ほとんどが外国人だったが、ちょうどハンガリーで、反ソ蜂起が起こって間もない時期だったから、日本の文化人たちの反応はどうだったにしろ、少なくとも外国人の間では、ハンガリーにたいする評価は非常に高かった。だから、多分、誰かの言ったことを誤解して、ひと騒動起こし、抗議の姿勢を示したかったのだろう。イギリス大使館員で、以前から彼のことをよく知っている人の話では、ケストラーはそれまで、言葉の通じない国を訪問した経験がなく、それが今度は、日本語が全く理解できないことで、平常心を失っていたのではないかという。あるいはそんな事情もあったのかもしれないが、私はむしろ、要するに、彼が気難し屋だったということだと思う。とはいえ、日本ペンクラブにたいする彼の批判が正しかったことだけは、やはり、何をおいても確かだった。

新聞記者たちはみな、記者クラブを通じて、外人三人組の騒動を起こした張本人は、私だと考えていたに違いない。その結果、さんざん中傷の的にされることになった。ほとんどは、無署名のコラム記事ばかりだったが、あまりにもひどいから、名誉毀損で訴えることはできないものか、弁護士に相談してみたほどだった。そんなことは考えない方がいい、そんなことをしてみても、結局どうにもなりはしない——弁護士はそう言うのだったが、実は私は、こともあろうに、CIAのスパイだとさえ攻撃されたのである。私はかつて、そんな者であったことは一度としてない。何らかの関係があったとすれば、CIAにいる友人のために、日本語の資料を翻訳したことがあるくらいのものだ。それよりむしろ問題は、私が文化自由会議で、多少の仕事をしていたという事実だったのである。

一九五〇年代の後半から六〇年代の初めにかけて、私はパリの文化自由会議本部と、その東京支部にあたる日本文化フォーラムの連絡係を務めていた。東京支部では、英語とフランス語の十分できる職員がいなかったし、パリの本部でも、ハーバート・パッシンがしばらくパリに住んでいた間は別として、日本語のできる職員がいなかったから、東京にいて連絡を担当する人材が、誰か必要だったのである。

ところで、文化自由会議は、ＣＩＡから資金の提供を受けていることが、やがて一般に知られることになった。だから、その意味では私も、ごく間接的にではあるにしても、ＣＩＡのために働いていたと言えるのかもしれない。しかし、だからといって私は、罪の意識に打ちのめされるなどということはなかった。一九六六年五月九日の日記に、私はこう書いている。

> 今朝の『ニューヨーク・タイムズ』に（あるいは昨日の朝刊だったかもしれない。二日分一緒に送られてきたから、混同しているかもしれないが）、四人の超有名人が、編集局宛に手紙を寄せている。そのうち二人はハーバードの賢人、ガルブレイスとシュレジンガー、残る二人はアメリカの聖人、ケナンとオッペンハイマーで、文化自由会議がＣＩＡから金を受け取ったことなど一度もない、確信をもって断言できるという趣旨だ。私は、東京で起こったことを知っているから、事実は必ずしも、彼らが断言しているほど単純ではないことも知っている。この手紙は、つまり、あれほどの有名人でも、実は意外に騙《だま》されやすいということの、ひとつの例証かもしれない。ただし、ＣＩＡの金が入っていようがいまいが、それほどの大問題であるとは、私には実は思えないのだが。

ＣＩＡは、当時、悪魔の親玉のひとつとされていたから、私がその手先の一人であると攻撃するのは、まことに陰険な中傷だった。それをいうなら、東側にも当然、西側の悪魔に対応する悪魔が存在していたはずだが、誰もそんなことなど口にしない。ソ連大使館が、それこそ東側のスパイの巣窟だというのは、天下周知の事実だったし、表向きは記者という肩書を与えられている連中が、実はスパイだというのも公然の秘密だった。にもかかわらず、誰もが口をつぐんで何も言わない。一度ならず、署名入りのコラムで、いわゆるオピニオン・リーダーが、持論を披瀝するのを読んだことがある。ソ連政府からなら資金援助は受けるが、アメリカ政府の金は受け取らない、なぜなら、アメリカの資金はヒモつきだからというのだ。私は、よっぽど反論してやろうかと思った。結局、実際に反論を書いたことはなかったけれども、世界中のどこの国であろうと、政府が資金援助する相手は、自らが是認する人々だけであるというのは、当然すぎるほど当然のことではないか。それがヒモつきだというのなら、世界中のどこの政府の金にしたって、すべてヒモつきに決まっているというものだろう。

日本ペンクラブは、一九六〇年の夏になっても、まだ態度を改めてはいなかった。東京の街路には、連日、日米安保改定反対の巨大なデモが溢れ返った。私は大いに恐れをなした。かりにロシア革命に当てはめれば、革命の帰趨を決する鍵となった冬宮殿に相当するのは、今日なら当然、テレビ局ということになるだろう。もしデモ隊の群衆に十分なエネルギーと洞察力があって、果敢にテレビ局まで行進し、占拠すれば、現に革命が成就することもありうるのではないか。そんな危惧を抱いたのは、実は私一人だけではなかった。当時の岸首相も、自衛隊の出動を要請することを考えたのである。だが、側近の説得によって思いとどまった。結果的には、この決断は賢明だったと言えるだろう。危機は、機動隊によって無事処理できたからである。けれども、だからといって岸首相に、政治的洞察力が欠けていたとは思えない。洞察力がなかったのは、むしろ私の方だった。世論の潮流がすでに方向を変えていることを、私はまだ気づいていなかったからである。

一九六〇（昭和三十五）年当時、私はそもそも、なぜみんながあれほど大騒ぎしているのか、その理由が理解できないでいた。条約の改定を求めたのは、もともと日本側であり、改正によって、元の条約にたいする不満が解決された点も、少なくはなかったからである。こうした見方をしていたのは、もちろん私だけではなく、著名な学者や評論家の中にも、同様の主張を唱える人はほかにもあった。例えば、林健太郎氏である。東大の西洋史の教授として有名な人物で、この騒動の時は、ちょうどヨーロッパに滞在中だったが、帰国後語ったところによれば、ドイツからでは、日本では一体何を騒いでいるのか、理解できなかったという。彼の知遇を得たのも、やはり日本文化フォーラムを通じてだった。このフォーラムと関係の深い高名な（そして、私には良識があると思える）人々はみな、当時の事態は、私が危惧していたほどひどい状態ではありえなかったと、口をそろえて強調する。進歩派の文化人たちがあまり大騒ぎするので、私もつい、実態を見損ねてしまっていたのだ。

林さんは、一九六〇年代末の学生紛争の時には、大変な目に遭った。当時文学部長だった林さんは、全共闘派の学生たちに軟禁され、数週間にわたって追及されたが、学生たちの要求を拒否し続け、断固として妥協しなかった。解放直後、私はロゲンドルフ師と一緒に、入院中の林さんをお見舞いに出かけた。その時のことを、日記にはこう書いている。ちょうど川端さんが、ノーベル賞の受賞のためにストックホルムに出発する直前で、私も同行することになっていた。

予定の時間からは、すでに遅れに遅れていた。下町は渋滞がひどく、ほとんど交通麻痺の状態に陥っている。これまで公共投資はもっぱら、市街のうちでも、金持ちの住む南部や西部に集中してきたからである。

ともかくも神田まで来た時には、もう二時近くになっていたし、花束を手に蔵前に着いた時には、とっくに約束の二時は過ぎていた。

林さんは、思ったより元気そうだった。ただ、いつもより口数が多い。これも、神経が高ぶっている表れかもしれない。拘束されていた間、危険を感じたことはなかったという。もっとも、学生たちの言葉遣いはひどいものだったらしい。……大河内〔安田講堂占拠当時の学長〕については、特に多くを語らなかったが、林さんの口ぶりからは、学長にたいする軽侮の念がうかがえた。ロゲンドルフ師は、興味ある話を伝えてくれた。東大の教授であると同時に、上智の大学院でも教えている青木教授の言によると、東大の学生たちも、大河内学長にたいしては、大いに軽侮の念を抱き、林さんにたいしては、大いに敬意を感じているという。

林さんは後に、一度退官しながら呼び戻されて、学長に就任することになった。定年で退職した教授が学長に選ばれること自体、まことにまれな名誉だが、しかも文学部の出であるというのは、実に稀有のことだという。東大の中では、文学部はそれほど高く評価されてはいないからで、学長は大抵、社会科学や自然科学畑、あるいは法学部や医学部の出身である。林さんがこうした異例の名誉を得たのは、彼があの危機にたいして、勇敢、かつ毅然たる態度を貫いたことが理由だったに違いない。

岸首相の言った声なき声が、こんな形で現れたと見ることもできるのではあるまいか。

日本ペンクラブは、安保条約改定に反対する声明を発表した。国会に単独過半数を占める自民党が、いわゆる強行採決によって、すでに改定案を可決した後のことである。私はこの声明に関して、川端さんに抗議した。言論の自由にかかわる場合は別として、本来、政治的には中立であるべき組織でありながら、この声明の発表は、明らかに政治的行動ではないかと指摘したのである。

川端さんの回答は、次のようなものだった。その要点だけを引用すると――

あの声明でも、「政治的」でありながら、「政治的」であることを避けた点もあります。安保改定にたいして、反対とも賛成とも言って居りません。それはできません。一党の単独審議、採決が言論を十分つくさず、言論の自由を重んじなかったとして、それに抗議しております。勿論、社会党その他の異常な妨害は悪かったのですが、自民党の単独採決も悪かったと思います。

なるほど、そうだったのかもしれない。私は、もちろん川端さんが好きだったし、尊敬もしていた。けれども、ペンクラブの会長としての態度については、必ずしも、大いに尊敬に値するとは思えなかった(ただしその後、ついに松岡洋子事務局長の解任に踏み切ったのは、さすがだったが)。

竹山道雄氏は、前にも引用した葉書で、この時期、五年前に比べれば、事態ははるかによくなっていると書いていた。五年前といえば、一九五四(昭和二十九)年に当たるが、当時の私はまだ気がついてはいなかったけれども、実は、進歩派の退潮が始まった年だった。劇作家で評論家、また翻訳家としても有名な福田恆存氏の、まさしく時代を画することになる重要な論文が、この年、『中央公論』の十二月号に発表されたのである(ちなみに福田氏は、東大で林健太郎さんと同期生だったという)。論文のタイトルは、「平和論の進め方についての疑問」だった。社長の嶋中鵬二氏が、雑誌の編集長の頭越しに、あえて掲載を決めたのである。実に勇気ある決断だった。いわゆる平和論が「正統」とされていたこの時期、部下の反乱に直面する可能性すら大いにあったからである。それに、読者がどんな反応を示すかもまた、大いに疑問だった。ところがこの号は、ほとんど発売と同時に売り切れとなった。嶋中社長は、これが編集部の頭越しに行われた、社長自身の専断だったことを、読者に詫びる弁明の文章を掲載したが、福田さんには、この弁明は大いに不満だった。しかしこんな言い訳も、当時は、いわば必要悪だったのである。そもそも日本人は、何でもないことに弁明したがる傾向が強い。弁明の必要など全くない場合すら、とかく大仰に弁明する。そのくせ、本当に弁明する必要のある時には、何の弁明もないことが少なくないのだけれども。

先程、論壇の流れを変えた人として、名前を挙げないまま簡単に紹介したのは、実はこの、嶋中、福田両氏のことだったのである。嶋中さんは、これ以前から、すでに面識を得ていた。中央公論社は、谷崎さんのほとんどの作品を出版していたが、私が初めて翻訳した小説が谷崎さんの作品だったところから、英訳の出版権を取るについて、非常に好意的に協力してくれたのである。ただ、個人的な付き合いでは、調子を合わせるのがいささか難しい人で、一九六五（昭和四十）年の、ちょうど夏至に当たる日の日記にも、こんな書き込みがある。「午後、中央公論へ行く。嶋中さんの応対ぶりには、相変わらずドギマギさせられた。突然、まるで屋根にポッカリ穴でも開いたかのように、冷気を浴びせられるとでも言おうか」。確かに彼は気分屋だった。これには疑問の余地はない。しかしそんなことは、実は大した問題ではなかった。彼には、大いに敬意を感じていた。

福田さんは、以前から評判を聞いて知ってはいたけれども、『中央公論』の論文が出た時には、まだ一度も会ったことはなかった。当時は私の所にも、しきりに各種のアンケートが送られてきて、几帳面にいちいち答えていたのだが（今でも相変わらずアンケートは来るけれども、もうわざわざ答えたりはしない）、ある時、日本のオピニオン・リーダーとして、もっとも信頼できる人物は誰か、また、その理由は何かという質問があり、私は福田さんの名前を挙げた。その理由として、彼の社会や政治に関する評論は、私にはまことに明晰であると同時に、まさに良識を代表するものと思えると答えたのである。まさか福田さんが、私の回答など目を止めるとは思ってもいなかったのだが、たまたま彼の目に止まり、福田さんは文化フォーラムに、私と会う機会を設けてくれるよう頼んだのだった。

　福田さんは、近づきにくい人だという評判が多かった。確かに、そういう点はあったかもしれない。滅多に笑わないし、表情も厳しかった。しかし私は、付き合いにくいと感じたことは一度もない。日本の知識人の知己の中で、福田さんほどたびたび会った人はほかになかったと思うし、晩年、病気が重くなって、東京へ出て来ることができなくなったばかりか、大磯のお宅で来客を迎えることさえできなくなった時まで、しばしば会った（外国人の知人の中には、例えばロゲンドルフ師のように、福田さんよりたびたび会った人はいたけれども）。大磯のお宅にお邪魔したことも、何度かある。坂西志保さんのお宅のすぐ近くで、坂西邸に劣らず美しいお屋敷だった。しかし普通は、歌舞伎座の近くのホテルでお会いした。劇の演出などで、しばらく東京に滞在する必要がある時、いつも利用していた常宿である。劇作家であり、翻訳者であるのに加えて、演出家であり、プロデューサーでもあったからだ。

「平和論の進め方についての疑問」は、綿密な推論に基づいて、緊密な論陣を張った堂々たる文章で、最初にまず、いわゆる進歩的文化人を批判し、日本の平和論に伏在している基本的な欺瞞性を指摘する。例えば、米軍基地が学童に及ぼす悪影響といった点にしろ、個々の具体的な問題は、最大の問題たる冷戦が解決しない限り、解決不可能だとする見方である。その上で福田さんは、日本の平和運動にたいして、五つの個別的な疑問を列挙し、反対する。

　第一に、平和論者は東西両世界の平和共存を信奉するが、このような信条の根拠となるべき証拠は、一体どこに見いだせるというのか。

　第二に、彼らの主張においては、戦争か平和かという選択は、資本主義か共産主義かという選択と同一視されている。彼らの平和論をまともに信じる若者たちにとっては、資本主義はあらゆる点において悪玉となる。平和共存を求めているのは共産主義諸国であり、これにたいして、そんな共存など不可能だという前提に立つ資本主義国家は、すなわち好戦的な国家ということになる。

　さて、ジャーナリストやインテリは、英国が好戦的なアメリカを抑制するだろうと考える傾向があることを論じた後、福田氏は第三の疑問点を挙げる。はたして平和論者は、本当に英国を信じているのであろうか。英国が平和共存を信じているなどとは、到底考えることができない。

第四に、ソ連自体、平和共存を信じ、これを実現しようと努力しているなどと、平和論者は本気で信じているのかどうか。

第五に、ネルーがなぜあれほど礼賛されるのか理解に苦しむ。平和論者は、ああいう人物を日本の指導者に仰ぎたいなどと、本当にそんなことを望んでいるのであろうか。

これら五点の疑念を列挙した後、福田氏は結論する。今日の世界では、完全な独立などというものはありえない。どの国家も、互いに強く結ばれており、そして二国間の関係においては、力の強い方が強い発言力をもつのは、避けがたい事実である。だとすれば、日本がアメリカと協力するのが、なぜ悪であるというのか。しかもこの関係は、決して恒久不変のものなどではない。具合の悪い点が現れれば、いつでも改正することができるのである。

後年、福田さんはよく、この論文で述べたことは、その後常識となったと語っていた。なるほど、そのとおりだったかもしれない。しかし、発表後に巻き起こった反論は、まさしく嵐さながらだった。この反論の激越さは、進歩派のインテリがいかに深く、自分自身でつくりあげた迷路に迷い込んでいたかを、はしなくも、雄弁に物語るものだった。

福田さんの論文が出たのは、先程も触れたとおり、『中央公論』の昭和二十九年十二月号だったが、翌年の同誌二月号に、これら進歩派の批判にたいする反論を発表した。けれども福田さんは、これ以後この雑誌には、二度と寄稿することはなかった。福田さんの口ぶりからすると、最初の論文が掲載された時、嶋中さんが弁解めいた文章を付け加えたためだったらしい。しかし、嶋中さん側の話は聞いていないので、確言はできない。それに今となっては、事情を確かめる手だてもない。当事者は二人とも、まこと尊敬に値する人たちだったが、すでに故人となってしまっているからである。

『中央公論』の二度目の論文の冒頭に近く、福田さんの文章の中でも、私の一番好きな一節が現れる。久野収氏は、『読売新聞』に寄せた福田批判の中で、自分がアメリカに反対するのは、あくまでアメリカ政府の政策にたいしてであって、アメリカの文化や国民にたいする態度は、これとは全く別であると強調している。だが、と、福田さんは言う、私自身のアメリカにたいする立場は、久野氏とは逆であると。

この文章では、その後、久野氏と逆とはどういう意味か、必ずしも明らさまに述べているわけではないけれども、福田さんの言わんとしているところは明らかだろう。つまり、アメリカの文化は好きではないが、アメリカ政府の政策は是認するというのだ。福田さんのこの意見は、私には特にうれしかった。それまで何度となく、それこそ数え切れないほど進歩派から聞かされていた意見は、まさに久野氏流の発言だったからである。アメリカのことをどれほどひどく非難しても、それはアメリカの政府にたいする批判であって、アメリカ国民にたいするものではない、だから、どうか怒らないでほしいというのである。

だがこんな意見は、無知でなければ偽善にすぎないと私は思った。どんな馬鹿でも分かるだろう。大多数のアメリカ人は、アメリカ政府の外交政策を是認している。そして中国にたいしては、アメリカ政府の政策は、基本的に封じ込め政策であって、当然、日本の進歩派が大好きな、例の「平和的共存」論とは両立しえない。私としては、アメリカの政策が拒否されるより、はるかに好ましが、アメリカ文化が（私自身も含めて）拒否される方いことだと思う。世界全体にとっても（そして当然、自信をもって言えることだが、日本にとってもまた）、アメリカの文化（そしてもちろん私自身）などより、アメリカ政府の政策の方が、明らかに重要な意味をもっているからだ。

福田さんの論文で、具体的に名指しで批判されている人物の一人は、南博氏である。本書でもすでに一度触れたが、若い頃アメリカで教育を受けながら、今では反アメリカ派の強力な論客となっている心理学者だ。福田さんは、この南氏が、ある雑誌に書いたことを問題にしている。南氏によれば、いわゆるパンパンと呼ばれている女性たちも、その多くは、食べてゆくため、やむなく身を落としているのであり、中でも特に、アメリカ兵に強姦されて自暴自棄に陥り、この商売に入った例が多いという。これにたいして福田さんは、南氏がどこからこういう情報を得たのか、明示すべきではないかと迫っている。

私は、南氏の問題の記事を読んだ記憶はないけれども、なるほど彼なら、情報源を示さぬまま、いかにもこんなことを言いそうだと思う。

福田さんの仕事として、将来一番長く人々の記憶に残るのは、この種の評論活動ということになるのではあるまいか。確かに政治や社会を論じた文章として、他の追随を許さぬ優れた評論ではあるけれども、しかしこれは、必ずしも福田さん自身の望んだことではなかっただろう。彼自身は自分のことを、むしろ演劇人と考えていたからである。この頃、すでに自らの劇団をもっていたし、やがて自分の劇場まで建設することにもなる。一九六二（昭和三十七）年の夏、私がアメリカに帰り、スタンフォードで日本文学を講ずることになった時、離日直前に福田さんからもらった手紙にも、政治や外交を論じることが、必ずしも本意ではないと漏らしている。「考えてみると、私のような男が政治や社会問題に口出しして、それが通用する現代日本は、全く妙な国柄です。恐らくその事を痛感なさって、御帰国の途におつきになる事と存じます」という文面だった。

私が福田さんと知り合ったのは、政治問題がきっかけだったし、私たちの会話が政治から遠く離れることも、滅多になかった。私たちが話し合った場所は、大磯、東京、それにニューヨークとさまざまだったし、当時の私の日記からも、会話の内容や場所が多様だったことがうかがえる。しかし同時に、強力な精神の躍動は一貫して強く印象に残ったし、日記の断片的な引用からも、その印象が多少とも伝われればと思う。いずれにしても、私は自分で話すより、もっぱら聞き役に回っていた。以下に引用するのは、平和論についての疑問が強い反響を呼んでいた時期より、もう少し後のことになるのだけれども、この時差は、特に気にする必要はないだろう。

ホテル・ニュージャパンで福田恆存と会う。……疲れていたので、福田さんと会うのはかなり気が重かった。そして実際、初めのうちは、話をするのが相当につらかったのだが、やがて、彼が全く率直で、こだわりのない態度だったからだと思うが、二人の間には、実は大変な距離のあることなど忘れ去って……話に熱中し、腕時計を見ると、もう十一時、彼が大磯に帰る終電車に乗るには、すぐにも出なくてはならない時間になっていた。……

とても書きとめることなどできなかったが、もし手許にノートでもあったら、ぜひ書きとめておきたいことが山ほどあった。例えば、シェイクスピアの翻訳について。翻訳すると、しゃべるのに、どうしても原文より時間がかかってしまう。その結果、原文の持っているインパクトを十分に伝えることが、事実上不可能になってしまう。ハムレットをやる芥川比呂志さんは、「復讐！」という叫びをどう処理するか、悩んでいるという。今のままでは、まるで、タイヤから空気が漏れているように聞こえてしまうというのだ。

現代化を云々するのはやさしいが、しかし事情は、国によって一様ではない。例えば、映画とリアリズム演劇とが同時に現れた国とそうでない国とでは、問題は明らかに違ってくる。

江藤淳氏について。福田さんによれば、六〇年安保の騒動の時以後、安保反対運動にたいして急速に批判的な態度に転じ、インテリ批判を繰り返しているけれども、この変化はあまりに唐突で、日和見主義ではないかという疑念を抱かせる。

私は、人物を判断する能力について、今ではあまり自信がもてなくなっているが、少なくとも福田さんは、疑問の余地なく賞賛に値する人物であると思える。この同じ部類に数えたい日本人の数は、残念ながら、実はそう多くはない。

夜、福田恆存さんと対談。雑誌『自由』に載せる予定。……彼の話で一番興味深かったのは、現代の演劇についての発言だった。舞台で話して、観客にもよく理解できるようにするためには、劇作家は、ある種の人為的なせりふを書き、俳優もまた、ある種の人為的な発声をしなくてはならない。日常そのままの言葉を、日常そのままのしゃべり方で話したのでは、母音ばかりが耳について、何が何だか分からなくなるからだという。だとすると、日本人自身も、他人同士が話しているのを傍で聞いていて、はっきり聞き取れないのかもしれない。私の場合、電車やバスで他人の会話を耳にしても、大抵はよく聞き取れない。どんなに耳を凝らしてみても駄目なのだ。しかし、もし福田さんの言うとおりだとすると、日本人も、実は同じことなのかもしれない。それなら、例えば盗聴装置を役に立たなくするには、日本人はただ自然に、早口でしゃべればいいということになりそうだ。

最後、話がたまたまＣＩＡの資金に及ぶと、福田さんは言った。そういう金をもらうには、一体どこに申請用紙を出せばいいのか、ぜひ知りたいものだと。

日本語は母音が長すぎ、同時に子音が短かすぎるから、コミュニケーションの道具としては、これが短所と言えるかもしれない。イタリア語も母音が多いが、日本語と違って、子音が二つ、三つ、あるいはそれ以上つながる場合がある。最後の、ＣＩＡの「ヒモつき」の資金についてのジョークは、私には実に爽快に響いた。

福田さんは、一時間近く遅れたが、ようやく到着して、一緒に夕食に出かけた。……話は当然、政治のこと、インテリのこと、それに、福田さんの言う「小僧っ子たち」、つまり高校生たちのことになった。王子のデモでは、彼らはまさしく紅衛兵そのままだったようだ。福田さんは、三島ほど派手な人ではないから、書きとめておきたいと思うような、いかにもウイットの利いた警句を吐くこともはるかに少ない。福田さんは言う。民主主義は、いかにもお粗末なものではあるが、これしかない以上、これでゆくしかない。今アメリカで起こっていることの方が、日本のインテリや「小僧っ子たち」のやっていることなどより、はるかに深く日本の将来に関係があるとも言った。

日記の日付は六〇年代末のことで、アメリカでは反戦運動が全土に広がっていた。王子のデモというのは、北区の王子にある病院を軍用に用いることに反対して、デモが行われた事件を指している。

午後、大磯に行く。福田さんのお宅へ、夕食に招待されたのである。電車が藤沢を過ぎたあたりで、うっかり眠り込んでしまったらしい。目が醒めてみると、二宮に着くところだった。改札口の駅員に話すと、夕クシーで大磯まで引き返すよりは、次の上り列車に乗った方がいいと言う。そのとおりにしたのだが、当然、約束の時間より、かなり遅くなってしまった。福田夫妻は、私の失敗談を聞いて大いに面白がっていた。私の居眠りも、多少の役には立ったわけだ。夕闇の迫る中、苔におおわれた庭を見ながら、福田さんと二人で夕食。心のこもった、実にすばらしい食事だった。時に中断があった。一番長かったのは、『読売新聞』から電話があって、洋画家の林武さんについて、福田さんの回想を求められた時だった。ちょうど今日、亡くなったのである。私自身、林さんについて何より記憶に残っているのは、いつだったか、もうずいぶん前のことになるけれども、どこかのコンサートで、林さんが私の足を、ずっと踏み続けていたことである。

政治について。福田さんは、日本人が相変わらず、自衛の問題に正面から取り組もうとしないことに苛立っていた。……

美術品について。福田さんは、実に美しい作品を、いくつも収集している。中でも特に目を引いたのは、平安時代の作とされる一対のブロンズ像で、有名な劇作家の父親を通じて手に入れたものだという。その父親という人は、古美術修復の専門家で、気に入った品物があると、わざと低く評価し、手許に残しておくのだという。それじゃあ詐欺じゃありませんかと言うと、福田さんは平然として、そう、詐欺ですね。

小林秀雄さんが終戦直後、福田さんに真面目に勧めたことがあったという。文学などというつまらないことはやめて、骨董屋になりなさいと。

日本の習慣をよく知っている人なら、別に驚くこともないだろうが、福田さんの奥さんは、御主人と私が食事をしている間、同席することはなかった。昔流の日本の家庭では、お客といえば主人の客であるのが普通で、奥さんは、食事の世話はするけれども、一緒に食卓につくことはない。

ホテル・オークラで福田さんと会う。……話したのはもっぱら彼だった。あの痩身に、何というエネルギーと着想が詰まっていることか。傍にいる私はまるで、馬鹿デカい図体をしたナマケモノのように思えた。ベトナム問題の解決は、日本がアメリカに代わって当たるべきだという。別に、アジア人を理解するには、アジア人でなければならないなどという俗論ではない。一番利害関係の深い国は実は日本であり、だから日本が解決に当たるべきだというのである。……口にこそ出さなかったが、この発言の背後にあるのは、日本人ならアメリカほど、優柔不断な態度は取らないだろうという趣旨だったと思う。もちろん福田さんも、どこの国であろうと、結局、自らが望んでいることを実行するものだという点について、いささかの幻想も抱いてはいなかったが。

福田さんは、私が出会ったさまざまな人の中で、一番興味深い人物だった。いわゆる大作家ではなかったかもしれない。しかし、手を染めたあらゆる分野で優れた作品を残したし、何よりもまず、異彩を放つ精神の持ち主だった。その光芒に打たれて、私自身の精神は、無力感を味わうこともしばしばだったが、しかし、私に誤ったことを信じ込ませようとすることなどは、一度としてなかった。日本にとっても、私にとっても、誠に重要な人物で、私たちが共に戦っていた敵の本質を、彼ほど的確、端的に指摘した人はいなかった。

文壇の著名人から来た手紙を読み返してみると、一九七二（昭和四十七）年以後は、福田さんからもらった手紙が一番多いことに、あらためて気がついた。ほとんどは、お会いできないかという私の希望にたいして、喜んで会いたいという返事である。日本のインテリは、冷戦が終わり、もうソ連にペコペコする必要などなくなってからも、まだ腰のすわらない人々が少なくなかった。そうした中にあって、福田さんは、少なくとも私には、まこと良識に満ち、学識と知性に満ちた人物と思えた。結局のところ福田さんは、本質的にはプラグマティストだったのではないかと思う。重要なのは、何にしろ、実際の用に耐えるかどうかなのである。例えば、日本のアメリカにたいする関係にしても、現実にこの関係は効果的に働いているし、アメリカ以上の同盟国は見当たらない以上、アメリカにたいして友好的だったのである。

福田さんからもらった手紙や葉書のうち、はっきり日付の分かる最後の便りは、一九九二（平成四）年五月十八日付の葉書である。体調はすでに思わしくなかったようで、「今年は一度も外出していません」とあり、「生来、散歩もした事がありません。それが私の体を、ますます軟弱にしてしまったのでしょう」とある。福田さんに、もう一度お目にかかることは、ついにできなかった。哀惜の念に耐えない。彼のような人は、ほかには絶えてなかった。

一九五四（昭和二十九）年、私は小さな家を買って、以前、英会話を教えていた生徒たちの見つけてくれた下宿から転居した。どちらも小石川にあって、歩いてほんの数分しか離れてはいなかったのだが、新居はなかなかいい家（と言っていいと思う）で、気に入った。完全な日本家屋で、一階に二部屋、二階も二部屋である。二階の、大きい方の部屋には洋式の家具を入れたが、ほかの三部屋は、純和風のままに残した。小さな庭があって、楓の木がほぼ独り占めしている。この家の来歴は、詳しく知ることは結局できなかったが、近所に古くから住んでいる人たちの話によると、関東大震災のすぐ後に建ったものだという。ちょうど、古い市街が郊外へと広がり始め、田んぼがなくなっていた時期である。少なくともはっきりしていたのは、この家が戦災を生き延びてきたということだった。

ただ、最初に家政婦さん、それに、その娘さんと一緒に、それまで住んでいた貸間から、ほんの短い距離を歩いてこの家に入り、大工さんの来てくれるのを待っていた時には、「いい家」と呼ぶには程遠い状態だった（大工さんというのは、あの九十九里の海岸で夏を過ごした時、いつも寝具などを荷造りして送ってくれた老人。そして家政婦さんは、友人の高橋治が、かつて金沢の高等学校で勉強していた時、下宿の奥さんだった人である）。これ以上ありえないというほど何もなく、ただ床と天井があるばかりで、ほかにはただ、電話があるだけだった。今まで住んでいた人は、一切合財、電球に至るまで持って出たからである。電話が残っていたのは、この家を買うのを仲介してくれた不動産屋のおかげだった。当時、電話を手に入れるのは容易ではなかったのだが、不動産屋に言わせると、手はあるということだった。ただ、金は多少かかるという。確かに手はあったようだが、「手」という中には、賄賂という手も入っていたことは明らかだった。

いずれにしても、こうして電話だけはあったので、早速友人たちに、新居の様子を電話した。「家財道具類は何もかも運び出してしまっていて、残っているのは台所の流しだけ」と話している、ちょうどその時、目の前を流しが運び出されてゆくという有様だった。

この家を、多少とも気持よく住める状態にするには、それほど大工事を施す必要はなかった。私はこの家に強い愛着をもつようになり、事情さえ変わらなければ、ここを離れる気は全くなかったのだが、やがて、嫌でも離れざるをえない事情が生じることになる。だがその事情については、また後で語ることにしておこう。

法律上の権利関係は、日本ではごく普通の形になっていた。つまり、建物は確かに私の所有だが、土地は私のものではなかったのである。これは、必ずしも賢明な形ではなかった。東京では土地の方が、建物よりはるかに価値があるからだ――というより、場合によっては、建物が建っているために、土地の値段が下がることすらめずらしくない。土地も買っておくべきだったのだが、そういうことにはあまり気が回らなかったし、金を出し惜しんだということもあった。ついに家を売らなくてはならなくなった時、初めて分かったのだけれども、敷地の権利関係は恐ろしく混み入っていて、全く予想を越えていた。だが、この点もやはり、また後でお話することにしよう。あまり厄介なことに巻き込まれずに売ろうと思えば、地主に売るしかなかったのだが、その地主が、裁判に訴えたのである。裁判沙汰を経験したのは、後にも先にも、この時一度きりだった。

私は相変わらず、日本のインテリに腹を立て続けてはいたけれども、今から振り返ってみると、一九六二（昭和三十七）年、アメリカに帰るまでのこの数年は、東京で過ごした年月のうち、一番幸福な時期だったような気がする。奨学金で定期的にもらえる金を使い果たしてしまったので、私は仕事を始めた。上智大学の時間講師になったのである。いわゆる東西の架け橋、ないしは太平洋を渡る架け橋になったわけだ。当時、同じような架け橋の役を務める人々は少なくなかったが、私も、上智の四谷キャンパスで、日本人の学生にアメリカ文学を教え、市ヶ谷キャンパス、通称「インディヴィ」（インターナショナル・ディヴィジョン）では、もっぱら外国人の学生にたいして、アメリカ文学と同時に、日本文学を教えることになった。架け橋たる資格を、十二分に得たわけである。

上智大学は気に入った。ただ、仕事はきつかったし、特に四谷キャンパスでの授業は難しかった。日本の学生が、もっと活発に反応してくれたらと思ったけれども、しかし、そもそも日本の学生は、少なくとも表面的には、あまり反応を示さないのが常だから、変えようのないものを変えようとしてみても始まらない。学生に限らず、日本人一般の特徴として、反応を素直に表に出さないのだ。ロゲンドルフ神父は、イエズス会の神父さんたちの中では、一番親しく付き合った人だったが（イエズス会士には、必ずしも好きになれない神父さんもいたけれども）、一度、こんな話をしてくれたことがあった。イエズス会で、世界各国から代表が集まって会議などがあると、決まって頭を痛める問題が二つある。ひとつは、どうやってインド人を黙らせておくかということ、もうひとつは、どうやって日本人にしゃべらせるかという問題だ、というのである。

あの頃は、好んで京都に出かけたものだった。近頃はもう、あまり出かけることはない。見るべき所は、すでにすべて見つくしてしまっていて、もう一度見に行く気には、今ではなかなかなれないのである。大体、観光地としてはともかく、ひとつの都市として見れば、京都はそれほど楽しい所ではない。関西で好きな所と言えば、私の場合はむしろ大阪で、実際、面白さは尽きない。東京ほどの活気と多様性には欠けるかもしれないけれども、そうした点でも大きく劣っているわけではない。短期間の滞在には、まさに打ってつけの町である。楽しみのために盛り場を訪れるにしても、大阪なら、たとえ多少時間はかかるにしても、歩いて訪ねることもできる。だが東京では、同じように盛り場を歩きたいと思っても、車を使わずに出かけることなど、まずは不可能に近いだろう。

谷崎さんは、関東大震災が襲った時、たまたま箱根にいた。そして、東京に戻って家族の安否を確かめることもなく、関西へ避難した。ほかにも関西に避難した人々は多かったが、ほとんどの場合、できる限り急いで東京に帰ってきた。ところが谷崎さんは、そのまま関西に残ったのである。

一般に行われている解釈では、いわゆる上方《かみがた》に古い日本の伝統を発見し、ますます惹かれていったのだとされている。しかし私は、それは問題のほんの一部、それも、さして重要ではない一部にすぎぬのではないかという気がする。なるほど文人としてのイメージという点で、そういう印象を創りあげようとしたということはあったかもしれない。けれども実際の生活ぶりでは、彼は必ずしも、それほど伝統的な人ではなかった。谷崎さんが大阪を好んだ最大の理由は、私自身の場合と大差なかったのではあるまいか。私が大阪を好きなのは、要するに抑圧が少ないからだ。大阪は、活力に溢れた、たくましい土地柄で、東京のような窮屈な抑圧がない。ただし窮屈という点では、京都は東京以上ですらあるのだけれども。

京都では、ドナルド・キーンの下宿に泊ることもよくあった。東山の、緑深い谷を見下ろす、小さいけれども、なかなか美しい住居《すまい》だった。今はもう、谷に緑はない。そのすぐ下に、新幹線が通っている。家そのものも、今は同志社大学のキャンパスに移築された。私が小石川に小さな家を買ってからしばらくは、キーンが東京に来た時には、よく泊まっていったものだった。その後、彼も中央公論の嶋中さんと知り合いになって、それからは嶋中家に泊まるようになった。これは残念だった。キーンに家に来てもらうのは、大いに楽しみだったのだが。

けれども京都に滞在する時は、高橋治の義理の兄弟に当たる、原さんの所に泊まる方が多かった。原さんは、九十九里の海岸で夏を過ごしていた頃からの友達で、その後、京都に移っていた。京都の女性と結婚し、文字どおり自分自身の手で家を建て、陶芸の仕事を続けていたのである。この家もやはり東山で、キーンの下宿から歩ける距離にあった。お寺の境内の、府立墓地に登ってゆく坂の途中に建っていて、キーンの下宿の奥村さんの奥さんは、いつも口癖のように話していた。京都の人は誰しも、遅かれ早かれ、この坂を登ってゆくことになるのだと。けれども、やがて原さんは、家族を連れてアメリカに移住し、さらにその後、そのお母さんも故郷の千葉に帰って、この家は、またお寺に返すことになった。原さんは晩年、バージニアに住んでいた。ワシントンから、車で楽に行ける距離だった。今でも、原さんのことを思い出すと、懐かしさと寂しさを、強く覚えないではいられない。京都にそれほど行きたいとは思わなくなったのも、ひとつには、原さんが京都を去ったためではないかと思う。一九六五（昭和四十）年五月八日の日記に、私はこう書いている。原さんが京都を離れて、しばらく後のことである。「終日、眠気に付きまとわれたが、眠気に混じって、なぜだか理由ははっきりしないけれども、耐えがたいほどの郷愁を感じていた。若かった頃のコロラドのこと、まだ原さんがいた頃の京都のこと（それにしても、あれほど世話になっておきながら、十分お礼の気持を伝えることさえできなかったとは、返す返すも残念だ）、あるいはまた、二十年も昔の、終戦前のハワイのことなど、あれやこれや、次から次へと」。もし原さんに欠点があったとすれば、あまりにも人が良すぎたことだったろう。だから誰しも、自分では気のつかぬうちに、つい、あの人の良さに付け込んでしまうのだった。

日本各地をよく旅行したのも、もっぱらこの時期のことである。ほとんど全国、少なくとも一度は訪れているけれども、有名な所で、まだ行ったことがない土地もいくつか残っている。その中には、景観のすばらしいとされる山岳地帯もあるが、しかし、コロラドで育った私としては、わざわざ未知の山々を訪れる必要は、それほど強く感じないこともまた事実だ。

日本で一番好きな所はどこか、よく訊《き》かれる。尋ねるのは、ほとんどが日本人で、ということは、日本人にはこの話題が、相当に興味があるということだろう。正直な答えを言うと、実は東京なのである。しかしこの答えでは、日本人は大抵、失望した顔をする。そこで、また別の答えも用意してある。ただし、大阪ではない。こんな答えでも、日本人は納得しない。多分、一番日本人の気に入るのは、京都と答えることだろうが、実は京都でもない。地方都市で好きなのは、長崎、それに金沢なのだ。とはいえ、本当は、金沢というのも、それほど正直な答えではない。なるほど戦災を免れはしたけれども、戦後ずっと、昔の金沢を壊すことに熱中しているように見える。昔をもっとよく伝えているのは、やはり長崎だろう。もちろん、江戸時代、狭い日本から広い世界に開かれた、唯ひとつの窓だった時代の面影は、今はさすがに、そう多く残ってはいないけれども、十九世紀末以来のものなら、結構いろいろ残っている。私にとっては、この時代こそ、日本の歴史の中で、一番好ましい時期のひとつなのだ。

しかし、私が本当に好きな地方都市は、実は東北の町々――例えば仙台であり、弘前であり、盛岡である。というより、そもそも私は、東北地方全体が大好きなのだ。日本で一番美しいのは、東北の女性ではないかと私は思う。これは実は大事な点で、一般には、京都美人こそ、美人の典型とされているようだけれども、東北の美人とは比べものにならない。ただし将来のこととなると、話は多少ややこしくなる。東北の美人は、なるほど将来も美人ではあり続けるだろう。しかし一番気立てのいいと言える時代は、この先、そう長くはないかもしれない。東京の流儀は、どんな問題に関しても、全国どこでも大いに幅を利かせているから、東北人も、いつか東京人みたいになってしまう日も、そう遠くはないのではあるまいか。東京の人は、今は東北の人に比べて、はるかに不機嫌で、冷笑的で、特に若い人たちには、その傾向が著しい。

日本在住の外国人の中には、あまりにも日本に埋没した結果、外国人との関係を断ってしまう人もいたけれども、私はそうした中には入らなかった。当時の東京には、実に面白い、しかも人付き合いのいい欧米人が、ゾロゾロ住んでいたからである。私の場合、一番愉快で興味深かったのは、イエズス会の神父さんたちを別とすれば、各種の政府機関や公共組織に勤めている人たちが多かった。外国人といっても、実際にはいくつもの部類があって、今もいう公共機関に属している人たちもいれば、貿易など商業活動をやっている人、宣教師などの宗教家、その他さまざまだった。それに、同じく公共機関といっても、もちろん外交官もいれば、文化関係の出先機関で働いている人、さらには、ＣＩＡの工作員、いわゆる「お化け《スプーク》」までいた。文字どおり普通の市民に「化け」てはいたが、正体はすぐに分かった。

あの頃は、まことに楽しいパーティーが多かった。例えば、イギリス大使館で開かれるパーティーである。あの広々として美しい構内で、誰一人として一睡もできないようなパーティーが、それも、一晩以上ぶっ通しで続くこともめずらしくなかった。私の親友の中にも、イギリス大使館に勤めている男がいたが、パーティー屋になるか、それとも仕事師になるか、どちらかの道を選ばなくてはならないと話していた。結局は仕事師の道を選んだらしいのだが、しかし幸い、決断したのは東京を離れた後のことだった。私も当時、東京で、超一流の世界的著名人に会う機会に恵まれたが、ほぼすべて、ユネスコその他、国際的な文化機関を通じてのことだった。例えばストラヴィンスキー、ケストラー、あるいはイギリスのバレリーナ、マーゴット・フォンテインなど。フォンテインと言えば、伝統的な日本舞踊について印象を語っているのを、たまたまパーティーで小耳に挟んだことがある。あんなにゆっくり体を動かすのには、非常な訓練が必要なはずだ、でも、正直に言って、私自身の好みではない、というのだった。

小石川の私の家へ、結構よく訪ねてきた友人の中に、グレゴリー・ヘンダーソンもいた。国務省の外交官で、韓国の専門家だった。国務省では私と同期で、私やドナルド・キーンなど四人が、ハーバードで日本語を勉強していた同じ年、カリフォルニア大のバークリー校で、韓国語を勉強していたのである。ソウルのアメリカ大使館でいろいろの職務につき、最後は文化担当官を務めた。奥さんは、今はもう故人となったが、ベルリン生まれの彫刻家で、マリア・フォン・マグナス・ヘンダーソンといったが、生前、グレゴリーと二人で韓国の陶磁器を収集し、見事なコレクションを作っていた。現在は、ハーバードのフォッグ美術館に入っている。私も実は、日本の陶磁器より韓国の焼物の方が好きなのだが、そうなったのはグレゴリーの影響だったのか、それとも当時、一般に韓国にたいする興味が広がっていたせいなのか、よく分からない。多分、両方が重なった結果だったのだろう。私自身の集めた物も、とてもコレクションと言えるほどのものではないし、ヘンダーソン・コレクションとは比較にもならないけれども、ほとんどが韓国の陶磁器である。

グレゴリーも、東京の私の家に泊まってくれたことはあったが、私が、ソウルのヘンダーソン家に泊めてもらう方が多かった。私が初めてソウルを訪れたのは、一九五九（昭和三十四）年だったが、たちまち大好きになってしまった。それから二十年ほどは何度も訪れ、そのたびに、別に差支えがない限り、ヘンダーソンの家に泊まった。しかし、京都の場合と同様、韓国の場合も、そうした愛着は、今は薄れてしまっている。ただし薄れたのは、むしろ、ソウルにたいする愛着と言った方がいいかもしれない。韓国の中で最近訪れたことがあるのは、ソウルだけだからである。地方では、あの、実に愛らしい寺院の数々は、今もきっと、あの愛らしさを失ってはいないに違いない。

たちまち韓国が好きになった理由は、別に苦労して探すまでもない。第一に、この国の風光である。赤茶けて、冬枯れた感じの風景は、日本とは違って、故郷のコロラドを彷彿とさせ、懐かしい思いを抱かせた。それに韓国の人々は、実にユーモアの感覚に溢れている。日本人が、どう考えてみてもユーモアとは縁遠いのとは、まさに正反対である。韓国人は始終、陽気に笑いさざめくし、まことに開けっぴろげで、当時、独裁的な権力をふるっていた李承晩大統領のことさえ、平気で批判を口にするのだった。後になって、あの時のあの開けっぴろげな態度は、大方は私の思い込みで、実は、表面的なものにすぎなかったのではないかと考えるようになったが、しかし、今話しているのはあの頃のことであって、現在の問題とは直接の関係はない。

韓国が大好きになった理由は、結局はみな、同じひとつのことに帰着する。要するに、韓国と日本とは、いかにも対照的だということだ。私が初めて韓国を訪れたのは、ちょうど日本人にいらいらしていた時期のことである。特に業を煮やしたのは、日本人が一見、インテリと称するひと握りの連中に、いいように引き回されているかに見えたことだった。しかし、これもやはり、後になって分かってきたのだけれども、日本人がおとなしく引き回されていると考えたのは、実は私のカン違いで、本当は、そんなことはなかったのだ。しかし当時は、少なくとも私には、そんなふうに思えたのである。

あの頃のソウルは、実に喜ばしい都会だった。大部分は、昔ながらの韓国流の瓦が、見渡す限り、さながら海のように広がっていた。日本の瓦より、はるかに頑丈な造りである。だが今は、あたかもホテルと自動車に埋もれた都会で、交通渋滞は、とてものことに尋常ではない。しかも、避けようがないのである。東京では、高速で大量の人々を輸送するシステムが発達していて、自動車に代わる能率的な交通手段が出来上がっているけれども、ソウルには、そうした代替手段がない。巨大都市の建設にかけては、韓国人より日本人の方が優れているというのは、どうやら否定しがたい事実のようだ。

田舎の風景もまた、大きく変化してしまった。近代的なスタイルのつもりなのだろうが、何とも醜悪な家がはびこって、藁葺《わらぶ》き屋根は事実上、姿を消してしまっている。伝統的な韓国の農家では、藁葺きの屋根がまことに見事で、しかも、無限の柔軟性を秘めていた。どんな形にも変化し、対応できるのである。新しいスペースを作りたいと思えば、屋根はどの方向にでも自由に延びてゆくことができ、最終的にどんな形になろうとも、その美しさを失うことはなかった。今でも地方の丘や山々には、寺院をはじめとして、美しい建物や土地はなお残っているだろうとは思うが、自分一人では、訪《たず》ねてみようという気にはなれない。かつて韓国の田舎をあちこち歩き回った時には、いつでも気の合った仲間が一緒だった。今もし再訪する機会があれば、やはり仲間と一緒に出かけたいと思うけれども、悲しいことに、韓国の親友たちはみな、私と同様、齢を取ってしまっていて、山を歩いてみようなどと誘ってみても、なかなかうんと言ってくれそうにもない。

韓国の友人は、ほとんどはお役所勤めの人たちだった。ただし、韓国政府のお役人ではなく、もっぱら、各国の大使館関係の人たちである。しかし、一番尊敬していたのは、この種の機関とは関わりのない人物だった。月刊誌『ササンゲ』(『思想界』というほどの意味)を出していた、チャン・チュンハという人物である。独裁的な傾向の強いこの国にあって、この雑誌は、自由と民主主義、そして寛容の精神を代表する雑誌だったが、やがて彼は、もっと直接的に自らの主張を実現する必要を感じ、雑誌の出版をやめ、政治の世界に転進して、国民議会に当選した。

日本人は韓国人について、非常に片寄った固定観念を抱いている。声高で、喧嘩早く、ニンニクの臭いをプンプンさせているといったイメージである。しかしチャン・チュンハは、そんなステレオタイプとは全く違っていた。率直で快活ではあるが、話しぶりは穏やかで、同時に、非常な威厳があった。夕食後、時にニンニクの臭いをさせていることはあっても、そういう時は私も同じだったから、閉口することなどはなかった。日本語はあまり上手ではなかったが(成人してからは、主に中国で生活していたからである)、それでも、別に気にすることもなく、日本語を使っていた。多分、中国流の人柄だったのではないかと思う。まさしく、儒教でいう君子だと感じることがよくあった。外国人と付き合うことが、政治的にはマイナスとなりかねない状態になってからも、以前と変わらず私を迎えてくれたのはうれしかった。

一九六八（昭和四十三）年十二月十四日の日記には、こう書きとめている。

思い切って、チャン・チュンハに電話してみた。今は国会議員で、野党に属している。いささか驚いたことに、昼食に招かれた。大使館の裏手にある店で、韓国料理だったが、大変豪華な食事だった。与党の腐敗ぶりについては、あえて話を避けるだろう、話すとすれば、当然、厳しく批判するだろうと予想していたのだけれども、もっとはるかに懐の広い人物で、こちらのそんな安易な予測など、軽々と裏切った。腐敗については、私が強いて意見を求めたので、ようやく口を開いたのだが、現実の政治というのは、いつでもこんなものだと言い、今までと変わった点があるとすれば、もっと組織的になったことだろうと語った。彼が心配しているのは、むしろ、都市と農村間の生活の不均衡が、相変わらず続いているにもかかわらず、政府は農民を助けるために、何の手も打っていないということ、それに、もうひとつは防衛の問題だという。

ちなみに、川端さんがノーベル賞を受賞したというニュースが届いたのは、ちょうどこの時、韓国に滞在していた間のことだった。

数カ月後、私はチャンに東京でまた会った。

午後、プリンス・ホテルでチャン・チュンハに会う。部屋は十一階で、すぐ窓の外に、東京タワーの根元が見える。こんな角度から眺めると、東京タワーはいかにも醜悪で、威圧感を覚える。彼はちょうど、東南アジア旅行からソウルに帰る途中だったが、韓国の野党議員の見方が、日本の野党議員の見方とはいかに違うか、改めて痛感する。チャンは、ベトナムの早急な和平締結には反対だった。今の状況では、あの国は三カ月と経たないうちに、共産主義者に支配されてしまうからだという。こんなことが起こるのは、政府が民衆からまったく隔絶しているからで、ゲリラがどんな活動を展開しているか、政府に報告する者はほとんど誰もいない。韓国でも同様のことが起こるのではないかと彼は恐れ、農村の窮状について、今も心を痛めていた。それに沖縄のことも心配していて、アメリカは、決して沖縄を手放すべきではないと語った。

一九七五（昭和五十）年十一月二十五日、日記には悲しい記事が残っている。「日本文化フォーラムの石原さんの話に、思わず居ずまいを正し、粛然とし、かつ恐怖を感じざるをえなかった。チャン・チュンハが、先月、登山中に死んだという。ソウルの北の山のひとつで、断崖から転落したというのだ。こうした人物の身の上に、こうしたことが起これば、単に誤って滑ったというよりも、誰かに突き落とされたか、それとも、自ら飛び降りた可能性の方が、はるかに大きいのではないかと思える。まことに非凡な、得がたい人物だったが、その生涯は、何もかもうまく運ばなかった。総決算をしてみれば、失意の一生だったと言うほか、ないのではあるまいか」。

彼の死の真相について、それ以上の調査が行われたという記事は現れなかったし、噂を耳にすることも、ついになかった。

一九五〇年代には、実は、私の生涯にとって重大な出来事があった。日記をつけ始めたのである。最初のうちは、しかし、あまり几帳面にはつけなかった。例えば、例の捕鯨船に乗って帰国した時にも、航海中は毎日きちんとつけていたが、その年の夏、コロラドで過ごした日々のことは、全く書き残していない。しかし、一九五九（昭和三十四）年の正月以降は、ほぼ切れ目なく、規則的に書き続けてきている。ちなみに、この年の正月の初めての書き込みは、アイヴァン・モリスの日本人の奥さんの実家に、新年のパーティーに招かれたことである。戦時中の一九四三（昭和十八）年までは、まだ市域に編入されていなかった、西の郊外にある家だった。

この年の正月からといえば、ほぼ四十年間になるわけだが、その間、多少ともまとまって抜けているのは、旅行中のことだけである。旅行中は、残念ながら、あちこち丸ごと一冊なくなってしまっている。ほかにも旅行中は、綴じ目が壊れてページがバラバラになってしまうな

い ど、小さな事故の起こった例が多い。賢明な人なら、いっそ日記をつけることなど、やめてしまうのではないかと思う時がある。もし、過去に照らして将来を判断することができるとすれば、日記をつけないで生ずる損失より、日記をつける楽しみに耽《ふけ》ることから生ずる損失の方が、むしろ大きいのではないかとすら思う。いずれにしても、しかし、私の日記は、他人に盗み読みされる心配はなさそうだ。私の筆跡は、私以外、誰にも判読できそうにないからである。実は私自身さえ、時に判読に手こずることがあるほどだ。私の筆跡は、ある意味で日本人に似ているのかもしれない。達筆とは程遠いくせに、はなはだ読みづらいのである。

奨学金の期限が切れて、東大で勉強を続けることができなくなり、上智大学で教え始めた時、ほかにもあれこれ、日本流に言えばアルバイトをして、生活費に充てることになった。例えば文化自由会議の仕事とか、フリーランサーとして原稿を書くといった仕事である。それというのも上智大学は、楽しくて面白い所ではあったけれども、少なくとも当時はまだ、給料もそれほどよくはなかった。ロゲンドルフ師がいつも言っていたことだが、当時の上智の財政事情では、本来、大学にふさわしい水準を保つことは難しく、特に、日本のように階層意識の強い社会で、それなりの体面を守ってゆくためには、「フリンクス助成金」に頼らざるを得なかった。「フリンクス」というのは、当時のケルン大司教の名前で、上智はこの枢機卿から、多額の援助を得ていたのである。

一九六二（昭和三十七）年までの数年間、私は『読売新聞』の英語版に、毎週コラムを書き続けることになった。この年の五月十六日の日記には、帰国のため、連載は今日で終わりになると書きつけている。

最後のコラムの結びの文章に、私はこんなことを書いた。「日本人も、生活のために懸命に働いている点では、ほかのどの国の人々とも同じだろうが——いや、しかし、やはり日本人は、ほかの国民とは違っている。比較にならぬほど島国意識が強く、偏狭で、排他的だ。われわれ外国人は、自尊心を失いたくなければ、この島国根性にたいして、あえて憤懣の念を抱き続けなければならない。この憤懣の感覚をにぶらせてしまうことは、意思の疎通を図ろうとする意志を失うことであり、つまりは、死を意味すると私は思う。だからこそ、私は今、故国に帰るのである」。

私の意見は、実は今も変わっていない。ただし今なら、こんな仰々しい言い方はしないだろう。それはともかく、この一節は、私があちこちに書き散らした文章の中で、一番よく引用される一節になった。理由は明らかで、ある意味で予言的な発言だったからである。つまり、その後やがて、一方では日本バッシング派と、他方、日本で正統とされる見方を受け入れようとする人々との間に生じることになる論争を、いち早く先取りする発言だったからである。この論争のもっとも基本的な論点は、日本が世界のほかの国々と同じなのか、それとも根本的に異質なのかという点だった。日本批判派は、日本人はほかの国民とは異質であって、近い将来、この異質性を克服できると期待しても無駄であると主張する。逆に、日本に同情的な人々の主張によれば、なるほど日本人は、時として奇妙に見えることはあるとしても、それは、ある段階を経過している途中だからであって、遠からず、われわれと同じような国民になるのだという。私はつまり、時代に先んじて日本異質論を唱えていたわけで、三分の一世紀も前からその立場だったし、今もなお同じ立場なのである。

実際、六〇年の反安保騒動は、私にとってまことに深い衝撃だった。しかし今になって考えてみると、例えば竹山道雄さんのような、冷静な判断に立った意見にもっとよく耳を傾け、最悪の時はすでに過ぎたと認識すべきだったのだ。けれども当時の私は、これほどにも愚かしいインテリが世論を支配しているような国には、これ以上留まってはいられないと感じたのである。インテリたちの意見は、あまりにも現実とかけ離れすぎていた。彼らはまさに、気が触れていたと言うべきだろう。現実との接触を失ってしまっているというのは、まさしく狂気の定義そのものにほかならないからである。そこで私は、太平洋の反対側に、どこか大学で教える口でも見つかれば、就職しようと決心したのだった。

一九五〇年代にも、実はそうした機会はいくつかあった。しかし私は日本にたいして、いろいろ腹の立つ点はあるにしても、やはり非常な興味を感じていたから、帰国して教職につこうとはしなかった。けれども六〇年安保の、あの暑い夏の騒動の結果、私が日本にたいしてどんな感情を抱くようになったか、先程も引いた、最後の連載の一節がよく物語っているだろう。次にこの種のチャンスが訪れたのは、一九六二（昭和三十七）年初めのことだった。スタンフォード大学で、日本文化担当の教授の欠員ができ、私に後任を打診してきたのである。そして私は、引き受けることに決めたのだった。

とはいえ、『読売』のコラムで、いささか勇ましい宣言をあえてしたのは、別に、日本とはもう、一切関わりをもたないという趣旨ではなかった。もう日本に定住し、日本で働くことはしないつもりだという趣旨だった。これ以後、私の滞在許可は、いつも六カ月以下となっているし、それも、いわゆる「文化関係者」としての入国に限られている。

先程、竹山さんについて触れた時にも書いたとおり、彼の聡明な判断を信じて、日本に滞在し続けた方が、あるいはよかったのかもしれない。しかしやはり、あのまま住み続けていたとしても、よい結果には終わらなかっただろうと思う。去るべき時は、やはりすでに来ていたのだ。そして実際、あれ以来ほぼ四分の一世紀、スタンフォード、ミシガン、それにコロンビアと、アメリカの優れた大学で教えることができたことは、確かにありがたいことだったと、今にして思う。もしあのまま日本にいたら、いずれどこか、数限りない英語学校のひとつで教えることになっていたに違いない。考えるだけでゾッとする。私は今まで生涯の重大事を、衝動的に決めてしまったことが少なくないが、結局のところ、決断は正しかった場合がほとんどだった。スタンフォードから正式の招聘状が届くまで、あの憤懣の暑い夏を、実はかなり長い間待たされたのだが、私はもう、日本を後にする決心を衝動的に下していたし、その決心を、今さら翻すつもりもなかった。

だが実を言うと、六〇年の反安保騒動だけが、唯一の理由だったわけではない。少なくとももうひとつ、重要な理由を挙げておかなくてはなるまい。外人でいることに、もうウンザリしていたのだ。世界中に、異国人であることがこれほど違和感を生む所は、ほかにはどこにもないだろう。何世紀にもわたる鎖国の余波は、今もなお色濃く尾を引いていて、日本の外交政策の最大の目的は、実は鎖国に帰ることなのではないのかなどと、もちろん半分は冗談ながら、疑問を呈したくもなるほどである。日本語では始終、身内と他人との区別をつける。私の多少とも通じている国語で、この区別に、これほど神経質な国語はほかにはない。今の場合で言えば、これは生まれながらの日本人と、いわゆる外人との区別ということになるが、本来なら、そもそも大した問題ではないはずのこんな区別が、日本ほど大変な問題となり、しかもこれが、何度も何度も積み重なってくるとなると、どうにも耐えられなくなってくることもあるのだ。

けれどもあれ以来、次第に考えるようになってきた。日本では、日本人であるよりは、むしろ外国人である方が、実は楽なのではあるまいか。中流の日本人——いわゆるサラリーマンはみな、息のつまる厳しい作法や習俗、さまざまな義務に縛られて生活しなくてはならない。けれども外国人なら、そんな束縛に苦労しなくてもすむ。しかし、三十年ばかり前の私には、そんなふうに考えることはできなかった。

さて次の章では、もう一度、一九五〇年代に話を戻して、今まで触れなかった著名な作家たちとの出会いについて、章を改めて語ることにしなくてはならない。

五、文人たち

佐世保時代に知り合った佐伯彰一さん、それに、GHQの外交セクションにいた頃知り合いになった外交官や政治家を別とすれば、私が初めて会った日本の著名人は、川端康成さんだった。佐伯さんはその後、文芸評論家として有名になったが、いつ頃知り合ったのか、実は必ずしもはっきりしない。今も言うように、佐世保時代に初めて出会った可能性は大きい。二人とも、大陸から帰還してくる旧日本兵の復員事務に携わっていたからだが、しかし二人とも、はたして本当にその時期に出会っていたのかどうか、はっきりした記憶がないのである。

川端さんと初めて会った時の事情も、細かいことは実はよく覚えていない。多分、どこかの大使館か何かで、夕食会かレセプションの時だったことは確かで、私がGHQを辞めたすぐ後だったことも確かだ。ちょうど『千羽鶴』が新聞に連載中で、この小説のことを話題にしたのを覚えている。連載が始まったのは一九五〇（昭和二十五）年の後半で、翌年初めまで続いた。それほど優れた作品とは思えなかったし、今でもその考えに変わりはない。もちろん、そんな感想は口には出さなかったが、初めて川端さんに会った時、ともかくそうした話題があったのは幸運だった。というのも、川端さんと話す時はいつも、話題を見つけるのに苦労したからである。後になって、川端さんの例に倣い、話すことのない時は、ただ黙っている術《すべ》を身につけたからよかったものの、それまでは、二人とも押し黙ったままでいるというのは、相当に勇気を必要とすることだった。初めて会ってからまだ間もない頃、あるパーティーで、一人の女性が私たちの所へ寄ってきて、二人とも、一体どんな瞑想に耽《ふけ》っているのかと尋ねたことがあった。実際二人とも、ひどく深遠な瞑想に沈んでいるように見えたに相違ない。ただし、川端さんの方は、本当に瞑想していたのかもしれないのだが。

川端さんの顔は、さながら鳥を思わせたが、特に印象的だったのはあの目で、いかにも大きく、刺すような視線だった。初対面の時にも、何より印象に焼きついたのは、やはりあの沈黙と、あの目だったが、その印象は、その後も少しも変わらなかった。川端さんが亡くなった日の日記にも、私はわざわざ書きつけている。案内されて御遺体と対面した時、川端さんの目を閉じた顔を見たのは、これが初めての経験だった、と書いているのだ(この日記を書いた時には、ノーベル賞の受賞式のために、ストックホルムに旅行した時のことは忘れていたらしい)。目が閉じられていることで、顔の表情が全く一変していた。美男子になっていたというのではない。川端さんは、もともと美男子という顔ではなかった。ただ、不思議なことに死顔の方が、生前よりも近づきやすい表情に見えたのである。あの両眼に見つめられると、こちらの人格の核心まで、鋭く見通されているように感じたものだ。あの沈黙にしても同様だった。あの目も、あの沈黙も、最初はひどく恐ろしいと感じたけれども、そのうち徐々に慣れてきて、私にも分かってきた。沈黙にしろ、あの目にしろ、敵意を示すものではない。まずそのことを知るのが、一番大事なことだったのだ。

三島由紀夫は、ノーベル賞のような国際的な賞こそ受けたことはなかったけれども、作家としては、多分、川端さんより有名だったのではないかと思う。ある時、川端さんと一緒に過ごした晩のことを話してくれたことがあった。何か、外国人も交えた会合に出席していたのだが、川端さんは終始押し黙ったまま、見るからに退屈そのものの風情だった。そこで、一緒に会場を後にした三島が、川端さんにこう言ったというのである。この手の会合に、我慢してお出にならなくてはならないとは、いかにもお気の毒に思いますと。ところが、川端さんはこう答えたという。「いやいや、非常に面白かったですよ」。三島の話を聞いて、私はいかにも意外の感を覚えたが、そんな思いは表には出すまいとした。明らさまに驚いた顔をしたのでは、まるで三島が、作り話をしていると勘ぐっているように見えてしまう——そう考えたからである。だが、そういえば、実は私も何度か、全く同じ経験をしたことがあった。川端さんが、どう見ても退屈し、不機嫌になっているとしか思えない時、当の、不機嫌の原因になっていると思えた出来事を、川端さん自身は、実は面白がっていたことが、後になって分かったという経験が、一度ならずあったのである。

一九五四（昭和二十九）年、ニューヨークの出版社アルフレッド・クノップフの編集部長、ハロルド・ストロースから手紙が届いた。現代の日本の小説を訳してみる気はないか、問い合わせてきたのである。これ以後数年間、ストロースからこの計画について、さんざん話を聞かされることになるのだが、近・現代の日本の小説を英訳し、シリーズとして出版するつもりだというのである。ストロースが手がけた出版活動の中でも、これは特に気に入っている計画で、彼自身の発案にかかるプロジェクトだったし、事実、彼の編集・企画者としての晩年の仕事の中で、最大の時間とエネルギーを注ぎ込んだ計画だった。

近・現代の日本の小説がいかに豊かなものであるか、欧米の読書界に知らしめたことについて、功労者としてあれこれの大学人の名前の挙げられることが多いけれども、私自身は躊躇なく、この点でもっとも重要な役割を果たした人物は、大学の教授などより、むしろストロースだったと言いたい（ちなみに私は当時、まだ、厳密な意味では大学に属してはいなかったが、遠からず大学で教職につくことになる）。

私はストロースと、かなりうまく付き合えたのではないかと思う。ドナルド・キーンは、ストロースにあまり好感を持ってはいなかったようだ。自伝の中でも、ストロースのことにはほとんど触れていない。理由はおそらく、私が西部の生まれであるのにたいして、キーンもストロースも、生粋のニューヨークっ子だったからではあるまいか。ニューヨーカーは、お互い、あまり好感を持たないという傾向が強いのである。キーンはストロースのことを、「傲慢」だと語ったことが一度ならずあった。確かにストロースには、傲慢と呼べなくもない面があったことは事実だ。しかし私には、彼のやっている仕事がいかに賞讃に値するかを考えれば、その「傲慢」さも、我慢できないほどではなかった。

彼と喧嘩したことは、一度もなかった。私の意見にはよく耳を傾けてくれたし、忠告に従ってくれたことも多い。頭ごなしに決めつけたことは、記憶に残っている限り、一度しかない。三島由紀夫の最新作の翻訳は、いつ出来上がるかと尋ねるので、いや、訳すつもりなどそもそもない、あの作品は、あまり好きではないからと答えると、ストロースは、それこそ烈火のごとく激怒した。口約束ではあるけれど、翻訳すると確かに約束したではないか、それも、急いで仕上げるつもりだと――彼はそう言う。彼が嘘をついていると感じたことは、それまで一度きりだった。いや、その一度すら、本当に嘘だったのかどうか、必ずしも確信はない。だから、私が急いで訳すと約束したというのも、確かに嘘ではなかったのかもしれない。だとすれば、約束しておきながら、すっかり忘れてしまっていたのだろう。そこで、事情の許す限り急いで翻訳を仕上げたのだが、自信のある訳の中には数えられない。これは私の持論だが、原作にたいして、本当に優れた作品であるという確信がなければ、いい翻訳が生まれるものではないのだ。

彼が嘘をついていると感じた時、しかし、本当に嘘だったのかどうか、疑問がなくもない例というのは、実は、川端さんに関係した話である。最初、ある日本の雑誌に、『山の音』の一部分を訳して載せたことがあった。言うまでもなく、川端さんの小説の中でも、最高作と称して差し支えない作品である。そこでストロースに、全訳を出版する気はないか、尋ねてみたのだ。

「ウム、しかし川端は、ちょっと、気取りすぎで、凝りすぎだからなあ」。

いかにもニューヨーク流に、「気取りすぎ」という言葉を強調して彼は答えた。

川端さんがノーベル賞を取る、何年か前の話である。ところが、いざノーベル賞の受賞が決まると、ストロースはこの小説に大いに興味を示し、以前、「気取りすぎ」と評したことがあったなどとは、頭から認めようとしなかった。しかし、確かに彼はそう評したのだ。そんな評を聞かされてから、クノップフ社を出て、マンハッタンを西へ向かって歩いて帰る道すがら、私はいささか意気銷沈していた。あの時のあの心情は、今でもはっきり覚えている。単なる思い違いなどであるはずはない。とはいえ、彼の方では、ただ忘れていただけだったのかもしれないのだが。

ストロースは、なるほど傲慢ではあったけれども(「傲慢」と呼んでいいとしてのことではあるが)、だからといって、人を恫喝することまではしなかった。大体は、私の言うことを聞いてくれたのである。もうひとつ褒めてもいいと思えるところは、ベストセラーにこだわらなかったことだろう。日本文学翻訳シリーズに関して言えば、全体として黒字でさえあれば、作品によって、時に多少の赤が出ることがあっても、気にしなかった。実は、どの作品がどれくらい売れ、どのくらい儲かったのか、それとも損が出たのかといったことは、会社の秘密に属する事柄で、私には詳しい数字は分からないが、おそらく三島と『源氏』が、このシリーズを黒字にするのに、一番貢献したのではないかと思う。そのおかげで、この企画も存続してゆけたのではなかったろうか。

ストロースが、そもそも最初、私の所に翻訳の話を打診してきたのは、私がそれまでに訳したものを見ていたからではあるだろうが、もうひとつ、私より前に彼が翻訳を依頼していた人物が、思いがけず他界してしまったからでもあった。ストロースが最初に出版したのは現存作家の小説で、どちらかと言えば通俗的な作品だった。そういう作品を選んだのは、多分、正しい選択だったと思う。というのも、一般の読者にも近づきやすい作品、それに、異国の文学であることを、それほど強く感じさせない作品から始めることが必要だったからである。翻訳の出来映えも、決して悪くはなかったのだが、残念なことに、シリーズの最初の作品の出版直後、その訳者が自殺してしまったのだ。しかし、シリーズが相応の成功を収めて出発した今、一般読者受けがするとか、読みやすいといった点には、もうそれほどこだわる必要はない――初めて私に打診した時、ストロースはそう話した。要するに、私に十分な能力のあることさえ分かれば、次に何を訳すかの選択は、ほぼ、私に一任してもいいという話だったのである。

私はそれまで、すでに『蜻蛉日記』の英訳を、最初は日本アジア協会から出版し、その後、一般の出版社から出してもいたが、現代の日本文学は、まだ訳したことはなかった。

初めて現代文学の翻訳に手を染めたのは、一九五三（昭和二十八）年、イギリスの文芸誌『エンカウンター』の創刊号に、短編を二編、訳出した時だった。川端さんからもらった手紙は、全部で四十通近くになるが、その中で、おそらく最初の一通と思われる手紙によると、私の訳した短編の作者、太宰治の未亡人から、川端さんがわざわざ、翻訳の許可を取ってくれた由が記されている。日付は八月二十四日、年は昭和二十八年だったことは、消印から確定できる。宛先は、例の、私が楽しく夏を過ごしていた海岸の町、片貝である。川端さんは、例えば翻訳権といった事柄に関しては、私の頼んだことは必ず、きちんと果たしてくれたものだった。多分、日本ペンクラブの会長として、日本文学の英訳を促進するためには、できるだけの努力をする義務があると考えていたのだろう。たとえその作品の翻訳されることが、個人的には自身の利益にそぐわないような場合でさえ、川端さんのこうした努力は変わらなかった。当時、私は、そんな可能性があるなどとは気がついてはいなかったのだけれども、今になってみるとよく分かる。ライバル関係にある作家にたいしては、当然、いつでも好意をもっているとは限らない。だがそうした相手にたいしても、あえて便宜を図るというのは、そうやさしいことではないはずである。尋常の域を超える寛容の精神がなくては、できないことだ。当時はもう、川端さんにとって、太宰はライバルと言える関係ではなかったけれども、この二人が、必ずしも仲がいい間柄ではなかったことは、すでによく知られている事実である。

太宰の短編を選んだのは、全く私自身の選択の結果だった。当時の私は、今より太宰を好きだったのだろう。この五年前の一九四八（昭和二十三）年、私がプレジデント・ウィルソン号でサンフランシスコから横浜に向かっていた時、太宰の自殺（それとも他殺だったのか？）のニュースが届いて、ちょっとした話題になったものだった。初期の作品には、一種皮肉なユーモアがたたえられていて、今でも強い魅力を感じるけれども、晩年の作品はやはり、あまりにも自己満足や自己憐憫が強すぎると感じざるをえない。

現代文学の翻訳で次に取りかかったのは、もう少しまとまった仕事だった。『伊豆の踊子』の翻訳である。現代文学と言っても、発表は大正十五年で、川端の文壇の地歩を確立した作品だが、短編と呼ばれることが多いけれども、実は、いかにも中途半端な長さである。翻訳を出版するとなると、まことに具合が悪い。雑誌に掲載するにしては長すぎるし、かといって、単行本として出すには短すぎる。最初はまず、どこかの雑誌に発表するとすれば、ある程度は省略が必要だった。

もちろん、川端さんの許可を得なくてはならない。今も手許に、昭和二十九年十月二十日付の川端さんの手紙がある。省略を許すという手紙である。ドナルド・キーンの回想録には、川端さんの同種の手紙のことが書いてある。当時キーンは、日本文学選集（もちろん英訳による）を編集中だったが、同様の問題で川端さんに依頼したらしい。その返信である。二つのうちでは、私のもらった手紙の方が簡潔のように思える。要するに、私の判断どおりにしてよろしいと言ってくれたのだ。それに、翻訳は『パースペクティヴ』に出すばかりでなく、キーンの選集にも入れていいという趣旨だった。『パースペクティヴ』というのは、詩、評論、編集と、多方面で活躍していたジェイムズ・ラフリンが、『アトランティック』誌の一連の別冊特集として出していたシリーズで、世界のさまざまの国を一号ごとに取り上げていた。その時は、ちょうど日本特集号を編集していたのである。キーンの回想録によると、川端さんはいくつかの条件を付けていたようだ。しかし私宛ての手紙には、条件は一切なかった。

キーン編の選集との関連で、どうしてこの二本の手紙が書かれることになったのか、今でもよく分からない点が残っている。私が『伊豆の踊子』を訳したのは、この選集に入れるためではなかった。『パースペクティヴ』の日本特集のために訳したのである。キーン編の選集のためには、川端の短編――それも、『伊豆の踊子』よりずっと短く、それほど有名でもない作品をひとつ訳しただけである。当時キーンは、川端をそれほど高く評価していなかったという気がするし、『伊豆の踊子』ほど長いものは、たとえカットを施した形であっても、選集に入れるつもりはなかったと思う。川端作品のうち、初めて単行本の英訳として『雪国』に取りかかった時にも、キーンの意見としては、わざわざ翻訳するには内容が乏しすぎるのではないか、ということだった。ひょっとすると、彼の言うとおりだったのかもしれない。この翻訳は、成功だったという人もあれば、そうは認めない意見もある。だが、今問題にしている点でもっと大事なのは、『伊豆の踊子』についても、同じことが言えるのではないかという点である。いずれにしてもキーンには、『伊豆の踊子』を選集に入れようと、本気で考えていたという記憶は私にはない。とすれば、どうして川端さんがこの点に関して、二通も手紙を書くことになったのか、私には分からない。

それはともかく、この時『パースペクティヴ』を手伝ったおかげで、著名な文人たちの自筆の署名が、まとまって私の手許に残ることになった。今では、私の大事な宝物である。かりにオークションにでも出せば、相当の値がつくのではないかと思う。日本特集号を計画した時、ラフリンは東京に滞在していたが、彼がニューヨークに帰ってからは、私が、いわば、東京出張所の代表を務めることになった。私の小石川の下宿以外、ラフリンには、東京にオフィスなどなかったからである。彼は当然、アメリカの銀行の東京支店に銀行口座を開き、私がその管理に当たることになったのだが、アメリカの銀行だったのはありがたかった。というのも、寄稿者への支払いには小切手を使うから、寄稿してくれた文人たちが、それぞれ自筆で署名を裏書きした上で、小切手は私の所へ戻って来たからである。こうして私の手許には、文人たちの自署の束が残ることになったわけだ。もしこれが日本の銀行だったら、支払いは銀行振り込みになっていただろう。それなら、印紙は必要だったろうけれども、署名の必要はなかったはずだ。ただし、署名はみなローマ字である。はたしてこれで値が上がるのか、逆に値打ちが下がるのか、私には見当もつかないし、別に調べてみたこともない。しかし、ひょっとするとローマ字であることで、途方もない値がつくこともあるかもしれない。私のコレクションに名を連ねている著名な文人の中には、ローマ字の自署など、ほかには例がない場合も少なくないだろうからである。

省略については、今では残念に思っている。理由は二つ。まず第一に、カットの仕方そのものがよくなかった。物語は、周知のように、憂愁にとらわれた旧制の高校生が、伊豆半島を北から南へと歩いて旅をする途中、たまたま旅役者の家族と出会い、まだあどけなさの残る踊り子との間に淡い恋が生まれ、下田で一家と別れて東京に帰る主人公は、涙に暮れながらも、不思議に生気を取り戻す経緯を物語っているが、私はその中で、時として露骨に醜悪と感じられる所を切り、また、感傷に近づいていると思える個所はすべてカットしてしまった。今ではむしろ、単にそうした細部ばかりではなく、話の筋にかかわる部分もカットして、掲載に適した長さに切りつめるべきだったと思う。その方が、この作品を支えている微妙なバランスを損なうことが、まだしも少なかったのではあるまいか。そしてこの絶妙のバランスこそ、この作品を成功させた特質にほかならない。今の私にはそう思える。

残念な理由は、もうひとつある。この翻訳には省略が加えてあることを、読者に示さなかったということだ。省略があることを読者に明示してさえあれば、省略すること自体は、格別悪いことではないかもしれない。しかし私は省略について、ラフリンにはっきり説明したという記憶がない。翻訳の倫理というものについて、当時の私は、当然そうあって然るべきほど、十分自覚していなかったのだ。だから、その後この作品を、省略などなしに、完全な形で訳す機会を与えられたことは、大変にありがたかった。最近、一九九七年になって、『オクスフォード日本短編選集』に収められることになったのである。それにしてもこの選集には、『伊豆の踊子』よりもっと長い作品まで、「短編」として入っているのには少々驚いたのだが。

私が英訳者として、初めて仕事の上で川端さんとのお付き合いができたのは、こうした事情を通じてのことだったのだが、しかし当面、話の本筋として語っていたのは、あくまでストロースとの関係の話である。太宰の訳とか、『伊豆の踊子』の件などは、ストロースとは直接には関係がなく、この本筋から言えば脱線にすぎない。だから、川端さんとの話はしばらくおいて、ここでまた、ストロースの話に戻らなくてはならないが、日本文学シリーズの一冊として、二人で初めて選んだ作品は、川端ではなくて谷崎だった。脱線は終わったと書いたばかりではあるけれども、ここでまた、別の脱線を始めざるをえない。というのも、川端さんの場合と同様、谷崎さんの作品についても、ストロースから日本文学シリーズに一役買うよう求められる前から、すでにその一部を翻訳していたからである。

一九五四（昭和二十九）年、『ジャパン・クォータリー』の創刊号に、私は有名な『陰翳礼讃』の一部を訳出していた。といっても、ストレートな翻訳ではなく、私自身の要約や解説の中に、かなりの量、原文の訳を埋め込んだものだった。今にして思えば、私の解説がこの文豪の文章を補足できるなどと考えたとは、まさしく烏滸《おこ》の沙汰も甚だしいが、ただ当時としては、この評論が、丸ごといいとは思えなかったのである。今読んでも、やはり少々馬鹿馬鹿しいと思える所がなくはない。例えば、一椀の汁をいささか大仰に賛美した一節など、『不思議の国のアリス』の、ウミガメモドキの歌に出てくる「夕食のスープ、おいしいスープ」と、結局のところ、さして変わりはないような気さえする。それはともかく、その後、私の学生のうちでも特に優秀な一人、トマス・ハーパー君が翻訳を完成してくれて、私の訳した分と合わせ、単行本として出版した。ただし、最初に付けた解説の部分などは、もちろん省いてのことである。

『陰翳礼讃』の書かれたのは、昭和八年から十年にかけてのことで、ちょうど『細雪』の設定されている時代に当たる。このエッセイ中、最良の部分はまことに優れていて、日本の中世の美学——いわゆる「渋い」、抑制のきいた美感を、これほど説得力をもって見事に説き明かした文章はほかにはない。そうした評論として、一番有名な書物となっているのも当然だろう。こうしたものだけが、日本の唯一の美意識とは言えないにしても、少なくとも世界の人々が、もっとも日本的な美感と考えるに至ったことは確かだ。ここで称揚されているのは、控え目で深みのある、まさしく「陰翳」に満ちた単色の美であって、明るく華やかなものは、必ずしもよしとしない。とはいえ日本の文化には、例えば歌舞伎や浮世絵のように、派手でにぎやかな美も、実は決して少なくはないのだが。

この評論は、ある種の衒《てら》いというか、必ずしも本音をそのまま語ってはいない面のあることも否定できない。谷崎さんの実際の住居は、少なくとも私の知る限り、陰翳に浸されているなどというものではなかった。明るくて活気に満ち、俗っぽい温泉地として日本でも有数の街を見下ろし、しかもそれが、決して不釣り合いとは感じられないお宅だった。趣味が悪かったというのでは全くない。いやしくも谷崎夫人が手を掛けたもので、趣味の悪いものなどありえない。けれども、暗いとか翳《かげ》りがあるとかいうことは全然なかったし、ことさら好古趣味を意図しているとも思えなかった。

谷崎夫人が語ってくれた話の中に、この点に関して興味深いエピソードがある。谷崎家は何度も転居を繰り返し、そのたびごとに、おびただしい建築工事を重ねたが、そんな中で、ある時、谷崎さんが建築家に、相談したいことがあるから訪ねて来てくれと頼んだ。建築家は、喜んで御相談したいけれども、そんな必要はないと思う、『陰翳礼讃』を熟読させていただいたから、谷崎さんの御希望は、よくよく承知しておりますから、と返事した。これにたいして谷崎さんは、こう答えたというのである。「いやいや、ああいう種類の家を建ててもらっては困る」。

陰翳の「礼讃」が一種の演技であるとしても、それはまさしく名優の演技のようなもので、誰しも納得せざるをえない説得力を帯びている。谷崎さんは、自らの個人的な好みを踏み越え、世界が知るべきことを世界に向かって、忘れがたい言葉と、印象的なイメージを用いて語り明かしたのである。

クノップフ社の日本文学シリーズに話を戻すと、最初、私がこの企画のためにした仕事は、必ずしもうまくゆかなかった。喜んで翻訳したい旨ストロースに答えてから、私はまず、谷崎の訳を考えてみてはどうかと提案したのだ。私も、ある程度まではキーンと同意見で、現存の日本の作家のうち、もっとも重要なのは川端と谷崎だと考えていたが、二人のうちでは谷崎の方が骨格がしっかりしていて、英語に訳すという試練をくぐり抜けても、いわば、健全な体形を損なわずにすむ可能性が高いと思ったからである。実際、日本語から英語に翻訳するというのは、あたかも肉切り庖丁で無器用に切り分けるような作業で、いつでも何か、大事なものを切り捨ててしまうことを迫られる。だが川端よりは谷崎の方が、こうした犠牲にまだしも耐えられるのではないかと思えたのだ。そこで、まず谷崎を選んではどうかと提案したのだが、ストロースもこれに同意し、サンプルとして、何か訳してみてくれないかと言ってくれた。

私がサンプルに選んだ一節も、賢明な選択とは言えなかったかもしれない。谷崎を訳すのなら、まず、戦後の最大の傑作とされる長編、『細雪』から始めるべきだと考えていたのだけれども、結局この作品は、このシリーズで出した谷崎作品としては、二番目になってしまった。ストロースとの間で、英訳のタイトルをどうするか、大いにも《ヽヽ》めたからである。原題のうち、「雪」のほうは特に問題はない。ただ"snow"と訳せばすむ。どうにも厄介なのは、「細《ささめ》」という形容詞だ。繊細に、はかなげに降る雪の形容であると同時に、主人公格の三女、おとなしい雪子をめぐるさまざまの出来事にも、同様に当てはまる言葉でなくてはならない。私たちの考えついた形容詞は、曖昧であるか、ないしは感傷的なものばかりで、結局、原題をそのままの形で訳すことは諦め、ストロースの提案に従って、*The Makioka Sisters*（「蒔岡姉妹」）とすることになった。

私がサンプルとして訳した一節が、賢明な選択ではなかった理由は単純である。方言が入っていたからだ。もう少し経験があったら、この選択がいかに愚かであるか、私にも分かったろうにと思う。考えてみれば、翻訳とは結局のところ、解決可能な問題の連続というしかない。翻訳という作業に取りかかるのも、問題は解決可能であるからこそで、それというのも、もともと解決不可能な問題など、そもそも問題にはなりえない。なぜなら解決のありえない問題など、すでに問題ではなくなっているからである。ところが、方言をどう訳すかという問題は、もともと解決不可能な問題なのだ。私の訳したサンプルを読んで、会話がいかにもぎこちないとストロースは言う。当然だと私は答えた。方言の感じを出そうと試みたからで、そういう効果を出すためには、普通の標準的な英語では、そもそも用をなさないではないか。

しかし、ストロースは納得しない。彼の指摘にも一理あることを認めて、私は、また別の一節をサンプルに選んでみた。今度は、同じ作品ながら、もう少しストレートな一節である。そして今度は、ストロースも気に入ってくれたのだが、しかし『細雪』では、谷崎の英訳第一作として出すには、やはり、少々重すぎるのではないかという意見だった。かといって、私としては、あまり実験的な作品には気乗りがしなかった。もともと谷崎は大いに実験的な作家で、伝統的な形式に、好んでさまざまな実験的試みを加えている。というより、元来、日本文学の伝統では、筆に任せてあれこれと感想、感懐を書き綴る随筆が、物語類に劣らず重要と目されてきた。こうした評価は、あの唯一の偉大な例外と称すべき長編小説まで含めてのことであって、谷崎にも、そうした形式を踏まえた作品は多い。けれども私としては、最初の英訳として出すのなら、もう少し小説らしい小説、西欧の「ノヴェル」に近い作品がいいと思った。その意味で、私もストロースの意見に賛成だったし、シリーズ中の第一作として出すには、もう少し一般読者に人気の出そうな作品がいいのではないかという提案も、確かにうなずけるところがあった。いずれにしても、一般読者に馴染《なじ》みのない形式を、いきなり教え込もうなどという気はなかった。

こうして、結局、私たちが選んだ小説は、昭和三年から四年にかけて発表された作品だった。一九二三（大正十二）年の関東大震災から五年ほど後に当たるが、この震災で東京や横浜を離れた人々は多く、その中には作家も大勢いた。谷崎さんは、当時は横浜に住んでいて、難を逃れて関西に移り住んだが、ほとんどの人がまた東京・横浜に帰って来たのとは違って、そのまま関西に住みつくことになってしまった。この小説が扱っているのは、主人公が心を決めかね、あれかこれかと迷い続ける心情である。妻と離婚すべきか、すべきでないか、日本の伝統的な生き方に回帰すべきか、すべきでないのか。本当は自分がどちらを望んでいるのか、主人公自身にも分からない。われわれ読者にも、作品の最後になっても、なおはっきりしない。ただ、実は小説の最初から、結局は離婚すること、伝統に回帰することを選ぶ結果になるのではないかという、強い暗示のあることは否定できない。とはいえ、このことを直接、関西移住と結びつけて考えるのは、必ずしも当を得てはいないと私は思う。つまり、谷崎を大阪に惹きつけた所以《ゆえん》は、東京よりも、日本の伝統文化を色濃く残しているからだとする解釈は、少なくとも今の私には賛成しかねる。ただし、かつての私は、一般に流布しているこの解釈を信じていたらしい。英訳に付けた解説で、近代化した東京と、古典文化を守り続ける関西というコントラストを、明確に強調している。しかし今では、むしろ、大阪の最大の魅力は（そして実は私自身、大阪のこうした魅力に大いに惹かれているのだけれども）、その旺盛な活力であり、開けっ広げで、弁解じみた気後れなどまるで無縁な、いわば、臆面のないモダニズムではないかと考えている。

さて、今度もまた、英訳のタイトルが問題だったが、今回は前と違って、選ぶのに悩むどころか、むしろ楽しかった。結局 *Some Prefer Nettles*（「イラクサを好む者もある」）としたのだけれども、実はこれは、研究社の大和英辞典から借用したものである。谷崎の原題は、言うまでもなく『蓼喰ふ虫』で、もちろんのこと、「蓼食う虫も好き好き」という諺を踏まえている。そこで、大和英でこの諺を引いてみると、その説明のひとつに、"Some prefer nettles."という表現が載っていたのだ。これだと思って、新訳のタイトルはこれに決めたと叫んだ時、その場に私と一緒に居合わせたと言い張る人が大勢いるのだが、私の記憶は違っている。ただ、ひょっとすると、みんなの言うとおりだったのかもしれない。記憶というものは、えてして当てにならないことは確かだ。けれども私の記憶では、その時私は机に向かい、片手に辞書、残る片手には植物事典を持っていた。そして、最初まず、「蓼」は"nettles"にしようと思いついたのである。それが決まれば、後は実は簡単だった。

ただし、厳密に言えば、この訳は正確ではない。正確には、「蓼」は"persicaria"とすべきだろうが、これでは、よほどの植物の専門家でもなければ、見たことも聞いたこともない単語だし、第一、小説のタイトルとしては、およそふさわしくない。日本語で言う「蓼」には、いろいろな種類の雑草が含まれているけれども、しかし実は、nettle（イラクサ）はその中には入っていないのである。ちなみに原題が踏まえている諺は、虫によって、好む蓼の種類はまちまちだという意味だが、蓼には好ましい苦味があって、虫ばかりか、人間の好んで口にする種類もあるという。それはともかく、この英語のタイトルは、今でもいい題だと思っているし、厳密には正確でないとしても、十分許される範囲内だと思う。

この標題に関しては、今まで誰も批判した記憶はないし、翻訳そのものについても、私のほかの訳には批判された例はあるけれども、この小説の場合は、そんな評価をされたことはない。ただ、原作の内容そのものに関しては、時に、相当激しい反発を呼び起こした。ひとつは、結末がいささか曖昧で、はっきりした結論が出ていないという批判である。しかしそれを言うなら、日本の小説の中には、はるかにもっと結末が曖昧でありながら、別にそうした悪評を呼んではいない例もめずらしくない。ひょっとすると、ほかの作品の場合はもっと縹《ひょう》渺《びょう》とした雰囲気があり、いかにも日本的で、繊細、微妙という通念に合致するからかもしれない。私としては、結末が曖昧だというのは、それほど大した問題とは思えない。日本の物語類にはよくあることで、特に長所とは言えないにしても、かといって、ことさら欠点というわけでもない。もともと日本の小説は、アリストテレス流の明確な構成原理を踏まえてはいないのである。発端があり、展開が来て、その後は、どこであろうと、作者がたまたま、もう終わりにしようと思った所で終わって差し支えない。アリストテレスの構成要素のうち、日本の物語類では、結末は特に重要な部分ではないのである。

けれども、この『蓼喰ふ虫』の場合には、ほかにも厄介な問題が出てきた。フェミニズムにかかわる問題である。当時はまだ、いわば揺籃《ようらん》時代のフェミニズムだったが、この小説には、熱心なフェミニストの神経を逆撫でするところがあったらしい。「そもそも、なぜこのような小説を選んで訳す必要があったのか」――アメリカの大学で教え始めた時、一人の女子学生のレポートの冒頭、いきなりこんな詰問が飛び出してきたのである。優秀な学生だったし、このレポートもよく書けていて、採点はAをつけた。それはともかく彼女の批判は、要するにフェミニズムの立場からの批判だったわけだが、この種の批判は、結末が曖昧だという批判と同様、簡単に反論できると、最初はそう考えていた。ところが、実は簡単どころではなかったのだ。私はまず、この小説では終始、女性は男より強い存在として描かれている点を指摘し、「結局、男にはこうするよりほかなかったのだ」と結論した。けれども、女子学生は納得しない。この小説では、女は家財道具なみに扱われている。これは許せないという。しかし、この小説の書かれた時期の女性の状況は、かなり正確に描かれていると思う――私は今度はこう説明してみたのだが、彼女は相変わらず納得しない。フェミニストが一度柳眉を逆立てると、納得させるのは容易なことではないのである。しかしこの教え子とは、別に喧嘩別れをすることもなく、今でもいい友人として付き合っている。

さて、谷崎作品の英訳に序文を書いてもらうとすれば、中央公論の嶋中さん以上にふさわしい人はいないだろう。日本の作家は、文壇でいったん地歩を確立すると、出版社との関係は一定しない場合が多く、出版社から出版社へと乗り換えるのが普通だが、谷崎さんはほぼ一貫して、中央公論社と密接な関係を守り続けたからである。そこで、思い切って嶋中さんを訪ねてみると、非常に親切に協力を約束してくれ、社員の滝沢さんに、この件を処理するよう手配してくれたのだが、この滝沢さんがまた、さらに輪をかけて親切だった。こうして、ある日曜日、滝沢さんは休日を犠牲にし、わざわざ熱海の谷崎邸まで、私と同行してくれたのだった。その頃、谷崎さんは、夏はここで過ごしていたのである。当時もまだ、もっと穏やかな季節は、京都で暮らしていた。ちなみに、実際に大阪に住んだことは一度もない。『蓼喰ふ虫』では、あれほど大阪のことを礼賛してはいるのだけれども。

一九五三（昭和二十八）年の夏、いかにも暑い日曜日だった。日本の海岸沿いの、真夏の暑さの盛りというのは、数千年間、北ヨーロッパに住み続けてきた人種の肌には、義理にも快適とは言いがたい。汗でベトベトになり、体中がむず痒くて仕方がなかった。それにしても、一体この人物に何をしゃべればいいのか、まったく思い浮かばない。現代の日本文学を読み始めて以来いつでも、さながら神のごとき巨大な存在として意識してきた人物である。熱海駅からタクシーで北に向かい、海を見はるかす岬に着く。そこに、当のこの巨人がいた。そして、もう一人、全く予期していなかったのだが、この文豪の夫人、松子さんもいた。蒔岡四姉妹の次女、幸子のモデルである。

谷崎さんと会って話をした時は、いつでも夫人が同席していたと思う。それに、松子さんがそこにいること自体が、実に大きな存在感を感じさせることだった。「優雅」という言葉を耳にする時、すぐさま心に浮かんでくるのは、あの谷崎夫人のイメージである。非常な美人であった。しかし、美人が優雅とは程遠いこともあれば、美人とは程遠い女性が優雅であることもありうる。松子さんは、まさしく美人で、かつ優雅だったし、それに、まさしく大阪の人でもあった。もしかりに、東京と大阪とがどれほど微妙に違うか、そして、少なくとも優美という点に関して、大阪が東京に教えを請わねばならぬ謂《いわ》れなど全くないことを、実物を通じてつぶさに示す必要に迫られたとするなら、谷崎夫人こそ、まさにその典型的な実例となるだろう。彼女がその場にいてくれたことで、すべてが実に和やかに、滑らかに運ぶことになった。別にこちらで、何かしら気の利いたことを考えつこうと、下手な努力をする必要など少しもない。彼女がまず、いつでも大阪弁で、さり気なく口火を切ってくれるのである。そしてその言葉の響きが、いつでも心を和ませてくれるのだ。時には私も、それほど気が利いてはいないにしても、ウィットじみたことを口にすることもあったが、いつでも朗らかに受け止め、応じてくれたものである。あれほど温かく冗談を聞いてくれる相手は、ほかには考えつかないくらいだった。こんなことを口に出すのは、まことに憚《はばか》られることではあるけれども、あの文豪が他界したと聞いた時より、むしろ、松子さんが亡くなったと知った時の方が、余計に悲しかったような気さえする。

かりに夫人がその場にいなくても、谷崎さんとの付き合いに齟齬が生じるようなことはなかったとは思う。けれども、何を話せばいいか考えつくには、もっと苦労していたのではあるまいか。谷崎さんは、でっぷりと気持よく太った老紳士で、どこかちょっと、子供じみたところを感じさせた。日本の批評では――特に、必ずしもそれほど高度の批評ではなく、通俗的なゴシップに類する風評では、谷崎は「悪魔主義」の作家だと言われてきたが、こうした見方は、もっぱら初期の作品群に由来する。確かにこの時期の作品には、いささかグロテスクな、マゾヒズムやサディズムがしばしば扱われてはいる。それに、そもそも日本の文芸批評では、作家が登場すると早々にレッテルを貼りつけ、以後、いっかな外そうとしない傾向が根強い。

なるほど初期の谷崎に、いわゆる悪魔主義的な側面が多々あることは認めるけれども、しかし初期の谷崎が、それほど重要であるとは思えない。かりにもし、大震災で世を去っていたとしたら、おそらく忘れ去られていたのではないのだろうか。谷崎がその本領を発揮し始めるのは、大震災以後のことである。それに第一、彼に取り憑いていたとされる悪魔は、実はそれほど悪魔的などではなかった。むしろ陽気な小悪魔、ないしは、いたずらっぽい小妖精だったというべきではあるまいか。そんなことより、はるかにもっと大事なことは、現に私の目の前に座っている谷崎さんには、悪魔だろうが小悪魔だろうが、そんなものを感じさせるところは、微塵もなかったということだった。その後、アメリカに帰ってスタンフォードで教え始めた頃、一九六二（昭和三十七）年にもらった手紙には、彼自身、「悪魔主義」という表現は大嫌いだとあった。これを読んで、大いにわが意を得たものだった。

もうひとつ、いつでも同席しているものがいた。猫である。これはありがたかった。谷崎さんは大の猫好きで、私も同じ趣味だったから、たとえ夫人がいて場を繋いでくれなかったとしても、猫が共通の話題を提供してくれていただろう。これについては、もうずいぶん昔のことになるが、ある大新聞に、和田誠さんが、愉快なマンガを描いてくれたことがあった。谷崎さんと私が座布団に座って、お茶を飲みながら話している。夫人の姿はないが、猫がいる。太った、毛の短い猫で、まさに私の一番好きな種類だ。その猫が、私と谷崎さんの間で、空中を飛んでいる。谷崎さんは、一目見て谷崎さんだと分かるし、私も、いかにもそっくりに描いてあったが、猫だけは、事実を写してはいないようだ。谷崎さんは、毛の長い猫が好みだったからである。それ以外のタイプの猫は、私の訪ねたお宅では、どこでも目にしたことがない。私の伺ったお住まいはいつも、東京から南西に当たる海岸だった。京都のお宅には、一度も伺ったことがない。これはいささか残念である。谷崎さんにごく近かった人々は、いつもこの京都のお宅のことを、こまごまと語っているからだ。私は、本当の意味で身近な人のうちには、入っていないということになる。

初めて熱海のお宅に伺った、あの暑い一日、仕事の話はあまりしなかったように記憶している。というより、実は、それほど話をすることもなかったのだ。仕事上の問題は、嶋中さんと中央公論の弁護士に任せてあったからである。クノップフ社との契約については、二人の同意を得るのに面倒などはなかった。ただ、弁護士から請求書が来たのにはびっくりした。私は別に、彼に仕事を頼んだ覚えはない。だから、そんな謝礼を払うつもりもない――私はそう答えたのだった。

その時は、こちらにはそんな意識は全くなかったのだけれども、今にして思えば、私は日本の慣習を破ってしまっていたらしい。弁護士は、必ずしも訴訟にかかわることばかりではなく、多少とも大事な取決めをする時、仲介役を依頼することが多い。そういう場合、取り決めをする双方が、弁護士に手数料を支払うことになっている（ちなみにその後、不動産の仲介業者にも同じ扱いをすると知って、驚くと同時に、大いに怒ったものだった）。この時も、私は結局、手数料は払わずじまいだったのだが、それ以上、請求などはなかった。先方は、実は気分を害していたのかもしれないが、そんな気配を感じさせることはなかった。ひょっとすると、法廷に訴えると脅すこともできたのかもしれないのだが、そんな気振りは全くなかった。

谷崎さんからもらった葉書や手紙、電報などは、全部で二十通以上になるが、その中で一番長いのは、『蓼喰ふ虫』の英訳が完成した時、その知らせを喜んでくれた手紙である。日付は一九五四（昭和二十九）年の五月二十四日、宛先は、例の小石川の住所になっている。毛筆で、半紙一枚に認《したた》めた手紙である。谷崎さんの手紙は、毛筆のものもあればペン書きもあったが、多分、特に大切と思った手紙は毛筆にしたのだろう。川端さんは能筆で知られていたが、谷崎さんは、格別優れた書家という評判はなかったと思う。これはあるいは、谷崎さんの字が明快、平明で力強く、川端さんの凝った字よりも、はるかに読みやすかったからかもしれない。この、英訳完成を祝う手紙を、谷崎さんが大事な手紙と考えたことを示す証拠は、毛筆であるということのほかにもあった。速達で届いたのである。スタンプは、京都の郵便局になっている。

内容はまず、私が二十二日付で、翻訳の完成を知らせた手紙を読んだとある。まことに素早い返信というほかない。今はもう思い出せないが、どうやら私は手紙と一緒に、英訳のコピーも送ったらしい。読んでみるつもりだと書いてある。ただ、細かい微妙な点まではよく分からないかもしれないと思うし、それに急ぎの仕事に迫られているので、しばらくは手をつけられないが、お許し願いたいとある。それから、京都にしろ熱海にしろ、いつか拙宅にお越しいただきたい、七月には熱海に戻るからとある。

なるほど、特にこれといった内容があるわけではない。ほぼ慣例的な挨拶を綴ったにすぎないのかもしれないけれども、ただ無雑作に書きなぐった文面ではなく、自分の作品が翻訳されたことを喜んでいるという気持は、決して嘘ではないと感じられる。これほど高名な作家から、これほど真情のこもった手紙をもらったとは、まことに名誉な、誇らしい経験だった。原著者に認められるということは、翻訳者が仕事を続けてゆく上で、非常に貴重なことなのである。後になって分かったことだが、谷崎さんは実際、私の英訳を読んでくれた――それも、相当入念に読んでくれたようだ。若い頃、彼は英文学、特に世紀末の文学に熱中していた時期があった。だがそうした興味は、当然、とうの昔に消え果てているものと思っていた。それに、谷崎さんが英語をしゃべるのも、一度も聞いたことがない。けれども、英語を読むことは、まだ、かなり自由にできていたらしい。

英訳は、書評でも評判がよかったし、売れ行きも相応によかった。当然のことながら、売れたのは主として東海岸や西海岸の大都市、それに大学町だったが、ともかくこうして、クノップフ社の日本文学シリーズは、まずまず好調に滑り出したのである。そこでストロースと私は、次には何を出すか、真剣に考えなくてはならなくなった。ストロースの第一の条件は、次に出すのも、やはり現存の作家でなくてはならないということだった。実は当初から、ノーベル賞のことが念頭にあったらしい。そしてノーベル賞が、すでに物故した作家に与えられるという場合は、きわめて稀な例外でしかない。他方、文学的な質に関しては、すべて私に一任されていた。もちろん、質が高いことは大前提だったが、しかし、谷崎の別の作品をすぐ引き続いて出すという気は、いずれにしても彼にはなかった。ただ、何人か候補をストックしておきたかったのだろう（ただし、最初に出した通俗作家に、もう一度帰るつもりは全くなかった）。ともかくこのシリーズが、最初の一巻を出しただけで、立ち消えに終わったなどと読者に思わせないためにも、早く第二の作家を紹介しておきたかったのである。

この意見には、私も全く賛成だった。そして、日本の現存の作家のうちで、最も優れていると思える二人のうち、残る一人を紹介すべき時が来たと考えた。その作家が、川端康成だったことは言うまでもない。ストロースも少し日本語を習って、自分でも原文で作品を読み、川端の価値は認めていて、次に出すとすればどれがいいか、推薦してくれと求めてきていた。私は『雪国』を推した。英語に訳すのは骨が折れるだろうし、失敗に終わるかもしれない。極度に切りつめた表現のうちに、作品の成否がかかっている。この点、私もキーンの意見と基本的に同じである――私は彼にそう話した。最善を尽くしてみてくれ――彼は言った。編集者として、難しい判断を迫られていたわけだが、そんな時ストロースは、仕事相手として、信頼するに足る同僚だった。英訳の出たのは、一九五六（昭和三十一）年である。出たばかりの一冊を初めて手にしたのは、母が亡くなって、コロラドに帰っていた時のことだった。

　現代の日本の作家の中で、川端は必ずしも、作品の質にむらの少ない作家とは言えないと思う。時によって、作品にかなり良し悪しがある。けれども、もっと極端にむらのある作家はほかにもいる。ただ、川端さんが自作について、なかなか決定的な判断を下さないというのもやはり事実だ。読者は時として、彼の作品が果たして完成しているのかどうか、判断に苦しむ場合もめずらしくない。いや、読者ばかりか、実は作者自身、判断しかねているのではないかと思われる場合すら少なくない。未完のままに残されている作品も多いし、とても完成とは思えない所で終わっている作品も多々ある。中でも特に当惑せざるをえないのは、世間では誰もが完成したと思っていたのに、作者が不意に、またその小説の続きを書き始めるといった場合だろう。

　私が『雪国』を選んだ理由のひとつは、私が高く買っている川端さんの作品のうち、実は、これは確かに完結していると、一番自信の持てる小説だという理由もあった。もちろん、ほかのどれよりも好きと断言はできぬとしても、大好きな作品であることは言うまでもないとして、ただ、その執筆・発表の経緯には、かなり込み入った曲折がある。まず一九三五（昭和十）年、『文藝春秋』に『夕景色の鏡』と題する短編が発表される。細かい点は後にいろいろ書き改められるが、基本的には、やがて『雪国』の冒頭部分をなすことになる文章である。その後、いろいろの雑誌に、そのほかのさまざまの部分が次々に連作され、二年後の一九三七（昭和十二）年、ほかにも追加部分を含めて単行本にまとめられ、これで一応、完結した中編小説と認められる形を取った。『雪国』という題名がついたのも、実はこの時が初めてのことである。そして戦争中は、作品はこの状態のままだった。ところが一九四七（昭和二十二）年になって、川端さんはまた執筆を始め、翌年ようやく、私の訳した形の『雪国』が出版される。つまり、こうして、原作の出版と、私の翻訳が出た時との間に経過した年月よりも、初めて『雪国』と題した小説が現れた時と、私の訳で原本に用いた版の出た時との間の年月の方が長いという、いささか奇妙な事情が生じてしまうことにもなったのである。私も実は、翻訳に取りかかる時、まだこの先、新しい部分が書き加えられる可能性はないと、絶対の自信があったわけでは必ずしもない。とはいえ、まずまずそんな危険はないだろうとは感じていたし、かりにもし、また『雪国』の続編が現れるようなことがあったとしても、世間の人も理解してくれるだろうと思っていた。実はその後、川端さんのある小説を、当然もう完成したものと考えて翻訳したところ、本当は完成していなかったことが分かって、ひどくばつの悪い思いを経験したことがあったが、誰からも嘲笑されることはなかった。いやしくも川端さんに興味のあるほどの人なら、彼の癖は、私に劣らずよく承知していたからである。

前にも一度触れたとおり、『雪国』の私の訳は、誰もが気に入ったというわけではなかった。現代文学を訳した中では、私自身は気に入っている訳なのだが、その理由は、実は、一番よくできたと思っているからではない。訳していて、一番面白かったからである。翻訳という仕事は、あまり易しいと退屈になってくる。日本語から英語に翻訳するのは難しいという通念があるけれども、何もかも同じように難しいというわけではない。難しい作品が多いことは事実としても、どれを取ってもみな、一様に難しいというのではないのである。『雪国』は、中でもひどく難しかった。その理由は、先程も書いたとおり、極度に切りつめた細部のうちに、作品の成否がかかっているからである。例えば、二人の人物が言葉を交わしている時、一方の言葉遣いがほんのわずかに変わっただけで、ガラリと状況が一変する。この点では、緻密な会話を得意としたコンプトン＝バーネットと、多少似ていなくもない。

『蓼喰ふ虫』の場合は、意味を取るのに頭をひねったことなど、ほとんど一度もなかった。谷崎さんの文章は明快で、論理的、合理的なのである。そういう文章は好ましくない、などと言おうとしていると思われては困るが、しかし翻訳するには、大いに面白いというわけではない。いずれにしても、谷崎さんに質問したいと思うような所は、皆無に近かった。だから、些細なことで彼を煩わすよりは、質問などしないことにしたのである。ところが『雪国』には、一体どういう意味なのか、判断しかねるところが少なくなかった。そこで最初は、川端さんに尋ねてみようとしたのである。喜んで質問に答えようとはしてくれるのだけれども、実は、全く役には立たなかった。「ここのところ、ちょっと分かりにくくありませんか」——私が尋ねると、文豪はまこと律義に、その一節を入念に熟読した挙句、答えるのだ——「そうですね」。ただそれだけで、それ以上は、ただ沈黙。私としては、質問など諦めるしか手はなかった。

一九七九（昭和五十四）年の初め、ベネディクト会の修道士で、GHQの外交セクション時代以来の友人、ローレンス神父が、ある雑誌に載った論文を送ってくれたことがあった。白百合女子大の紀要 *The Fleur-de-Lis Review* に出た文章で、神父が目をとめてくれなかったら、私自身では見つけることなどできなかったに違いない。雑誌の標題を見て、私は思った——どうやら、植物学上、混同を犯しているなと。自分では自信満々だったのだが、後になって、単なる自惚れだったと恥じ入ることになった。標題には“Fleur-de-Lis”——つまり「百合の花」（lisはユリ）とあるが、フランス王家の紋章は、確かユリではなくてアヤメのはずだと思ったのだ。ところが調べてみると、やはり白百合女子大の方が、私などより正確な情報を踏まえていることが分かった。あの紋章が何を表しているかについては、実はいくつも説があって、そのうちひとつは、ユリの花束だという説だったのである。

論文をチラリと見て、そのまま捨ててしまってもいいようなものだと思い、屑籠に放り込もうとした時、ふと、もう少しよく見ておいた方がよくはないかと思い直した。読んでみると、なかなか面白い。それ以来、今に至るまで手許に残してある。私の訳した川端作品三編の中で、「思う」がどう英訳されているか調べた報告である。川端を訳すのがなぜ面白いと感じたのか、私自身も気がつかなかった理由について、教えられるところが多々あった。日本語に限らず、「思う」に相当する動詞は、どの言語でも複雑、多様な意味を帯びているけれども、日本語では、この現象が特に著しい。「思う」一語で、例えば「慕う」とか「焦がれる」とか、あるいは「思い出す」といった意味まで持つ。英語では、“think”一語が、それほど広い意味を表すことはないのではあるまいか。

実際に翻訳している時には、この一語が実に多様な意味を帯び、さまざまな変化に富んでいると意識してはいなかったのだが、出来上がった訳文で、いかに多様な訳語が使ってあるか、あらためて知り、驚いた。「思う」という一語を訳すのに、二十九個の動詞を使っているのである。一番多く使っているのは、当然のことながら"think"で、そのうちbe動詞の後に形容詞相当の形で用いている例("be thought"など)が八回、助動詞("shall"など)と一緒に使っている場合が六回、副詞(例えば"possibly""perhaps")を伴っている例が二回、疑問形になっている例がひとつ、それに、そのままの形で使っている場合が十九回となっている。この、最後の十九例の場合は、特に弁明の必要はないだろう。ほかに、短い例だが、こんな訳し方がひとつある。『山の音』の冒頭からまだ間もないところで、主人公の信吾が、初めて山の音を聞く場面で、原文では「月の夜が深いように思われる」とあるところを、私はこう訳している。"There was a vast depth to the moonlit night."(「月に照らされた夜には、広漠たる深さがあった」)。御覧のとおり、訳文には、「思う」に相当する言葉はないが、これはこれで、十分なのではないだろうか。一般に私の訳には、あまり多くを語りすぎるという嫌いがあるのだから。

最初、この論文をつい屑籠に捨てようとしてしまったのには、それなりの理由があった。私にはどうでもいいとしか思えない点を、ことさら厳しく批判されることが始終だったからである。今のこの論文の場合、批判を意図したものではないことは、今では私も承知している。むしろ、筆者は面白い問題点を発見し、大変な手間をかけて、わざわざ実例を収集し、一目で分かる形にまとめて見せてくれたのである。

谷崎は、よく紫式部と比較される。『源氏物語』を現代語訳したばかりか、何度も改訳までしているからだろう。なるほど二人の間には、似ている点がいくつもあることは確かだ。中でも特に目につくのは、長い文章を連綿と続けてゆくという点かもしれない。けれどももっと深い面では、谷崎よりはむしろ川端の方が、紫式部に似ているのではないかと思う。中でもことに重要なのは、二人とも語彙が少ないということだ。その代わり、一語でさまざまの目的に役立つ言葉を、さまざまに使い分けるのである。川端にしろ紫式部にしろ、汲めども尽きぬ面白さを感じさせる理由のひとつは、実はこの点にあるのではないのだろうか。こう言うと、つい先程、川端の作品で、「思う」がいかに多様な変化をはらんでいるか、意識していなかったと書いたのとは、一見、矛盾しているように聞こえるかもしれない。おそらく、無意識のうちに、この特徴に気がついていたということだろう。さもなければ、私が川端作品の文体に、あれほど深い興味を覚えたはずはなかったろうと思う。

翻訳を完成したのは、たまたま入院中のことだった。妙に聞こえるかもしれないし、私自身にも奇妙なことと思えるのだが、あの入院中のことを振り返ると、ひどく懐かしい思いがする。若い頃によくかかる病気だが、扁桃腺と盲腸の手術を受けた以外、青年期から中年にかけて、病気らしい病気をしたのは一度きり、細菌性赤痢を患った時だけだったが、それがちょうど、『雪国』の翻訳にようやく目星がついてきた時で、隔離病院に送られてしまったのだ。何がもとで感染したのか、将来そんな危険を避けるためにも、ぜひ教えてほしいと医者に言うと、多分、生ビールが原因だろうという答えである。季節はちょうど夏だった。いや、しかし、ビールを避けるつもりはありませんと私は言った。そして実際、それ以来、ビールを避けたことなどない。だからといって、その後、細菌を相手に戦ったことは一度もなかった。

病気が本当に重かったのは、多分、四、五日だったと思う。その時期が過ぎると、別に心配はなくなった。それでもまだ、しばらくは病院に留まっていなくてはならない。この病気は人にうつるから、伝染の危険がなくなるまで、隔離が必要だったのである。私を担当してくれた看護婦さんは、これ以上はありえないと思うほどよくしてくれた。この仕事が大好きなんです、だって、病気がよくなった患者さんが、元気に退院してゆくのを見るのが大好きですから――彼女はそう言う。でも、時には、元気に退院しない人もいるでしょう――私はそう問い返したのだが、看護婦さんは、そのことには触れようとしなかった。

回復期に入ってからは、心おきなく集中できて、愉快に過ごした記憶がもっぱらである。時折見舞いの客があるほかは、翻訳しかすることがなかったからだ。それで、普通なら完成と考える状態を過ぎても、まだ翻訳に手を入れ続けた。ほとんど、宗教的瞑想にも近いほど熱中して、最善の訳語、訳文を探求し続けたのである。まるで自分が、少しばかりフロベールになったような気分だった。これほど精魂こめて翻訳に集中したことは、かつて一度もないと思った。多分、ほかのどの翻訳の場合よりも、この『雪国』の訳には、一番不満を覚える点が多く、また、強くもあるのだけれども、そんなことは気にしない。自分がどれほど精魂を傾けたか分かっているし、そして実際、これほど刻苦した翻訳はないと分かっているから、特に愛着が深いのである。

私の訳した『雪国』の冒頭は、初めて雑誌に載った時の冒頭ではない。初めて『雪国』という標題を付け、単行本として発表した時、冒頭に据えたものである。これはあるいは、作者の深慮遠謀だったのかもしれない。というのもこの一節は、現代日本文学全体の中でも、おそらくもっとも有名な一節となっているが、もし作品のもう少し後の方に紛れ込んでいたら、これほど有名になってはいなかったはずだからだ。私の翻訳の中でも、これほど度々、これほど精細に検討された一節はほかにはない。検討したのは、ほとんどすべて日本人だ。原文のこの一節が、これほど高く評価されている以上、日本人が競って私の訳文を精査したのも、さして不思議ではないかもしれない。ただ、日本人が自国の文学の外国語訳をこれほどまで気にするというのは、いささか不思議という感じがしないでもない。少なくともアメリカ人は、そんなことは全く気にかけることはない。

学生たちによく話すことだが、翻訳しようと思うのなら、冒頭と末尾には特別気をつけた方がいい。一番読者の目にとまり、欠点をあげつらわれることも一番多いからである。この原則にもっと早く気がついてさえいたら、『雪国』の冒頭も、もう少し原文の字義に即して訳していたろうにと思う。列車が「国境」の長いトンネルを抜け、関東から越後に出ると、そこは雪国で、「夜の底が白くなった」というのだが、私の訳を細かく調べた人たちの意見によると（しかもその人々は、好意的とは程遠いにもかかわらず、その精細な調査の結果を、わざわざ私に知らせてくれる場合が少なくなかったのだが）、私は重大な誤りを二つ犯しているという。第一に、長いトンネルの貫いている山脈が、「国境」であるということが訳してない。そして第二に、「夜の底」という比喩が、どこにも見当たらないというのである。

「国境」の問題は、特に気にする値打ちはないと今でも思う。けれども「夜の底」に関しては、批判は当たっていると今は思う。印象的なイメージだし、この一節がこれほど有名になったのも、この比喩の力によるところが大きい。やはり残しておくべきだった。私があえてカットした理由は、全く薄弱というほかあるまい。訳文で、“night”と“white”とが、これほど近く並んでしまうのが嫌だったのである。

実は数年前、私の『雪国』の訳が限定版で出版されることになった時、いくつか改訂を施した個所がある。この改訳では、“night”と“white”は、原作どおり、すぐ傍に並んでいる。音の響きの点で、多少は耳障りな感じが生じてしまうが、さして大きな代償ではない。ただ困ったことに、この改訳はニューヨークの限定版クラブの出版で、数がごく限られているし、値段も相当に高いのである。とはいえ最初の訳も、別に誤訳というわけではない。ただ、原文の文字どおりの形を意識的に変えてしまったのは、やはり適当ではなかったと今は思う。いずれにしても、新版で改めた個所はごく少数だし、どれも重大な改訂ではない。

私の訳を、それこそ鵜の目鷹の目で調べあげた人たちは、その上さらに、彼らの言う「間違い」のリストを、当の私に送りつけてくる。中にはわざわざ細かく分類し、詳細な誤り、かなりな誤り、全くの間違いと、区分けまでしている場合さえある。そうしたリストのどれを見ても、誤りとされていながら、疑問の余地のない大失態と言えるものは全然ない。谷崎さんからもらった手紙の中には、私の『蓼喰ふ虫』の英訳を、ある友人（英語の教授）に送って検討してもらうことにするとあるし、さらにもう一通には、私をその教授と会わせる予定とある。少々侮辱的ではないかとも感じたのだが、谷崎さんとしては、原作者と翻訳者という関係からして、しかも私が、現代日本文学について専門の教育を受けていないとあれば、むしろ当然のことと考えたらしい。だが教授は、私が大いに気に病むようなことは、何も見つけ出すことはなかったようだ。

概して言えば、日本語から英語に訳す方が、英語から日本語に訳すよりも、原作にたいして正当な扱いをしてきたのではないかと思う。日本語から英語に訳した中で、最悪の誤訳の例として思い浮かぶのは、アイヴァン・モリスの例である。林芙美子の『東京』という短編の翻訳だが、原作は、悲しい、美しい物語で（キーン編の現代日本文学選に収められている）、終戦直後の設定になっている。ヒロインは戦争未亡人で、お茶の行商をしているが、トラック運転手と恋に落ちる。ところが、男は事故で急死することになる。さて、この運転手の下宿が初めて描かれる所で、ドアを入ると、ほんの名刺ほどの、小さなピンナップ写真が貼ってある。その写真をモリスは、「山田の五十の鈴」と訳したのだ。もちろん、女優の山田五十鈴の写真なのだが、モリスはこれを、字義どおりに訳してしまったのである。この間違いを彼に指摘したのは、私が初めてだったらしい。モリスは一瞬、黙ってそのページを見つめていたが、やがて言った――「大間違い」。私も、黙ってうなずいた。

訳者から始まって、編集者、校正者、校閲担当、さらには書評家に至るまで、原稿が長い道程をたどる間に、誰一人、この「五十の鈴」について疑問を抱かなかったというのは、いかにも不思議というしかない。トラックの運転手というのは、世界中どこであろうと威勢がよくて、少々粗暴な人種であることに変わりはあるまい。だとすれば、なぜ日本の運転手だけが、五十個の鈴の写真をピンナップに選ばねばならぬというのか。それに、そもそも、ほんの名刺ほどの大きさでしかないとすれば、鈴の数が五十個であると分かるためには、虫眼鏡でも使わなくては見分けがつくまい。なるほどこの時代、欧米人の間では、日本人はいかにも繊細で、現実離れした人種と思われていた。この時代のほんの数年前までは、日本人は事実、そんな人々だった（今は、多分、もうそんなことはないだろうが）。ひょっとすると、編集者から書評家に至るまで、「五十の鈴」に、何かしら禅的な、隠れた意味でも感じ取っていたのかもしれない。最近、キーンの文学選の最新版をのぞいて見る機会があった。二十刷ほど重版されているけれども、「五十の鈴」は、相変わらずそのままだった。

とはいえ、こんな例は、重大というより、むしろ愉快な失敗と言えるだろう。笑いごとですみそうもない誤訳の例が見たければ、外国語から日本語に訳した場合を見るべきだ。例えば、ジャン・ジュネの小説に、*Notre dame des fleurs*（『花の聖母』）というのがあるが、日本語の題名は『花のノートルダム』となっている。これでは当然、満開の桜の花に囲まれた大聖堂でも思い浮かべてしまうではないか。もうひとつ実例を見たいと思う読者がいれば、一九六二(昭和三十七)年二月一日付の『英文読売』を御覧になるといい。現在は *This Country, Japan* (1979) という単行本に、"In Pursuit of English, or Who is That Lady on Your Carving Board ?" という題で収められているが、英語から日本語に訳した誤訳の例を取りあげ、呆れると同時に、つい笑ってしまった上に、原稿料までもらった経験が挙げてある。

英訳『雪国』の限定版で直した点が、実はもうひとつある。次第に気になってきていた点である。最初クノップフ版に解説を書いた時、私は川端の創作手法を、俳句に似ていると評した。確かに彼は、何か、ある断片的な印象から出発する。例えば、列車や街角で目にした情景とか、人物などの描写が出発点になる。これがうまく行きそうだと、そこに次々と新しい要素を付け加えていって、一編の小説と呼べるところまで展開してゆくのである。少なくとも『雪国』の場合、こうした手法を取ったことは明らかだ。けれどもやがて、俳句との比較は、あまりに自明のことでありすぎて、陳腐ではないかと思えてきた。今ではむしろ、連歌と比較する方がいいと考えている。連歌なら、川端の作品の断片的、挿話的特徴もよく説明できるし、結末に明確な終結感がない点もよく説明できるだろう。実際『雪国』の場合、川端自身が結末を明確にしようと何度も試みた後でもなお、結末は、依然として未完結感を残している。

書評では、特異なイメージが批判されたこともある。例えば、「サイデンステッカーさん、蛭《ひる》でよろしいのですか?」と題した書評が出たことがあった。確かに特異な、ないしは奇異な比喩ではある。しかしこれは、原文を字義どおり訳した結果であって、もともと日本語としても、かなり特異な表現なのだ。川端は一度ならず、ヒロインの滑らかな、濡れて光っているような唇の形容として、蛭のようだという表現を用いている。この比喩は、訳者としてはどうしようもない。たとえ奇異でも、そのままにしておくほかはない——そう決心して訳したのだ。川端さんが蛭を美しいと思ったのなら、いいではないか。彼はそう感じたのである。私が直すべき筋合いの問題ではない。

原文が微妙で曖昧な場合、これを英語に移すためには、結局、字義どおりの直訳が一番いいと、腹をくくらざるをえない例もよくあった。聡明な読者なら、ほんの一瞬は考えるとしても、すぐ分かってくれると思ったのである。こうした場合、ストロースが特に文句をつけなかったのは、まことに寛大な態度だった。編集者の厄介なところは、原文そのものが明快ではなくても、翻訳は明快であることを要求しがちであることだ。無理に分かりやすく訳そうとすれば、原文の何かを切り捨てなくてはならない。ところが実は、こういう分かりにくいところにこそ、その原作を訳す楽しみが宿っている場合が少なくないのだ。少なくとも川端の場合、そうした曖昧、微妙なところにこそ、そのエッセンスが存在しているのである。

私の訳では、『雪国』の中に何度か繰り返しの現れる部分は、いくつかカットした場合もあった。このことは、実は忘れてしまっていたのだけれども、最近、川端さんから来た手紙を読み返していると、そういう所は省略してもいいと、許可してくれている手紙があった。それで、あらためて思い出したのである。繰り返しが生じたのは、川端さん自身の説明によると、最初はいろいろの雑誌に、しかも不定期に、間隔をおいて掲載したという、やや異常な発表の事情の結果で、単行本にまとめる際、この問題に気はついたのだけれども、結局、そのままにしてしまったというのである。

川端さんとは、谷崎さんよりもよく会った。谷崎さんも、私がもっと度々訪ねていたら、きっと喜んで歓待してくれていたろうとは思うのだが、しかし熱海にしろ、その後は湯河原にしろ（ちなみに、終焉の地は湯河原だった）、東京から日帰りで往復するには、そう楽な距離ではなかった。逆に、谷崎さんが東京に出て来ることは滅多になかったし、出て来た時は、片付けなくてはならない用事が詰まっていた。これとは違って、川端さんのお宅は、鎌倉の大仏様の近くで、熱海や湯河原より手近だったし、川端さんが東京へ出て来ることも多かった。そんなわけで、鎌倉でも東京でも、川端さんと会う機会は少なくなかった。一度など、サンフランシスコで会ったこともある。私が、スタンフォードで教えていた時代だった。川端さんは、東京から飛行機で着いたばかりで、何よりもまず、日本料理店へ行きたいということだった。

一九五七（昭和三十二）年の初め、雪の深い季節だったが、川端さんがストロース夫妻と私を案内して、例の長いトンネルを抜け、湯沢温泉に連れて行ってくれたことがあった。『雪国』の映画のロケが行われていたので、その様子を見に出かけたのである。トンネルも、雪景色も、まことに見事だったし、小説の舞台となった古い温泉宿も、川端さんが、二十年前に訪れた時そのままの姿だった。現在は、いろいろ改築が加えられた中に、昔の旅館の一部が多少残ってはいるものの、すっかり様変わりしてしまっているけれども。

この旅の間に、川端さんから、長い付き合いの中でも、一番叱責に近い言葉を聞かされたことがあった。監督さんと、女優の岸恵子さんをはじめキャストの人たち（岸さんとは、その後一九六八年、ノーベル賞の授賞式の時、ストックホルムで再会することになるのだが）、それに私たち四人を加えて、一緒に夕食に集まった折のことである。酒がふんだんに回って、私はいささか饒舌になり、つい、こんなことをしゃべってしまったのだ――この小説には、うまく映画になりそうにもない要素がある、と。

「映画の方が、小説よりよくなります」。川端さんは言った。ほとんど、ピシャリと言ったと表現した方がいい口調だった。あるいはただ、私が勝手にそう感じてしまっただけだったのだろうか。

この話題は、それ以上、誰も二度と触れなかったが、その夜は、よく眠れなかった。川端さんに嫌われてしまったのではないか――そんな思いに捉われてしまったのだが、しかし、後を引くようなことは全くなかった。そんな出来事があったことなど、川端さんは、まるで忘れてしまっているかのようだった。実際、忘れていたのかもしれない。

もちろん、川端さんの言ったとおりで、そんなことを口にすべきではなかったのだが、しかし、もっと深い、審美的な判断という意味でなら、川端さんがもし本気で言ったのだとすれば、私の方が正しかったと思う。映画は、それほどいい出来ではなかった。この小説は、あまりドラマティックとはいえないだろうが、映画の方は、いかにもメロドラマティックな作りだった。東京で試写会を見て、率直にそうした印象を書きもしたのだが、この批評は活字にはならなかった。川端作品は、映画製作者には非常に人気があって、特に『伊豆の踊子』など、何度も繰り返し映画化されてきたし、これから先も、まだまだ繰り返されるに違いない。だが私にはどれひとつ、本当に成功しているとは思えなかった。理由はいつでも同じで、もともとドラマティックではない小説に、無理矢理ドラマを盛り込もうとするからである。例えてみれば、鏝《こて》でドラマを塗りつけるようなものだとでも言えるだろうか。

川端さんは、美術品の収集にかけては超一流だった。ほとんどは、中国と日本の絵と陶磁器で、中には国宝級の逸品もいくつかあった。死後、御遺族はコレクションの散逸を防ぐために、記念博物館として管理している。規模こそ大きくはないが、質の高さから見れば、まさしく一流と言えるだろう。限られた予算でありながら、川端さんは最高のレベルを維持していた。財界の大物たちが、金に糸目をつけずに真似しようとしてみても、とても追いつけない水準だった。きわめて高い鑑識眼の持ち主だったことは明らかである。私にまで、収集品を詳しく見る機会を与えてくれたのは、実に寛大なことだった。私は実は生まれつきぶきっちょで、何かといえば物にぶつかって倒してしまう点では、人並み外れた才能の持ち主だから、本当は遠慮すべきだったのかもしれない。けれども陶磁器は大好きだったし、それに陶磁器の名品には、一種、いわく言いがたい独得の感じがあって、これは、実物をじかに見るしか目を養う方法はない。しかも、そういうチャンスに恵まれることは、滅多にないことなのである。

記念館の開館の時、たまたま、東京の有名な美術商と言葉を交わす機会があった。高級品を——ということは、高価な品を専門に扱う人だったが、その話によると、川端さんは支払いが遅かったという。もちろん、店主に断った上でのことだが、気に入った逸品があると、家に持って帰る。ところが、それっきり、後はなんの音沙汰もない。美術商が、適当な仲介者を通して、それとなく問い合わせてから、ようやく返事があるのが常だったという。「多分、忘れてたんでしょう」——私はそう言ったのだが、美術商の解釈は別だった。「関西人でしたから」。

さて、今一度クノップフ社の日本文学シリーズに話を戻すと、谷崎の後、ストロースは、やがて翻訳を出す作家のリストに、もっと若い作家を加えた。三島由紀夫である。川端さんより四分の一世紀ばかり若く、川端さんが後見役を務めたこともあった。私はその後、一九七〇(昭和四十五)年、三島が自決の直前に完成した最後の作品を訳すことになるのだが、しかしそれまでは、私がストロースのために訳したのは、谷崎と川端の二人だけだった。私の希望どおりの選択で、二人の作品を交互に出すことにしようと、ストロースと意見が一致したのである。いずれにしても、谷崎にしろ川端にしろ、本屋の店頭にあまり長く新刊が出ず、アメリカの読者から忘れられるようなことにはしたくなかったのだ。

谷崎の小説で一番有名なのは、やはり『細雪』だろう。戦後まもなく完結し、三巻本として出版されると、非常な売れ行きを示した。ただ戦時中は、刊行にはさまざまな障害があった。最初は一九四三(昭和十八)年の初め、二回にわたって『中央公論』に掲載されたが、その時点で、軍部によって発禁の処分に会う。作品の内容が、国家存亡の危機にふさわしくないという理由だった。しかし、谷崎は書き続けた。

この作品を訳すべきだと考えた理由は、多々あった。中でも大きかったのは、今も言うとおり、一番有名な小説だったという理由である。逆に、翻訳すべきではないと思える理由も多かった。私はもともと、自伝的な小説はあまり好きではない。まだ学部の学生だった頃、友人の中でも文学好きの連中は、しきりにトマス・ウルフの小説を賞讃していた。だが、私は彼など受けつけなかった。主人公に取りつく悩みは、要するにウルフ自身の悩みであって、私には関係がないと感じたのである。『細雪』は、作者自身が重要な役割を帯びて登場することはないにしても、やはり自伝的な作品と言えるだろう。夫人の松子さんが、中心的な役割を果たしているからである。松子さんの実家は、大阪の旧家、森田家だが、作中の蒔岡家の四姉妹のモデルは、この森田家の四人姉妹にほかならない。もちろん小説は単に、この姉妹の生活の年代記に留まるものではないけれども、物語の全体としての流れは、やはり、姉妹の実生活に即していることもまた事実だ。

それにしても、これはまことに長大な物語で、それに、概して言えば、劇的、ないし、派手な事件に満ちているというわけでもない。もちろん、印象に残る場面がちりばめられてはいて、例えば観桜とか、有名な蛍狩りの場面などがそれだが、軍部が発禁処分にしたのは明らかに間違っていたとしても、国家の危機に背を向けていると考えた点では、あるいは間違ってはいなかったのかもしれない。物語の主筋は、三女の雪子の縁談をめぐって展開するが、たまたまドナルド・キーンを通じて、あまり芳しからぬ情報が舞い込んだ。アーサー・ウェイリーは、この作品を買っていないというのである。これで、『細雪』の英訳を出版するという話は、いったん頓挫することになってしまった。名訳者の誉れ高いアーサー・ウェイリーの名前は、優れた鑑識眼や文学的感受性の、いわば代名詞となっていたからである。

もうひとつ、そもそもストロースが、日本文学英訳シリーズに参加しないかという話を持ちかけてきた当初、ストロースとの間で議論になっていた点が、またしても問題となったということもある。この小説の会話の部分は、ほとんどが大阪弁で書いてあるが、私としては、大阪弁と標準語との違いを、何らかの方法で英訳にも移す工夫は、どうにか見つかるのではないかと考えていた。完全に自信があったわけではない。けれども、ある程度の目算はあった。そして実際、そうした方法を思いついて、使ってみようとはしたのだけれども、しかし、ひょっとすると、全く失敗だと言われないとも限らない――というより、そもそもそんな違いのあること自体、気がついてもらえないかもしれない。

結局、最後の決め手となったのは、これほど有名な作品である以上、誰かがいつかは訳さなくてはならないという、強い確信だった。そして、誰かがやらねばならないのなら、私がやってもいいではないか――そう腹を決めたのである。

そこで私は仕事に着手し、一九五七（昭和三十二）年、翻訳は世に出た。

待ちかねていたはずの世間が、この翻訳をどう受けとめたかについて、私のお気に入りのエピソードがある。当時、ハーバード・イェンチン研究所にいたグレン・バクスターから聞いた話だが、ハーバードの生協で、二人の女性がこんな会話を交わすのを、たまたま耳にしたというのだ。

「マキオカ・シスターズって、そもそも何者？」。

「知らない。メリノール・ファーザーズと似たようなもんじゃないの」。

蛇足ながら、あえて注釈を加えておくと、「メリノール」というのはカトリックの修道会のひとつで、「ファーザーズ」は、だから、「神父さんたち」の意味である。つまりこの女性は「シスターズ」を、修道女のことだと思ったのだ。

谷崎さんは英訳に目を通してくれたが、今度も英語の先生に回送して、誤りのリストを作ることにしたようだ。今度もまた、リストに列挙してあった点には、特に気になるものはひとつもなかった。昭和何年かは分からないが、十月十九日付の手紙で、谷崎さんは書いている。『細雪』の英訳を読んでいるが、『蓼喰ふ虫』の時よりいいと思う、という文面である。残念なことに、封筒を残しておいてないので、消印から、何年の手紙なのか確かめることができない（いずれにしても、消印はぼやけていて、判読できない場合が多いのだが）。多分、一九五七（昭和三十二）年だろうと思う。どうして今度の翻訳の方が気に入ったのか、本人に尋ねてみたことがあったかどうか、記憶がないが、どちらの訳も、読んでくれたことは間違いないと思う。

必ずしもはっきりそう書いているわけではないけれども、谷崎さんはアメリカで出た書評の中に、少々神経にさわるものも感じたらしい。十一月十六日付の手紙で（今度もやはり、同じ昭和三十二年と推定するほかないのだが）、こんなことを書いている。

マキオカ・シスターズの評判について、ストラウスさんから彼の地の新聞の切抜を沢山送って来てくれましたが、あまり好評とも言えないようです。十月十三日の『ニューヨーク・ヘラルド・トリビューン』などは酷評の方ですが、冗長に過ぎたことは、私自身も今日では認めております。作者自身、同感の点も少なくありません。「何か大切な所が翻訳で失われたのではないか」と言っているのは、あなたこそとんだ御迷惑です。

最後の、私の翻訳にかかわる一文は、まことにありがたい一節だし、事実、そのとおりであるとも思う。翻訳で失われてしまったものがもしあるとしても、方言の問題は別として、さして多くはないと思うし、少なくとも、川端の場合より谷崎の訳の方が、失われるものが少ないことは確かだ。ちなみに、私と同様、やはり翻訳に携わっている友人が、こんな詩を作ったことがあったが、私もけだし、同感である。

広い世界の　どこでも同じ

まったくもって　ひでぇ話

褒められるのは　いつでも作者

貶《けな》されるのは　いつでも訳者

書評の中で最悪だったのは、『ニューヨーカー』に出たアントニー・ウェストの批評だった。この小説は、新しいジャンルを開拓するものである、つまり、医学小説の嚆矢であるというのだ。なるほど『細雪』には、薬や注射のことがよく出てはくるけれども、だからといって、まるでこれが作品のすべてであるかのように言うのは、見当外れ以外の何物でもない。実はウェスト自身、この点に大して興味があったとは思えない。ただ、自分のウイットをひけらかすことにしか興味はなかったのだろう。そしてウイットと真実とは、両立しがたい場合があまりに多いのである。抗議すべきではないかとストロースに勧めたのだが、ストロースに言わせれば、『ニューヨーカー』に書評が出たこと自体、いい宣伝になるのだという。なるほど、いかにもその道のプロらしい見方だと思った。この翻訳は、今でもまだ版を重ねていて、クノップフの日本文学シリーズの中でも、一番着実に売れ続けている作品のひとつとなっている。

ほぼこの時期だったと思うが、ストロースは谷崎について、ほかの著名な作家たちから、推薦の言葉を集めてくれないかと依頼してきた。ノーベル賞を念頭に置いてのことだったらしい。私が推薦を頼んだ人たちの中には、自分自身、大いにノーベル賞をほしがっている人々もいた。当時の私も、当然気がついていて然るべきだったのだが、三島由紀夫も、明らかにその一人だった。それに川端さんも、谷崎と並んで、世間では最有力の候補と目されていた。一九六八（昭和四十三）年、川端さんがノーベル賞を受賞し、自分は外れたということが、事実上、三島の自決するきっかけになったという人すらある。私はそうは考えないが、しかし三島が、強く受賞を望んでいたことだけは確かな事実だ。この時期、彼がコスモポリタンな態度を強くしていたのも、この点から説明がつくのではあるまいか。それにしても、昭和四十三年当時、谷崎さんがまだ存命だったら、谷崎さんと川端さんと、はたしてどちらがノーベル賞を受けていたか、誰にも分からないことだろう。しかし川端さんが、受賞を非常に喜んでいたことだけは明らかである。ともかく、だから、私が川端さんや三島由紀夫に、谷崎さんについて推薦文を書いてくれなどと頼むというのは、いかにも愚かしいばかりか、残酷ですらあったわけだ。少なくともストロースにたいして、そんな仕事は、誰かほかの人に頼んでくれと言うべきだったと思う。けれども、私が無躾ながら依頼した人々は、まことに寛大に応じてくれた。

中でも一番好ましく思ったのは、三島さんの言葉だった。英訳してストロースに送ったが、原文は手許に残しておいた。小説家としての三島には、多少疑問を感じないではなかったけれども、批評家としては、疑問の余地なく一流であったと思う。一度、小説を書くのはやめて、批評に専念したほうがいいのではないかと、彼に話したことがあった。批評なら、当代随一の人になるだろうと言ったのだが、彼は大変に腹を立てた――というか、後で人からそう聞かされた。私にたいして、直接怒りを示したことは一度もない。それはともかく、批評家としては、もっぱら印象を直観的に述べるタイプで、鮮烈なイメージの力に頼ることが多かった。川端作品の特徴は、孤独な旅人の作品であると説き、谷崎の作品の中核にあるのは、美食であると語ったこともあった。

ストロースのために、谷崎について三島さんが書いてくれたのは、こんな推薦の言葉だった。

もし日本の近代文学から谷崎潤一郎氏の存在を抹消したら、それは花のない花壇――氏の文学の官能的特色を強調して言えば、禽獣のいない動物園のごときものになってしまうだろう。この文豪は官能の天賦と工匠の精神を併せそなえ、優雅においても残酷さにおいても、並ぶもののない作品の数々を生み出した。日本の伝統的な古典文学から、氏ほど多くの新しい糧を掘り出した作家はなく、西欧の世紀末文学は、氏において日本近世の唯美主義文学と握手し、西欧の写実主義は、『源氏物語』の時代の透徹した人間心理の探究と融合した。耽美家であると共に、たくましい現実主義者であり、氏の作品の女主人公たちは、それぞれ崇高なエロティシズムの化身になっている。『蓼喰ふ虫』は氏のリアリズムの傑作であるが、この豊富で多面的な天才の、ほんの一部分を照らしている光にすぎないのである。

この最後の点については、『細雪』の幸子や雪子にも当てはまるかどうかは怪しい。どちらも落ち着いた、真面目な性格である。だが、そんなことは大した問題ではない。谷崎のヒロインの多くは、確かに三島の言うとおりなのだから。冷静なスウェーデン人たちも、この三島の評言、それに、谷崎作品そのものによって、少しは興味を唆られたのではないかと考えたい。かりに昭和四十三年当時、谷崎さんがまだ存命中だったとして、はたしてノーベル賞を受けることになったかどうか、誰にも分からないことではあるけれども、その可能性は、かなり高かったのではあるまいか。谷崎作品は川端の世界より堅固で、確かな手応えがあり、翻訳を通じてであっても、欧米の読者にもよく通じたからである。

『細雪』以後、谷崎作品はもう訳すことはなかった。それ以外で訳したいと思う作品は、短編しかなかったからである。谷崎さんにもその旨を伝えると、よく分かる、あなたの希望どおりになさるべきだという返事があった。しかしそれなら、どうして短編を訳そうとはしなかったのか——読者はそう疑問を抱かれるかもしれない。理由は単純で、ストロースは、短編を出版する気はないと言っていたからだ。彼は、何かをしないと言っておきながら、後になって、実際にはよく、その何かをする癖のある人物だった(その逆よりは、まだましだろう)。谷崎作品の英訳の場合もそれで、その後まもなく、谷崎の新しい訳者としてハワード・ヒベットを見つけると、短編や中編を集めて翻訳するよう、ヒベットに委嘱することになる。

一九六二(昭和三十七)年、日本を去ってアメリカで教壇に立つことになった時、谷崎さんは非常に親切にしてくれた。熱海からわざわざ電報を打ち、見送りに行けなくて残念だと伝えてくれたばかりではなく、六月二十日付で手紙をくれた。「アメリカにお帰りになることは、小山いと子さんから聞いております。あなたは日本がいやになったから帰るのだと小山さんから聞きましたが、今度お目にかかったら、その理由を聞かしていただきたいと思っております。今の日本は、私も余り愉快には思っておりません。健康でもっと年が若ければ、私もどこか外国へ逃げて行きたい気がしないでもありません」、とあった。そして最後に、出発前に拙宅にお越しくださると聞き、うれしく思っている、「スタンフォード大学でのお仕事が、アメリカのためにも、あなた御自身のためにも、有益であるようにと祈っております」と書いてくれている。

小山いと子さんのことは、すでに触れたが、戦前から活動を続けた作家で、いわゆる進歩的文化人を向こうに回して、勇敢に戦った人々の一人だった。

谷崎さんには、わが家の居間の壁に掛けるのにふさわしいようなものを、何か揮毫していただけないか、お願いしてみた。谷崎さんは色紙に、わざわざ自作の和歌を揮毫してくださった。

ふるさとは　いなかざむらいに　あらされて
むかしのえどの　おもかげもなし

一九七七（昭和五十二）年になって、谷崎夫人は、まことに美しい書物を上梓なさった。谷崎さんの和歌や俳句を集めた書物で、一五〇部の限定版だった。今引用した和歌も、その中に収められている。この歌を詠んだ日付として谷崎夫人は、色紙を私に発送した日を挙げている。ということは、つまりこの歌は、ほかならぬこの機会のために、わざわざ詠まれたものだったということになる。私は、あえてそう考えたい。私にとって、かけがえのない宝物のひとつたる所以である。いずれ、東京の近代文学館に寄贈したいと思っている。あそこにあった方が、美術商か誰かの手に落ちるより、この色紙の由来を、長く人々に記憶しておいてもらえる可能性が高いだろう。

最後に谷崎さんに会ったのは、一九六四（昭和三十九）年九月の初めだった。谷崎さんは湯河原に新居を建て、もう何年か、冬はこのお宅で過ごしていた。生地の東京は嫌いだとしばしば口にし、それが谷崎さんのイメージの一部となってしまってはいたけれども、関西で住むことをやめ、熱海から湯河原へと、じりじり東京に戻ってきていたわけである。

このお宅で、最後に谷崎さんに会った時は、私のほかにも、アメリカ人が二人同席していた。ハワード・ヒベットと、ドナルド・キーンの二人である。谷崎さんは、カメラの前では一度も笑ったことがないと聞いていた。そして実際、カメラをにらみつけている写真が多いことは確かだけれども、例外も、少なくとも一つはある。この日、湯河原のお宅で、私たち四人が、ソファーに並んでいる写真がそれで、何かおかしいことがあったらしく、みんなにこにこ笑っているが、中でもひときわ豪快に、破顔一笑しているのが谷崎さんだ。谷崎さんの写真の中でも、私の特に好きな一枚で、全集には何度か収められているから、目にした人も少なくはないかもしれない。みんな一体、何をそんなに面白がっているのか、今では全く思い出せない。どうも、私の言ったことで、みんなが笑ったのではないかという気がしないでもない。みんなの中で、私が一番控え目に、ただ微笑しているだけのように見えるからだ。何か面白いジョークでも言って、みんながドッと笑った後、いわば仕掛人として、遠慮がちに、笑いを抑えているのだろうか。誰のお手柄だったとしても、この面々をこれだけ面白がらせたというのは、相当にパンチの利いたジョークだったに違いない。

数日後、私はカリフォルニアに着き、次に東京に帰って来たのは、翌年の六月のことだった。七月の末、湯河原のお宅で、七十九歳の誕生日の数日後、谷崎さんは他界した。死亡記事によると、激しい腎炎が原因だったという。誕生日の翌日、病に倒れたというから、噂のとおり、過食がもとで亡くなったのかもしれない。人生においても創作においても、美食が中核をなしていたという三島の指摘は、結局、あまりにも正しかったということだろうか。

足首をくじいていたので、松葉杖をついたまま、お通夜にも葬儀にも出席した。葬儀では、蒔岡姉妹のモデルとなった森田家の四人姉妹が、四人とも顔をそろえているところを、初めて目にした。二番目と三番目は、蒔岡姉妹の二番目と三番目によく似ていたが、一番末の妹は、それほど似ていないように思った。一番上の姉は、小説ではあまり大きな役割を果たしていない。精神的にも、ほかの三人とは距離があるばかりではなく、やがて夫の勤務の都合で東京に移り住むので、物理的に遠くなってしまうからだ。末娘が家族の悩みの種子《たね》で、それを軸に物語は展開してゆくのだが、現実の末の妹は、そうした役を演ずるのには、やや面白味の欠ける人のように見えた。

葬儀の模様を記した日記では、遺族のことより、むしろ二人の女優さんのことが目立つ。

高峰秀子は、献花の時、必死に嗚咽《おえつ》を押し殺すなど、かなり派手な演技をしているように見えた。昨夜の通夜では、松葉杖などついた私が、一番芝居がかった役を演じてしまっているような気がしたのだが、今日は、はるかに上手《うわて》の役者が取って代わってくれたようだ。京マチ子の方が、心情的に、はるかに本物の悲しみに打たれていると思えたが、立居はもっと物静かで、落ち着いていた。日本の葬式で一番よくない点だが、死因となった病気については、誰も何も触れなかった。

誰も口にしなかったということは、死因は過食だったのではないかという私の疑念を、あるいは裏書きするものだったのかもしれない。高峰秀子さんは、今はもう引退しているけれども、非常にいい女優さんで、私の大好きな女優の一人でもあるのだが、女優さんがとかくそうであるように、時としてオーバー・アクションの嫌いがある。今はホノルルにいて、たまたま私と同じマンションに住んでいる。

谷崎夫人は、谷崎さんより二十歳近く若かったが、御主人より三十年ほど長生きした。谷崎さんの亡くなった後も、何度となくお目にかかったが、八十代になっても、なお美しかった。そういう人がいるのである。臨終の時には、あえてお見舞いには行かなかった。やつれた姿を見せたくないと言っていると、人づてに聞いたからだ。夫人からもらった手紙や葉書が、今も二十一通、手許にある。谷崎さんの手紙より、目に心地よい。まことに達筆だった。しかも、概して読みやすい。手紙は、美しい地模様の入った和紙に、毛筆で書いたものがほとんどである。

八月の中頃、谷崎さんが亡くなって半月ほどして、湯河原のお宅に夫人を訪ね、いろいろ新しい話を聞いた。日記はこの時のことを、こう書きとめている。

『細雪』の最後の一節について、批評家はさまざまの意味を読み込んでいるようだけれども、別に、作者の人生観などとは何の関係もない。あの数行があそこに出て来るのは、ただ実際にそんな出来事がたまたま起こったからにすぎないという。聞いてみると、あの小説のさまざまな細部が、どれほど多く実際の出来事に由来しているか、驚くばかりだ。例えば化粧のパフにしろ、帯にしろ、猫にしろ、その他、ほとんどあらゆる点について。

『細雪』の「最後の一節」とは、実はほんの二行で、こうある。「下痢はとうとう、その日も止まらず、汽車に乗ってからもまだ続いていた」。『細雪』の結びとして、確かに有名な一節で、批評家はこの結末を捉えて、さまざまな深読みを積み重ねてきたのである。

日本ではめずらしくないことだが、谷崎さんの場合も、墓が二つある。少なくとも大都市では、火葬が一般的だから、遺骨を分けることができるからだ。主な墓所は、京都東山の法然院にあり、夫人も今は、ここに葬られている。もうひとつは東京のお寺に、両親の遺骨と共に埋葬されている。

亡くなって二年目の命日には、法然院で行われた法要に出席した。その時の京都訪問の模様を、日記はこう書いている。

古都の静かな魅力……東山通りを、原さんのお母さんを探して南へ下っている時、私たちの乗った路面電車がトラックと衝突した。東京では、こんな出来事には一度も出くわしたことがない。トラックが横合いから、電車の線路の上に入り込んで来て、五条通りへ曲がろうとしていたところへ、電車が接触してしまったのだ。激突などというのではなく、わずかに車体が擦れあった程度だったのだが、どちらが悪かったのか、にわかには断定できない。ただ私としては、トラックの運転手の方に同情せざるをえなかった。電車の運転手は金切り声で、一方的に相手の非を言い立てる。小柄で、いかにも嫌な奴だったが、トラックの運転手の方は、田舎者丸出しだった（ナンバー・プレートを見ると、神奈川から来たらしい）。京都人は、往々にして、好人物とは程遠い態度を取る。その時もそう思ったし、今でもなおそう思っている。

最初まず、坊さんたちの読経。いささか耳障りで、とても、清少納言の気に入りそうにはない。少なくとも、あの立居振舞は気に入らないに違いない。誰もかれも、求道的とか高徳とかいう雰囲気は全くない。ただ俗悪なのだ。

式次第を告げる言葉や挨拶なども、みな声を潜めたささやきで、もちろん畳の上だから、脚がひどくしびれ、言葉に集中することなど、とてもできない。それから西川小雪が、「雪」という舞いを舞ったが、谷崎夫人は思い出に打たれてか、耐え切れず、涙にくれていた。次に井上八千代さんが、「葵」を舞った。見る者の目を釘づけにせずにはいない舞いである。お能から出た演目で、花柳界から生まれた踊りではない。八千代さんがもう相当の齢で、決して美貌ではないことなど、まるで忘れてしまう。これに比べれば、先程の「雪」など、さながら甘ったるいシロップだ。

やがて夕闇が、池の囲りの楓の木々の間から忍び寄る頃、瓢亭から注文した優雅な料理が出、先斗町から呼んだのだろうか、芸者たちが酒を注いで回る。部屋は、本堂から少し離れた広間だったが、電灯はともさず、ただローソクの光ばかり。まさしく『陰翳礼讃』そのままである。その間中、蟬の声が断え間ない。

こうして今は、駅にいて、東京に帰る新幹線を待っている。

この日は、実はもうひとつ、印象的な出来事があった。記憶には、今も生き生きと残っているのに、日記では全く触れていないのは不思議である。有名な京都の芸者に、鼻であしらわれたのだ。中央公論の嶋中鵬二社長に紹介されたのだが、彼女はフンと鼻で笑って、顔をそむけてしまった。私がそこにいることを認めたのは、ただその「フン」だけだった。水商売の女性なら、お客の機嫌を取ろうとするのが普通だろう。なるほどこの「フン」は、嶋中さんにたいしてか、それとも私にたいするものか、どちらとも取れなくはなかったけれども、ほぼ一〇〇パーセント、私に向けたものと考えざるをえない。嶋中さんにたいして、そんな態度を取らねばならぬ理由など、どこにもないからだ。一方、私は、いわゆる「青い目」の外人である。ムハメド・アリをはじめ、日本人は人種差別をしないと語った人は枚挙にいとまがないが、実はそんなことはない。

後もう一冊、川端作品を訳して、私はしばらく、クノップフ社の日本文学シリーズから身を引くことになる。ストロースは、谷崎の短編を出すつもりはないと言うし、私の方では、出したいと思う長編が見つからない。それよりむしろ、もっと川端を訳したかったのだが、ストロースの方では、川端は凝りすぎていて、一般読者向きではないと言う。そんなことは言わなかったと、彼自身は何度も否定したけれども、実際そう言ったことは確かなのだ。結局、私が身を引く以外、選択の余地はなかった。けれどもやがて、川端さんがノーベル賞を取り、三島由紀夫も死んで、私はまた、このシリーズの仕事に戻ることになるのだが、それはあくまで後になっての話であって、当時はまだ、将来そんなことになろうなどとは、当然、知る由もなかった。

私は、非常に残念な思いだった。このシリーズの出版は、現代の日本文学にとっても大いに意味があったが、私自身にとっても、少なからぬ意味があった。このシリーズのおかげで、なにか、確かな手応えのある仕事をしているという実感がもてたし、それに、もしこの仕事がなかったら、谷崎さんの面識を得ることも、川端さんの厚誼を得ることもなかっただろう。あるいはまた、このシリーズの仕事で多少の知名度を得ていなかったら、アメリカに帰って教職につくにしても、いきなり、スタンフォードほど有名な大学から始めることなど、到底不可能だったに違いない。

このシリーズで、後もう一冊、川端の長編を訳したというのは、『千羽鶴』のことである。選ぶとすれば、当然、『山の音』か『千羽鶴』のどちらかだった。どちらも当時、併行して、それぞれの章が雑誌に分載を続けていたのだが、私は『山の音』のほうが好きだったし、今でもその気持に変わりはない。にもかかわらず『千羽鶴』を選んだのは、この時点ではこちらの方が、完成と考えるべき条件がそろっていると思えたからである。なるほどこの作品にも、少しばかり追加があったことは事実だけれども、追加分は、それほど重大なものとも見えなかった。そこで、とにかく訳し始めたのだが、結果的に、私の判断は正しかった。追加分を加えた『千羽鶴』は、確かに未完ではあったけれども、川端さんはやがて他界し、結局、この小説を完成することはなかったからである。川端さんは世界中の誰よりも、未完成の作品を数多く残した作家だったのではないかと思う。

　けれども、もっと大事な意味では、私は間違っていた。『山の音』の結末が、たとえどれほど未完結な感じを与えるとしても、結局、川端さんは、加筆など一度もしなかったからである。かりにもし、いずれストロースとは袂を分かつことになると分かっていたら、彼がまだ川端作品を出す気があるうちに、『山の音』を訳していただろうにと思う。私が実際にこの小説を英訳したのは、川端さんがノーベル賞を受賞し、ストロースが、また川端作品を出す気になってから後のことになってしまった。

　『千羽鶴』は、周知のとおり、茶の湯を中心に展開するが、これを訳すと決まって困ったのは、いわゆる茶道というものがどんな意味をもっているか、私にはよく分からないということだった。今でも実は、それほど大きな意味はないのではないかという気がして、落ち着かない思いが拭い切れない。物語としては、近親相姦的な関係が出て来たり、いささか嫌な感じのする話で、むしろ、三島由紀夫にふさわしい素材ではないかと考えたこともある。この種の話は、三島がことに得意とするところだった。

　川端さんは一度、この小説で書きたいと思ったのは、茶の湯にまつわるお上品さ、その気取りを壊すことだったと話してくれたことがあった。それなら確かに立派な目的で、茶道の創始者たちも、きっと賛同していただろう。彼らはきわめて創造性に富んだ人々で、日本の伝統的な美学——厳格で禁欲的な、簡素の美意識を打ち立てるのに、誰よりも大きな力を発揮したといえるだろう。実際、江戸期を通じて、茶道は確かに男性的な営為だった。ところが今では、お茶は完全に女性的なたしなみ——というより、端的にいって若い娘のお稽古事になってしまって、独創性などはかけらもない。そうした虚飾を叩き壊そうとするのは、なるほど意味のある行為ではあるだろうが、しかし小説の主題としては、それほど大きな可能性をはらんでいるとは思えないし、川端が取り上げるのに、特にふさわしいものとも考えにくい。それなら川端さんは、本当は何をしようと望んでいたのか、私には、結局よく分からない。実は、ことさら何も望んではいなかったのかもしれない。謎というものは、特には別に深い意味などなく、ただ人を戸惑わせるだけで、結局、何の役にも立たない場合もありうる。川端さんの作品にしても、全部が全部、ひときわ優れているというわけではない。『山の音』の方が、結末は未完結の感じを与えるとしても、はるかに優れた小説である。

すでに書いたように、川端さんに自作について質問してみても、あまり役には立たないことは早々に分かっていたので、それからは質問などやめていたのだが、少なくとも後もう一度、尋ねてみたことがあったらしい。三月十五日付の手紙をもらっていて、例によって封筒が残ってないから、何年のことかはっきりしないけれども、多分、一九五八（昭和三十三）年か翌年に違いないと思う。『千羽鶴』の最後の章は、「二重星」という題になっているが、どういう意味か問い合わせたようだ。原文には、どこにも説明がないのである。深読みしすぎだと、川端さんは手紙で答えている。当然、天文学上の言葉のように見えるかもしれないけれども、この言葉を使ったのは、ただ、その語感が気に入ったからにすぎないという。作品全体の意味についても、あれこれ詮索しすぎる危険もありうるという、ひとつのヒントを与えてくれる返事かもしれない。

谷崎作品の訳は、途中で一時中断してしまったが、川端の訳の場合は、そんな中断はなかった。ノーベル賞の前にも、『ジャパン・クォータリー』に『山の音』の断片を何度も訳したし、受賞の翌年にも講談社から、短編や中編を集めた選集の英訳を出版した。タイトルは、選集中一番長い作品を取って、『眠れる美女』とした。ここに選んだ三編は、川端さんの作品中、少なくとも私には、一級品と思えるものばかりである。どれもみな、いささか倒錯的と言えるだろうが、しかし『千羽鶴』の場合と同様、その倒錯性が、作品の核心に直接かかわってはいないと思う。三島は、この『眠れる美女』を非常に高く評価していた（もちろん翻訳ではなく、原作そのもののことである）。そして三島の評価は、ほぼ例外なく的確だった。

これ以後の川端さんとの関係については、ノーベル賞受賞の朗報や、彼の死の悲報も含めて、次の章で詳しく書くことにしたい。

三島由紀夫は、谷崎さんを知る前から知っていた。初めて会ったのはハーバート・パッシンの仲介で、GHQの外交セクションをやめた直後のことである。ただ、正確な日付は分からない。その頃は、毎日きちんと日記をつけてはいなかった。三島の作品は、すでにそれまでに知っていて、自伝的な小説、『仮面の告白』を読んでいた。自伝的な小説は、元来あまり好きではないのだけれども、この作品は、普通の自伝的小説とは違っていた。違っている点はいくつもあったが、中でも特に印象に残ったのは、エロティシズムの問題である。日本の自伝小説は、こと作者の性生活に関する限り、いささか取り澄ましている場合が一般的で、あまり多くを語らない。けれども『仮面の告白』は、この点きわめて率直で、好ましいと感じた。この作者は、本当にすべてを語ろうとしている。しかも、その「すべて」の内容自体、普通とは大いに違っていて、同性愛的性向が強い。日本では、同性愛は決してめずらしくはないけれども、日本人は、こうした性向をなかなか告白しようとはしない。秘密の扉を固く閉ざして、容易に開こうとはしないのである。

その後も多くの作品を書き続けることになる作家が、実は早くも処女作で、最高の作品を書いてしまっているというのは、けだし、残酷というべきかもしれない。しかし英文学には、有名な先例として、ワーズワースの場合がある。『仮面の告白』は、厳密な意味では処女作ではないけれども、ごく初期の作品であることに違いはない。そして、これが三島の作品中、最高の作品であると見なすこともできなくはない。ほかに誰も英訳を手がける人がいなければ、私が訳してみてもいいと思っていた。けれども実際には、三島の短編はいくつか訳したけれども(短編の方が、概して言えば、彼の長編より優れていると言えると思う)、長編は一度も訳したことがなかった(ただ彼の死後、周囲の事情から、最後の長編『天人五衰』を訳すことになるのだが)。三島自身も、私が彼の長編を、それほど高くは買っていないのに気がついていたはずで、彼の結婚式に招待されなかったのも、いわばその罰だったのかもしれない。というのもアイヴァン・モリスは、長編のひとつを訳していたので招待され、スピーチまでしたからである。ただ彼の葬儀には、招待などされてなくとも、ぜひとも出席したかったのだが、あいにくその時、私は太平洋の向こう側にいたのだった。

時として、細かい問題について意見の食い違うこともあったが、大体において、彼とはお互い、気が合ったと言えると思う。ただ、彼にはひとつ、気になる欠点があった。あまりにも笑い過ぎるのだ。何事にも大笑いする人というのは（そして彼は絶えず、大声をあげて笑うのだったが）、実は何事も、本当に面白いとは感じていないことが多い。とはいえ彼は、まことにウイットに富み、人を笑わせるのが得意だった。よく「教育ママ」の口真似をして、三島由紀夫の作品がいかに子供の生活を豊かにし、人格を高めるのにどれほど有益であるか、しきりに強調する有様を演じてみせたが、これには実際、腹をかかえて大笑いせざるをえなかったものである。

彼は、自殺の傾向のあるタイプだと前々から思っていたから、自殺した時も、特に驚きはしなかった（もっとも、厳密に言えば自殺ではなく、他人の手で殺されたのではあるけれども）。それに、事実、同性愛の傾向があったと私は思う。ただし、同性愛以外は、全く受け付けなかったというのではない。批評家たちは、彼のこの傾向を無視するか、あるいは、そんな傾向があった可能性そのものすら否定する人が多いけれども、どちらにしても、彼の生涯と死を理解する貴重な鍵を、あえて投げ棄ててしまうことになるのではあるまいか。もちろん彼には、同時に「まともな」側面もあった。結婚生活は幸せだったように思えたし、娘も男の子も生まれた。いわゆる「両刀遣い」だったと言っていいのだろう。私は別に、これが嘆かわしいことだなどとは考えない。似たような傾向のある人は、必ずしも少なくはない。私が言いたいのはただ、彼の生においても、作品においても、死においてもまた、同性愛的性向が、重要な意味をもっていたという点だ。彼の死については、後でもう少し詳しく述べる機会があるだろう。川端さんの死の、一年半ほど前のことだったが、この二つの死の間には、あるいは何らかの関連があったのかもしれない。

三島さんは、よく夕食に誘ってくれた。ほとんどは、銀座界隈の高級な店だった。私の方で、彼を夕食に連れ出したことは一度もない。勘定を払う段になると、私が払う暇もないうちに、いつでも彼が払ってしまう。こちらが払おうと試みたことも何度かあったが、いつも彼が、実に巧みに自分ですませてしまうのだった。東京では、誰か有名人に食事に誘われると、店の方でも、お客が誰かよく心得ていて、私などが払おうとしてみても、そんなことはさせてもらえないのである。アメリカで三島さんと会う機会は一度もなかったが、アメリカでなら、私がおごることもできたかもしれない。ただ彼は、アメリカではほとんどニューヨークに滞在していた。あの町の、彼の形容を借りれば「デカダントなエネルギーの充溢」が、大いに好きだったからである。しかし私は、アメリカに帰国してから彼が他界するまでの間、最初は西海岸、その後は中西部で暮らしていた。

南馬込のお宅にも、何度もお邪魔したことがある。不思議な建物で、客間などには、日本的なものは何ひとつない。すべてヨーロッパ風――中でも特に、私の印象では、スペイン風が中心だった。整然とした前庭を抜けると堂々たる玄関があり、階段を昇ると応接間になる。だがここは、むしろ控えの間のような感じで、その奥にどんな部屋が続くのか見たいと思うのだけれども、実は奥にはもう、寝室と書斎しかない――というか、こうした部屋は、すぐ隣に続く別棟になっていた。寝室がどんな様式だったかは知る由もないが、書斎は写真を見たことがある。基本的には和風で、いかにも仕事部屋らしく散らかっていた。いずれにしても私には、少なくともお客の目に触れる部分に関する限り、ひどく異様な建物に思えたのだが、一緒に訪れた人物に印象を聞いてみた。ちなみに、その人物は関西人だったが、「いかにも三島さんらしい」という答えだった。つまり、「見た目ほどの中身はない」というのである。この家を最後に訪れたのは、三島未亡人のお葬式の時だった。これから先、もう二度と訪れることもあるまいと思う。

三島さんからもらった手紙や葉書は、七通しかない。ひとつは、先にも触れた、谷崎さんをノーベル賞候補に推す推薦文である。五〇年代以後のものばかりで、三通は、彼の自決の年の私信だ。知己を得てからの年月は、川端さんの場合とほぼ同じ年数だったが、川端さんの場合ほど、親しい付き合いではなかった。ひとつには、彼の生前、長編を訳したことがなく、その意味で、仕事上の関係はなかったことが一因だろう。短編小説の翻訳にかかわる手続きは、英訳を掲載した『ジャパン・クォータリー』が、すべて処理してくれたのである。

『ジャパン・クォータリー』に訳した三編のうち一番長く、むしろ中編と呼ぶべき作品は『真夏の死』だったが、後で共通の友人から聞かされた話では、私が英訳にあたって一部分カットしたことを、三島はひどく怒っていたという。カットといえば、私が初めて訳した川端作品、『伊豆の踊子』にもいくつか省略したことがあり、今でも悪いことをしたと感じている。掲載のためには必要なカットだったが、同じカットするにしても、今にして思えば、切り方がまずかった。しかし、『真夏の死』の場合は事情が違う。私がカットした個所は、切った方が、作品はむしろよくなったと思う。この部分は、どれも不自然で、これ見よがしの感じがする。とはいえ三島は、このことに関して怒っているなどと、私にたいしては一言も口にしなかった。日本人同士の場合は、ずいぶん辛辣な言葉を吐くことも多かったけれども、私に向かって直接、敵意のある言葉を発したことは一度も記憶がない。もうひとつ、『真夏の死』のカットについて自責の感を感じない所以は、『ジャパン・クォータリー』が、必要な許可はすべて取ってくれていたからで、その中には当然、カットする許可も含まれているはずだと思ったのである。

小山いと子さんは、前にもすでに書いたとおり、進歩的文化人が論壇を席巻していた頃、戦友として非常な勇気を与えてくれた作家だったが、実は彼女について、まだ触れてないことがひとつある。いい機会だから、ここで話しておくことにしたい。小山さんは、優れた批評眼の持ち主だったが、『豊饒の海』四部作の第一部、『春の雪』について、軽井沢からくれた葉書にこう書いている。つまり「文章があまりにも粉飾、絢爛過ぎて、却って真実味が失われるような気がいたしました。……清顕と聡子を、あれほど抽象的に美しい、美しいと強調するのはどんなものかと思うのですが」、というのである。

けれども川端さんについては、彼女の見方にそれほど同感はできなかった。小山さんは、川端作品をあまり高く評価していなかったからだが、しかし彼女の言わんとするところは、よく分かるような気がした。スタンフォードで教え始めてまだ間もない頃にもらった手紙に、もしもあなたが日本人なら、それほど川端作品が好きにはなれないだろうと書いている。彼女の挙げている例はなかなか印象的で、鉄瓶《てつびん》で湯の煮え立つ音を、松風の音になぞらえる比喩を引いている。彼女に言わせれば、これはあまりにも平凡な形容で、ほとんど陳腐に堕している という。実は私はその前、川端を論じた文章で、『雪国』はむしろ、ここで終わるべきではなかったかと書いたのだった。つまり主人公の島村が、鉄瓶の音に耳を澄ませながら、もうこの温泉町を後にして、東京へ帰るべき時が来たと心に決める一節である。

川端さんがノーベル賞を受けた時、単なるエキゾティシズムにすぎないという批判をしばしば耳にした。私は大いに憤慨したが、その理由はただ単に、そういう評価は受賞の意味を矮小化するものだからというだけではなかった。むしろスウェーデン・アカデミーの受賞理由の説明自体のうちに、明らかにそうした評価の仕方が認められたからであり、さらには実は、私が『雪国』をすばらしい作品だと感じる賞讃の念自体のうちにすら、そうした要素が混じっているかもしれなかったからである。川端さんの受賞の後、それまでの、ほかの作家にたいする受賞理由を集めた本を読んで興味を引かれ、面白いと思ったのは、川端さんの受賞理由に挙げられている特質が、タゴールの場合とほとんど完全に逆だという事実だった。タゴールはもちろんインドの詩人で、一九一三年にノーベル文学賞を受けたが、川端さん以外では、アジア人として唯一の受賞者である。一九六八年、川端さんに賞を与えた時には、スウェーデン・アカデミーは、アジア人が典型的にアジア的であることを望んだ。ところが一九一三年には、むしろキリスト教との親近性を歓迎しているのである。

さて、三島さんの話に戻ると、私の知っていた著名な作家はほぼ例外なく、彼の作品について、あまり好意的な言葉を漏らさなかったと結論せざるをえない。例外があるとすれば谷崎さんだが、しかし谷崎さんの場合は、好意的でないなどというより、さらに悪かった。完全に沈黙を守っていたからである。谷崎さんがこの問題について、一言でも発したことは記憶にない。ちなみに、文学者同士で好意的でないのは、狭量な嫉妬が原因であると考えれば説明のつく場合が多いが、川端さんの三島評については、こんな理由は想像しにくい。そもそも三島由紀夫が文壇に登場したのは、川端さんの推薦によるものだったし、それ以後も、川端さんが後ろ楯となっていたことは、広く知られた事実だったからである。

一九六四（昭和三十九）年五月二十六日の日記に、私はこう書いている。場所は、最初はスタンフォード大学のあるパロアルト、次に、サンフランシスコ市内に移る。

今朝届いた葉書に、ジャック・カー〔ホノルル在住の古くからの友人〕も書いていたとおり、今や渡り鳥の季節で、雁が鳴いて北の空へ飛んでゆく。ただし、川端さんについては、ああした鳴声はほぼ完全に無縁だ。まことに、見事に沈黙を貫く才能の持ち主である。実は今、川端さんは、太平洋を渡って当地に滞在中で、付き添って来た三菱の社員も一緒に、沈黙のうちにキャンパスを一巡し、夕刻わが家に帰って沈黙のうちに過ごし、やがてサンフランシスコ市街に戻って、カーニー・ストリートの日本料理店「蝶々」で夕食。もちろんここでも沈黙が続いたが、黙っていながらこの人物は、何という高揚感を生み出す力のあることか。「蝶々」で席に着くと、あらゆる種類の人々が一斉に注目し、私たちが誰かを悟る。その中には、総領事の顔もあった。こうして高名な文人と一緒にいると、かつて東京にいた頃、始終経験していたとおり、まさに世の中の活動の中心にいるという印象を、今一度強く感じる。

とはいえ、全く黙り通していたわけではない。時折、あれこれの話題を持ち出してみた。……三島の最新作は、あまり感心しないという。これは私も同意見だ。それに、小説よりむしろ、戯曲のほうが優れているのではないかという感想も口にした。……川端さんはオスロへ行く途中で、わざわざ立ち寄ってくれたのである。ペンクラブの会議に出席するためだが、そこでも相変わらず、沈黙に包まれて席に着いているのだろう。

妙な話だが、私はこの頃、三島の作品にたいして、ある程度評価を高めていた。大いに高めたというほどではなかったけれども、以前に比べれば、かなり評価を改めていたのである。三島はこの時期、国粋主義的傾向を強く打ち出してきていた。そうした傾向の作品は、内容自体には強い反発を感じざるをえなかったが、従来は見られなかったある種の力が感じられ、今までにない、なにか真摯な、ひたむきな熱意を感じさせたからである。

三島が晩年、国粋主義的な傾向を著しくしたのは、ノーベル賞を取れなかった無念が大きな原因をなしていたのではないか——そんな説をしばしば耳にするけれども、彼の名誉のためにあえて指摘しておくなら、彼の国粋主義が表に現れてきたのは、実は、川端さんがノーベル賞を受ける数年前のことだったのである。

もうひとつ、日本料理店のことに触れておくと、日本人は飛行機を降りると、ほぼ例外なく、何よりもまず日本料理店に行きたがる。アメリカ人は、世界中どこに行こうと、いつでもヒルトン文化を持ってゆくと言われるが、こうした点では、日本人はさらに一層熱心だというべきかもしれない。

一九五〇年代、昭和で言えば二十年代の後半から三十年代の前半を振り返る時、今にして何より残念に思わざるをえないのは、永井荷風に会うことが、ついに一度もなかったという一事だろう。荷風こそは、あらゆる文人のうち、私が最も深く愛した人だったからである。文学者として、最も傑出した存在と考えたのではない。また、今もそう考えているわけでもない。愛着と賞讃とは、必ずしも一致するものではない。実は一度ならず、浅草で、彼の姿を見かけたことはあった。晩年、東京中で彼が出かけた所は、ほぼ浅草だけだった。けれども、彼に歩み寄り、声をかけることは、あえて一度もしなかった。どうしても彼に会いたいのなら、嶋中鵬二さんに頼めば、いつでも紹介状を書いてもらえることは分かっていた。谷崎さんと同様、荷風の作品もまた、もっぱら中央公論から出ていたからである。だが、突然、一九五九（昭和三十四）年の花の盛りに、荷風は他界した。夜、たった一人、息を引き取ったのである。谷崎さんも荷風も、ともに七十九歳で世を去った。ただ荷風の方が、八十歳の誕生日に、もう少し近かったのだけれども。

谷崎さんに書いてもらった色紙が、私の一番大事な宝物になっていると前に書いたが、これに劣らず宝物として大切にしているのが、荷風が自作の俳句を自ら揮毫した三本の掛軸である。そのうち二本は、荷風自身の筆になる絵があり、残る一本は俳句だけだが、二本は川端さんにもらったもの、三本目は、谷崎さんの死後、夫人から贈られたものである。川端さんは、荷風のスケッチブックから、荷風の自画像だけを除いて、二ページを切り取り、私にくれたのだった。この二ページを、谷崎夫人の薦めてくれた京都の表具師に頼んで、掛軸に表装してもらったのだ。三番目は、谷崎夫人が贈ってくれた形そのままで、谷崎さん自身、これが「荷風先生」の作であることを保証した箱書きまである。まことに貴重な宝物だが、例の色紙と同様、すべて、近代文学館に寄贈することになるだろう。

箱書きからも明らかなように、二人は非常に近しい間柄だった。荷風は谷崎さんより七つ歳上に当たるが、そもそも谷崎が作家として文壇に確かな地歩を得たのも、荷風が『三田文学』に書いた文章——今では有名となった、「谷崎潤一郎氏の作品」という文章のおかげだった。二人とも戦争中は、軍部の検閲に苦しめられて、沈黙を強いられることになったけれども、戦争が終わると、赫々たる名声を博すことになった点でも共通している。

荷風は日記を公刊した。彼のもっとも重要な作品と見なす人もいるし、日記というより、むしろ長大な長編小説であって、小説家としての特権を行使し、必ずしも事実をそのまま記録するというのではなく、かなり虚構を交えていると見る人もいる。荷風が出版のために日記に手を入れたことは、実はよく知られている事実だが、どこまで筆を加えているかは、荷風が自ら墓に持って入った秘密で、余人には知る由もない。けれども、公刊された形で見る限り、平和主義の色合いがきわめて強い。ナチスそのものはもちろん、その日本のエピゴーネンを、激しく憎んでいたことは十二分に明らかだ。ただ、そのすべてが、世間を風靡した平和主義に迎合しようと、後に書き加えたものだったのだろうか。今となっては、想像することしかできないけれども、かりに加筆があったにしろ、すべてがそうだった可能性はきわめて小さい。第一、加筆としてはあまりに多過ぎるし、それに、そもそも反ナチ感情は、荷風の年来のフランス贔屓《びいき》からしても当然のことである。荷風にとって——それに、彼と同じ考えを抱いた日本人は多かったが、そういう人々にとっても、日本の軍国主義者は、いかにも安手のナチ亜流にすぎなかったのだ。

すでに一度、自分に書ける限りのことは書いてしまっている場合、あえて別のことを書いてみても意味がない。だから、はなはだ勝手ながら、自分が書いた文章を、自分で引用することをお許し願いたい。ほかの機会に書いたことを、今でもそのとおりだと思っている場合（そういう例は、実はそう多くはないのだけれども）、かりにすでに読んでくださった方があるとしても、おそらく忘れていらっしゃるに違いない。

荷風の死の直後、一九五九（昭和三十四）年五月九日の『英文読売』に、私は彼を追悼して短い文章を書いた。

荷風の同輩に当たる人々が、数は少ないにしろ、なお存命中である間は、明治の御代は、まだ生き残っていると言えるだろう。これらいわゆる明治人は、猥雑で混乱し、勇敢で、エネルギッシュだ。しかし同時に、明治の時代は、すでにあまりにも遠く隔たっているとも感じざるをえない。……これほど近く、かつ、これほど遠い明治は、ノスタルジアの焦点とならざるをえないが、この郷愁は結局、東京への愛着と重なり合うところが少なくない。……荷風の死と共に、明治は今またひとつ、いかにも遠い過去へと退く巨大な一歩を、唐突に踏み出してしまったのだ……。

荷風は、戦時中も一貫して書き続けた。当時は出版できなかった数々の作品が、戦後は次々に世に出た。中でも特に優れているのは、浅草の踊子たちを描いた作品である。必ずしも、世の良風美俗に沿った物語ではない。むしろ、文字どおりの春本に近いものすらある（ただ、はたして本当に荷風の手になるものかどうか、私などには分からないが）。浅草の猥雑な側面も、少しも隠そうとはしていない。だが、刻々に移りゆく浅草の風情を、憂いを帯びた筆致で生き生きと喚起し、読む者の心に深い印象を刻みつける。けれども結局、物語の最後に至って、主人公たる作者がついに、行くに事欠いて、西の郊外に移り住み、下町を去って行くのを知って、無念の思いに囚《とら》われざるをえないのである。……

荷風が人々の記憶に生き続けるとすれば、その社会批評やリアルな現実描写のためではない。まさしくこのことのため――つまり、東京という街の風情を、いかにも叙情的に呼び起こすことのためであろう。荷風のような作家の場合、その魅力を十分に伝えるような翻訳は、おそらく、ついに現れることはあるまい。彼ほどの魅力のない作家なら、それなりに翻訳することもできるだろうが、荷風の場合は、所詮、不可能に近い。あまりにも東京という街と一体であるために、いわゆる「普遍性」なるものを欠くことにならざるをえないのだ。この街のことをかなりの程度知っていなければ、例えば瓦礫の中に一本だけ焼け残った樹木が、実はどれほどの喪失を象徴するか、想像もつかないに違いない。まっとうな翻訳が現れそうもないとあれば、荷風を原文で読むためだけであっても、おそらく、日本語を習うべき理由として、最上の目的となりうるのではあるまいか。

私も実は、荷風の英訳を試みたことがある。一九六五年、スタンフォード大学から『戯作者荷風』（*Kafū the Scribbler*）という本を出したのだが、半分は伝記で、残る半分は、作品の抜粋を英語に訳したものだった。その伝記の部分の最後に、荷風と東京（あるいはむしろ江戸文化）について、私はこう書いた。

荷風は、自らの生まれた街とその伝統を、どこまでも愛してやまなかった。そして彼はこの愛を、日本の偉大な随筆文学の伝統に伍して恥じぬ散文で、あますところなく語ったのである。

ほぼ二十年後の一九八三年、クノップフ社から、『東京――下町、山の手』（*Low City, High City* 邦訳、一九八六年、ＴＢＳブリタニカ。現在は「ちくま学芸文庫」所収）を出した。江戸が東京と変わった明治維新から、大正十二年の関東大震災まで、いわばこの都市の伝記を綴ったものだが、その「はしがき」でも、私はこう書いている。

若い頃は、自分の著書を誰かに献ずるなどということはしなかった。いかにも大袈裟な、仰々しい真似のように思えたのである。この齢になって、今さらそんなことを始めようとは思わない。けれども、もし本書をかりに誰かに献ずるとすれば、永井荷風の霊に捧げたい。

荷風は、小説家としては、それほど傑出した人ではなかった。緊密でドラマティックな物語を、緩みない持続力で展開してゆくというのは、必ずしも彼の得意とするところではない。彼の真骨頂は、むしろ短い叙情的な珠玉の章句にある。そして私には最近、その彼の美点が、ますます好ましいものに思えてきた。その荷風が、世界でもっとも興味つきないこの東京という町について語るところは、私自身の感ずるところと、ことのほか近い。というより実は、私がこの町を探索し、夢想し、沈思する時、その導きの師となり、道行きの友となってくれたのは、ほかならぬ荷風その人だったのである。

直接の面識こそなかったけれども、私がどれほど長く荷風を知り、荷風を讃え、そして愛してきたか、分かっていただけると思う。もちろん私の荷風への愛着は、荷風の東京への愛着ほど長く続いているとは言えない。というのも、私が荷風を読み始めたのは、ようやく三十代になってからのことだったのにたいして、荷風は東京に生まれ、幼年時から東京に馴れ親しんでいたからだ。とはいえ、不変不動であるという点でなら、私の愛着も、少しも彼に劣るものではない。今でもなお、四十年前、荷風にたいして抱いていた賞讃の念を、全く変えるつもりはない。なるほど荷風は近・現代の作家のうちで、必ずしも最高という中には入らないかもしれないけれども、しかし、いやしくも東京を愛する者なら、愛さずにはいられないはずの文人である。

私は東京を、中でもことに下町を探索するのが大好きで、いつでも自分自身の足で歩き回った。そして実際、荷風がその導きの師であり、道行きの友であったというのは、単なる言葉のあやなどではない。文字どおりのことなのである。町へ探索に出かける時はいつでも、その日、目当てとする一帯は、荷風の日記や随筆に出て来た界隈にほかならなかった。例えば、かつての吉原のすぐ北西の寺である。明治期には、まさに市域の端に当たっていたが、ここには吉原の花魁たちの遺骨が、おびただしく眠っているのだ。

時には、道連れのいることもあった。今でも忘れ難く思い出に残っているのは、古くからの友達の中村栄子さんと、そのお母さん、それに、この母子の友人と一緒に歩いた時のことである。栄子さんというのは、例の、GHQの外交セクションで、オズボーンが「ジーザス・クライスト！」のことで悪戯《いたずら》を仕掛けた、あの女性である。墨東の生まれで、彼女の育った一帯は、私にはいかにも居心地がよく、郷愁をかき立てられずにはいない町だった。一家は、終戦の年までここに住んでいたのだが、空襲に家を焼かれ、西の郊外に移らざるをえなかったのだ。この日の散策のことを、日記はこう書き残している。日付は、一九六五（昭和四十）年、晩夏のある日。

午後は愉快だった。中村さん母子、それに渡辺夫人と、二週間も前から約束してあったのだが、まず築地で寿司を食べ、それから大川を渡って本所に行き、中村さんたちが戦前に住んでいたあたりを探索。家族でやっている小さな飲み屋、掘割、それに、どこへ行っても、蚊で一杯の湿地がある。それ自体は、さして魅力的には聞こえないかもしれない。だが荷風にもあるとおり、湿地や蚊が姿を消してしまったことが、実はどれほど大きな損失だったか、思い知らされずにはいない。中村さんたちも、戦後このあたりへ来るのは初めてで（一人だけは、二度目だということだったが）、栄子さんが通った小学校をはじめ、何か見覚えのある物はないか探し歩くのは、ひどく心に沁《し》みる経験だった。往時から今も住み続けている家族は、どうやら一軒もないらしい。中村さんたちが会いたがっていた人たちとは、誰一人再会することはできなかった。

しかし、それでもなお不思議なことに、今私の住んでいる界隈とは〔当時は、山の手の小石川に住んでいた〕、何かしら違った空気が残っている。萩の寺として有名な霊巌寺にも行ってみた。以前は掘割を渡って詣ったものだが、今は土手の代わりに、コンクリートの擁壁が立っている。けれども寺そのものは、実に美しい。照り返しのムッとするアスファルトの街の中で、思いもかけぬ美しさだ。建物は戦後の再建で、コンクリートではあるけれど、寺院の建築によくあるように、ゴテゴテと余計な装飾などはなく、ごく簡素なのがいい。境内は一面の萩の花で、それが、夏の終わりのそよ風に、さざ波のようにそよいでいる。人工物で特に目についたのは、本堂の建物は別とすれば、無縁仏の大きな墓で、元禄までさかのぼる小さな墓石をちりばめている。

それから妙見様にも詣ったが、ここでもやはり、墓地で第一に目につくのは、無縁仏の墓である。これはどうやら、ヤクザたちの共同の墓石で、それも、はるか東の、船橋あたりに住んでいた連中らしい。文字どおり、墓まで運命を共にしたというわけだ。ひょっとすると、彼らの皮膚も、どこかに保存してあるのだろうか。

最後の、「彼らの皮膚」云々というのは、東大の医事博物館で見た展示品のことを思い出したものらしい。夏目漱石の脳などという貴重品に混じって、ヤクザたちの刺青《いれずみ》を彫った皮膚が、壁一面に展示してあるのだ。

荷風は、ごく短期間、下町に住んだこともあったが、生涯のほとんどは山の手に住み、終戦の年に市川に移った。他界したのも、この市川でのことである。私自身は、本来の意味での下町で生活したことは一度もない。しかし荷風よりは一貫して、庶民の街に住み続けてきたとは言えるだろう。というのも、一九六九（昭和四十四）年のごく短い間を除けば、いつでも皇居より北に住んできたからだ。南や西に住んでいる人々の目から見れば、あまり自慢できる住所ではないとされる地域だ。けれども荷風は、大正の大震災から終戦の年まで、山の手に——それも、特に高級な住宅地とされる麻布に居を構えていた。ただ現在では、なるほど高級ではあるにしても、麻布は、必ずしも純粋な住宅地ではなくなっているけれども。

「本来の意味での下町」と書いたが、この「意味」自体が、実は今も変わり続けていることもまた事実だ。下町とは、もともとは、皇居の建っている台地の東の先端の、さらに東に広がる低地帯を意味するはずだが、最近では、皇居の北や東は、どこであろうと、「下町」と呼ぶことになっているらしい。この新しい定義自体を問題にしようというのではない（もっとも、言葉の元来の意味に忠実であろうとする気持は私にもあって、その立場からすれば、近頃の「下町」という言葉の使い方は、やはり納得できないのだけれども）。そんなことより、とにかく私は、北や東の方が、南や西の方面よりも好きなのだ。そして、荷風もやはり同じだったのである。

それにしても、なぜ下町がそれほど好きなのか、その理由は、最近はいよいよ分かりにくくなっている。終戦後まだ間もない頃には、江戸や明治の残映は、まだしもなお揺曳していた。私のようなアウトサイダーにとって、そうした残照が一番はっきり目に映るのは街頭の情景で、そして街頭が一番活気に満ちるのは、春や秋の気候のいい季節はもちろん、それこそ湯気の立つような夏さえ例外ではなかった。荷風には、東京の夏の楽しみを語った美しいエッセイがある。高原などはともかく、海に近い低地では、日本の夏は最悪で、文字どおり茹るような酷暑だが、にもかかわらず、夏には夏特有の楽しみがある。晴れてさえいれば、下町では誰もが家の外に出て来て、近隣の通りが、いわばコミュニティー・センターになったものだ。そして実際、山の手とは違って、かつての下町には、本物のコミュニティーが存在していた。下町に住む庶民たちには東北の出身者が多く、故郷の村の季節ごとの祭りを持ち込み、同時にまた、村の共同体意識を持ち込んでいたことを、強く感じないではいられなかった。山の手では、こんな情景を探してみても、なかなか見つけられるものではない。

一九七四（昭和四十九）年四月十四日の日記に、向島を散策したことを記した後、その最後を、こう締めくくっている。

玉蜀黍《とうもろこし》を頬ばったのは、まさに蘿月が、ほろ酔い機嫌で渡し舟に乗ったはずの場所だった。考えてみれば不思議なことだ。二十五年前、初めて一人で向島へ来た時は、ちょうど正月で、空には凧が舞っていたが、私は誰か、見知らぬ男が近寄って来て、危害を加えるのではないかなどと、漠然と不安を感じていたものだった。それが今では、一番安心な、落ち着ける場所のひとつになっているとは。

蘿月というのは、荷風のもっとも美しい小説のひとつ、『すみだ川』（明治四十二年）に出てくる人物で、主人公の伯父にあたる俳諧師だが、物語の冒頭、彼が隅田川を渡る場面がある。荷風も私も、共に愛したその場所で、私が静かな幸福を感じていた時、荷風のことを思い出したというのは、まことにふさわしいことだった。かりにもし私たちが出会っていたとしたら、彼に話したいことがありすぎて、どこからどう話し始めればいいものか、見当もつかないほどだったに違いない。もちろん、荷風がどんな対応を見せたか、所詮、私には知る由もないのだけれども。

しかし今では、下町もすっかり変貌してしまった。みなが街路に出て来て楽しむといったことも、もう目にすることはない。あるとすれば、お祭や縁日の時だけだろう。そして確かに下町では、お祭は、今も山の手よりはにぎやかだ。それにしても、私が今はもう昔のように、自由に街を歩き回ることができなくなったことは別として、外を出歩きたいと思わせる動機が、近頃ではますます少なくなってきたこともまた確かである。こうした変化をもたらした原因はいろいろあるが、一番大きいのは、やはりテレビだと言わざるをえない。どこの家でも——というより、今ではほとんど、誰でも自分専用のテレビをもっていて、夏の夜は、みんなテレビで野球を見ている。かつての生活のありようの思い出を、なお生き生きと心の内に生かしておこうと願う時、荷風は、今までにもなお増して、いよいよ大事な友となっているのだ。

実際には一度も会ったことがないのに、かけがえのない友であるという最大の例は、今言うとおり荷風なのだけれども、その逆の場合もなくはない。つまり、こちらでは大事な友達のつもりでいたのに、実はそうではなかったと思い知らされた場合である。そんな例をわざわざ書き残しておくことに意味があるとすれば、日本の社会や人付き合いがどんなものか、ひとつの例証になるかもしれないと思うからだ。というのも、この社会の周辺に生活し、その扉を半世紀以上も叩き続けていながら、今なお当惑せざるをえないことが時折あるのだが、その当惑の核心は、実は、友情が暗礁に乗りあげたという事実そのものではない。その暗礁がどんな性質のものだったのか、それが分からないということなのである。何かが調子が狂ってしまった、けれども何がどう狂ったのか、私には分からない。見当がつかないのである。

私にとって、友人と思っていたのに、突然そうではなくなってしまった例として、今でも特に印象に残っているのは、吉田健一さんの場合である。言うまでもなく、元首相、吉田茂の長男だが、エッセイストとして、さらには批評家として、父親とは独立して高名だった。というより、むしろ父親とは——さらには妹とは仲が悪いということを、いわば反権力のポーズとして、売り物にしていた面さえあったかもしれない。

健一さんは、いささか癖のある英語ではあったけれども、しゃべるのも書くのも達者だった。父君はもともと外交官で、駐英大使を務めた経歴の持ち主だったからである。だから健一さんと一緒の時は、ほとんどは英語で話した。日本人と話す時、日本語を使うか英語にするかについて、私は一応、ごく大雑把ながら原則を立てている。もし私の日本語の方が、相手の英語より上手なら(自慢ではないけれども、そういう場合も実は少なくないのだが)、お互い、日本語で話すことにする。逆の場合は、英語を使うという原則である。かなりいい原則だと思うが、いつでも実際に使えるとは限らない。ある種の日本人は、英語も話せないし、日本語で話そうともしないからだ。その意図が、意思の疎通を成り立たせないということであるのなら、相手の意図は、立派に果たされたことになるのだろう。しかし吉田健一さんの場合は、英語を使うべきことに、疑問の余地はまるでなかった。

夜の街に出かける時には、彼はまことにいい相棒だった。飲むことも食べることも、ただ大好きというばかりでなく、まさしく通で、最高のものしか口にしなかった。もう二度と、一緒に夜の街に行けないと分かった時は、実際、残念だった。以前ハロルド・ストロースが、谷崎作品について推薦文を欲しがり、私ができる限り手を尽くして集めようとしていた時、吉田さんも、求めに応じてくれた一人だった。推薦文に同封してあった添え状には、特別気に入った酒がまだ樽に半分以上残っているから、一緒に飲み尽くそうではないかという、お誘いの言葉まで添えてあった。

谷崎さんの推薦文のうち、英語で書いてくれたのは吉田さんだけだったが、実に立派な文章だった。冒頭だけでも紹介しておく。「谷崎潤一郎は、今日の日本の小説家のうち、ひろく巨匠と認められている一人である。特に注目すべきは、小説のほぼすべての種類に手を染めている点で、写実的な作品はもとより、歴史小説、幻想小説など、どの分野においても、独自のスタイルを創出している」。

ある晩、どうしてそんなことを言い出したのか、私には見当もつかなかったが、彼が突然、こんな言葉を吐いたのである。「アメリカ人の中にも、まことに洗練されていて、都会的で、ウイットがあって、何につけてもチャーミングなタイプがいる。だが君は、そのタイプではない」。

私は訊《き》き返した。そういうタイプのアメリカ人とは、一体誰のことなのか。私には、彼が誰のことを言っているのか、実はよく分かっていた。ドナルド・キーンのことを言っているのだ。それでもあえて尋ねたのは、はたして吉田さんが正直に答えるかどうか、確かめたかったからである。彼はただ、例の固い、甲高い笑い声で応じただけだった。あの笑い声を、あるイギリス人女性は、まことと的確に喩えたものだった。私には思いもつかない比喩だったが、自動車のスターターそっくりだと形容したのだ。

そんな言葉など、忘れられるものなら、いっそ忘れてしまいたかった。しかし、こんな気持でいる以上、もうこちらから、無理して彼に会おうとは思えなかった。彼から声がかかるのを待とうと思った。もし彼が声をかけてくれたら、それは大いにうれしいことだ。しかしそれ以後、彼からは、何も言ってはこなかった。時折、文学関係の大きな集まりなどで姿を見かける時があっても、ほんのチラリとうなずきあったり、ごく手短に挨拶することはあった。けれども、一晩一緒に飲むことなど、二度となかった。例の、樽に半分残っていた銘酒を平らげたのは、もちろん、こうして友情が途絶える前のことである。彼が、これという必要もないのに、わざわざなぜ、そんな心ない言葉を口にしたのか、今もって私には分からない。彼には、別に、心ないこととは思えなかったのだろうと聞かされたとしても、私はやはり、日本人は時として奇妙なことをするという、私の常々感じてきた印象を変えようとは思わない。彼の葬儀には、私は出席しなかった。人に聞いたところでは、彼の妹も行かなかったという。

葬儀といえば、一九六七（昭和四十二）年十二月八日の日記には、彼の父、吉田茂の国葬を報じた新聞記事のことをこう書いている。ほんのかすかながら、悪意の影が感じられなくもない。

図書館へ出かけて、新聞を読む。吉田元首相の国葬の記事。最後の最後まで、論争の種でありおおせたようだ。国葬という制度自体が、憲法違反だと考える人々もいるらしい。皮肉なことに、皇太后の葬儀を国葬にすべきだという案を拒否したのは、吉田元首相その人だったという。写真には、吉田健一も写っている。遺骨を膝に置いて、まるで猫のように、満足げな顔で座っている。

自分の知っている有名人の名前を、一切合財並べ立ててみせるというのは、いかにも自慢たらしく、顔の広さをひけらかすことになるだろう。そのことはよく承知しているから、あの頃、私と親しく付き合ってくれた有名な文人を、すべて列挙するような真似はしたくない。後二人か三人、簡単に触れて終わりにしたい。それで、私が一番感謝している人々は、全部名前を挙げたことになると思う。ほかにも、もっと後の時期に登場する人々もいるけれども、その数はそう多くはない。日本の文壇人の間で過ごすことは、これ以後、もうなくなってしまったからだ。

一九五〇年代、井上靖さんのやや長い短編を（むしろ中編小説と呼ぶべきかもしれないが）、二編ほど訳したことがある。最初の訳が出た時、井上さんは夕食に招待してくれた。いかにも優雅な、そして、おそらくは、目の玉の飛び出るほど高い料亭だった。実際、東京ほど値段の高い料理店のある所は、世界中ほかにはない。その後で、今度は銀座のバーに場所を移したが、ここもまた、いかにも優雅で、かつまた、やはり目の玉が飛び出すほど高かったに違いない。自分で勘定を払わなければならないのなら、私など、夢にも出かけようとは思わない種類の店だった。日本を離れてアメリカに帰り、東京には夏の間しか滞在しなくなってからも、東京に来ると、いつでも井上さんに電話した。その度に、同じことが繰り返されるのだった。

電話をかけたのは、別に、高価な夕食にありつきたかったからではない。ただ、井上さんに会いたかったのである。なかなかの学者で、かつ紳士で、それも、ただありきたりの意味ではなく、まさしく本物の学者であり、紳士だった。例えば中央アジアに関して、知るべきことはすべて知り尽くしていたし、例えばアメリカ在住の日本人についてであれ、そのほか何についてであれ、あらゆることに実によく通じていた。日系アメリカ人について、興味深い話を教えられたが、後になって、これが確かな事実であることを知った。日系アメリカ人は、日本人以上に日本的であることが多いという事実である。

ただ、私たちの間には、実はひとつ、邪魔になることがあった。井上さんは、おそらく気がついてはいなかったと思う。私はそのことを、一度も人に漏らしたことはなかったが、ノーベル賞の話には、あえて触れたくなかったのだ。ところが世間では、その問題は始終話題に上っていた。谷崎さん、三島由紀夫、それに川端さんが亡くなるまでは、好んで候補に擬せられていたのは、この三人だったけれども、三人が他界すると、今度は井上さんの番が来た。毎年、もう一度日本人が受賞するだろうと噂が立ち、井上さんはその時に備えて、カメラの砲列にさらされる覚悟をしなくてはならなかった。この頃、井上さんは文壇の長老となっていて、受賞するとすれば、これ以上明らかな候補は、ほかにありえなかったのである。

私が一度も人に漏らさなかった秘密というのは、井上さんが受賞する可能性はないだろうと、実は確信していたことである。ストックホルムにしろ東京在住にしろ、文学関係のスウェーデン人と話してみてはっきり分かったのだが、彼らの価値観からすると、井上さんは、あまりにも定石どおりの作家と見えるらしいのだ。「定石どおり」とはどういう意味か、私には、彼らの言わんとする意味がよく分かった。そして、あえて白状するなら、私自身も井上さんの小説を、必ずしも大いに賞讃していたわけではない。特に歴史小説は、日本でこそ非常に高く評価されていたけれども、私には、どうもそれほどとは思えなかった。というのも、ほとんどの場合、歴史にあちこち、虚構をちりばめてあるだけのように見えたからだ。しかし、今も言うとおり、この秘密は誰にも漏らしたことはなかった。ひょっとすると、私の判断など、ただの思い違いだったかもしれない。もしそうだったとすれば、かりにそんな判断を人に漏らして、間違いだったと分かったとなったら、ひどく恥ずかしい思いをすることになっていただろう。それに、もし私の予想が世間に知れたら、せっかく新聞記者やカメラマンが手ぐすね引いて待っているというのに、その期待に冷水を浴びせることになってしまう。そんなことはしたくなかった。かりに井上さんがノーベル賞を受けることになっていたら、大いに喜ばしいことに違いなかったろうけれども、そんな希望は、実は初めから、それほど現実味のあることではなかったのだ。

最後に、村松剛、英子の兄妹のことに触れておこう。二人とも、三島とは近い間柄だった。兄の剛は、いわば三島の弟子筋に当たる人で、三島の葬儀の時、弔詞を述べた一人である。妹の英子は、詩作でも評価されているけれども、一般には女優として有名で、三島の劇では、よく大役をもらっていた。私は三島を通じて剛を知り、兄を通じて妹とも知り合った。

剛は、私の知っている日本人の中で、もっとも保守的な人だった。ただし、やたら騒々しい、いわば職業的右翼は別にしての話である。騒々しいどころか、剛はきわめて冷静な人物で、保守派となった動機そのものも冷静だった。共産主義が嫌いだったことが、そもそもの出発点だったのである。私の知る限り、スペインのフランコ将軍にたいして、明快で論理的な擁護論を展開した人は、日本人では彼以外一人もいない。もしスペインが共産化していたら、フランコ体制より、はるかにひどいことになっていたはずだという。同様の論理でゆけば、ヒトラーを是認することにもなったはずだが、さすがに剛も、その考えは口には出さなかった。私がアメリカの大統領選で、いつも民主党に投票するのも、彼には気に入らなかった。批判の言葉は穏やかだったが、反対の気持そのものは、実は、相当に激しかったのではないかと思う。

きわめて博識でもあった。大きな書物を何冊も書いたが、行間ににじみ出る学殖は驚くべきもので、しかも対象は文学ばかりではなく、広く文化全般や歴史にわたっていた。当然、広範な調査が必要だったはずだが、彼はすべて、自分一人で行った。金を払って他人に調べてもらったのでは、信用できないというのが持論だった。どんなことを質問しても、いつでも解答の用意があったし、しかもいつでも、膨大な事実の蓄積を根拠にした答えだった。ある時、日本史の時代区分の名称について、彼に尋ねてみたことがある。同じ一つの時代を、ある時はある名称で呼び、またある時は別の名称に変わることがあって、なかなか厄介だけれども、どういう事情でこういう変化が起こるのか、知りたかったのである。彼の答えはまことに詳細で、テープ・レコーダーを用意しておけばよかったと思った。今では、残念ながら、彼の説明の三分の一も思い出せない。

彼の説が、いつでも正しかったというわけではない。例えば、彼は三島の同性愛を否定していた。この点についての私の見方は、すでに示したとおりである。しかし、ほとんどの場合、彼の説は正しかったし、彼がいかに的確に事実を把握しているかは、ほとんど畏怖を感じさせるほどだった。三島に関しては、ごく身近な人々は別として、本当の意味で事実を把握している人々はほとんどなく、大抵は直観や感情でものを言っているにすぎないと思う。しかし三島についての剛の発言は、三島にたいする忠誠心から発したものだったのかもしれない。日本の武道の歴史では、同性愛は必ずしも不名誉な地位を占めるものではないけれども、今日では、おそらく西洋流の価値観を模倣してのことだろうが、社会的に受け入れられてはいないからだ。

剛が、千葉県の癌療養所で死の床についていた時、見舞いに行った。もう、ものが言えなくなっていたが、私が誰かは確かに分かったようで、その目には、思う存分話したいという思いが、ありありと現れていた。

妹は、本名は英子《ひでこ》だが、女優としては村松英子《えいこ》で通っている。日本語でいつも難渋する点のひとつは、地名にしろ人名にしろ、どう発音するのか分からないことがめずらしくないことだ。結局のところ、本人に聞いてみるしかない。有名人の場合なら、人名辞典の類で調べることもできるだろうが、それほど有名でない場合には、本人自身か、ごく身近な人――名前の読み方を知っているほど身近な人に尋ねてみるしかない（この点について、ちょっとした逸話を聞いたことがある。犬養毅首相が暗殺された時、記者がその令息に尋ねた。父上のお名前はツヨキと読むという説があるが、本当はどう呼ぶのが正しいのか。すると令息は、うちではいつも、パパと呼んでいたと答えたという）。

二人は、さすがに兄妹だけあってよく似ていたが、英子の方は非常な美人だったけれども、兄の方は、決して美男とは言えなかったと思う。多少、眠たげな表情ではあったにせよ、気持のいい、聡明な顔立ちだった。しかし、やはり美貌とは呼べなかったと言っていい。あんなに似ていながら、どうしてこんな違いが出るのか、全く不可解だった。納得のゆく説明は、ついに発見することができない。

英子は、なかなかいい女優だった。「だった」とあえて過去形でいうのは、今はもっぱらテレビにしか出ず、一方、うちにはテレビがないからである。舞台で見た中で一番好きだったのは、三島の近代能楽集のひとつで、狂女の役を演じた時だった。玉三郎と同じ役を競演したのだが、そして私は両方を観たのだが、英子の方がよかったと思う。これは、ずいぶん褒めたことになるはずだ。演出は福田恆存さんで、英子の話によると、福田さんは彼女に(当然、玉三郎にも同じ指示を出したのだろうが)、お能流の(さらにはもっと一般的に、伝統芸能流の)型をなぞらないように命じたという。英子の方が玉三郎よりよかったのは、実は、こうした演出も関係があったのかもしれない。

彼女は敬虔なカトリックで、日本では滅多にお目にかからない少数派だが、彼女を通じて、東京の大司教と知己となった。全く気取りのない人で、その好ましくも古風な物腰からして、どこか草深い田舎から、近頃出て来たばかりの人のように見える(実際はそうではないが)。一回限りのパーティーまで含めて、今まで出た中で一番愉快なディナー・パーティーはどれだったか、一つだけ挙げよと言われると難しいが、定期的にではないにしろ、何度も回を重ねたパーティーなら、彼女の招いてくれた夕食会が一番楽しかった。小人数の、気心の知れた仲間ばかりの集まりで、男女の数を合わせるなどという心配も必要がなく、何語で話すか迷う必要もない。いつでも自然に日本語だった。

村松家の兄妹はもちろん、英子の御主人の南日恒夫、上智のロゲンドルフ神父、それに時々は、評論家の佐伯彰一さんが顔を出すこともあった。前にも書いたとおり、終戦直後、佐世保で出会っていたかもしれなかったが、それはどうあれ、佐伯さんとは、親しく付き合うようになってからでも、四十年になることは確かである。文学に関しては、必ずしも、いつでも彼と意見が一致するとは限らない。アメリカ文学については、それに三島由紀夫に関しても、彼の方が私より知識が深く、関心も強いのだが、しかし社会問題や政治については、ほぼいつでも意見が合う。日本のインテリ(それにアメリカの大学の教授)には、特定の理論にとらわれた空論家があまりに多いけれども、佐伯さんには、そんなところはまるでない。

南日さんは、剛と同様、若くして他界してしまった。病気も同じ、癌だった。遺骨は、関口の聖マリア大聖堂に眠っている。英子が今も住んでいる家の近くだ。彼には特技があって、チェロがうまく、バッハの無伴奏チェロ組曲さえ、十分にこなした。ある晩、私は言ったのである。モーツァルトを弾く時より、バッハを弾く時の方が、腕前のボロが隠しやすい、というのも、モーツァルトでは、一切が一点の曇りもなく表に現れているけれども、バッハではそれ程ではないから、ごまかしが利きやすいと。今から思えば、まったく馬鹿なことを言ったものだが、南日さんは、いきなりチェロを取りあげると、無伴奏組曲から一節を弾き、それから、私に向かってチェロを突きつけて言ったのだ。

「これ、どうやったらごまかしが利くか、やってみてください」。私としては、当然のことながら、黙って引きさがるほかはなかった。

こうしたディナー・パーティーは、温かくて気がおけなくて、食事もよかったし、会話も弾んだし、ロゲンドルフ神父や私が外国人であることなど、全く問題にはならなかった。日本人の集まりで、こんなことの言える例は、実はそう多くはない。

日本の文壇や論壇との関係が一番親密だったのは、多分、一九六〇年代末、川端さんがノーベル賞を受賞した頃だったと言えるだろう。しかし面白かったという点では、いろいろ激しい対立などはあったけれども、むしろ逆にそのためにこそ、五〇年代のほうが上だったかもしれない。

五〇年代の終わりには、初めてヨーロッパを訪れた。「文化自由会議」が組織した会議に出席するため、スイスのバーゼルに出かけたのである。東京を発《た》つ時には予想もしてなかったのだが、実は上智大学との公の関係は、これがきっかけで終わることになってしまった。一九五九（昭和三十四）年の十二月、東南アジア経由で東京に帰って来た時、大学側ではまだこの先も、私に授業を担当してほしいのかどうか、こちらから、あらためて問い合わせてはみなかった。続けて教えてくれという答えを、実は望んでいなかったからである。だが大学側からは、続けてほしいともほしくないとも、何の音沙汰もない。こうして、解雇されるのでもなく、退職を申し出たのでもなく、ただそれっきり、スタッフの一員ではなくなってしまったのだ。とはいえ、その後もイエズス会の神父さん方とは、相変わらず親しい付き合いは続いたのだが。それはともかく、この数年前なら、私はきっと、東京で生涯を終えるつもりだと、人にも言っていただろう。だがこの頃になると、はたして本当にそう望んでいるのかどうか、自信がなくなってしまっていた。もうこれ以上、進歩的文化人たちに悩まされるのは、耐えられないと感じ始めていたのである。

ヨーロッパでは、いささかゲンナリしたことがいくつかあった。一番強く記憶に残っているのは、ミュンヘンでの出来事である。二日ほど滞在するつもりでいたのだが、インフォメーション・センターで無作法な応対をされ、すぐにヴェネツィア行きの列車に飛び乗った。陽気で愉快なはずのミュンヘンで、こんな乱暴な扱いを受けるなどとは思ってもみなかったが、しかし、こんな事件があったからといって、それだけでミュンヘンがどうの、ドイツがこうのと言えるわけのものではない。どこであろうと、こんなことは起こるものだ。

全体としては、ヨーロッパはすばらしかった。どうして四十に近くなるまでヨーロッパに来なかったのか、自問せざるをえなかった。中でも一番楽しかったのは、GHQ時代からの古い友人、マーフィン夫妻と一緒に、シチリアの海岸をドライブした時だった。御主人のトムは、総領事としてパレルモに着任したばかりで、しばらく仮住居にしていた家から、市街のすぐ外にある大きな家に転宅の最中だった。ところが、その忙しい用事をわざわざ中断し、私をドライブに連れて行ってくれたのである。その途中、生まれて初めて、ギリシャの神殿を目の当たりにした。ただ衝撃を受けたなどといっただけでは、その時の感情を十分に表現することはとてもできない。パレルモの次にはアテネを訪れ、当然アクロポリスの神殿も見たけれども、むしろ拍子抜けだった。多分、これは誰しも、ごく普通に経験することなのだろうが、初めて目にしたギリシャの神殿こそ、かつて見たもっとも美しい物と感じるのではないだろうか。

パリでは、まったく些細な出来事だが、思い出すと、今でもちょっとうれしくなることがあった。街角に立って、どうすればいいか、しばらく立って迷っていた。その気持が、きっと顔にも表れていたのだろう。「何か《ヴー・》探してらっしゃるの《シェルシェ・ムッシュー》？」と、一人の女性が声を掛けてくれたのである。メトロと答えると、彼女は手で方向を示し、それ以上はひと言もしゃべらなかったが、その顔が、今でもありありと目に浮かぶ。美人で、いかにも魅力的だった。当時は、フランス人はアメリカ人にたいして、好意的ではないと言われていた時代だったが、パリでは誰一人、あのミュンヘンの女性ほど不親切な人はいなかった。

会議から東京に帰る途中で会った人たちは、みな親切にしてくれた。最後に立ち寄った香港は別として、途中で訪れた場所はみな、初めての土地ばかりだった。ニューデリーでは、議事堂の前で、たまたまネルー首相と娘さんに出会った。二人とも、稀に見るほどの美貌だった。私がお辞儀をすると、二人の方でもお辞儀を返してくれた。たとえ短期間にしろ、外交官としての経歴があると、ひとつ、ありがたいことがある。世界中どこに行こうと、必ず友人や知人がいるということだ。香港では、エインズワース夫妻の所に泊めてもらった。結婚の時、私が新郎の介添を務めた夫婦が三組あるが、このトムとスーの夫妻も、そのうちの一組である。香港には、以前にも行ったことがあったけれども、マカオへ行ったのはこの時が初めてだった。その頃は、実に愛すべき町だった。実際、香港などとは違って、ほんの小さな町でしかなく、あたかも地中海世界の断片が、地球の反対側に落ちて来たかのようだった。中国が、この町を大切にしてくれていることを、切に願うばかりである。

一九六〇（昭和三十五）年の、あの騒然たる夏、反米デモが東京の中枢を機能不全に陥れるのを見て、私は深い動揺と憂慮を感じざるをえなかった。そして、もし、名誉と威厳を失うことなくアメリカに帰る機会さえあれば、そのチャンスを逃すまいと決心した。一九六二（昭和三十七）年、その機会が訪れた。けれども、本当は、日本を去りたくなどはなかった。

東京は、実に活力に溢れ、興味深く、楽しみに満ちた都会だった。当時は、現在よりもさらにそうだったと思う。東京は当時、まさしく若々しい町だった。今日でも、地方から若者が流入し続けてはいるけれども、当時と今では、その性質が違っている。先程、東京で街頭の生活が姿を消したのは、何よりもテレビのせいだと書いたが、同時にまた、若者が変わってしまったせいでもある。当時の若者は元気があり、熱意があって、要するに、つまり、若々しかった。外国人を見ると、いつも早速、英語で話しかけてきた。ともかく、英語を勉強したかったのだ。ところが今の若者は、気位が高く、あえていうなら尊大で、しかも、世の中にウンザリしている。

面白いエピソードはいろいろあった。当時の若者がどんなだったか、日記のあちこちに書きとめている場景から、読者にも生き生きと想像していただけるだろう。

不忍池のまわりを歩きながら物思いに耽《ふけ》っていると、十人ばかり、英語の勉強に熱心な若者たちが、こちらの都合などお構いなしに、いきなり声をかけてきた。そのうちの一人が言う——“My name is Mr. Owaki. I want to go where you go.”

また別の日には、こうある。

茗荷谷で降りなければならないのに、地下鉄を乗り間違えたので、上野で降りた。いつものように、池のほとりを散歩して、ベンチに腰かけて休んでいると、青年が一人、隣に腰をおろし、ニコニコしながら言った。“Yankee, go back to Shinjuku.”

若い外国人は、好んで新宿を歩いたから、私も新宿から来た——多分、道を間違えて、上野などに迷い込んだとでも思ったらしい。

名もない店でビールを飲んでいると、いかにも北国の出らしい、いかつい顔の若者が隣に座って、自分は垣内という者だが、左足に指が六本あるのを見せたいと言う。そして、やおら左の靴と靴下を脱いでみると、確かに指は六本あった。この男にとっては、きわめて重大な事実らしい。

スタンフォード大のあるパロアルトでは、こんなことは絶対に起こりっこない。英語を習いたがっていたのは、みんな若い人たちだったが、別に男だけとは限らなかった。しかし概して言えば、やはり男たちの方が、若い女性たちより面白かった。理由は多分、日本では一般に、男よりは女性の方が語学は得意で、だから男の方が、必死で努力するからだろう。

いずれにしても、しかし、今や日本を離れるべき時が来たことは、よく分かっていた。

六、西海岸の光と影

一九六二（昭和三十七）年八月、蒸し暑い夜だったが、ノルウェー船籍の貨客船に乗り込み、横浜の港を後にして、私はアメリカ西海岸に向けて旅立った。次に陸地に接岸することは、はるかロサンゼルスまでない。

十年前、もう一度アメリカで生活する気があるかどうか訊《き》かれたら、そんなつもりは全然ないと答えていたに違いない。私は、東京が大好きになっていた。なぜ日本に住む気になったのか問われると、初めて答えを聞いた相手は、冗談を言っていると思ったかもしれないけれども、こんなふうに答えるのが、すでに習慣のようになっていた。「日本が好きなんじゃありません。東京が好きなんです」。その頃は、自分はきっと、生涯を東京で暮らし続け、ここで一生を終わることになるものと信じていた。糊口を凌ぐ方法なら、いつでも何か見つかったし、これからも、必ず何か見つかるに違いなかった。ところがそこへ、「進歩的文化人」が現れたのだ。

お別れの記念に、さまざまな贈り物をもらったことはすでに書いた。その夏、川端さんや谷崎さん、あるいは平林たい子さんをはじめ、いろいろな人から贈られた品々は、私にとって、かけがえのない宝物であるのはもちろん、世間一般にとっても、貴重な値打ちのある物ばかりだった。それは、収集品を売り買いする業者にとっても、収集品を売り買いする業者にとっても、貴重な値打ちのある物ばかりだった。その夏はまた、お別れのパーティーも相次いだ。ほとんどは日本人の開いてくれたパーティーで、どれもみな豪華だったばかりではなく、実に興味深い経験で、いろいろ新しい話を知ることにもなった。

三島由紀夫の開いてくれたパーティーで、ある高名な文芸批評家の説として聞いたところでは、例えば谷崎潤一郎など、私が一番高く買っている日本の作家を、日本人自身は、必ずしもそれほど高く評価してはいない、というのも日本人は、特に古い世代の文人についてはこの傾向が著しいが、いわゆる職業作家にたいして懐疑的であるからだ、というのだ。そういえば、なるほど戦前「小説の神様」と呼ばれた志賀直哉は、短編の書き手としては最上級の名手だけれども、彼自身としては、もっと大きな野心をもって書いた長編は、私にはほとんど小説――西欧的な意味でのノベルの態をなしていないように思える。これにたいして、谷崎がひろく認められるに至ったのは、ようやく戦後になってからのことで、ひょっとすると、われわれ海外の研究者が、近・現代の日本文学を欧米に紹介し、海外で評価を高めたということが、この点、多少の影響を及ぼしたのかもしれない。

一九六二（昭和三十七）年七月十一日の日記を、一部引用しておこう。この日もお別れのパーティーがあったが、そこで谷崎さんについて、ちょっとした新しい知識を得た。研究書や事典類では、まずお目にかかりそうにない情報である。「夕方、六本木で用事。その後、赤羽で今夜も送別パーティーに出る。文化会議の催してくれた会で、まことに賑やかだった。錚々たる顔ぶれに感動する」。そこで出席者の名前を列挙しているが、そのリストは、平林さんやロゲンドルフ神父をはじめ、名だたる反進歩派の論客を網羅している。「みな、実に立派な人々ばかりで、私のやってきたことも、まったくの無駄ではなかったように思えてきた。確かに、ひとつの大きな動きが着実に始まっている。そして、その動きを始動するのに、私も、いささかなりと力を貸すことができたのかもしれない。……いろいろスピーチがあったが、内容はほとんど覚えていない。ただ、雨宮庸蔵の言ったことだけは、特に印象に残っている。彼の意見では、谷崎さんのペニスは異常なくらい小さかったが（雨宮は、一緒に風呂に入ったことがあるという）、そのことが谷崎について、きわめて多くを説明するというのである」（雨宮庸蔵は有名なジャーナリストで、『中央公論』や『読売新聞』で重要な地位を占めていた）。

外国人の出席者の中には、皮肉な意見を述べる人が何人もいて、日本人がこんな豪勢な送別会を催すのは、今日の主賓が、こんなに派手な形で日本を後にした以上、二度と帰ってくることができないように仕向けるためだ、などと言う。ひょっとすると、そんな効果もあるのかもしれないが、私自身としては、むしろ、これほどのパーティーを開いてもらって感激し、いっそ日本を離れるのはやめようかと、つい思い直しそうになるのだった。しかし、これがお別れのためのパーティーである以上、そんな思いを実行することは、もちろん、できない理屈である。

けれども、一番強く印象に残ったパーティーは、日本人の開いてくれた会ではなくて、二人の外国人、ピーター・ロビンソンとロバート・フィッシャーの催してくれたパーティーだった。ロビンソンはオーストラリアのジャーナリストで、今はシドニーにいる。フィッシャーはアメリカの出版社で、旅行関係の本を出している。二人はその晩、上野のある劇場を借り切ってくれたのである。それも映画館ではなく、本物の、芝居を上演するための劇場だった。平土間の椅子を取り払って、そこを会場にしたのだが、それが、出席者でビッシリ一杯になってしまった。舞台には、いろいろ寄席の芸人が登場して余興を見せたが、紙切りの芸人がお客の出したお題に応じて、あっという間に紙を切り、絵にして見せる芸当は、けだし、見事だった。誰かが、「ヤンキー・ゴー・ホーム」という題を出したところ、即座にデモの姿を切って見せた。その絵は今も、大事に手許に取ってある。ほかにも、その晩、劇場の正面に飾った旗も残してある。こんなすばらしいパーティーは、今までほかに出たことがない。それもしかも、すべて私のためのパーティーだったのである。

出港当日については、記憶は今も鮮やかだ。けれども、たとえどれほど鮮明でも、三十六年を経た記憶をもとに書くよりは、その当日に書きつけた言葉の方が、やはり説得力があるだろう。その日の日記を、一部引用しておくことにする。

石原さんが船まで見送りに来てくれた。眠くて、いよいよ最後だという実感がまだ湧いてこない。坂口さんは、もう桟橋に来ていた。ビールを飲んで、しばらく取りとめもない話をして、二人は帰って行った。出港は、船会社の東京支店の阿呆どもは夕方だと言っていたが、実は夜中の十一時だと分かったのだ。二人は大桟橋から車に乗って去り、私はキャビンに戻って、突然、一人きりになってしまった。深い寂寥感に落ちる。葬式が終わって、家の中が空っぽになってしまった時は、こんな気持になるのだろうか。しばらく、鏡の中の自分の顔を見つめていた。なぜ、日本を去るなどと、そんな愚かなことを決心してしまったのか。

東京へ帰りたいという思いに駆られ、耐えられなくなって、桟橋に降り、少し歩いてみようとした。けれども、ここにも人影はなく、私の気持と同様、荒寥としている。船に戻って、夕映えのうちにぼんやり浮かんだ富士の姿を見つめながら、こんな気分では、とても夕食の時、ほかの乗客と顔を合わすことなどできまいと考えていた。そこへひょっこり、懐かしいマーフィン夫妻が現れた。これから車で東京へ行くところで、わざわざ見送りに立ち寄ってくれたのである。私がタイプライターを置き忘れてきたことを話すと、まだ時間があるから、一緒に東京へ行こうと言ってきかない。横浜へは、運転手が乗せて帰ってくれる、私たちは、後で電車で帰ってくるから心配はないというのだ。運転手は横浜の人で、東京の運転手にはとてもできない芸当だろうが、横浜の中心部をスイスイ走り抜け、一直線に東京に向かった。おかげで銀座も、後楽園の人だかりも、もう一度目にすることができ、タイプライターを持って、無事に横浜の港まで帰ってきた。さすがに疲れて、激しい寂しさを感じる力もなく、ただ物憂い気分で夕刊を読んでいると、タグボートが不吉な唸り声をあげ、船は月光の中、ゆっくり湾を出てゆく。私は一人、酒を飲み続けていた。

石原萠紀は、前にも触れたが、日本文化会議の理事長、坂口欽一は年来の飲み友達で、ある洒落た女性雑誌の専属の写真家である。マーフィン夫妻は、先程も書いたとおり、この三年前、シチリアで、あの忘れ難いドライブに連れていってくれた夫婦で、あの時はパレルモの総領事だったが、その後、御主人のトムは横浜の総領事として、日本に帰って来ていたのである。ちなみに現在では、横浜にはアメリカの領事館はなくなっているけれども、歴史上の意義からしても、広報活動のためにも、やはり残しておくべきだったと思う。何といっても横浜は、アメリカが初めて、日本に外交の拠点を設けた場所なのだから。

コロラドは、山には金鉱はあったけれども、「黄金《ゴールデン》の・

西部（ウェスト）」と呼ばれたことは、一度もなかったと思う。コロラド大学に通っていた頃、学生新聞の名前は『銀と金』といったが、これは実は、大学のスクール・カラーにちなんだ名前だった（本当はむしろ、「灰色と黄色」という方が正確だったのだが）。「黄金の西部」は、ロッキー山脈を越えた西側、サンフランシスコの「金門橋《ゴールデン・ゲイト》」のあたりを指した言葉で、普通はロサンゼルスは入れなかったけれども、同じ西海岸にあるのだから、当然、入れてもよかったはずである。戦前、一九三二年の夏、初めてロサンゼルスを訪れて以来、戦争中の滞在も含めて、この土地にまつわる記憶は、いつも楽しい思い出ばかりだ。まさに「黄金の」土地だったわけである。

横浜を出てロサンゼルスに着いた時、日本を離れたことを悔やむ気持が、もう消えてしまっていたわけではない。しかし、多少は小さくなっていたことも事実だった。船で親しくなった人たちは、乗客も乗組員も、みな気持のいい人々ばかりだった。中でも、ジョン・ブライアンとクレアというイギリス人夫妻とは、今も手紙をやりとりしている。世界を一周する新婚旅行の途中だった。もう四十年近く会っていないが、ごく近しい気がする。今は離婚して、奥さんはマン島に住み、御主人の方はロンドンの近くにいる。いつか必ず行ってみなくてはと思いながら、おそらく、結局は行かずじまいになりそうな場所はいろいろあるが、マン島も、多分そのひとつになるのだろう。どれもみな、遠く辺鄙な土地ばかりだ。パタゴニアとか、グリーンランド、それに、アラビア半島の南岸とか。

船は、横浜を出てから、途中どこにも寄港せず、やがてロサンゼルスに到着。予定では、兄が港まで出迎えに来てくれて、一緒に車で、スタンフォード大学のあるサンフランシスコの近郊、パロアルトまで連れて行ってくれることになっていた。ただ問題は、ロサンゼルスに何日いるかということだった。

戦前、一九三二年のオリンピックで、兄と一緒にロサンゼルスへ来た時、私はいきなりこの町と恋に落ち、その夏中、同じ思いで過ごしたのだった。ところが兄の方は、早速ホームシックに襲われて、駅に着くなり、踵を返して家に帰りたくなってしまった。しかし今度は、二人の立場は全く逆になって、兄の方は、轟音を発してフリーウェイを疾走するのが、ことのほか気に入ってしまったらしい。当時、世界中でこの都市ほど、フリーウェイが四通八達している所はほかになかった。ここを爆走していると、ものすごい支配力を掌中にしているような気がしたのだろう。それはともかく、要するに、私は早くこの町を離れたかったのに、兄はできるだけ長くこの町にいたかったのだ。結局、私たちは、きわめて賢明な結論に達した。お互いに折れ合って、兄が望むほど長くはいないが、私が望むよりは長くいることにしたのである。今でも私は、ロサンゼルスという町には、とても住めないという気がする。もちろん、ぜひにも住む必要に迫られれば、住むことができないわけではないけれども、東京より、はるかに異郷という違和感が強いのである。

一九六三年八月二十九日、市街を見た後、日記はこう記している。

死んだ都心部、それに、女たちの姿が、特に印象に残った。ギスギスして、派手に髪を染めた女たち。東京の男娼そっくりだ。

それに、都心のパーシング・スクエア。カルカッタでさえ、これほど直接、本能的に、逃げ出したいという欲求に駆られたことはなかったと思う。それに風呂に入って、汚れを洗い流したいと願ったことも。実際、病んでいるとしか言いようがない。……

けれどもロサンゼルスについて、花は確かに美しいとは言えるだろう。……それにフリーウェイは、やはり、実に壮大である。まさに、壮大としか言いようがあるまい。巨大、非情に湾曲し、旋回し、急降下するかと思えば、やにわに急上昇するコンクリートの構造物は、こうした巨大な構造物の基盤をなす自然のことなど、完璧に忘却している。これは一種の殺害ではないか。しかしそれを言うなら、ゴチック最盛期の大聖堂も、実は同じことであるのかもしれない。大聖堂の尖塔が神を求めて、より高く天空によじ登ったとするなら、フリーウェイは、まさしくロサンゼルス独得の方法で、神に到達しようとしているのかもしれない。

パーシング・スクエアについては、やがてサンフランシスコの都心にあるユニオン・スクエアで、同様の失望を味わうことになる。かつては美しかっただけに、今の薄汚さが余計みじめなのだ。

コロラド時代から、家族ぐるみで付き合いのある友人、ジョンの家に泊まった。奥さんは亡くなって、今は独り暮らしだった。コロラドから南カリフォルニアに移ってきた人は少なくない。コロラドの冬が、ついに耐え切れなくなるのだろう。そのアパートで、久しぶりに、典型的なアメリカ中西部流の戯作詩を目にした。この種の味は、ずいぶん長い間忘れていた。日本にも、こうした通俗的なパロディーの類はあるが、質が違う。日本では詩よりも、むしろ絵が多い。台所の壁に、こんな詩が貼ってあったのである。亡くなった奥さんが、コロラドから持って来たものに違いない。

神よ　わがささやかなる台所を祝福し給え
われはこの台所の隅々までこよなく愛す
しかして神よ　仕事に励むわれを祝福し給え
鍋を洗い　料理にいそしむ　このわれを

「老いたジョンは、皿洗いに精を出している」――私は日記に、こう書いている。

ジョンは、この後、ほどなく世を去ってしまうのだが、そのことについて、いささか陰気な、と同時に、ある種の興味を呼ぶ話を耳にした。保険会社は、人がクリスマスに突然独りで死んだ時には、すぐには保険金を払おうとはしないという。死因が自殺ではないという確証が得られて、初めて支払うというのである。こういう死亡の場合、自殺の可能性が高いものらしい。

まるで、ロサンゼルスにかなり長く滞在したように思われるかもしれない。実際は決して長くはなかったのだが、私には、ずいぶん長かったような気がしたのである。到着して四日目になってようやく、兄は私と私の荷物を車に乗せ、北に向かって出発した。私の力だけでは、こんなに早くロサンゼルスを出発するよう、説き伏せることなどできなかったに違いない。兄がその気になったのは、スタンフォード大学のあるパロアルトまで、ずっとフリーウェイを爆走できると分かったからだったのだ。

前にも書いたとおり、戦争中、ノース・カロライナの荒涼たる松林からカリフォルニアに移って来た時は、西海岸の、黄金色に連なる丘陵と紫色に輝く山脈は、まさしく楽園のように思えたものだった。けれども今は、カリフォルニアとの違いを際立たせるものがなかったせいか、あの時ほど強い印象は受けなかった。しかしそれでも、このドライブはすばらしかった。何といっても、カリフォルニアは今もなお、その美しさを完全に失ってはいない。ひとつには、かりに業者が開発してみたところで、とても売れそうにもない土地があちこち残っているからだろう。サン・ルイス・オビスポから北、左手に連なるサンタ・ルシア山脈の眺めなどは特に、東京を離れたことも、結局のところ、全くの失敗でもなかったと思わせてくれる美しさだった。たとえ黄金を埋蔵していなくとも、まさしく、黄金の西部《ゴールデン・ウエスト》の名に値する景観だった。

　パロアルトに着いて最初に知らされたのは、この町ではマルティーニが買えないという事実だった。親切な宿の女主人が、あくまで好意で出してでもくれれば別だが、金を出して買うことは許されないというのである。後で分かったのだが、大学通りにある私たちのホテルから、車でほんの五分も走れば市の境界線の外に出て、普通にマルティーニを買うこともできたのだが、その時は、そんなことは知る由もなかったし、兄も私と同様、パロアルトには馴染《なじ》みがなかったから、やはり知るべくもなかった。ひょっとすると、こんな不道徳な情報を私たちに漏らしたら、ホテルのフロント係も犯罪を犯すことになっていたのかもしれない。いずれにしても、誰も何にも教えてはくれなかった。

　こうして、太平洋を渡るこの長い旅の終わりは、その始まりと同じ感情に包まれることになってしまった。世界全体が、いかにもわびしい所のように感じられたのである。アメリカで教え始めてからも、最初のうちは、やはりこんな感じがしばらく続くことになる。友達はできたし、同僚たちも親切に迎え入れてはくれたのだが、私はやはり、倦怠を感じていた。しかし気持が沈んでいたのは、別に、パロアルトが悪かったわけではない。その頃もきれいな町だったし、今もそれに変わりはない。東京の、あの巨大な喧騒の後では、アメリカのどこへ行こうと、きっと退屈していただろう。それにしても、退屈ほど耐えがたいものはないと、たちまち思えてきたのだった。そして、アメリカに帰って最初に住んだ所だから、パロアルトが最高に退屈な所と思えてきたのである。この最初の冬は、しきりと人に言ったものだ、ここで安穏に暮らしているくらいなら、いっそ危険な所に住んでいる方がまだましだと。これではまるで、東京は危険な所だと言っているように聞こえるかもしれない。しかし実は、ケストラーと一緒に、夜の町に出かけた時の経験からも明らかなとおり、東京は、決して危険な所ではない。ただ、どこか、そう遠くない所に、何かしら、危険の潜んでいる感じがあった方が、むしろ楽しいということもまた、事実なのだ。

不平の種はいろいろあった。友人や同僚たちは辛抱強く聞いてくれたが、実は私自身も、退屈の種になっていたに違いないと思う。なるほど、君の言うとおりだと認めてくれる同僚もいた。パロアルトに住んでよかったと思う人がいるとすれば、それはきっとガーデニングか、乗馬か、子供のしつけに興味のある人だけだろう。それ以外の人たちにとっては、大して取り柄のない町というほかあるまい。この同僚の奥さんは、その後何年もたって、三人ともパロアルトから遠く離れ、誰にも気がねしなくてよくなった時になって、初めて話してくれたのである。「あなたの意見、何もかも、そのとおりだと思いました。でも私には、そんなこと、とても口には出せなかったの」。

けれども不満の大半は、実は他人に漏らすよりも、自分一人の心の中に納めておくか、日記につけるだけに留めていることが多かった。しかし、今になってみると気がつくのだが（実はあの当時も、多分気がついてはいたのだろうが）、ほとんどは、必ずしも公平とは言えない不満だった。例えば、学生の中には、かなり出来の悪い者もいた。日記を読み返して、そのうち一人のことを思い出した。

修士課程の学生に翻訳させてみると、いろいろ妙なことがある中に、島崎藤村の姪との関係は、「優生学の観点からして……不道徳であり、禁じられていた」などとある。それに、彼は「頑固に正気を維持した」というのも変だし、「彼の状況を考慮すれば、このような罪を犯すとは相当に不潔だった」などとある。修士論文を準備しているというのに、これではやはり、カリフォルニアはまだ、半分未開・野蛮な所という気にもさせられる。（一九六四年四月六日）

また別の日には、こんなことも書いている。パット・

ブラウン知事は最近、カリフォルニアは今や、教育をはじめあらゆる分野において、全米を指導する地位にあると語ったというが、「それならいっそ、全米でもっとも遅れている州に招かれてみたいと思うくらいだ」。

こんな言い方はフェアではないと、当時の私も確かに分かっていたはずである。なるほど学生の中には、失望を感じさせられるような者もいたのは事実だった。けれども、よくできる学生は非常によくできた。語学力の点でも、私が彼らの齢だった時と比べて、はるかに進んでいた。今では、当時の学生のうち、あちこち優秀な大学で、教授になっている人たちも少なくない。みんな、もう定年に近づいている頃だ（今でもそれぞれの大学で、まだそんな制度が残っていればの話だけれども）。

パットの本当の名前はエドマンドだが、どうして「パット」になったのか、不思議である。息子のジェリーも、やはりカリフォルニア州の知事になったが、有名という点では、多分、息子の方が上かもしれない。後に、ロナルド・レーガンに負けて知事をやめたのは、この息子の方である。

時々は、カリフォルニアに不満を抱いているのは、実は私一人ではないという証拠を発見して、意を強くすることもあった。例えば、サンフランシスコ湾を横断する橋を渡って東に向かう自動車が、バンパーにこんな文句を掲げているのを目にしたこともある。「あばよ、カリフォルニア。そしてお前の、あの、いまいましいゼラニウムの花にもおさらばだ！」。

パロアルトの町そのものは、戦後間もない頃、かつて横浜に住んでいた伯母夫婦と一緒にドライブに来た時の記憶と、ほとんど変わってはいなかった。パロアルトは、サンフランシスコ半島の南のつけ根に位置しているが、伯母夫婦は当時、半島からゴールデン・ゲイトを北に渡ったマリン郡に住んでいた。けれども二人は、私がパロアルトに来たちょうどこの年、コロラドに帰ってしまった。つれないことをするものだと、私は恨めしく思ったものだ。二人のことは大好きだったし、マリン郡も大好きだったから、時々週末に二人の家を訪ねることでもできれば、パロアルトにも、もうちょっと楽になじめたろうにと思うのだが。

けれども、パロアルトの周囲の土地は激変していた。かつては一面、花の咲いた果樹の林が、さながら海のように延々と広がっていたというのに、今では一帯、住宅団地で埋まっている。サンフランシスコ湾の岸に沿って、大きな都市がいくつもできて、パロアルトの周囲も、そのベッドタウンになってしまっているのだ。サンノゼもそうした都市のひとつだが、ここには特にがっかりした。昔、初めて見た時には、気持のいい、メキシコ風の小さな町だった。私は元来、子供の頃から、メキシコの事物には強く惹かれてきた。サンタフェも、かつてはいかにもメキシコ風で、だから大いに気に入っていた。ちなみに当時は、アメリカ中で一番小さな州都のひとつだったのだが、私がパロアルトに住み始めた頃には、現在の姿にすでに変身を始めていた。つまり、母体となったサンフランシスコ自体より、さらに大きな都市に変貌を始めていた——というより、むしろ全然、都市と称するに足るものではない。なんの表情も特徴もなく、ただ無限に続く郊外住宅地でしかないのである。初めてヨーロッパを訪れてはっきりと分かったのだが、私がメキシコやメキシコ人のことを好ましいと感じていたのは、われわれよりも、はるかに古い世界に属しているからだったのである。

称してきた。西部の大学には、同じように自称している所は多い。私はむしろ、西部のプリンストンと称すべきではないかと、昔からいつも考えてきた。別に、なるほどと人を納得させるほどの根拠など全然ないが、スタンフォードもプリンストンも、共通している点が少なくないと思う。どちらも、実際、嫌になるほど金があるし、大都会から、どうにも落ち着かない距離にある。もうひとつの共通点として、いささか自己満足の気《け》があることも挙げていいかもしれない。それはともかく、大都市との距離という点について言えば、プリンストンの町に住んだことはないけれども、パロアルトがサンフランシスコから、実に具合の悪い距離にあることは確かで、一日で用事を片づけて帰って来るには遠すぎる。一晩泊まらなくてはならないが、そうなると、あらかじめ計画を立て、予約とか何とか、準備が必要になってしまう。だから結局、サンフランシスコに出かけることは、意外に少なくなってしまうのである。

そのこと自体は、別に問題ではなかった。世の中には、サンフランシスコという町のことを、やたら褒めそやす人々がいるけれども、私にはそんな趣味はなかったからだ。この点、サンフランシスコもスタンフォード大学と同様、いささか自己満足の気《け》があるのではないかと思う。今でこそブランデージ・コレクションという美術館ができたけれども、それ以前は、ホノルルの美術館に匹敵する程度の美術館すらなかった。言うまでもなくホノルルは、規模から言えば、サンフランシスコのほんの何分の一しかない都市である。新しくサンフランシスコに来た人は、いつでも同じことを尋ねられる。私も実は、同じ質問を受けるのが楽しみだった。この町は、ほかでは滅多にお目にかかれないほど美しい、そう思いませんか、という質問である。シカゴの方が、都市としてもっと美しいと思う——そう答えた時の相手の表情たるや、まことに忘れがたいものだった。まるで気のふれた人間と出会ったみたいに動転し、そそくさと立ち去ってしまうのだったが、もうしばらく相手になってくれさえすれば、私の答えがどういう意味か、喜んで説明したいところだった。私の言いたかったのは、サンフランシスコの美しさは、確かに神様のお造りになったものであるのにたいして、シカゴのミシガン・アベニューの美しさは、まさしく人間の作りあげたものである——私は実は、そう答えたかったのだ。

パロアルトは、実に静かな所だった。車の音は大いにあったけれども、人々の生活のざわめきがない。教員の宿舎の列は、それぞれ手入れの行き届いた庭が次から次へと連なっているだけで、ほとんど人の住んでいる気配がない。かつてニュージーランドのクライスト・チャーチを訪れた時、私たち旅行者のパーティーをガイドしてくれた女性は、あらゆるものがいかに英国流か、執拗に強調し続けるので、私はついに言ったのである、「でも私には、何もかも、カリフォルニアそっくりに見えますがねえ」。女性は気に障《さわ》った様子だったが、私の言葉も効果はあった。それ以後、女性はもう、英国そっくりを強調しなくなったからである。

こういう静かな所としては、多分、ふさわしいことだったのだろうが、私がパロアルトに住んでいた間に、一番強く記憶に残った瞬間は、二つとも、完璧な沈黙の瞬間だった。ひとつ目は、ナショナル・リーグのプレーオフで、ジャイアンツがドジャースを破った時である。沈黙は、キューバ危機の時よりも深かった。キューバ危機では、いつミサイルが飛んで来て、われわれは一人残らず死んでしまうのではないかと、誰しも不安を禁じえなかったものだが、あのプレーオフの試合の時は、一瞬、それこそ死んだような沈黙が支配した後、自動車のクラクションが、まさしく狂ったように一斉に鳴り出し、私のように、家にテレビのない少数派にも、何が起こったかすぐに分かった。

二番目は、ある日の朝のことである。太平洋岸では、まだ朝だったのである。ケネディの暗殺された時だった。まだ赤ん坊だった人はともかく、あの日、生きていた者は誰もみな、あのニュースを聞いた時、自分はどこにいたか、今でもはっきり覚えているという。私はちょうど、日本の古典文学のうち、滑稽を狙った散文の作品について、主題にふさわしいウイットを利かせて、講義を始めようとしている時だった。ニュースを知っても、私は授業を続けたが、ウイットは然るべく抑えた。後で学生に言われたのだが（カリフォルニアの学生は率直である）、あの時授業を打ち切らなかったのは、あまりいい判断ではないと思ったという。スタンフォードは、単にカリフォルニアという一地方だけの大学ではなく、「全国的な」大学であることを誇りとしているけれども、にもかかわらず、ほとんどの学生は、いかにも健康で顔立ちのいいカリフォルニア人だ――少なくとも、当時はそうだった。ここで教えていて愉快だったことのひとつは、フットボールの試合の日には、学生たちがみな、枢機卿の法衣さながらの、緋色の服に着飾っている壮観さだった。

カリフォルニアで教え始めたこの一年、困ったことはいろいろあったが、中でも具合の悪かったのは、住居《すまい》の問題だった。

私の住んでいたのは、スタンフォードのキャンパスから（ちなみにこの大学ではキャンパスのことを、東海岸のハーバードでは「ヤード」と呼ぶのとは対照的に、「ファーム」と呼んでいるのだが）、カミノ・レアルの大通りを隔てた向かい側で、二部屋のアパートだった。しかし、いかにも味気のない、暗い住居で、陽光溢れるカリフォルニアに住んでいながら、こんな暗い部屋に暮らすというのは、ほとんど許しがたいことだった。ちなみに、昔から家族ぐるみで付き合ってきた友人の女性が、その頃はもう引退し、パロアルトの海岸寄りの、ポートラ・バレーにある老人ホームに住んでいたが、私のアパートに足を踏み入れるなり思わず叫んだ言葉は、この部屋の感じを、まこと端的に言い当てていた。「こんな所に住まなくちゃいけないとなったら、私、いっそ喉を掻き切っちゃうわ！」。

だが本当の悩みの種は、アパートそのものというより、部屋の面している小さな裏庭だった。車を一台駐車できるスペースと、木が一本。ほかには事実上、何もない。その木というのは、よく海岸に自生するアカスギで、自然界の中でも、特に威風堂々とした樹木のひとつとされる木だが、私はこの木が、腹の底から嫌いになった。手許に斧さえあったら、酔っぱらった夜など、いきなり庭に走り出て、切り倒してやりたいと思うくらいだった。暗くて、汚らしくて、見るからに横柄で、およそ木というものがそうあってはならない条件を、ことごとく備えているのだ。ロナルド・レーガンは、当時はまだカリフォルニアの知事にもなってはいなかったが、やがて非常な有名人になってから語った言葉に、今でも記憶に残っている言葉がある。サンフランシスコに本部のある、シエラ・クラブだったか、何か、環境保護運動の団体で、このアカスギ（アメリカスギともいう）の保護に躍起になっているクラブだったが、その集まりで、こう語ったというのである。「この木は、ほんの一本見ただけで、その種類の木をすべて見尽くしたことになる」。私は、たとえ条件つきであっても、レーガンの意見に同意したいと思うことはまずないけれども、ことアカスギに関しては、九カ月、この木と一緒に暮らしてみて、もうこれ以上一本も見たくないと、つくづく思ったものだった。

つい今しがた、「酔っぱらった夜など」という表現を使ったが、私はただ、ついうかうかと、成り行きに任せて酔っぱらったわけではなかった。いささか不幸な事実を示す証拠ということになるのだろうが、私が深酒をするようになったのは、実は、このパロアルト時代だったのである。東京にいた頃にも、酒を飲むのはよくないことだ、などという気持は全くなかった。そして実際、外交関係や、あるいは政府機関に勤めている友人たちのパーティーは始終あって、そんな時には、相当に酩酊することもめずらしくはなかった。大事なのは、実はこの「パーティー」という言葉なのだ。あの頃、酒を飲むのはいつも、友達と一緒の時だけだったのである。けれどもカリフォルニアに来てからは、危険なことは十分に承知していたにもかかわらず、一人で酒を飲み始めてしまったのだ。

いや、実を言えば、横浜でノルウェーの貨客船に乗った時から、一人で飲むことを始めていたのだった。出航の時、酒のストックはしこたまあった。友人たちが親切にも、きっと必要になると分かっていたのだろう、お別れのプレゼントに持たせてくれていたからである。ところがこの大量の酒を全部、カリフォルニアが見え始めるよりはるか前に、きれいに飲み尽くしてしまっていたのだ。スタンフォードで教え始めてから、やがて、一週間のうち実際に仕事のできる日は、わずかに水曜日一日だけだと考えるようになる。月曜と火曜は、前の週末の泥酔から回復するのにかかったし、木曜と金曜は、次の週末を待ちかねて仕事が手につかない。不幸な状況だと分かってはいながら、改めるのは容易でないことも分かっていた。ひょっとすると、故国に帰って来たこと自体が原因だったのかもしれない。あるいは、東京で身についた悪癖が、さらに悪化したということだったのかもしれない。私には何とも言えない。私に言えることはただ、もう二度と、あれほどふんだんに時間を浪費することだけは、二度としたくないということだけだ。

よく分からないが、多分、ありえない話ではないと思う。スタンフォード時代、非常に面白い夢を見るようになったのは、深酒を始めたからではないかと思うのである。毎晩のように、「起床呼集の夢」とでも称すべき夢を見るので、ついに、日記に書きとめることにしたのだった。いつも決まって、起きなくてはならない時刻になると見るのだが、いつでも違う名前で呼ばれて、起きろと命令されるのだ。例えば、次のような夢を書きとめている（最初の頃に見た夢は、わざわざ日記に書くほどの値打ちがあるとは思わなかったので、記録に残ってはいないのだが）。

「アントニー・ピュール、今すぐ起きなさい」
「アルフレッド・A・リー、今すぐベッドから出なさい」
「エズラ・ブレイクウォーター、直ちに起きなさい」
「ノエル・ヴァン・バンドル、直ちに起床せよ」
「さっさと起きろ、ドゥアー・リグリー」

この二晩後には、自分がネルー尊師の後継者になり、その名も「ドゥインジ尊師」になっている夢を見た。

「ローラ・トゥーホッグズ、今すぐ起きろ」

「ミリー・モナドノック、今すぐベッドから出なさい。本気で言っているのよ」

私は夢というものに、それほど大きな意味は認めない。精神分析の材料に使おうとも思わないし、未来を予見する手段にするつもりもない。なるほど、どんな夢を見たかによって、その夢を見た時、私が楽しかったのか、それとも悲しい気持でいたのかくらいは分かるし、それにまた、起きている時より眠っている時の方が、自分が想像力豊かなように思えるということはあるかもしれない。しかし、それ以上大したことを教えてくれるわけではない。今引いた例の中には、私が「ローラ」とか「ミリー」だとか、女の名前で呼ばれる場合もあった。つまり私は夢の中で、両性具有になっていたわけだが、人によってはこのことに、何かしら深い意味を読み取ることもあるのかもしれない。

オードブルを取り分けたりするのに使う、先がフォーク状に分かれたスプーンで髭を剃っている夢を見た。ずいぶん長く時間がかかったが、よく切れた。

アデレイデ伯母さんは、本の前半分は絶対読まないという夢を見た。

これは、例の、かつて横浜に住んでいた伯母さんのことである。この頃はもう、コロラド・スプリングズに戻っていた。

小説の書評を頼まれた夢。本が送られて来てみると、一巻本ながら六〇〇〇ページもあった。

私のお気に入りの夢の中には、なかなかいいノンセンスと思えるものがあって、狂った論理とでも称すべき理屈が、それなりに通っている。

テックス・ウェザビーに、彼の資産を一五〇〇万で売らないかと切り出した夢。「ドルでか、それとも円か」と聞くから、ドルだと答えると、「それなら売らない」と彼は言う。

ウェザビーというのは、GHQ時代の同僚で、後に、ウェザヒルという出版社を興した男である。本当の名前はメレディスだったのだが、外交セクションではみんな、「テックス」というニックネームで呼んでいた。テキサスの田舎の中でも、一番草深い田舎、ウェイコーの出身だったからである。私は相変わらずニックネームで呼んでいるが、彼自身は後年、この呼び方を嫌っていた。ちなみに、当時ドルは、円より数百倍の値打ちがあった。

昨夜、いとこのペギーの夢を見た。彼女と私は車に乗って、サン・ルイス・バレーの北側をドライブしていたが、まことにひどい状態だった。私はバラのベッドに落ちてしまっていたし、彼女はバーのスツールから滑り落ちていた。

「ペギー」とあるのは、私の特に親しかったいとこの一人で、本当の名前はエリザベス・ディロン・ボイヤーという。「サン・ルイス・バレー」というのは、コロラド州中部の谷で、リオ・グランデ川の源流である（それにしても、夢の中としては、ずいぶんはっきり、具体的な場所を設定したものだ）。

叔母さんのメアリ・ブラストマンから、卵を激しくかき混ぜ過ぎては危ないと、長々とお説教を聞かされる夢を見た。卵は反撃してくるからというのだ。

メアリ・ブラストマン・ディロンというのは、母の一番下の弟の未亡人で、やはり私の特に親しかった叔母さんだが、今は九十代になり、デンバーに住んでいる。

さて、こんな夢の数々を話してしまって、私は何か、恐ろしい秘密をバラしてしまったのだろうか。まさか、そんなことはあるまいとは思うのだが。

クリスマスにはコロラドに帰り、翌年の春にも、もう一度帰った。この時期、自分自身があれほど不満たらたらだったと書いておきながら、そのすぐ後でこんなことを言うのは、いささか変かもしれないけれども、コロラドの連中は不満ばかり口にすると、自分のことは棚に上げて、そんな感想を抱いたものだった。ひょっとすると、自分自身が不満を漏らすのは、他人の不満を聞かされるのほど、気にならないということだろうか。ただ、コロラドの人たちが口にする不満と私の不満には、ひとつ違っている点があった。私が不平を感じたのは、何か具体的、個別的な問題——例えば退屈にたいしてだった。ところがコロラドの親類たちは、いつでも「やつら」にたいして不満を口にするのだ。キャッスル・ロックは、当時は農業と牧畜を生業とする村だった。そして農家や牧畜業者は、アメリカ社会で一番甘やかされ、過保護を受けている人たちだった。だから、「やつら」が政府を指すと考えるのは、理屈から言えば無理なのだが、しかし漠然と、ごく大雑把にではあるけれども、「やつら」とは政府のことらしかった。世の中に具合の悪いことがあれば、何もかも政府が悪いせいだというわけである。キャッスル・ロックばかりではない。西部の農業地帯では、これが共通の話題なのだ。

コロラドに帰った時には、面白いこともあったし、心に残る経験もいろいろあった。簡単な日誌は別として、詳しい日記をつけ始めて以後、コロラドに帰ったのは、この時が初めてのことである。ちなみに、それまでの日誌の中には、一九五〇年代を通じて、コロラドのことはほとんど出てこない。

クラーク家で夕食。早目に家に帰る——家といっても、今は荒れて、ほとんど吹きさらしの感じだが。まだ寝るのには早過ぎた。というのも、昨夜の夜更かしのつけが急に出てきて、とても寝つけそうにない。第一、床についても何にもなるまい、あの小さな犬が、炉端から動こうともせず、一晩中吠え続けているのでは。兄の話では、あの犬は耳が聞こえなくなっていて、昔聞いたコヨーテの声を、あたかも今聞こえているかのように思って、ああして吠え続けているのだという。

兄といとこが射撃の練習をしている間、銃には興味のない私は、あたりをあちこち歩き回った。見事に晴れあがった日で、マキバドリがしきりとさえずり、時折、銃の乾いた音がピーンと響く。それにしても、生まれた土地の一番の特質が、帰ってくるたび、新しい響きとして胸を打つ。この、静けさ。大陸の中心部を占める、この静寂。ミツバチの羽音、マキバドリのさ

えずり、家の背後で眠り続けている常緑樹の、枝のさやぎ、だが、やはり、何よりも、この静けさ。（一九六三年三月二十二日）

カイオアまでドライブ。自然の景観は常に静かで、美しい。黒松が黄金色の大地からそびえ立ち、ほとんどコロラドとは思えぬほど、緑溢れる風景という印象を与える。やがて松林を出ると、大平原が眼前に広がっていた。あまりにも光まぶしく、目を細めなくてはならないほどだ。

朝のうちは曇っていたが、今日もすばらしく晴れあがった一日。ぜひにも外に出て、草の上を転げ回りたくなるような日和だ。そして今日も、うるさいほどのマキバドリの声。ディック伯父さんが、今年初めてのコマドリを見つけた。

引用の最初に出てきたクラーク家というのは、このディック伯父さんと、娘のメアリのことである。伯父さんは、祖母の姉の一人、ルーシー大伯母さんの夫で、だから、正確に言えば大伯父に当たるわけだが、この二年後、一九六五年の夏に亡くなる。谷崎さんが他界して数日後のことだった。私はちょうど東京に来ていたが、伯父さんの訃報を受け取って、日記にこう書いている。「これで、開拓者の世代はついに断えてしまったことになる。かつてデンバーの大通りを、家畜の群れを追って通ったことを覚えている人が、今、どこにいよう」。

一九六三年の七月、東京に帰る準備をしている時、二年目もスタンフォードで教えてくれるように求められて、実は驚いた。一年目の私の仕事ぶりが、控え目に言っても期待を満たすものだったとは、思ってもいなかったからである。それに私の同僚たちが、たとえどれほど寛容でも、もう一年間、私の愚痴を我慢してくれるだろうとも考えてはいなかった。一も二もなく、私は依頼に同意した。ひょっとすると、自分で決める代わりに、誰かほかの人に決心をつけてもらいたかったのではないかと思う。後一年スタンフォードにいるということは、これ以後しばらく、ここで教え続けることになる可能性が大きい。そして実際、そのとおりになったのである。私は今までいつも、誰か他人に決心させてもらうのを、得意にしてきたのかもしれない。

それにしても、このパロアルトでの最初の一年を、少々暗く描き過ぎてきたかもしれない。なるほど退屈してはいた。しかし、それほど惨めで不幸だったわけではない。昔からの友人にも、新しくできた友人にも恵まれていたし、同僚たちも親切にしてくれた。優秀な学生も大勢いたし、確かに住処《すみか》は理想的ではなかったかもしれないけれども、仕事の場所は美しかった。東京とは、比較にもならないほどに美しかった。仕事の場所がどんな所かなどというのは、何より大切というわけではないと今でも思うが、しかし、大切であることは、やはり事実には違いない。

昔からの友人の中には、チャールズ・ハミルトンもいた。当時は、カリフォルニア大学のバークレー校で司書をしていたが、彼と一緒に、よく北カリフォルニアを探索し、どこへ行っても、ほぼ例外なく美しいと思った。サンフランシスコより北の海岸には、一種野性的な美しさがあったし、シエラ丘陵地帯の昔の金鉱地帯は、かつては野蛮、残忍な行為がさかんに行なわれた所だけれども、今は、比べるものもないほど温和な美しさがあった。二人とも、古い墓地を探索することが好きで、特に、かつてゴールド・ラッシュで沸いた土地の墓地は、いかにも悲しいと同時に、興味が尽きない。「不思議だと思わないか？」――十九世紀の中頃、若くして世を去った娘の墓石を見つめている時、チャールズが言うのである。「彼女が美人だったと、当然のことのように決めてかかっているというのは」。中国人の墓地も見たいと願っていたのだけれども、結局、ひとつも見つからなかった。かつては、墓石の下には遺骨が埋まっていたのだろうが、とうの昔に中国に持ち帰られ、墓標もなくなっていたのである。

パロアルトで暮らした最初の年は（ということは、ほぼ、一九六二年から六三年にかけての一学年に当たるわけだが）、自分の自動車をもっていた最後の年でもあった。この点、アメリカ人としてはごく稀なことだけれども、私は、できれば自動車をもたない主義である。どうして車が嫌いなのか、自分でもよく分からない。ただ、私にとって自動車は、「機械装置」の部類に入る。そして私は、「機械装置」が嫌いなのだ。もう六十年ほど前のことになるけれども、アイルランドのいとこがコロラドに訪ねて来た時、自分は「機械アレルギー」だと話していた。私は、まだほんの若僧だったが、彼の言う意味がよく分かった。私にとって、「機械装置」の定義は何かといえば、使い方を習わなくては使えない代物、ということになる。だから、例えば缶切りは機械装置だが、サイダーを飲むストローは機械ではない。

東京で生活し始めた頃には、何台も車をもっていた。当時、道路はもっぱら、われわれアメリカ人のためのもので、銀座通りを車で飛ばしてゆくのは、なかなか愉快なことだった。兄が、ロサンゼルスのフリーウェイを飛ばして楽しんだのと、つまりは同じことである。けれども、日本人もすぐに金ができ、自動車をもつようになった。そうなると、交通事情が悪くなることは目に見えている。最後の車を売ったのは、一九五二（昭和二十七）年の夏、サンフランシスコ行きの船に乗る直前のことだった。

カリフォルニアで乗っていた車は、実は私の物ではなかった。友人のトマス・カーライル・スミスが（ちなみに日本史の専門家として、すでに名をなしていた人物だが）、その年はパロアルトを留守にするので、私に使わせてくれたのである。パロアルトは、ガーデニングと乗馬と子供のしつけにはいい場所だと言ったのは、実はこの男だったし、それに、奥さんのジェニーは、夫妻がバークレーに去り、私はミシガンのアナーバーに引っ越した後で、みんな実は、私のパロアルト批判に賛成だったのだと明かしてくれた人だった。この自動車は、私のことが気に入ってくれたのではないかと思う。というのも、この車を返す時、言われたとおり、黄金色の丘にある夫妻の家の車寄せに止めておいたのだが、車はそれ以後、もう二度と走ろうとはしなかったからである。私もそれ以後、自分の車をもつことはなかった。乗るのはいつでも、レンタルの車か、友人や親類からちょっと借りた車だけだったのである。実際カリフォルニアですら、車なしでも、何とかやってゆくことはできる。公共の交通機関は、なるほど不十分ではあるにしても、使い方さえ分かっていれば、それなりに使えるからだ。もちろん、身近に友人がいて、いざという時、頼りにできるに越したことはない。しかしロサンゼルスでさえ、車なしで生き残ることも、やむをえない場合なら、できなくはないと思う。

夏休みを東京で過ごし、秋になってパロアルトに帰ってくると、カミノ・レアルの反対側にアパートを見つけて引っ越した。こちら側の方がいい地域とされていて、カレッジ・テラスという名前である。「テラス」とは、高台を走る街路の意味だが、なぜ「カレッジ」という名前がついているかと言えば、カミロ・レアルに平行して走っている道路にはみな、大学関係の名前をつけることになっているからだった。カレッジ・テラスは、細い水路と大通りを渡った向こう側だが、この水路も通りも、「スタンフォード」という名前になっている。もちろん、スタンフォード大学から取った名前である。

周囲の環境は前よりはよくなったし、それに、もうアカスギが、いかにも陰気臭く覆いかぶさることがなくなったのは、確かにありがたくはあったけれども、それ以外では、この新しいアパートも、今までと大して代わり映えはしなかった。ところがほんの数週間のうちに、新しくできた友人夫婦、アルフレッド・キルマーティンと奥さんのマリベルが、実に友達甲斐のある親切を見せてくれた。はるかに立派な住居《すまい》を見つけてくれたのである。アマースト・ストリートの彼らの家からすぐの所で、通りを登りつめた頂上のあたりだった。ちなみにこの通りの名前が、マサチューセッツの有名な大学にちなんだ命名であることは言うまでもない。この通りから少し坂を下った道には、ボードンとかコロンビアという通りもある。もちろん、どちらも大学の名前である。

新しい家は、小さいけれども実に愛すべき住居で、あたかも、ディケンズの『荒涼の館』の最後に出てくる理想の小屋のようだった。ちゃんと庭も付いていたが、草が伸び放題になっていたので、早速その手入れにかかった。天気が悪い時は別として、できるだけ外に出ては、庭の手入れに精を出したのである。特に、一日のうち一番美しい時間、夕暮れ時にはよく庭に出た。アマースト・ストリートから見上げる丘は黄金色に輝き、まさしく黄金の西海岸にいることを実感したものだ。かつてコロラド時代、家族の中で、いつでも庭の手入れを任されていたのは、ほかならぬ私だった。多分、生まれつき園芸の才に恵まれているのだろう。アマースト・ストリートには軒並み、美しい庭と自慢の家々が並んでいたけれども、その中でも私の庭は、一番見事な庭のひとつにすらなった。クライスト・チャーチの庭にだって、引けは取らなかったのではないだろうか。

マリベルは、御主人に先立たれた今も、やはりアマースト・ストリートに住んでいる。東京生まれの東京育ちで、東京について、いささかロマンティックなイメージを抱いているのではないかと思う。いつも彼女に言うのだが、そんな見方をしているのは、大人として東京に長く暮らしたことがないからで、東京にしろ日本にしろ、もっと長く住んでいれば、嫌な面もいろいろと目についてくるものだ。けれどもマメリベルは、私にそんなことを言われても、ただほほ笑んでいるだけである。私はその後、カリフォルニアに住まなくなってからも、何度となく東から西へ、西から東へとカリフォルニアを通り過ぎたが、その途中、一個所しか立ち寄る余裕のない時には（そういう場合がほとんどなのだが）、サンフランシスコに立ち寄ることにしている。何よりもまず、マリベルがどうしているか、会って確かめたいからだ。

キルマーティン夫妻がいてくれたおかげで、この二人に会う前に比べれば、パロアルトはずいぶん住みやすい所になったわけだが、もう一組、ジョージとキャサリンのサンソム夫妻のおかげも大きかった。正式に言えば、サー・ジョージ・サンソムとレイディー・キャサリンである。御主人は、言うまでもなくイギリスの高名な日本史家で、イギリスには昔からアマチュアの学者、いわゆるジェントルマン・スカラーの輝かしい伝統があるが、サー・ジョージはおそらく、その最後の一人だったのではないかと思う。つまり、大学教授ではなく、職業は別にもちながら、余暇に学問にいそしむ人たちだ。かりにアメリカにも似たような伝統があったとしても、どうしてイギリスに比べてこれほど極端に微弱だったのか、いまだに私には理解できない。

サー・ジョージのことは、実はすでに第三章の終わりで、GHQの外交セクションのこと、それに、私が短期間、外交官の仕事をした経験を述べたところで、一度触れたことがあった。あの頃の私は、できるものなら学者＝外交官として名を成したいと夢見ていたのだが、そんな私のモデルの一人が、まさしくこの、サー・ジョージだったのである。呼吸器の病気があったので（喘息か気腫ではなかったかと思うが、詳しいことは尋ねてみたことがないので、よく分からない）、乾燥した気候の方が楽だから、夫妻は、春から秋まではパロアルトで過ごし、冬は、アリゾナ州南部のトゥーソンに移るのだった。カリフォルニアの北部は、冬は雨が多いからである。まだ東京に住んでいた頃にも、ごく短期間パロアルトに滞在した時、一度夫妻に会ったことがあったが、今度は、ごく親しくしていただくことになった。サー・ジョージも、実はスタンフォードで役職についていたからである。夫人の回想記、『サー・ジョージ・サンソムと日本』によると、「名誉顧問教授」だったとある。はたしてどういう地位なのか、こういう肩書は聞いたことがないので、よく分からない。

夫妻は、スタンフォードのキャンパスから、フーニペロ・セラ・ドライブの通りを渡った向こう側の、まことに美しい家に住んでいたが、ひょっとすると庭は、家自体よりさらに美しかったかもしれない。夫妻のためにわざわざこの家を建てたのは、あるオーストラリア人の資産家だった。というのも、そもそも彼が財産を手に入れたのは、戦争中サー・ジョージを通じて得た情報のおかげで、東南アジアで鉱業に成功した結果だったからである。本来なら、サー・ジョージ自身がその情報を利用して、自分が財産を築くこともできたはずだが、その情報を他人に与えてしまったというのは、いかにもサー・ジョージらしいことだったと言うべきだろう。常に度量の大きい、しかも謙虚で、深い学殖の持ち主であると同時に、優雅で、かつユーモアに溢れた人柄だった。要するに、本物の紳士に必要な要件をすべて備えた、紳士道を一身に具現する人物だったのである。だが庭のことは、全くキャサリンの領分だった。いかにもイギリスの女性らしく、ガーデニングの天才で、しかもその花々の背景をなしていたのは、北カリフォルニアの、あの美しい丘陵の連なりだった。

私がスタンフォードに来てからサー・ジョージが亡くなるまで、スタンフォードの教授にしろ職員にしろ、この御夫婦以上によく会った人は、多分、一人もいなかったと思う。二人のお宅を訪れる時には、初めのうちは人から借りた自動車（例の、持ち主に返したなり動かなくなった車）で出かけたが、その後は、自転車に乗って出かけた。自転車が、私の主な交通手段になったのである。

時折、パーティーのある時など、キャサリンから、手を貸してくれないかと頼まれて、バーテンダーの役を務めたこともあった。飲み物を用意したり、給仕したりするのは、実はあまり得意ではなかったけれども、何とかこなした。頼まれる飲み物は、ウイスキーの水割りが圧倒的に多かったが、もっと複雑な物を注文されると、ズラリと並んだボトルを指して、御自分でお作りになった方が、多分、うまくゆくんじゃないかと思いますが、などと、逃げ口上を打ったりもした。あるカクテル・パーティーで、お客に供すべき品物を、自分自身が好き勝手に消費し過ぎたことがある。キャサリンはやさしく、ちょっと休んだ方がいいのでは、と言ってくれた。翌日、お詫びに出かけた時にも、彼女は笑って言うのだった、
「いえ、とっても楽しかったわよ」。

知り合ってまだごく早い頃から、自分たちのことはファースト・ネームで呼んでくれと、しきりに言われたのだけれども、相手が相手だから、そう気楽にそんな呼び方はできない。何しろ「いと誉《ほま》れ高き聖マイケル及び聖ジョージ騎士団勲爵士」であり、おまけに「英帝国大十字騎士団勲爵士」であり、その令夫人なのである。だがやがて、努力してそういう習慣を身につけ、パロアルトに住んでいた間は、キャサリン、ジョージと呼ぶことになった。ちなみにサー・ジョージは自分の勲爵位《ナイト》の称号について、むしろイギリスの毛鉤《けばり》釣り協会の会員に選ばれる方が、はるかに誇らしいことだとよく口にしていたものだったのだが。

パロアルトの住人の中には、キャサリンは近づきにくいと感じている人が少なくなかった。私の親友で、沖縄と台湾の歴史を専攻していたジョージ・カーは（その後ホノルルに移り、一九九一年に他界したが）、キャサリンについてこんなことを語っていた。彼女は私のことを、それに私の妹のことも、まるで先住民みたいに扱ったというのである。確かにキャサリンには、イギリス上流階級の確たる自信がたっぷりあったが、私はむしろ、そういう点が大好きだった。それに彼女は、まことに美しい老夫人だった。実際の齢は誰も知らなかったけれども、サー・ジョージよりずっと若いはずだとみんな思っていた。サー・ジョージは、いかにも頼りなげな、ほっそりした老紳士だったからである。彼女が亡くなったという知らせが届いた時（私は当時、もうニューヨークに移っていたが）、彼女の年齢を初めて知って、みんな本当にびっくりした。彼女の方が、実は年上だったのである。サー・ジョージは、亡くなった時、八十代の前半だったから、キャサリンは、もう九十に近かったことにな

る。そんなことは夢にも思わなかったし、スタンフォードでは誰も、考えてもみなかったに違いない。一九三〇年代の彼女の写真が手許にあるが、世紀の年と同じ、三十歳代にしか見えない。だが実際は、もう五十代も半ばを過ぎていたはずである。

サー・ジョージについて、批判めいた言葉を吐いた人物は、二人しか思い出せない。スタンフォード大学出版局の編集部長、ジェス・ベルと、当時スタンフォードの日本学科の同僚で、後にカリフォルニア大バークレー校の教授になった、ヘレン・クレイグ・マカロックの二人である。ジェスは陽気な男だったが、編集を担当している間、本物の野蛮人に二人出会ったという。そのうちの一人が、実はサー・ジョージだったというのである。サー・ジョージの日本史を編集するのは、どうやら悪夢だったらしい。残る一人の野蛮人とは誰だったのか、ジェスは話そうとはしなかったが、ただ、やはりスタンフォードの教授で、君もよく知っている人だ、しかも、誰からも完璧な紳士と思われている人物だとだけ言った。ヘレンの方は、ある晩、バークレーからパロアルトに車で帰ってくる途中、いつもに似合わず鋭い口調で、サー・ジョージは学者ではないと語った。彼女はかつて、サー・ジョージの研究上のアシスタントをしていた経験のある人だった。

逆にサー・ジョージが、批判めいた言葉を漏らした人物が三人いた。今言うヘレンと、もう一人、別のスタンフォードの教授と、サー・ロバート・クレイギー、つまり、サー・ジョージが東京で勤務していた時、その上司のイギリス大使だった人である。ヘレンについては、学識はあるが教養がないというのがサー・ジョージの評価だった。これには私は同意しかねた。ヘレンは貪欲な読書家だったし、それも立派な本を読んでいた。そんな人が、今になってもまだ、教養がないままでいるはずはない。彼女には、断固としてカリフォルニア流を貫き通すところがあった。というのも、カリフォルニア州の北の涯《はて》の、いささか後進的な地域の生まれだったからだが、そんなところが、サー・ジョージには気に入らなかったのかもしれない。それに、先程も書いたとおり、ヘレンはサー・ジョージのアシスタントだった。そして、著者とアシスタントとの関係というのは、弁護士と依頼人との関係、あるいは夫と妻との関係などと同様、他人からは、容易にうかがい知ることのできないところがあるものだ。もう一人のスタンフォードの教授の場合は、一種、知的な冗談といった評言で、同意するとかしないとかいう種類のことではない。あの教授は文学を、論文を書く材料としてしか見ていない、というのが、サー・ジョージの批評だった。

ある時、サー・ジョージがある人物のことを、「あのヒヨッ子」と呼んだことがあった。誰のことを指しているのか、その場にいた者はすぐ分かった。サー・ジョージが、いささかなりとこれに類した形容を使う相手は、かつての駐日大使、サー・ロバート以外にはありえなかった。

キャサリンの回想録によると、この敵意は、サー・ロバートの方でもやはり感じていたらしい。結局のところこの対立は、事実を知っている者と知らない者との間の軋轢《あつれき》だったのだ。サー・ロバートは東京に着任した時、極東については何の経験もなかった。ところがサー・ジョージの方は、当時の誰よりも日本のことをよく知っていた。当時の数千万の日本人自身より、深く知っていたのである。二人の間の対立は、単に一般的な事柄ばかりではなく、個々の具体的な政策にかかわるものでもあった。サー・ロバートの考えでは、日本の指導者の中にも穏健派があり、その力を借りれば、日本がドイツのような方向を取るのを防ぐことができるはずだった。ところがサー・ジョージの判断では、かりにそうした一派があったとしても、あくまでも少数派にすぎず、無力だった。そして結局、サー・ジョージの判断が正しかったことは言うまでもない。外交官の間では、サー・ロバートが、第二次大戦の直前ヒトラーにたいして融和政策を取り、見事に裏をかかれたイギリス首相、ネヴィル・チェンバレンにも比すべき人物と見なす向きが多かったのも、けだし、理由のないことではなかったのだ。

東京在任中サー・ジョージを悩ませたのは、サー・ロバートとの対立ばかりではなかった。さらに頭の痛い問題は、まさに日本そのものだった。日本は今や、まことに耐えがたい国になっていたのだ。一九四〇（昭和十五）年八月、当時ニューヨークにいたキャサリンに宛てた手紙で、サー・ジョージはこう書いている。「当地の生活は、今や全く我慢の限界を越えています。……野良犬どもが吠えている。こんな雰囲気は、今まで一度も経験したことがありません。行動の規範というものが、もうどこにも残っていない。何をやろうと、目的さえ達せられれば、正しいということになってしまう。毎日、何かしら重大な問題が起こらない日はありません。時にはそれが、二つも三つも重なることすらめずらしくない。細かい問題となると、それこそ数え切れないくらいです。最善の策は、東南アジアからイギリス人をことごとく退去させ、シンガポールまで引き退がることではないか――そんなことすら考え始めています。爆弾さえ心配していればいいのなら、いっそ幸運というものだとさえ感じられるほどなのです」。

しかし、これほどひどく神経を逆撫でされる状況にありながら、サー・ジョージは日本にたいして、きわめて公平、公正な見方を失わなかった。私自身の場合と比べて、はるかに公平だったと認めざるをえない。それに私の場合、苛立ちの原因はただ、進歩的文化人だけにすぎなかったことを思えば、サー・ジョージがいかに公正だったか、あらためて感心せざるをえないのである。

サー・ジョージのユーモアのセンスは、なかなか渋味が利いていて、見事だった。例えば彼の「難破」の体験談など、まことに滋味掬すべきものがあった。ある時、日本の船に乗って韓国の港に入港している時、港の入口は無事に通ったものの、停泊するはずの埠頭の方向に曲がりそこねて、真っすぐ砂浜の方に向かって進み、あれよあれよというううちに、そのまま浜に乗り上げてしまった、こうして私は難破したのだ、というのである。

チャーチルと交わした会話の話も面白かった。なにか大勢の集まりの時、気がつくと、すぐ隣にこの大政治家がいる。中国に関し、わが国が必ずや直面するはずの諸問題についてお話ししたいのですが――サー・ジョージがそう切り出すと、チャーチルは、「いや、中国は大丈夫、中国は問題ない」、そう言うと、もっと気楽な話相手を探して、人混みを掻き分けて去って行った、というのである。

一九六四年十一月二十四日の日記にも、サンソム夫妻を訪ねたことを記している。この時は、日本の古典詩歌が専門の同僚、ロバート・ブラウアーと一緒だった。

キャサリンは快活でおしゃべり、サー・ジョージも時にほとんど、悪戯《いたずら》っぽいと言いたいほどに陽気だった。カリフォルニアでは、狩猟のシーズン中にウズラを撃つには許可証は必要ないが、シーズンでない時に撃つと許可証を取り上げられる。サー・ジョージがそんなことを口にすると、ロバートはただ、全く何気ない言葉だと思ったようだが、サー・ジョージの目には、悪戯っぽい表情が光っているのを見て、私は思った。ああ、昔ながらのサー・ジョージが、今夜はもう一度帰ってきたな。しかし、ひょっとすると、これが最後の再来になるのかもしれないが、と。

そして実際、これが本当に最後だったに違いない。夫妻は、この後まもなくアリゾナに旅に出て、その旅から、サー・ジョージは、ついに帰って来ることはなかったのである。

キャサリンは早くから、あなたはカリフォルニアにずっと住むことになるだろうと語っていた。そこで、これからの長い生活が楽しいものとなるようにと、私のために、友人を見つける仕事に取りかかってくれた。サンフランシスコ湾と太平洋との間に延びる半島一帯から、金持ちで、しかも付き合って面白い人たちを、いろいろと紹介してくれたのである。何せこの一帯は、アメリカ中でも一番裕福な地域のひとつなのだ。こうして、キャサリンが植えつけようとした友情のうち、本当に根づいたのは、実は、ルース・リリエンソールとの交友だけだった。サンフランシスコ空港を見下ろす丘の上に、大きな美しいお屋敷を持っていた。至る所に、貴重な現代美術の作品が溢れ、広い庭は、特に春は見事だった。一面に桜草が咲きそろうのだ。彼女の旧姓はハースだったが、多少ともカリフォルニアのことを知っている人なら、彼女が大変な資産家であることはすぐに分かったはずだろう。ハース家は、莫大な利益を上げているレヴィ・ストロース財閥の総帥である。

初めてリリエンソール家のディナー・パーティーに招かれた時、その模様を記した日記の描写には、賛嘆を通り越して、むしろ畏敬に近い気持すら表れている。

幸い誰もがギリシャのことを話したがっていたので、日本の話をしなくてすんだ。大体において女性たちの方が、男性より優れているように見えたが、中でもリリエンソール夫人は、誰よりも立ち勝っている。

実に素晴らしい女性だ。そして彼女の性格のこうした温かさが、彼女の裕福さを生み出すひとつの要因ともなっているように思える。彼女がどれほど豊かであるか、初めて思い知ったのは、私の座っているすぐ頭の上に、ブラックの絵が掛かっているばかりか、向かい側にはルオーの絵が、さながらステンドグラスのように輝いているし、部屋の外のホールには、オーストリアの表現派の巨匠、オスカー・ココシュカの作品が掛かっているのに気がついた時だった。彼女を知った後で、どうして二度と信じることなどできよう、金持ちのアメリカ人は俗悪である、などという俗説を。

彼女の家で週末を過ごしたことは、ほとんど数え切れないほどだった。彼女はいつも階下のキッチンに降りて行って、お客のために自ら夜食を用意してくれる。私も一緒に降りて行って、よく手伝ったものだが、あの広々とした台所で、あの小柄な女性が、おびただしいポットやパンに囲まれて仕事をする姿は、忘れがたい光景だった。人に頼もうと思えば、当然のこと、召使いは大勢いるにもかかわらず、いつでも自分自身で用意しようとするのである。

彼女を知った時には、御主人はもう亡くなっていた。フィリップという名前だったが、彼女にはまた、同じフィリップという名の義理の甥がいた。このフィリップは、長い間カリフォルニア大学出版局の局長を務めていた。美男で、金持ちで、相応の社会的地位もあり、人生で望みうる最良のものを得ているように見えていた。ところが、自殺してしまったのだ。詩人E・A・ロビンソンの描いた人物、リチャード・コウリーにそっくりのように思えた。「わが家の上には、暗い影が落ちているのよ」。ルースは一度、そんな言葉を口にしたことがあった。ハース家のことではなく、リリエンソール家のことを指して言ったのだが、それ以上詳しく、その言葉の深意を尋ねることはしなかった。

一九七〇年二月二十八日の日記に、私はこんなことを書いている。カリフォルニアを去ってミシガンに移ってから、数年後のことである。

夜、カリフォルニアから長い電話。ルース・リリエンソールとキャサリン・サンソムからの電話だ。キャサリンは、ホノルルから帰って来たばかりらしい。二人は、澄み切ったカリフォルニアの夕映えの中を、ウッドサイドに出かけようとしていた。その時、ふと私のことを思い出したのだという。なぜか。ヴィレッジ・パブの店へ行こうとしていたのだ。しかし、なぜヴィレッジ・パブが私を思い出させたのか。キャサリンがトマト・ジュースをこぼし、ランプのシェードを汚してしまって、私が大慌てしたのがあの店だったからだそうだ。

ウッドサイドというのは、サンフランシスコ湾と太平洋の間の丘陵地帯にある町のひとつで、実にきれいな、かつ、非常に裕福な所である。かつて映画の名子役として鳴らしたシャーリー・テンプルも、たまたまこの町に住んでいるが、この下院議員選挙区に住んでいるユダヤ人の大多数と同様、シャーリー・テンプルが選挙に出ることになった時、ルースは彼女など相手にしなかった。「上院にはジョージ・マーフィー、知事にはロナルド・レーガンを支持します。しかし、下院にシャーリー・テンプルを推すぐらいなら、私は別の選挙区に引っ越します」――ルースはそう公言したのだ。シャーリーは落選する。そしてルースは、他界した時も、やはり同じサン・マテオ郡に住んでいた。

一九六三年の十一月には、サー・ジョージの八十歳の誕生日を祝うパーティーがあった。幸いこの時は、飲み物の世話は頼まれずにすんだ。まことににぎやかな集まりだったが、日記に書きとめているのは、サンソム夫妻に関したことでもないし、パーティー自体に関しても、ほとんど何も書いてない。サー・ジョージが亡くなったのは、この二年後、一九六五年の春、アリゾナ州トゥーソンの旅先でのことだった。その知らせが届いた時、私もトゥーソンまで行ってお手伝いしましょうと申し出たのだが、キャサリンは、それには及びません、息子がイギリスから来てくれますからということだった。アリゾナの山中に、彼女の生まれ故郷のヨークシャーを思い出せる谷があったので、遺骨はそこに葬ったという。その場所について、キャサリンが、正直な気持を述べていたことに疑いはないと思うけれども、しかし、たとえ『嵐が丘』の舞台となった土地であっても、アリゾナのあの荒涼たる美しさに匹敵するものがありうるとは、やはり信じがたいように思えるのだが。

キャサリンと御子息のマイケル・ゴードンは、いったんカリフォルニアに戻り、スタンフォードの住居を閉じて、イギリスに帰った。その後キャサリンは、アメリカを訪れることはあったけれども(先程のランプシェードの話は、その時の出来事である)、二度とアメリカに住むことはなかった。最後に彼女に会ったのは、一九六七年、アナーバーでのことである。九月、うちでパーティーを開いた時、キャサリンも来てくれたのだ。ちょうど、講演で町に来ていたライシャワー教授も一緒だった。その年のアナーバーのシーズンは、特にこれといった出来事は少なかったが、その中では、これは記憶に残る出来事のひとつだった。カリフォルニアを離れる前、キャサリンはいくつか記念の品を贈ってくれて、私は今も、手許に置いて大切にしている。サー・ジョージ自ら「有名な弓」と呼んでいた物で、中世の日本の武士が、実際に使っていた弓だと言う。かつて長谷川如是閑が、ステッキに使ってはどうかと、サー・ジョージに贈った品だった。如是閑は、サー・ジョージより十歳ほど年長だったが、サー・ジョージより数年長生きした。戦前からリベラルなジャーナリストとして活躍し、軍閥にさえ批判を加え、戦後は大いに敬意を集めたことは言うまでもない。この弓は、今も、油断なく身構えた雰囲気を漂わせて、ホノルルのわが家の玄関に鎮座している。時々、ステッキとして散歩に使うこともある。

一九六五年三月二十六日の日記には、こんな一節がある。


夜、ブラウアーと一緒にサンソム夫人宅へ。サー・ジョージが最後まで手許に置いていた本を調べて、役に立ちそうなものがあったら、持って行ってほしいと言われた。著者がじきじき署名して、サー・ジョージに贈った本ばかり、次から次へと頂くことにしてしまったが、ずいぶん厚かましい真似をしてしまったものだ。ただ、ウェイリーの献呈した本が一点もなかったのは、偶然ではないかもしれない。夫人は、この前よりさらにひどく茫然として、心ここにあらずという感じだった。夫人の気分がもう少し落ち着いた時、この本は全部返すことにしよう。

数日後の日記には、夫人は私たちの許を去り、イギリスに帰ったことを書きとめている。「彼女の言葉にそのまま従い、空港に見送りには行かなかった」とも。

夫人のロンドンの住所が決まった時、頂いた本のことで手紙を書いたが、あれはあなたの物だから、自由にしてほしいという返事だった。中でも貴重な書物——例えば、吉田元首相が自ら署名した回想録などは、今は東京の近代文学館に寄贈してある。

加えて、おびただしいサー・ジョージ自筆の手紙、それに、彼宛ての手紙がある。後者の中には、きわめて貴重なものも含まれている。例えば、サー・チャールズ・エリオットがサー・アーネスト・サトウについて、サー・ジョージに書き送った手紙など、かつて私があんなふうになりたいと切望していたイギリスの学者外交官の、偉大な伝統そのものを体現する資料と言えるだろう。一番年長なのは、言うまでもなくサー・アーネスト、一番若かったのはサー・ジョージだが、年長の二人は、ともに東京で対日外交政策の指揮にあたった。サー・アーネストは公使として、サー・トマスは大使として。エリオット大使の手紙は、一九二九（昭和四）年十二月二十一日、奈良ホテルから出したもので、冒頭にサー・アーネストについて書いた一節がある。

アジア協会から、サトウの追悼文を書くように頼まれています。名誉なこととは思いますが、応じられそうにありません。十分な知識もないし、調べる時間もないからです。私が初めて極東地域に足を踏み入れたのは、一九〇六年、単なる旅行者としてでした。サトウが北京公使を退職したのも、ほぼ同じ頃でした。彼が目にしたさまざまな変化について、また、その中で彼がどのような役割を果たしたかについて、私の知識はごく漠然としたものだし、それに、アジア協会は当然、彼の文筆活動を重要視するでしょうが、そうした面について書く能力も、私にはない。私が知っているのはただ、パーレットが一度口にした意見だけです。つまりサトウは、どんな問題について書いても、その問題が、いかにも退屈な事柄であるかのような印象を与えてしまう、というのです。回想の中で、そんなエピソードを紹介してみても、まさしく場違いというものでしょう。それに、そんな話を聞かされた私としては、サトウの著作をぜひ調べてみたいという気も、けだし、起こりかねるというものでしょう。

彼に直接会って話をしたことが、一度だけありました。一八九三年だったと思いますが、私がモロッコのタンジールから帰って来て、彼が代わりに赴任するところでした。彼はロンドンのホテルの大きな部屋にいて、黒い服を着た婦人たち、それもひどく陰気な、年輩の婦人たちに囲まれて座っていました。私の覚えているのは、ただ、彼があたかも一夫多妻主義者で、疫病か何かでハーレムの女たちを一度になくし、その母親たちとお悔やみの言葉を交わしているようだ——そんな印象を受けたことです。

サー・ハロルド・パーレットというのは、イギリス大使館の語学書記官で、日本語教育を担当していた人物である。サー・チャールズは、外交官勤務を引退した後、日本を再訪し、この時は奈良ホテルに逗留していたが、一九三一（昭和六）年、イギリスに帰る船上で客死した。文字どおりの意味でも、比喩的な意味でも、居丈高な人だったようだが、イアン・ニッシュ教授編の『英国と日本』という書物でも、わずかに一行しか触れていない。キャサリン・サンソムは、サトウが実は女性を怖がっていることをいち早く見抜いて、その後はうまく付き合っていたらしい。キャサリンは、必要とあれば、いじめ役を買って出ることもできる人だった。

サー・ジョージが、職務上の実績からすれば最高の資格があったにもかかわらず、なぜ駐日大使になれなかったのか、その理由として、いろいろの説を聞かされたことがある。例えば、秘かに日本人妻や子供がいたという事実が、災いしたのではないかという説もあった。しかし、にわかには信じられない。というのも、サー・アーネスト・サトウのような謹厳で、しかも十分に出世した外交官でも、やはり同じような家族がいたからである。あるいはまた、彼とキャサリンとの結婚が、教会で正式に祝福を受けるのに手間取ったことが、ひょっとすると原因だったのかもしれないという人もいる。この説には、多少は根拠があるかもしれない。

だが、一番説得力があるのは、フランク・アシュトン=グワスキンの説だろう。外務省では有名な人物で、ペンネームをジョン・パリスといい、日本を舞台にした小説を書いてもいるが、サー・ジョージとは古くからの友人だった人物である。彼の説によれば、結局すべては、いかにもお役所的な、杓子《しゃくし》定規な不手際のせいだという。その責任は、少なくとも部分的、間接的に、サー・ロバート・クレイギーにあったかもしれない。サー・ジョージは、上司のサー・ロバートと一緒では仕事ができないと悟って、まだ五十代で退職を決心することになったのではないか、という解釈である。

サー・ジョージの業績は、当然与えられるべき評価を与えられていないと思う。イアン・ニッシュ教授の本では、サー・チャールズ・エリオットよりは注目されているけれども、それでもただ、あちこちで断片的に触れているにすぎない。彼の死後まもなく、私は日記にこう書いている。

> ドン・ブラウンがイギリスの外務次官から聞いた話では、日本の外務省にたいして、何らかの形でサー・ジョージの追悼式を催すべきではないかと提案したところ、日本側は、全く何の反応も示さなかったという。サー・ジョージとは何者か、誰も知らない。ただ、聞き覚えのない外人の名前というだけでしかなかったというのだ。

ドン・ブラウンというのは、いわば蘊蓄《うんちく》の塊みたいなアメリカ人で、戦前は東京でジャーナリストとして活躍し、戦後は官僚として働いた。書物の収集にも熱心で、英独仏をはじめ、ヨーロッパで書かれた日本関係の資料を広く集めていたが、そのコレクションは今、横浜の旧イギリス公使館に収蔵されている。

スタンフォード時代にも、進歩的文化人には、相変わらず悩まされ続けていた。この時代の終わりに近くなっても、まだ同じ状況だったことを示す例が、日記にもある。

> クラレンスの店へ行ってビールを飲み、日本の新聞を読む。インテリには、またまたうんざりさせられる。例によって、神学論争的な詭弁だ。結論が先にあって、そこから逆に、議論のための議論を組み立てるやり方である（例えば、「中国は平和愛好国家である、従って……」云々という論法）。けれども多分、イン

テリというものは世界中、どこでも同じようなものなのだろう。

はっきり名指ししてはいないけれども、この危惧は、ハーバード時代、フェアバンク教授にたいして感じていた危惧に近い。中国がやることは何であろうと、どんな理屈をこねてでも、許す口実を見つけ出すのだ。

一九六六年の夏、私はパロアルトを引き払ってアナーバーに越すところだったが、その頃になってもまだ、日本の進歩派がどんな状況にあったか、日記の小さな記事からもうかがえる。荷物はすでにアナーバーに送り、自分自身は少し後から移ることにして、例年どおり、夏休みは東京で過ごしていた。「午後、帝国ホテルで佐伯彰一と会い、ガーデン・バーでビールを二杯ほど飲んでから、日本橋で寿司。佐伯は今、ある阿呆を相手に論争中であるという。その阿呆は、アメリカでは映画の『市民ケーン』が上映を禁止されている、なぜなら、あまりに反体制的と判断されているからだと、そんな他愛のないことを言い触らしているのだという」。

日記の日付は七月五日になっているが、それで思い出すのはライシャワー大使のことだ。その前日、七月四日の恒例のレセプションは、この年は開かれなかった。大使自身の判断で、あえて取りやめにしたのである。大使としては、この取りやめに十分な理由のあったことは理解できたが、それでもやはり残念だった。七月四日に大使館に行くのを、私はいつも、大いに楽しみにしていたからだ。今でもクチナシの香りを嗅ぐと、遠い昔の思い出がよみがえってくる。大使公邸の庭は、クチナシの花でいっぱいだった。今はなくなってしまったようだが、なぜなのか分からない。多分、誰か大使か、それとも大使夫人が、クチナシが好きではなかったのだろう。

ライシャワー教授が大使を務めていた時代は、ほかの誰が大使だった時代よりも、頻繁に大使館に出かけたと思う。日記には、大使館のことや大使のことがよく出てくる。大使は、ケネディ大統領からじきじき任命され、ケネディ時代の千日、それに、ジョンソン大統領が正式に再選されてからの最初の二年間、大使の職務を務めた。非常に親切な人柄で、私のような立場の者たちも、始終、大使館や公邸に招待してくれた。

にもかかわらず、日記に書き残している行文には、ある種の苦い調子が流れている。人物としては大いに好意を感じていたけれども、大使としての行動には、必ずしも好意的にはなれなかったからである。考えてみれば、昔のハーバード時代にも、似たようなことがあった。私は彼が好きだったし、彼も私に親切にしてくれたけれども、日本にたいする見方という点では、正直に言って、彼と意見を共にすることはできなかった。あれ以来、彼は日本人から、ほとんど神様扱いされていて、ボストンの郊外にある彼の家は、観光名所どころか、さながら神社に祀りあげられ、日本から来た巡礼の群れが、観光バスで続々とつめかけている。あまり厳密に、ひとつの原則と決めつけることはできないだろうとは思うけれども、大使が赴任先の国で過大な人気を博すというのは、必ずしもいいことではないのではあるまいか。少なくともライシャワー大使の場合は、必ずしもいいことではないと思えたし、今もそう思える。ハーバードでも、日本人にたいしてあまりに寛容でありすぎると思ったし、大使を務めた時期を通じて、やはり、日本人に甘すぎると感じざるをえなかった。

　日記には、こんな挿話も出てくる。「ジョンソンは、通産大臣の三木武夫に向かって、どこかに行く途中、こんなことを話したという（ただし、オウエンの耳には聞こえなかったというのだが）。『ライシャワーの給料は、少なくとも半分は日本人が払うべきだ』と」。オウエン・ザーヘレンは戦争中からの親友で、当時は大使館で政治担当の仕事をしていた。正直な男だから、彼が聞こえなかったという以上、ジョンソンは、実際そんなことは口にしなかったのかもしれないが、しかし、いかにも実際の話のように聞こえることは確かだ。ジョンソンは、もちろん、ケネディの後を継いだ大統領で、なるほど彼の言いそうなことではある。彼には一種、辛口のユーモアのセンスがあった。三木武夫は、後には首相の座につくが、この時は通産大臣だった。

　もうひとつ、これもオウエンから聞いた面白いエピソードがある。やはり、私などよりはるかに上の世界での話である。

　ウェンデル・ウッドベリーに会いにホテル・オークラに行く。……彼の部屋で飲んでいると、やがてオウエンが来た。今まで、ラスク長官の通訳をしていたのだという。

面白かったのは、藤山とラスクの話だった。藤山が例によって、アメリカはアジア人の物の考え方を理解しない、云々と不満を漏らすと、ラスクは言った。

「アジアに問題があるとすれば、それはアジア人自身が解決すべき問題だ」。後で側近たちだけになった時、ラスクは吐き捨てるように言ったという。

「クダラン！」


ウェンデル・ウッドベリーも昔からの友人で、当時は国務省で高いポジションにいた。アイオワ出身で、経済学を専攻したが、ハーバードから外交畑に入ったのである。学識と知能に恵まれているのに加えて、中西部人の常識をたっぷりもった人物だった。藤山愛一郎は、当時は外務大臣だった。大変な資産家で、首相になろうと必死に努力したものの、結局なれずじまいに終わった。日本の政治ですら、金がすべてではないことを例証する、ひとつの事例と言えるだろうか。

ライシャワー大使時代に話を戻すと、まだ比較的早い時期から、私がすでに経済問題について危惧を抱いていたことが、当時の日記から読み取れる。「ウェンデルは、大使館での自分の立場について、非常に不満を感じている。二級市民扱いされることが嫌になった、もうこんな仕事は辞めたいと言う。困るのは、語学担当の書記官たちが、一種の派閥を作っていて、経済問題などには何の関心も示さないことだが、しかし、実は経済こそ、今や日本との関係で、一番重要な案件のはずではないか——ウェンデルはそう言う。おそらく、彼の言うとおりに違いない」。

この記述には、多少の疑問がなくはない。これではまるで、オウエン・ザーヘレンを敵方の陣営に入れることになってしまうが、ウェンデルも私も、オウエンのことは、非常に高く評価していたからである。ウェンデルの言葉として引用する形を取っているけれども、この不満ないし不安は、実は、私自身の心の内で大きくなっていたもので、それを、こんな形で言葉にしたのではないかという気がする。つまり、自分自身の感じていた不安を、無意識のうちに、専門家の意見で裏付けてもらいたかったのではないか。こうした不安ないし不満は、はるか以前から生まれていたものだ。ハーバードで習った時からすでに、ライシャワー教授の日本にたいする見方は、いささか楽観的すぎるのではないかと危惧していたからである。しかし、かつての教授が、駐日大使として東京に赴任した今、アメリカは対日貿易において、恒常的な赤字に悩む状況に向かおうとしていたのだ。ライシャワー大使時代の後半には、ついにこの事態が現実のものとなり、そしてこの時以来、赤字は一度として消えたことはない。

この赤字は、かりにいつか消えることがあるとしても、ずいぶん時間がかかるに違いないと思っていた。こんなことを信じていたのも、経済のことには、根本的に無知だったためかもしれない。というのも、経済の専門家はほとんどが、為替レートさえ変えれば、赤字など自然に消えてなくなると語っていたからである。私がそんなことを考えていた原因は、まだほかにもあった。そもそも日本人は、何をやるにしても、実際にやっているうちに、その何かの性質を、微妙に変化させてゆく癖があるが、私はこうしたやり方を、十分意識していたということがそれだった。とはいえ私はこのやり方を、必ずしも意図的な欺瞞と呼ぶつもりはない。むしろ、生き延びるために取る、本能的な行動であると考えたい。ただその本能が、われわれほとんどの場合よりも、さらに高度に発達しているのだと見たいと思う。

実は私自身にも、こうした本能というか、直覚のようなものがあったのかもしれない。だからこそ、日米の経済関係についての予感を、かなり差し迫ったものと直感し、早速行動を取ったのだ。一九七〇年代に入ってドルが切り下げになり、ほどなく為替が変動相場制に移ると、ドルでもっていた多少の資産を、ほとんどすべて、円に交換したのである。日本はあれほどものすごく物価が高く、同時にドルがこれほどひどく安くなっているのに、よくあれだけ長く日本で生活していられるものだ、どんな工夫をしているのかと、よく人から尋ねられるのだけれども、答えは要するに、ドルがいったん、円にたいして値打ちが下がり始めると、容易なことでは止まるものではないと、早い時期に見越していたというに尽きる。ちょっとした小遣い程度の金は、その時々にあちこちから入ってはくるけれども、私は今でも基本的に、あの時に円に換えた金で生活している。家庭経済のやりくりの仕方としては、あまり褒められたことではない。基盤として残しておくべき金に、こんなふうに食いこんでゆけば、そのうち消えてなくなるほかないからである。しかしこうしたやり方で、東京で生活することが楽になったのは確かなことだ。それに、そもそも、金より前に、私自身の方が先に消えてなくなる可能性も大いにある。それはともかく、今ここで言いたいのは——というより、あらためて繰り返しておきたいのは、ウッドベリーの意見には、まったく同感だったということである。つまり当時、いかにも不吉な黒雲が、地平線に姿を現していたということ、しかもライシャワー大使は、そのことに気がついてはいないように見えたことだ。

『ニューヨーク・タイムズ』の伝えているところによると、ライシャワー大使と夫人のハルは、講演その他のスケジュールを次々にキャンセルされているという。理由は、彼らもまたアメリカの、ヴェトナムでの帝国主義的冒険に加担しているからだという。二人が困惑しているからといって、それ見たことかとほくそ笑もうとは思わない。それにしても、やはり、言ったとおりではないか。大して話し合うべき問題がない時なら、日本の左翼と対話することも可能だろう。しかし、いったん何か実質のある問題が持ちあがったとなると、対話など、またしても断絶するに決まっているのだ。

今引いた日記の記事は、ライシャワー時代もかなり後になってから、私自身の経歴でいえば、スタンフォード時代も終わりに近い時期のものだ。左翼との対話というのは、ある雑誌の記事に関係した問題で、実はこの記事は、そもそもライシャワー教授が駐日大使に任命されるきっかけのひとつになったものだった。『フォーリン・アフェアーズ』に出た記事で、ケネディ一家の目にとまることになったのだが、責任ある立場にあるアメリカ人と日本の左翼との間には、意思の疎通が断たれていると指摘し、ぜひとも両者の対話を再開すべきだと主張した論文だった。こうした対話が断絶していたことは、確かに事実ではあったとしても、問題は、はたしてその再開に、どれほど現実的な意味や可能性があったかという点だろう。少なくとも、「平和を愛好する」社会主義諸国との関係をどうするか、といった問題に関する限り、そんな対話など、そもそも成り立つはずがないではないか。私はそう考えたのだが、ライシャワー教授は、やはり再開すべきだという意見を表明していたのである。

一九六七（昭和四十二）年の夏、私がパロアルトを引き払ってアナーバーに移ってから——そして、ライシャワー大使の東京での任務が終わって、一年半ほどたっていた頃、私は日記に、こんなことを書きとめている。

オウエンが、吉田・ライシャワー会談について、面白い話を聞かせてくれた。吉田の発言のほとんどは、〔新聞発表では〕カットしなくてはならなかった。誰のことであろうと酷評して、馬鹿呼ばわりが十四回にもなったからだという。他方ライシャワーは、日本人について口当たりのいい話をした。すると吉田は、「大変御親切なお言葉だが、日本人は本気で信じたりはしないでしょう」。吉田の意見によると、世界の国々の中で、愚鈍さにおいて第一位は英国、第二位は日本だという。オウエンの考えでは、ジョンソンはライシャワーのような有名人になり、人気を呼ぶことはないだろうが、ジャーナリズムでは成功するだろう。理由は何より、中国に関して、説得力のある発言ができるからだ。

「ジョンソン」は、もちろん大統領のリンドン・ジョンソンではなく、ライシャワーの後任の駐日大使、U・アレクシス・ジョンソンのことで、最初は日本語担当の書記官として出発し、最後は国務省で重要な役職を務めた。吉田茂元首相は、かつてはロンドンで駐英大使を務めた経歴の持ち主だが、イギリス人は愚鈍だと述べた点について、もしこの一般論にサー・ジョージ・サンソムのことまで含んでいたとしたら、大いに驚きというべきだろう。二人はほぼ同年輩で（正確に言えば、元首相の方が五歳年長だったが）、お互い親しい間柄だった。もし吉田さんの念頭にあったのが、戦前の駐日大使クレイギーのように、日本の軍部にたいして融和策を取ろうとした人々のことであったとしたら、サー・ジョージも同意したに違いないとは思うけれども。

今引いた日記の一節にもあったような、つい笑ってしまうようなエピソードに出くわすと、私はどうも、黙って放っておくことができないらしい。そして実際、東京では始終、そういう出来事が起こる。少なくとも私自身の経験では、そういう面白い逸話の方が、げんなりする話よりは数が多い。だが近頃は、そういう出来事が次第に少なくなってきているような気がする。それとも、そういう事件にたいする私の関心が、少々鈍くなっているのだろうか。かつては、例えばこんな経験に出くわしたこともあったのだが。

　真夜中近く、〔家の近くの不忍池で〕ハスの花を眺めていると、警官が二人近づいてきて、パスポートを見せよと言う。今、手許に持ってないと答えると、署まで連れて行かれて、尋問ばかりか身体検査までされた。……三十分くらいも続いたろうか。結論は、まことにお情け深いものだった。家まで連れて行くから、そこでパスポートを見せてもらえば、それでいいとしようというのだ。そこで私は、生まれて初めて警察の車に、しかも、ただで乗せてもらうことになった。車は、やけにノロノロ走る。東京でこんなにゆっくり走ったことは、かつて一度もない。タクシーが猛然と飛ばすのとは大違いだ。これじゃあ、交通渋滞を起こしているのではないかと気になって、いつパトカーが飛んで来るかと、キョロキョロ見回してばかりだった。

日記でライシャワー大使に触れている個所のうち、今読み返してみても興味があるのは、日本人や日本政府にたいする見方や行動に関して、意見が違うことを述べている所だろう。しかし、全部が全部、そんなことばかり書いているわけでは無論ない。それに、あえて繰り返して述べておくが、私は人間として、彼に個人的な敵意など感じてはいなかった。彼のことは好きだったし、彼の方でも、私に親切にしてくれた。

　もちろん、二人の意見が一致した場合もある。もっぱら、私にとって重要なことであって、彼にとっては、さして意味のないことだったのだろう。ともかくその一例を挙げてみると、例によって、メディアで一時パッと騒ぎになるけれども、すぐに忘れられてしまうといった事件に、たまたま私が巻き込まれた時の話で、一九六四年九月十四日の日記にこうある。「中央公論社、それからアメリカ大使館に出かけて、別れの挨拶。日本オリンピック委員会の決定にはがっかりしたと話すと、大使が同意見であると知って驚く」。

「別れの挨拶」というのは、夏休みが終わって、またカリフォルニアに帰るための挨拶である。東京オリンピックが始まったのは、その一カ月あまり後のことだが、これより一カ月ばかり前、聖火リレーの最終ランナーが決まったというニュースを聞いた。聖火を掲げてスタジアムに入る走者には、原爆の投下された当日、広島に生まれた若者が選ばれたという。私は時事通信社の社長、長谷川才次さんに言ったのだ、この決定は、いかにも悪趣味であると。今でも私は、その考えに変わりはない。私以外、今でもこんなことを覚えている人など、ほとんど一人としていないだろうが。

長谷川さんは私の発言を、ほかのジャーナリストたちにも伝えた。私は大勢の記者からインタビューを受け、メディアに広く取り上げられることになった。ある新聞は、私のことをヒステリックと評し、オリンピックに参加するのは、別にアメリカ一国だけではないと述べた。われわれアメリカ人は、始終同じことを指摘される。アメリカ人はよほど忘れっぽくて、同じことを、何度でも思い出させておく必要があるとでも言わんばかりだ。メディアの中でも、一番大きく取りあげたのは『週刊新潮』だったが、扱いは必ずしも批判的ではなく、むしろ公平――というより、ほとんど好意的でさえあった。どうやら編集部は、実は私に賛成したかったのではないかとすら思う。なるほど私は、些細なことを大袈裟に騒ぎ過ぎると批判されても、あるいは当然だったのかもしれない。しかし、それを言うなら私の方でも、こう反論することもできただろう、たまたま長谷川さんに漏らした言葉が、これほど大袈裟に騒ぎ立てられることになるとは、考えてもみなかったのだと。けれども、それよりもっと説得力のある反論として、こう論ずることもできたはずだ。つまり、アメリカでオリンピックが開かれた場合、原爆の日に生まれた広島の青年に相当する走者を選ぶとすれば、真珠湾攻撃の当日、ホノルルに生まれた人物が選ばれ、ロサンゼルスかアトランタのオリンピック・スタジアムに、聖火を掲げて入場するということになるだろうと。もっとも、真珠湾攻撃の当日生まれた人であれば、聖火を掲げて長い階段を駆け登るなどという芸当をするには、少々齢を取りすぎているかもしれないのだが。

もうひとつ、日記でライシャワー教授に触れている個所を引いておく。日本人から神様扱いされて、ボストンの家には、観光客が団体で押し寄せるという話のほかにも、こんな記述が出てくる。大使を辞めてから数年後の話だが、メディアには、まださかんに登場していた。

レイン・ホールで弁当を食べた後、ライシャワーを主人公にしたテレビ番組をみなで見た。面白い場面もいくつかあったが、どうにも嘘くさい扱いが目立つ。例えば学生問題や安田砦の扱い方など、ほとんど欺瞞に近い。どちらの側も相手側にたいして、ある程度はメンツを保つ余地を残した、などと彼は言う。へーッと思わざるをえない。なるほど警察と学生たちは、ある程度までメンツが保てたかもしれない。しかし、大学の名誉はどうなのか。

レイン・ホールというのは、ミシガン大学のキャンパスにある建物で、私はすでに一九六六年、スタンフォードからミシガン大に移っていたのだ。「安田砦」は、もちろん東大の安田講堂のことで、一九六九(昭和四十四)年、過激派の学生たちが占拠し、機動隊と激しい攻防戦の末、排除されたのだった。

安田砦の「落城」は、この年一月のことだったが、学生紛争の終わりの始めを示す事件だったと見ることができるだろう。けれども実は、これよりさらに早い始めがあった。この事件の直前、前の年の十二月に、上智大学は、警察の導入にたいするタブーを破って、機動隊を学内に呼び入れ、占拠学生たちの排除に踏み切ったのだ。それまで警察は、大学の要請があるまでは構内に入らないという方針を取り、そして大学側は、警察を導入しないことを基本方針としていたのである。

アメリカでは、学生紛争の起源はベトナム戦争にあった。日本では、一九六〇(昭和三十五)年の、いわゆる六〇年安保騒動に起源があった。この騒動が、一九六二年、私がアメリカに帰る遠因になったことは、すでに詳しく書いたとおりである。この激動の夏が終わると、共産主義者たちは、ほとんどがまた、本来の日常活動に戻ったけれども、共産党に属さない急進左翼の連中は(しばしば、毛沢東主義者と自称したが)、さまざまの分派に分かれ、いわゆる内ゲバを繰り返しながら、機会さえあれば大学を占拠し、ゲバ棒や鉄パイプを見境なく振り回した。これほど暴力的な学生運動は、世界中、かつて例を見なかっただろう。

一九六八（昭和四十三）年のクリスマス・イヴの日記にも、相変わらず続く学生紛争のことを書きつけている。実際、一九六〇年に始まった騒動は、六〇年代を通じて尾を引き、過激派同士が殴り合って、互いに殺傷を繰り返していたのである。

何通か手紙を書き……午後になって、もう一度上智に出かけ、過激派の学生たちがバリケードに立てこもっていた間、どんな損害を与えたか、その跡を詳しく見て回ろうとした。ロゲンドルフ神父も私も、今度はゆっくり調べることを許された。

私たちが目にした光景は、胸が悪くなるとしか形容のしようがなかった。至る所にゴミや、空ビン、汚れた皿や寝具、あるいは雑誌やトイレット・ペーパーが散乱して、文字どおり足の踏み場もない。小便の悪臭と催涙ガスの臭いが混じって鼻をつくが、ガスの臭いも、小便の臭いに比べればはるかにましだ。それに、あちこち焚火の跡がある。寒さから身を守ろうと、机や椅子を燃やしたのだ。何を見ても、まさに人間以下の振舞いである。けれども、これにはまた、別の反面もあった。彼らは、すべてに耐え抜いたのだ。寒さにも、暗闇にも、恐怖にも。籠城中も、ずっと内ゲバは続いていたらしい。おそらくリーダーたちは、過激派シンパの記者たちから、機動隊が入るという情報を与えられて、先に逃亡していたのだろう。機動隊が到着した時、まだバリケードの中に残っていたのは、下っ端の連中ばかりだったという。

どうやら学生たちは、ほとんどの時間を、落書きに費やしていたようだ。なぜか。やがて追い出されると予想して、自分たちの憎悪を、明らさまに書き残しておきたかったとしか考えられない。憎悪――なかんずく、外国人神父たちにたいする憎悪だ。外国人嫌いの中でも、この憎しみは特に醜い。

そのうち、本当に気分が悪くなってきた。この情景の一切が、あまりにも醜悪だったためばかりではない。この一切が無言のうちに示している、やり切れない絶望感に打ちのめされたのである。

それにしても、上智の英語教育に関しては、きわめて優秀という印象はもてなかった。司祭にたいする非難攻撃の落書きの中で、「司祭」(priest)という単語のスペリングが正しかったものは、ひとつも見当たらなかったからである。

日本の紅衛兵たちは、中国の同類ほど禁欲的ではないらしい。落書きの中には、ポルノまがいの絵がやたらに描きなぐってあるし、低俗をきわめた週刊誌が、あたり一面散らばっている。

四月に入ると、大学が再開したことが日記に記されている。

普通の学生たちは始業式で、ヘルメットをかぶった全共闘の学生たちの妨害にたいし、あらかじめ準備を整えていた。彼らを抑え込むために、まこと単純明快な方法を編み出していたのである。彼らのヘルメットを剝ぎ取ったのだ。見事な工夫だ、まったく！

カリフォルニアに帰ってみると、一九六二年、ここに住み始めた時と比べて、四年後の今、私はパロアルトという町が、はるかに好きになっているのに気付いた。アマースト通りも、そのあちこちに住んでいる友人たちも、同じくここに住みついている猫たちも。キルマーティン夫妻の隣の家には、ジョシュイーナという猫がいた。オスかメスか分からなかった間は、男名前で、ジョシュアと呼ばれていた猫だ。坂をもう少し登った所には、エントロピーという猫もいた。誰か、熱力学の専門家でもつけた名前かもしれないが、このエントロピーは、実に見事に真っ黒な黒猫で、まさしく美形だった。

サンソム夫妻がこの町を去ったことで、町の生活もずいぶん変わったけれども、私自身も、経験を積んで少しは賢くなっていたからか、パロアルトでは、東京ほど面白い目に出会うことなど、期待することはなくなっていた。東京で夏を過ごしてきた後では、パロアルトの生活のリズムに慣れるのに、多少の時間がかかるのはいつものことだったが、今ではもう、賑やかに飲んだり騒いだりすることについては、初めから大して期待を抱くこともなかったし、いずれそのうち、パロアルトのテンポに戻れることも分かっていた。

確かにパロアルトは、退屈を紛らせてくれるという点では、東京には遠く及ばないにしろ、それなりにいい点もあれば、面白い時もあった。いくつか、そんな例を拾ってみよう。

私がかなり好きになったのは、作曲家とは別の、もう一人のモーツァルトがいたことである。直接会ったことは一度もなかったが、ガス・モーツァルトという自動車のディーラーが住んでいて、しかも、大いに繁盛していたらしい。パロアルトからサンフランシスコにかけて、至る所、車のナンバー・プレートには、麗々しく彼の名前が記されていたからである。このあたりでは彼の方が、かのウォルフガング・アマデウスよりも有名だと聞かされても、別に驚きはしなかった。

周辺も含めると、パロアルトの中でもアフリカ系住民の多い一帯も好きになった。フランシスキート水路を渡り、ルース・リリエンソールのお屋敷を越えて郊外に入るあたり、レイヴンウッドという一帯である。文字どおりの意味からすると、「烏森」とでもいうことになるだろうが、私以外、この地名を面白がる者はなかったようだ。どうも私は、人並みとは外れてしまう悪い癖が、いまだに治っていなかったらしい。

一九六六年五月二十一日、至極気に入っていた小さなわが家を引き払って、パロアルトを離れることになる一カ月ほど前、日記にこんなことを書いている。

朝早く目を覚ましたが、誰かが一緒にいるという気配がする。ギョッとして飛び起きてみると、確かに一緒にいた者がいる。猫のジョシュイーナが、私と一夜を共にしたのだ。そして今、夜明けの薄明かりの中、私のベッドルームをうろうろしている。不気味だった。ゆうべは外へ出しておいたのに、どうやってまた入って来たのだろう。だが、夜中に大して音は立てなかったに違いない。私は眠りが浅い性質《たち》だから。

それから、岡倉天心の『茶の本』をめぐる話もある。天心は、日本美術院を創立したり、ボストン美術館の東洋部長を務めるなど、美術界の大立者だったけれども、いささか山師的なところもあった人物で、問題の『茶の本』にしても、なるほど草創期の茶の湯は、天心のしきりに力説するとおり、きわめて高度な芸術であったかもしれぬとしても、現在では、もっぱら若い娘たちが、高価な着物を着飾って見せびらかすための、恰好の口実に堕していると言って過言ではない。私は、天心も『茶の本』も大嫌いだ。この本が、スタンフォード大の本屋で、ガーデニングのセクションに置いてあるのを見て、大いに快哉を叫んだものである。

最後に船で太平洋を渡ったのは(もう二度と、こんな長い船旅をすることはあるまいと思うけれども)、スタンフォードで教えた最後の学年の前、夏休みを東京で過ごし、カリフォルニアに帰る時だった。乗ったのはブラジル丸という船で、主に、日本人移民をブラジルに送るために改造した後の、実は処女航海だった。仲間の乗客を見て、私の気持はクルクル変わり続けた。比較的顔立ちも身なりもいい若者を見ると、きっと観光客だと思って毛嫌いしたが、実は移民だと分かると、にわかに好意が湧いてきたりするのである。

横浜を出港した時の見送りの様子は、三年前、私が離日した時とはまるで違っていた。さながらお祭りのような騒ぎで、黒山の人だかり、ブラスバンド、それに、次から次へと続く挨拶。改造後の初航海だったためばかりではない。群衆の中心になっていたのは、拓殖大学の応援部の学生たちで、いかにもいかつい顔の若者たちが、カラテ・チョップ風の派手なジェスチャーで胴間声を張り上げる。これがまた、彼らの顔に劣らず恐ろしげだ。どうやら、彼らの仲間の一団が、ブラジルに出発するのを見送っているらしい。そして最後のクライマックスでは、この恐ろしげな若者たちがみな、両手に持った扇子を一斉にパッと開くと、一対の日の丸が一面に現れる。あたかもはしかの赤い発疹のように、ヒラヒラと輝き揺れる日の丸のさざ波が、われわれみなの船出を見送ってくれたのである。それにしても、民族主義が再び台頭してくる兆候が、実際、至る所に現れているのを感じざるをえなかった。そもそも「拓殖」とは、開拓し、殖民するというところから来た名称で、この大学は戦争中、まさしくそうした国家の政策に応じて創られた所なのだ。

食卓を共にする乗客のうち、女性の一人は痛風で、もう何日か顔を見せない。別の一人の、ほっそりしていて、いかにも女らしい人は好感がもてるが、いつも船長に、遠い港町で経験したアバンチュールの話をしてくれとせがんでいる。しかし船長の話はいつも、危機一髪で逃げおおせたといった話で、例えばブラジル女性に何度も誘惑され、もうちょっとで罠に落ちるところだったとか、そんな話ばかりだ。一等航海士は一九四五年、われわれの大隊が上陸した時、対馬にいたのだという。何たる奇遇——みんな異口同音に叫んで、とても幸福な気分になった。

対馬は、言うまでもなく、韓国と日本の間の海峡にある島だが、われわれの部隊は、第一陣としてこの島に上陸したのである。ただ、私が覚えていることといえば、ここで手に入る酒の臭いがひどかったこと、それに、日本軍の銃器に穴を開けて、二度と使えなくしたことぐらいだったのだけれども。

就寝時間前のバーは愉快だった。船長は、若い頃、海軍にいた時代に覚えたというスラングの話を始めた。スラングの階級でも、日本語は世界一だと彼は言う。不思議なのは、海軍特有のスラングでは、最後まで英語借用の名残を残していたということだ。例えば、「インティメイト」(親友)という単語が、「インチ」という形で残っていたり、「ウェイティング」が「待合い(茶屋)」の意味で、「チング」というスラングになったり。しかし一番の傑作は、「ヘルマン・ポスルスキ」という表現だった。ただしこれには、多少の注釈が必要だろう。まるで誰か、東欧の人の名前みたいに仕立ててあるけれども、部分部分に分けるとこうなる。まず「ヘル」は「減る」の意味。「マン」は英語のmanで、「ポスル」は、起源はよく分からないが、「女と交わる」という意味の海軍の俗語。「スキ」は、もちろん「好き」。そこで全体は、「好んで女と交わりすぎて、精力を費《つか》い果たしている男」という意味になるわけだ。

この年の秋、新しい学年暦が始まった時には、この同じ学年暦の終わる時スタンフォードを去ることになろうなどとは、夢にも予想してはいなかった。だがその前年、一九六五年の三月八日——これはたまたま、サー・ジョージ・サンソムが世を去った日でもあったし、同時にまた、はからずも私の将来を変えてしまう出来事の起こった日として、私の記憶に残っている日でもあったが、同僚のボブ・ブラウアーが、アナーバーのミシガン大学から、転勤の打診を受けたのである。最初ボブは、深く考えるまでもなく、断ろうと思った。彼は、アナーバーのことはよく知っていた。あそこの陸軍日本語学校に在学していたことがあったし、戦争が終わってから大学院で勉強したのも、やはり同じアナーバーでのことだったたからである。またそこへ帰るつもりは、彼にはなかった。ボブが同棲している相手のローラ・グレイは（ちなみに彼よりも年上だったが）、なおさら行く気はなかった。生まれはペンシルベニアだったけれども、生涯の大半はデトロイトの郊外で過ごし、そしてアナーバーは、広く言えば、デトロイトの郊外のうちに入るからだ。おまけに彼女がボブと出会ったのも、やはりアナーバーでのことだった。

もしボブがアナーバー側に、ただ、「ノー」とだけ返事をしていたら、この件はそれきり終わっていただろう。私自身も、東海岸からの打診なら、どんな所だろうと受けていたかもしれないけれども、中西部へ行きたいなどとは、別に思ってはいなかった。なぜボブが、ただ「ノー」とだけ返事しなかったのか、その理由を、かりに私があの時聞いていたとしても、今はもう記憶にない。ただ「ノー」と答える代わりに、彼が実際どうしたかといえば、私に向かって、一緒にアナーバーに行くことを考えてみてくれないか、と訊《き》いたのである。私自身もまた、ただ「ノー」とだけ答えることもできたはずだ。ところが、私が実際に言ったことといえば、行って、ちょっと様子を見てみてもいい、という答えだったのである。

その時点で、私がミシガンについて知っていたことといえば、ほんの数分間、ウィロウ・ラン空港を見て得た印象だけだった。二十年近く前、一九四七年の夏も終わる頃、デンバーからボストンへ行く途中でのことだった。あの時の空港の光景からは、中年になって、わざわざここで何年か過ごしたいと思わせるようなところは、ほとんど何ひとつ感じられなかった。ただ、コロラド大学の海軍日本語学校で一番の親友だった男は、アナーバーの出身だった。戦後まもなく自殺してしまったが、その理由は皆目分からない。この男の生まれ育った町なら、一度見ておきたいと思ったのだ。

　ブラウアーは、私の答えをアナーバーに知らせた。すると向こうからは、私が行くつもりなら、私も歓迎すると返事してきた。ほぼ一年半後、私たちがアナーバーの教授陣に加わった時、私たち二人のことを「抱き合わせ」と呼ぶのが、すでに慣習になっていた。最初にこれを言い出したのは、教養課程の部長だったらしい。あまり垢抜けしない男で、もともと労働運動をやっていた人物だったが、それで、こんな表現を思いついたのかもしれない。やがてほかのメンバーも、この言い方を真似するようになったのだという。ミシガンで教えるようになってから何年かした頃、この人物について、日記はこんなことを記録している。あるミュージカルを観に出かけた時、彼が私の席のうしろにすわったが、自分の感情をあけすけに表に出すのを聞いて、ニュージャージーの酒場の親父のことを思い出したと。われわれのために歓迎会が何度かあったが、そのひとつで、学科の中国語担当の同僚から、こんなことを訊《き》かれたこともあった。私たち二人のことを、まるでルイスの『鏡の国のアリス』に出てくる双子みたいに、いつでもトゥイードルダムとトウイードルディーと紹介されるのは、いい加減うんざりじゃありませんかと。

　その後、その年――つまり一九六五年の間は、事情はそのままで、別に何の進展もなかった。だが翌年に入ると早々、私たち二人は、学会でプエルトリコに向かう途中、アナーバーを訪れた。一月十三日の日記には、こうある。

> 　サンフランシスコの周辺に慣れた目には、アナーバーの風景は、ひどく伝統的に見えた。太く、頑丈な材木で骨組を組んだ家々は、〔マサチューセッツ州〕ケンブリッジの、ブラトル・ストリートとどこか似ている。ここは楡の町だ。今のように枯枝になっている方が、多分、葉が茂っている時よりも、さらに美しいに違いない。さながら無数の噴水が、大空に向かって噴き上げているかのようだ。けれども、悲しいことに、この樹々がここに立っていてくれるのも、この先、そう長いことではあるまい。すでに疫病が広がり始めている。そしてアメリカには、この流行を食い止める知識も技術もないのだ。

　もうひとつ、多少の魅力になりうる点に気がついた。スタンフォードではできなかったが、ここなら、繁華街をブラブラ歩くこともできるだろう。

そう、確かに、私の心はすでに揺らいでいる、わずかではあるにしても。だが、引っ越しとは、何と厄介至極なことか。それに、パロアルトにも、こうして離れてみると、美点は多々あることに、あらためて気がつく。いざ引き払うとなると、やはり、溜息をつかざるをえない。

乾燥した外気で冷え切った後で、セントラル・ヒーティングの室内に入り、肌が熱くほてってってくる感じは、故郷のコロラドそっくりだ。

デトロイトについては、一月十五日の日記に、こう書いている。

予想していたほどは醜くもなく、汚れてもいない。だがその反面、生気もない。繁華街のはずの通りにも、人影はほとんどなかった。それに繁華街といっても、半マイルほどしかない。この手の町を、いやしくも好きになることなど、はたしてありうるのだろうか。サンフランシスコさえ、好きになることはできなかった。それならデトロイトの場合、どうしてそんなことがありうるだろう。

プエルトリコからパロアルトに帰って来て、学科長のパトリック・ハナンに、私たちが二人とも、ミシガン大学から招聘を受けていることを伝えた。ハナンはニュージーランド人で、中国文学の研究者だが、私たちの話を聞くと、「彼の性格のうち、今まで見せたことのない側面があらわになった。冷たくて無情な、いわば、青味がかった鋼鉄のような一面である。今度の週末、詳しくお話ししたいと言うと、いや、話し合うべきことはもう何もないと、ピシャリと答えた。そんな態度を取ったのは、まさか、今まで以上にミシガンに行きたいという気にさせるつもりだったとは思えないが、結果的には、そういう効果を上げることになってしまった。それとも、ひょっとするとパトリックは、学科を再活性させるという、遠大な意図でもあるのだろうか。それで私たちを――少なくとも私を辞めさせたいとでもいうのだろうか」。

二月四日の日記には、私はついに心を決めたとある。スタンフォードに残ることにしたのだ。ところが二月七日には、事態は全く一変する。ブラウアーと私は、ハナンから覚書きを受け取った。私たちには、侮辱的としか思えない文面だった。けれども私たちは、それでもスタンフォードに残ると決めた旨を伝えた。私は気分が悪くなり、頭痛さらに一段と激しさを増す。私は気分が悪くなり、頭痛さえ起こって家に帰ると、したたかにバーボンをあおった。私はいつも——少なくともかなり前から、スコッチよりは、バーボンを好んで飲んでいた。

午後になって、ブラウアーが現れた。クビになってしまったという。それなら、私はどうなったのだろう。まさか、クビになってはいないと思うが、午前中、あんなことがあった後では、ただ座って、同じ宣告を待っているわけにはゆかない。二人して、用心のためにアナーバーに電話をかけ、まだ私たちを採用する気が変わっていないかどうか、確かめた。それからハナンに電話して、思うところを述べ立てた。その時の模様を、日記はこう書いている。

状況が一体どうなっているのか、よく分からなかった。クビになったのか？　だとすれば、理由は何か。唯一、理屈にかなった答えがありうるとすれば、パトリックが日本語関係の予算を削って、浮いた金を、中国関係のプログラムの強化に当てようとしていると考えるしかない。……今回のこのドラマで、私は犠牲者だったのか、それとも悪役だったのか、本当のところは結局、分からずじまいに終わるだろう。私たちが転勤すると聞いた時、マリアン・ヘイズは言った。「そうねえ、あなたたち二人、まるで結婚しているみたいに見えたものねえ」。

マリアンは、妹の学校時代のクラスメートで、スタンフォードで教えている間は、よく会っていた。今でも、カリフォルニアを通る時は、よく会う。パロアルトより、少し南に住んでいる。彼女のこの一言は、確かに気の利いた言葉だと、その時もそう思ったし、今でもそう思えるが、しかし私は、誓って断言する。ブラウアーと私の間には、性的な事柄など一切なかった。それにマリアンにしても、その種のことを言おうとしたのでは全然ないと思う。ただ、この騒動のそもそもの発端は、彼が一人ではアナーバーに行きたがらなかったということだったし、それに、ブラウアーが一緒に行かないかと提案した時、私がいささか、優柔不断な返事をしてしまったことも確かだけれども。

キルマーティンの反応は、いかにも軍隊出身の男らしいものだった。「君は、十字砲火で板挟みになったんだよ」。

今にして思えば、完全な確信があるわけではないけれども、何かしら、そうした状況があったのだろう。喧嘩はブラウアーとハナンとの間のことであって、私は巻きぞえを食ってしまったのだ。ハナンの前に学科長だったドナルド・シャイヴリーは、ウイットの得意な人物だったが、こう言った。「パトリックを褒めるべき点がひとつだけある。枯木を取り除いたという点だ」。つまり、無用の人員を整理したというのだが、私自身の名誉のためにあえて言えば、後になって、強力な証拠が出て来て明らかになったところによると、ハナンが辞めさせたがっていたのは、私ではなく、ブラウアーの方だったのである。ミシガンに落ち着いてから、私のところに、もう一度スタンフォードに帰ってこないかという誘いがあったのだ。しかし私はもう、かりにもそんなことは考えなかった。アナーバーの方が、パロアルトよりも気に入ったし、それにミシガンでは、たとえ双子の片割れのトゥイードルディーとしてであっても、十分に重用してくれていたからである。それよりさらに大事だったのは、ブラウアーにたいしては、そんな誘いなど来ているとは思えなかったことである。もしそんな誘いが来ていたのなら、ブラウアーの同棲相手のローラ・グレイが、大騒ぎしていたに違いなかった。ローラは、パロアルトに帰りたくてたまらなかったからである。

この騒動の間、ハナンは私にたいして、当然のことではあるけれども、率直に何でも話すという態度ではなかった（というより、そもそも学科の誰にたいしても同様だった）。けれどもブラウアーの方も、私に何もかも正直に打ち明けてはいなかったのではないかと思う。アメリカの大学では、終身在籍権《テニュアー》のある教授を辞めさせるなどというのは、容易にできることではない。ほかの大学から転勤の打診があったというような、ただ漠然とした理由だけでは、とてもできることではないのである。ひょっとすると本当の犯人は、あの、きついバーボンを二杯あおったことだったのかもしれない。私は、冷静な判断を失っていたのかもしれないのである。

私はスタンフォードを離れたことを、やや大袈裟に扱いすぎていると見えるだろうか。しかし、正体のよく分からない、さまざまの力の渦中に巻き込まれ、われ知らず、その中心に立たされてしまうというのは、少なくとも私自身にとっては、いかにも奇妙で、かつ不安な経験だったのである。

その年の春と夏は、落ち着かない半年だった。春休みには、気分転換にホノルルに出かけた。カリフォルニアに来てからはホノルルが、東京にいた頃のソウルに当たる場所になっていたのだ。つまり、主として住んでいる場所がどうにも気づまりになってきた時、しばらく転地する所である。六月の終わりには、中国史の教授のマーク・マンコールが長いドライブに誘ってくれて、ロサンゼルス、エルパソ経由で、メキシコ・シティーまで一緒に走った。距離にして半分は私が運転したのだが、二本脚はもちろん四本脚の動物にも、一回もかすりもしなかったのは自慢できる。あれ以来、これほど集中し、これほど長い時間、切れ目なしに運転したことはない。途中で目にしたメキシコの植民地時代以来の町々は、実に目を楽しませてくれる風景だった。実はやがて、そうした町のひとつで、親友のマギー・バロウズが、飲みすぎて命を落とすことになる。

さて夏は、例によって東京に来たが、今度は三カ月以内の滞在だったから、区役所に出かけて、外国人登録証をもらわずにすんだ。こんな例は、この一九六六年の夏だけだったと思う。いずれにしても、東京にはそれほど長くはいられなかった。スタンフォードの学年末は遅く、一方ミシガンの学期始めは早かったからである。

落ち着かなかったこの夏、東京での大きな出来事と言えば、前にも触れた、谷崎さんの一周忌の法要だったろう。有名な京都の芸者に無視されたのは、この時のことである。ほかにもまだ、いくつか触れておくべき出来事はあった。以下に引くのは、いずれもこの八月のことである。

講談社が用意してくれた凝った夕食の後――。

信木さん〔講談社インターナショナルの役員〕の案

内で、ラット・モートとかいうバーに行く。東京で一番人気のあるバーだそうだが、少なくとも、一番高級な店——それに多分、一番高い店のひとつでもあるのだろう。私のほかに、若い美人の女の子が招かれていて、川端さんの『片腕』のモデルだと紹介された。あいう小説にモデルがありうるとは想像しにくいが、信木さんが言うのだから、やはり、事実なのかもしれない。

それから、また別の日の日記。

夜、川端さんと会う。明治の小説家のうち、次の世紀まで生き延びる可能性があるのは、夏目漱石だけだと思うとのこと。『片腕』の着想は、ある年、春になって娘たちが、初めて腕を露《あら》わにしたのを見て思いついたという話だ。それから、主人公の男の年齢はカットした、この小説の中で、具体的な細部はこの点だけで、作品全体にとって場違いだと感じたからだという。そのほか、ずいぶんいろいろのことを聞いたはずなのだが、思い出せない。テープ・レコーダーでも持っていっておくべきだった。

川端さんとは東京駅で別れ、私は寝酒のために上野に寄って、ニューオルリンズで飲んだのだが、世にもバカバカしい議論をする羽目になってしまった。バーテンの一人が、日本人はアメリカ人より固く勃起するなどと言い出したからである。私はムキになって、わが同胞の男性機能を擁護した。私が頭にきたのは、愛国心のためというより、むしろ、やけにセンチな音楽が耳障りだったからかもしれない。今度行って、謝っておかねばならない。

これはまた、別の日の日記。

皇居前の交通渋滞は、文字どおり、にっちもさっちも動きがとれない。理由は何か。タクシーの運転手の話では、今日は交通違反の一斉取り締まりがあったからだという。なるほど、こう車が動かなければ、交通事故も起こらないというわけか。それにしても、ズルい手を考えついたものではある。

さて、こうした騒々しい東京の夏の後で、アナーバーの静かな生活が始まる。カリフォルニアとコロラドに立ち寄ってから、ようやくアナーバーに着いたのは、八月も終わりに近い頃だった。

ちなみに『片腕』というのは、私の訳した川端さんの小説で、若い娘が貸してくれた片腕と、一夜を過ごす男の話である。娘自身は一度も登場しないから、この人物にモデルがあったとは、ちょっと考えにくかったというわけだ。

七、往時の辺境に暮らす

ミシガン州のことは、一体何と呼べばいいのだろう。大抵の人は、中西部《ミドル・ウエスト》に入ると言うだろうが、実は私は、この呼び方があまり好きではない。漠然としすぎているし、定義の仕方もよくないからだ。普通の定義では、ミシシッピー流域の大平原のうち、その北部ということになっている。だがこの定義では、五大湖地域を無視することになってしまう。けれども実はこの地域こそ、普通、「中西部」と呼んでいる一帯の中で、一番重要、かつ広い地域ではないか。しかも五大湖の水は、セント・ローレンス川に流れ込んで東に向かっているのであって、ミシシッピー川に流れ込んでいるのは、そのごく一部にすぎない。それればかりかこの水の流れは、いわば地形上の自然の傾きに反した、無理な流れなのである。さらに問題をややこしくしているのは、五大湖のうち東側のイーリー湖、オンタリオ湖は、ペンシルベニア州やニューヨーク州に接しているという事実だ。これらの州は、今では普通、東部とされ、中西部と考えられてはいない。けれども歴史的に見るなら、五大湖の東岸も、実は中西部の中に入る。この地域の都市はほとんど、ミシシッピーに合流するオハイオ川流域の都市と、ほぼ同時代にできたもので、外観や雰囲気も、お互い、よく似通っているのである。

もうひとつ、大事な事実がある。アメリカ人にとって、「中西部」という表現は、一般的に、あまりいい連想をもってはいないという事実だ。いわば「究極の田舎」といったニュアンスがある。いわゆる「聖書地帯《バイブル・ベルト》」――つまり、テネシー、ミシシッピー、アーカンソーなど、原理主義的《ファンダメンタリスト》な傾向の強い諸州と、全く同じではないにしても、ほぼ似たような意味をもつ表現なのだ。

そんなわけで私は、「中西部」よりはむしろ、いろいろ難しい点はあるにしろ、「中部辺境《ミドル・ボーダー》」という呼び方の方がいいのではないかと思う。少なくともこちらの方が、歴史的な意味をよく伝えているのではあるまいか。なるほど「ミドル・ボーダー」という表現は、今ではあまり使わないかもしれないが、この事実そのものが、この国の至る所で歴史意識が希薄になっていることと、実は無関係ではないかもしれないのである。

ミドル・ボーダーは、この国が新しく共和国として誕生した頃、もともと西部の辺境だった。その意味で、まさしく「往時の辺境」であるわけだが、大体においてミシシッピー川流域に当たり、独立時にイギリスから割譲された土地と、さらに西に広がるフランス領の土地との境界となっていた。新しい共和国が、これよりさらに西に連なるスペイン系の領土と境を接することになるのは、まずこのフランス領の土地を獲得してから後のことである。ただ、この定義からして難点となるのは、ミシガン州が、先程も述べた意味で、セント・ローレンス川の流域に属するばかりでなく、ミシシッピー川からは、相当に離れているということだ。州の東端に近いアナーバーからだと、西に向かって州の大半を横切り、ウィスコンシン州全部を越え、五大湖のうち、少なくともひとつを渡らなくては、ミシシッピー川にたどり着くことはできない。そんなわけで、この新しい章のタイトルを決めた際、私はいささか事実を曲げたことになる。これを正当化する理由があるとすれば、まったく個人的な理由しかない。私は個人的に、今のこの標題の方がはるかに好きなのである。「ミドル・ボーダー」、つまり「往時の辺境」という言葉の意味を知っているのは、今や少数派に違いないし、しかもその数が、いよいよ少なくなっていることも事実だろう。けれども私は、自分がそうした少数派に属していると考えたいのだ。

カリフォルニアからミシガンに移って、しばらく経った頃である。日記から、私が当時どんな感じを抱いていたか、ヒントが読み取れる。ただし、あくまでもヒントにすぎないし、記憶も大して役には立たないのだが、しかし私がミシガンを、あえて「ミドル・ボーダー」と呼びたい理由と、多分、何らかの関係があるに違いない。というのも、ここに移ってほとんどすぐに、カリフォルニアより好きになってしまったからだ。コロラド州の中でも、私の育った地域が合衆国の一部になったのは、ようやくテキサスが併合された時だった。ミドル・ボーダーからはずいぶん西に離れていて、いわゆる「黄金の西部《ゴールデン・ウェスト》」までの道程《みちのり》の、ほぼ半分の所に位置する。にもかかわらず、先程、大まかに定義した意味でのミドル・ボーダーに移って来た時、どこか故郷に似た親しみを覚えたのだ。カリフォルニアでは、ついぞ感じたことのなかった感情だった。

一九六六年、ミシガンに移ってすぐの九月の日記をいくつか引けば、それがどんな感じだったか、多少は感じ取っていただけるのではないだろうか。

　何より愉快な印象をもったのは、この前行ったフレイミング・ピットという店のウェイトレスのことだろう。まことに無口なブロンドだが、目がいかにも愛くるしい。中西部のなまり丸出しで、メニューに書いてあるどの品のこともまるで知らず、しかもそれを、自分でも大いに面白がっている様子。アメリカ人は、みんな、どこでも同じというわけではない。こんな娘は、早熟で、やけに自信たっぷりなカリフォルニアの娘たちの中には、絶対見つからないだろう。こんな娘がいるからこそ、世間の人も、またミシガンに行きたいと思うのだ。

また別の日の日記。

　今夜はどんな夢を見るのだろう。昨夜は、東京の家から追い立てられる夢だった。霧雨が天井を通して降ってきて、部屋にいられなくなったのだ。カリフォルニアならともかく、はるかにもっと故郷にいるかのような、深い懐かしさを感じるこの土地に落ち着いたというのに、なぜ、眠っている間に家を追い出されなくてはならないのだろう。ひょっとすると、東京を離れて以来、家を失くしたという感覚が、無意識のうちに積み重なっていたのだろうか。確かに「わが家」とか「故郷」とかいう言葉は、東京を離れて以来、ひどく現実離れした。わが身には縁のない響きを帯びてきてはいるのだけれども。

あるいはまた、別の日には、こんなことを書きつけてもいる。

アラバマ州のバーミンガムへ。途中の道は緑が深く、ゆるやかな起伏を繰り返し、森が続く。先週の土曜にドライブしたのと、よく似た風景でありながら、一週間のうちに秋が深まり、木々の色がずいぶん濃くなっている。畑にはカボチャが転がり、ハロウィーンと感謝祭を待っている。ここはまさしく、郷愁の地だ。まるで性質の違う土地で育った者ですら、ノスタルジアを感じないではいられない。カリフォルニアは、外観だけから言えばコロラドに似ているけれども、こんな感じを与えることは、ついぞない。なぜならここは、神話的アメリカを具現する土地であり、ブルーベリーと、裸足と、パンプキン・パイ、そして、漆の木の土地なのだ。

風景は、確かにコロラドとは大いに違っていた。ミシガンは、はるかに緑がみずみずしく、豊かに繁茂している。ちなみにコロラドにも、少なくとも私の育った地域では、カボチャはない。

アナーバーの近くでは、田園地帯を散策することができた。パロアルトでは味わえなかった楽しみである。チコリの葉が、青々と固まっている姿は特に気に入った。コロラドでは、チコリはついぞ目にしたことがない。カリフォルニアの黄金色の丘に登ろうとすると、たちまちハリネズミのようになってしまう。黄金色の――つまり黄褐色の草のとげやいがが、服に一面くっついてしまうのだ。ある日の午後、猫のジョシュイーナを連れて、アマースト・ストリートの上の丘に散歩に出たことがあった。当時まだ、丘は開発される前だったから、この散策は、いささか思慮を欠いた暴挙だったかもしれない。その晩は、ほとんど一晩全部を費やして、ようやくのこと猫についたいがを取り、家に連れて帰っても、一応見苦しくない状態にまで戻したのだった。

風景という点では、確かにミシガンはコロラドとは違っていた。だから、ミシガンに移って懐かしさを感じたのは、風景のせいではなかった。むしろ文化、ないしは生活態度といったものだったに違いない。ミシガンの文化は、もちろん、もともと東海岸から西へ進んできたもので、当時もまだ、東海岸の文化と堅固に結びついていた。しかし、カリフォルニアでは事情が違う。北ヨーロッパから移民してきて、初めてカリフォルニアに住みついた人々は、馬車で来たにしろ船で来たにしろ、途中、広漠たる無人の空間を横切って到着したのであって、ここに定住してから、あらためて故郷との接触を回復するには、大いに苦労したに違いない。ところが、初めてコロラドの北部に定住した人々は（放浪しながら、狩で生計を立てていた人たちは別として）、なるほど到着した時期は、カリフォルニアの場合より数年遅かったかもしれないけれども、開拓を西へ西へと推し進めた結果たどり着いたのであって、無人の空間を横切って来たのではない。コロラドの東隣、カンザス州のほぼ中央、ダッジ・シティーより西では、農業を試みたことなど、そもそもが間違いだったとよく言うけれども、それはまた別の問題である。

私は最初はスタンフォード、次に、今も話しているとおりミシガン大学、そして最後はニューヨークのコロンビア大と、三つの大学で教えることになったのだが、そのうちどこが一番気に入ったか、始終人に尋ねられる。あまりたびたび訊《き》かれるから、多少とも興味のある問題なのかと思うようになった。誰もが期待しているらしいのは、西のハーバードといわれるスタンフォード大学か、アイビー・リーグに属するコロンビアという答えのようだ。中西部のミシガン大学だと答えると、みな驚いた顔をする。まるで私が、安直に人の注目を惹こうとして、わざと意外な答えをしてみせているとでもいう目で見るのだ。

けれどもこれは、全く正直な答えなのである。実際、スタンフォードやコロンビアより、ミシガン大学の方が楽しかったのだ。第一に、学生が実に優秀だった。もちろんスタンフォードでもコロンビアでも、優秀な学生は大勢いたが、同時にまた、出来のよくない学生もめずらしくはなかった。今まで書いてきたことからも、それはすでに明らかだろう。ところがミシガンでは、少なくとも大学院に関する限り、ひどい学生は一人もいなかった。大学院の演習では、全員にAをつけたことも一度ならずある。学事部からも、文句が出たことは一度もなかった。こういう採点をするには、当然、それなりの理由があるはずと認める雅量があった。

ミシガン大学からは、親切な扱いを受けたと書いたが、これは単に、新入りとして迎え入れられた時ばかりではない。学科のメンバーとして実際に仕事が始まってからも、ほかの二つの大学の場合とは違って、ミシガンでは、みんな仲よくやった。当然、派閥のようなものはあったのだろうが、私自身は、積極的に確執に加わることなど一度もなかった。ただ毎年、いわば年中行事のように行われるのは、政府の助成金の分配をめぐって、中国の専門家を相手に論戦になることとくらいだったろうか。中国派の言い分は、中国は日本よりはるかに国土が広いばかりか、地方ごとの変化も大きく、歴史も長く、かつ、多様だということだった。これは確かに、筋の通った主張ではある。けれども、われわれ日本派の反論も、これに劣らず筋の通ったものだった。日本の方が、優秀な学生が大勢集まっているという論拠である。けれども論争は、いつでもまこと理にかなった結論に達して終わった。助成金は、両者が等分に分けることで決着がつくのである。みんな実は最初から、最後はこうなるだろうと分かってはいたのだろうが、しかし、一年に一度くらいは、お互い、大声を出してどなり合ってみるのも、いっそ楽しみだったのかもしれない。

アジア言語・文学科は、「アジア」とは言いながら、中国語と日本語しか教えてはいなかった。私が教えた三つの大学のうち、東アジアの主要な三カ国語（日・中・韓国語）を三つとも教えていたのは、実はコロンビア大学だけである。それはともかく、ミシガン大アジア学科の学科長、チャールズ・ハッカーは中国語が専門で、なかなか面白い人物だった。自分ではそのつもりはなくとも、期せずして、よくユーモアを発揮するのである。日記には、例えばこんなエピソードを記録している。

昨日の午後、学科の事務室がもう閉まろうとする時間、ハッカーがにこやかな顔をドアから突き出し、週末はどうするつもりかと訊《き》く。何か、誘ってでもくれるのかと期待しながら、別に予定はないと答えると、ちょっと困ったような顔をして、じゃあ、楽しくやってくださいと言い残して去った。

その週末は、実は感謝祭の休日だったのである。

彼の無意識のユーモアが最高の喝采を博したのは、ある日の教授会でのことだった。議題は、まことに戦闘的な中国人の女子大学院生が、教授会を相手どって法廷に訴え出ると騒いでいる件についてだったのだが、彼は途中で、こんなことを口走ったのである。「われわれは、一致団結して防備を固めなくてはならない。われわれの鎧《よろい》には、いささかの割れ目《チンク》もあってはならないのです」。全員がドッと笑ったのを見て、彼はキョトンとした顔をしていたが、「チンク」は俗語で、中国人の蔑称でもある。「ジャップ」が、日本人の蔑称であるのと同じことで、つまりハッカーは、全く無意識のうちに、極めつけの洒落を口にしてしまっていたのだ。

ミシガン時代のちょうど半ばの頃、私は彼の好意に、いささか不作法につけこむ結果になってしまった。別の大学から、来てくれないかという誘いがあったのだが、もちろん彼は、私を行かせたくはなかった。実は、ブラウアーと私を「抱き合わせ」でアナーバーに呼んだのは、もともと彼の手配によるものだったし、この採用が成功したことを誇りにしてもいたから、この人事は、できる限り永続させたいと望んでいたのである。そこで私は、一学期だけ教えればいいという条件を認めてくれれば、ミシガンに残ってもいいと提案してみた。すると彼は、大学当局に相談してみなくては、すぐオーケーするわけにはゆかないけれども、多分、それでまとめられるだろうという答えだった。

ハッカーはうまく話をつけてくれて、だから一九七一年と七二年は、秋から冬にかけての学期だけ教えればいいことになった。特に七二（昭和四十七）年の春、東京にいることができたことは、非常にありがたかった。というのも、ほかならぬこの春、私にとってことのほか大切な人が二人、亡くなったからである。平林たい子さん、そして川端康成さんの二人だった。

一年の半分だけ授業を受け持てばいいことになったことについては、大学（ないしは学科）相手に、いわば、一種の恐喝を働いて成功したというわけだが、しかし、この種のことが成功を収めるためには、それなりの条件が整っていなくてはならない。何より大事なのは、大学にたいして要求を突きつけようとする以上、万一失敗した場合、大学を辞める覚悟ができているかどうかである。私は、その覚悟だった。ほぼ同じ時期、同じ大学に勤めていた日本人の友人が、同様の「恐喝」を試みたけれども、いざとなれば辞める覚悟ができてはいなかった。やがて、大学は彼の要求を呑むつもりがないと分かって、友人は辞めざるをえなくなった。大いに困って、彼は誰かれとなく、自分はハワイに行くつもりだと言い触らしたのだが（実は、私に来ないかと誘ってきたのも、やはりハワイ大学だったのだけれども）、問題はむしろ、彼がハワイ行きを決めた理由として、人種差別を持ち出したことだった。自分の子供たちを、人種差別の犠牲にしたくない、だからハワイを選んだというのである。だが、これはナンセンスというものだろう。アナーバーにいて人種差別の犠牲になる可能性など、いささかもありえなかったからである。わざわざこの話を持ち出したのは、ほかでもない、いやしくも大学にたいして「恐喝」を試みようとする以上、自分で選んだこのゲームのルールは、よくわきまえていなくてはならないことを、あえて言っておきたかったまでだが、同時にまた、そもそも人種差別というものが、本来そのためではない場合まで、差別のせいにされることが少なくない点も、併《あわ》せて言っておきたかったからである。

それはともかく、アナーバーに住んで私が幸せを感じたのは、何よりもまず、先程も書いたとおり、ここにいると、あたかも故郷にいるような懐かしさを覚えたからだった。故郷のコロラドは、北米大陸の中央部、広大なミシシッピー川流域の大平原の、西の端に当たる。一方、ミシガンを取り巻く形の五大湖も、やはりこの大平原の一部をなしているし、ここからは約一〇〇〇マイルも離れているとはいえ、故郷の町デンバーに近いプラット川の源流地域も、やはり、同じ大平原の一部にほかならないのである。

それに、アナーバーに来てすぐ気がついたのは、ここはただの、旅行者の中継地などではないということだった。サンフランシスコもその意味での中継地だったし、次に住むことになるニューヨークもそうだった。あらゆる所からあらゆる場所に移動する時、ほんの二晩か三晩泊まる場所である。そして、なるほどそういう旅行者たちは、確かに刺激を与えてはくれたが、しかし、アナーバーの場合はこれとは違って、わざわざここを訪ねてくる人は、大学に用事のある人たちばかりなのだ。そこでこの町には、少しばかり沈滞気味なところがあって、それが外観に表れてもいた。こんな言い方をしたのでは、あまり褒められる所ではないように聞こえるかもしれないけれども、実は、必ずしもそうではない。なるほどサンフランシスコでは、例えば川端康成とか、村松剛とかいう人たちの訪問があってうれしかったが、しかしアナーバーでは、自分が今集中して取り組んでいる大事な仕事から、注意をそらされることは少なかった。

アナーバーでは、学科にも面白い人物がいろいろいたが、訪ねてくる人の中にも、興味深い人々が少なくなかった。ここに移ってから一年目に、お能の一座がやって来た。一座を率いていた本間英孝《ふさたか》さんとは、今でも親しくお付き合いしている。何度か、故郷の佐渡島まで案内してくださったこともあった。シベリアと同様、かつての流刑地で、だから、いささか暗い歴史を背負っているが、それだけに、特に興味深い島でもある。ドナルド・キーンは、必ずしも興行の座元に打ってつけのタイプには見えないかもしれないが、このお能の興行の時には立派に座元を務め、面目を施したものだった。わざわざニューヨークからアナーバーまでやって来て、一座を迎えてくれたのである。一座の一人はナイアガラの瀑布を見て、アメリカの食物とそっくりだと感想を漏らした。味気ない代わりに、とてつもなく巨大だというのである。私は思わず大笑いしたが、キーンはニコリともしなかった。

客員教授として訪れる人々もいた。ほとんどは日本から来た人たちだったが、例外なく興味深く、愉快な人々ばかりだった。その中の一人、田中國夫さんは、たまたま私と誕生日が同じで、一緒にパーティーをしたこともあった。

彼はずいぶんいろいろな話をしたが、つづまるところ、ひとつの話題に帰着した。セックスがらみの話である。以前、大阪の『読売新聞』で、恋愛問題に悩んでいる読者の相談に答える欄を担当していたが、その時の経験をいろいろと話してくれる。例えば一人の女性は、かつては夫と交わることが大嫌いだったのに、今では大好きになってしまったのはいいとして、今度は夫の方が、彼女と交わるのを嫌うようになってしまったというのである。で、どういう回答をしたのかと尋ねると、いや、簡単です。旦那を殺して、誰かほかの相手を見つけなさいと、そう答えてやりました――田中さんはそう言うのだけれども、本当にそんな答えをしたとは信じかねる。しかし、田中さんがさらに言葉を続けて言うには、投書は実は、ほとんどが作り話の冗談にすぎない。それから、いかにもリアルなジェスチャーを混じえて、カマキリの性生活を説明するかと思えば、シカゴでガッカリさせられた話もする。「スッポンポン、最小限のカバーだけ」という売り込みにつられて店に入ってみたら、上は確かにトップレスだったけれども、下までボトムレスではなかったという。

一九六七年三月十二日の日記の一節である。

もうひとつ、ミシガン大学が親切にしてくれたことがある。サバティカル〔長期研究休暇〕に必要な勤務年数に、スタンフォード時代の年数まで合算してくれたのである。つまり、六年間授業を担当すれば、一年間は校務を務めなくてよいというのが慣例なのだが、スタンフォードで授業を担当した四年間を、ミシガンの勤務年数に入れて計算してくれて、三年目――一九六八年から六九年にかけての学年に、サバティカルをもらえることになったのである。

ミシガンが、これほど好意的な措置を取ってくれたのは驚きだったが、それにしても、サバティカルが取れることになった時には、これがどれほど幸運な取り決めだったか、知る由もなかった。実はこの取り決めのおかげで、一九六八年の秋、ちょうど東京に居合わせ、この年最大の文学界の大事件に立ち会うことができたのである。だが、それにしても、次のサバティカルがめぐって来た時、私は、またしても義理を欠く結果になってしまった。これには今でも、時折良心の痛みを覚える。規定では、サバティカルを取った次の年は、少なくとも一年間は授業を担当した後でなければ、別の大学に移ることはできない決まりになっている。ところが、次のサバティカルが終わろうとしていた時、アイヴァン・モリスの急死の知らせが届いたのだ。日本文学の研究家・翻訳家としてつとに有名で、私の古くからの友人でもある。長年コロンビア大学で教えていたが、そのクラスのひとつを受け持ってくれないかと、私のところに話が来たのだ。実は、あまり乗り気にはなれなかった。引き受ければ、ニューヨークまで通わなくてはならないことになるが、ミシガンから通うとすれば、飛行機で行くしかない。ところが私は、飛行機で旅行するのが大嫌いなばかりではない。こんな話を私のところに持ち込んでくるとは、コロンビアは、いかにも横柄ではないかと感じた。当時の日記も、こう書いている。「コロンビアが、自らの権力と権威にこれほどの自信をもち、こんなことを考えつくとは、まこと御立派というものだろう。われわれのような、しがない田舎大学などには、到底考えもつかないことだ。もちろん、私は断った」。

けれども実は、私にはかなりの自信があった。ミシガンとの兼任を断れば、コロンビアは、きっと専任の正式の教授として、モリスの後任を依頼してくるに違いない。実際、はたしてそのとおりに話が運んで、私は早速コロンビアに転出することになり、サバティカル後の一年間、ミシガンで果たすべき仕事をやり終えることをしなかった。なるほど、私は一年のうち、半分しか教えてなかったという事情から、いろいろややこしい計算もあったのだが、いずれにしても、ミシガンの規則を破ることになったのは明らかである。しかし、誰かがその点に気がついていたとしても、誰も何も言わなかった。かつての辺境では、万事、まことに礼節をわきまえていたのである。

だが、例の文学界の大事件に話を戻すと、実はその時、私は日本にはいなかった。何度目かに、韓国を訪れていたのである。

〔一九六八年〕十月十八日　川端さんがノーベル賞を取った！　郭さんと二人、〔光州の〕昨夜泊まった宿に帰ってみると、すぐ東京に電話するようにというメッセージが届いていた。もちろん、大いに動揺した。家が火事になったとでもいうのか。父が亡くなったとでもいうのだろうか。それに第一、東京の連中は、私がこんな名もない旅館に泊まっていることを、どうやって探し当てたというのか。だが、アメリカ文化センターに電話してみて、すぐに事情が知れた。日本のジャーナリズムは実に有能で、私の居所を見事に突きとめ、このうれしいニュースについて、私のコメントを取りたいというのである。その直後、早々と『毎日』の記者と韓国の新聞記者とが旅館に現れ、インタビューを受ける。わざわざそのために、急遽、ソウルから飛行機で飛んで来たのだ。どうやら日本は、大騒ぎになっているらしい。これは今年の大事件で、今この瞬間、韓国で一番ニュース・バリューのある人物と言えば、少なくとも日本のジャーナリズムにとって、ほかならぬこの私だったのだ。……それにしても、よりにもよってこの瞬間、日本を離れていたというのは、何という無念な巡り合わせか。しかしまた、この方が、むしろよかったのではないかとも思う。自分自身のものでもない栄光――いわば影でしかない名誉に酔ってみたところで、所詮、仕方がないというものだろう。

この圧倒的なクライマックスが訪れる前まで、この一日は、すでに、まことにすばらしい一日だった。秋晴れの空には一点の雲もなく、ソウルのアメリカ大使館に勤める古い友人の郭さんと二人で、韓国で一番高い山に登っていたのである。ほとんど官能的と言いたいほど美しい日和だったばかりでなく、微妙に危険を感じさせる面があって、余計に愉快が深まるのだった。道程《みちのり》の半分まではジープで登ったのだが、道の悪さは尋常ではない。車をいったんバックさせなければ、急カーブを曲がり切れないことも一度や二度ではなく、そのたびに、前へ落ちる危険ばかりか、後ろに転落する危険もようやく切り抜け、危うく命を永らえるという始末。昔は、韓国の原野には野生の虎が棲《す》んでいたらしいが、今はほとんど残っていない。だが、山奥にはまだ徘徊しているともいう。残念ながら、この日はお目にかかれなかったのだけれども。

受賞のニュースを聞いてからも、なお数日は韓国にいたが、毎日、記者の群れにつきまとわれた。日本に帰ってからは、東京でも同様で、こういった騒動は、受賞の発表以来、ずっと続いていたらしい。ある大手の週刊誌から、わざわざ夜中に記者が訪ねて来て、インタビューを受けるという有様である。日記によると、「齋藤さん夫婦の話では、そもそも最初の知らせは、川端さん自身からの電話で、私にお礼を言いたいと掛かってきたのだという。それ以後は各新聞社から、まさしく電話の洪水で、齋藤さんたちには、相当に迷惑だったに違いない。ただし、実は、いくらか騒ぎを楽しんでいたふしもなくはない。特に子供たちは、確かに面白がっていたようだ。まるで私が、巨人の長嶋に劣らぬ重要人物に思えたらしい」。

日本を離れてスタンフォードで教え始めた時以来、いつも日本人の家族に頼んで、東京の家の留守番をしてもらうことにしていた。私が東京に来て滞在している間は、私もその家族もみんな一緒に、あの小さな家に、それこそすし詰めで暮らし、そして私がいない間は、家族が留守を守ってくれていたのである。留守番の家族は、ずいぶん頻繁に入れ代わったが、齋藤さん一家は、その最後の家族だった。けれども、家族の入れ代わりがあんまり頻繁だったので、私もやがて、この家を売り払うことに決めたのである。家を貸しているといっても、家賃などは一切もらわなかったし、留守番の仕事といっても、別にこれといったことはなかったから、住宅事情の悪いことでは悪評の高い東京では、確かに異例の好条件のはずで、喜んで住みたがる家族は、いくらでも見つかるだろうと考えたのだが、しかし、もちろん、どの家族であろうと、自分の家が持ちたいと思うのは当然のことだった。

ノーベル賞受賞をめぐる膨大な新聞・雑誌の切り抜きの山を集めて、いろいろの人が私の手許に届けてくれたが、大抵は好意的なものだったけれども、必ずしも好意的とは言えないものも、中にはいくらか混じっていた(世の中とは、とかくそうしたものである)。例えば、有名な作家の沢野久雄氏は、私の『雪国』の英訳を批判している。冒頭の、例の有名な一句、「夜の底が白くなった」の「夜の底」を、“the bottom of the night”と訳したのはおかしいというのだ。もし私が本当にそう訳していたのなら、私だって批判していたに違いない。だが、私は実は、そんな訳などしてはいない。当時出版されていた私の訳では、こうなっていたのである。“The train came out of the long tunnel into the snow country. The earth lay white under the night sky.”(「列車は長いトンネルを抜けて雪国に出た。大地は夜の空の下に、白く横たわっていた」)。この冒頭は、おそらく、現代日本文学中、もっとも有名な一節で、私の英訳は、以来、後々まで、たえず批判され続けることになった。

もし読者の中に、翻訳をやってみたいと考えている人がいるとすれば、私はあえて忠告しておきたいと思う。冒頭の訳には、よくよく気をつけよという鉄則である。日本では特に、十二分に注意することが必要で、日本ほど翻訳が注目されている国は、世界中、ほかにあるまいと思うからだ。この『雪国』の冒頭に関して言えば、私はやがて、沢野氏の批判とは、まさしく逆の意見を抱くに至った。沢野氏は「夜の底を」、そのまま“the bottom of the night”と訳すのに反対を唱えたけれども、私は逆に、“under the night sky”などと言い換えるのではなく、原文にもっと即して訳すべきだったと考えるようになったのである。その後、改訳版を出す機会が与えられた時、私は事実、沢野氏がそんな訳にすべきではないと批判した訳に直した。けれどもこの改訳版は、非常に高価な限定版だったから、結局、ほとんど誰の目にも触れることはなかったのだけれども。

十月も末になって、受賞のニュース以後、初めて川端さんに会った。川端夫人も一緒で、それに、いつも川端さんのまわりにいる若い女性たちも一緒だった。日記には、こうある。

　ホテル・オークラのレストランのひとつで夕食。その後、赤坂のゴーゴー・クラブに出かける。「リトル・シーザー」とかいう店だったが、その音と光で、しばらくは目も眩《くら》み、耳も聾《ろう》するばかりだった。川端さんは、すっかり魅了されているふうだったが、それにしても物凄い歓迎攻めで、握手とサインで息つく暇もない。……通俗的とはおよそ程遠い作家を、これほどまでに英雄扱いする日本人は、むしろ好ましいと言うべきだろうか。

　私にとって、今夜最大の事件といえば、川端さんから、一緒にストックホルムに行ってくれるよう、頼まれたことだった。彼の気が変わることでもない限り、私は同行することになるだろう。そういえば、この前、王様に拝謁したのはいつだったろう。女王や王妃にお会いしたことは何度もあるが、王様にお目にかかるのは、ずいぶん久しぶりのような気がする。

ちなみに川端さんはこの晩のことを、とてもいい随筆に書き残してくれた。その後の日記に、私はこんなことを書きつけている。「だから私のことも、川端康成全集の中に残ることになるはずだ。私の名前も、こうした形で、ささやかながら、後世に名残を留めることになったわけだ」。

この秋は、これ以後、十二月の初めにストックホルムに出発するまで、次から次へとお祝いの行事の連続だったし、スウェーデンから帰って来ると、またしてもお祝いの行事が続く。この数カ月というもの、私の生涯でも一番有名人の域に近づき、ジェット機で忙しく世界を飛び回る種族に近づいた時だったのではないかと思う。

あの時期が一体どんな様子だったか、多少とも具体的に知ってもらうためには、十一月の末の日記の一部を、二日分続けて引用するに如《し》くはあるまい。

スウェーデン大使館に向かい、川端さんのためのレセプションに出る。アメリカ大使館から物凄い渋滞で、まるで動きがとれない。警官に理由を尋ねてみたが、まったく突然起こったことで、原因は見当がつかないという。何のことはない、実はみな、スウェーデン大使館に向かう車のせいだと分かった。とにかく、盛大を極めたパーティーで、誰もかれもが顔をそろえていた。首相や高松宮御夫妻をはじめ、アレックス・ジョンソン駐日大使ほか、アメリカ大使館の連中もみんないる。スウェーデン大使がとてもいいスピーチをしてくれて、川端さんが深い謝意を表して応える。私も首相と話す機会があったが、私の日本語は彼よりうまいなどと、お世辞を言われた。高松宮やジョンソン大使と、一緒に写真を撮る。どうやら、恐れていたことが、やはり事実になりそうだ。川端さんは、まだ受賞記念の挨拶の原稿に、まるで手をつけてはいないらしい。スウェーデンまでタイプライターを持参して、あちらで英訳しなければならなくなりそうだ。

夕方プレス・クラブで、スウェーデンの記者のインタビューを受ける。スカンディナビア最大の朝刊紙の記者とのことで、なかなか気持のいい人物だ。この記者自身は、スウェーデン大使から、あらかじめ、川端さんが受賞しそうだと聞かされていたらしいが、ストックホルムの情報通の間では、最後まで、三島由紀夫が最有力という見方がもっぱらだったという。毎日新聞が三島由紀夫を缶詰にしていたのは、そういう予想があったからだというのだが、しかし、はたして事実かどうか。本当にそんな事情だったとすれば、三島が黙って缶詰になっているなどという、間の抜けたことをしていたかどうか。いずれにしてもスウェーデンでは、王立アカデミーにたいして、誰も大して敬意を払ってはいないという話だった。「今まで、間違いを犯したことがあまりにも多すぎたから」——記者はそう言う。

日本ペンクラブ主催の受賞記念パーティー（於ホテル・ニューオータニ）は、まことに盛大、豪華だった（ただ私にとっては、大半は苦痛だったのだけれども）。首相やスウェーデン大使、あるいは丹羽文雄といった面々の後でスピーチを、しかも日本語でしなくてはならなかったが、何とかそつなくやりおおせたと思う。狙っていた所でみんな笑ってくれたし、いわゆる外人として、日本人が期待する程度は日本語の間違いを犯してみせた。……こんな華々しい祝福の嵐の渦中にあっても、川端さんは、ほとんど無言で通してい た。こんなことをやってのけて、しかも不快の念を与えないでいられるなどということは、川端さん以外、誰にも真似のできないことだ。

この時の首相は佐藤栄作さんで、その後一九七四（昭和四十九）年、ノーベル平和賞を受賞することになるが、日本国内では、ほとんど全員一致で、失笑ないし冷笑したものだった。なるほど、日韓条約の締結や沖縄の返還が、佐藤政権時代に実現したことは事実としても、日本人の間では、こうした平和的な功績よりも、むしろ汚職事件の方が、記憶に刻まれているようだ。生齧《なまかじ》りの日本語を話す外国人なら、あなたの日本語は大抵の日本人より立派だなどと、見えすいたお世辞を言われた経験がよくあるだろう。私もこの時、首相から、同じようなお世辞を頂戴して、いささか辟易《へきえき》したのだが、失礼に当たらぬ程度には、きちんとお礼を言えたと思う。

しかし、その間もずっと、私の心には不安がわだかまっていた。いわゆる「受賞演説」のことである（その本来の性格からすれば、むしろ「記念講演」と呼んだ方が正確だろうが）。つまりノーベル賞の受賞者が、スウェーデン・アカデミーのメンバーを前に（そして川端さんの場合は、これに加えて、年輩の御婦人方が大挙してつめかけることになったのだが）、講演をしなくてはならない。問題は、その具体的な段取りをどうするかで、私が全文を英語に訳し、読みあげなくてはならないことになったのだ。川端さんはただ、日本文学の古典からの引用を朗読するだけなのである。

またまた不安が募ってくる。明日はいよいよ、ストックホルムに向けて出発だ。朝、受賞演説の原稿が届いてみると、よほどの専門家でなければ知らないような作品名や、引用や、固有名詞やらが続々と出てくる。それに、残念ながら、あまりいい出来ではない。ひどく主観的、印象主義的で、かつ、ひどく断片的だ。

ともかく、コペンハーゲンに着くまで待つしかない。コペンハーゲンの日本大使館なら、タイプライターを借りることもできるだろうし、図書室の司書に、助けを求めることもできるだろう。

この不安のおかげで、遮二無二仕事に熱中する気になればいいのだが、実際には、神経が麻痺してしまう効果しかない。

十二月三日の夕刻、羽田空港は大変な騒ぎだった。おびただしい見送りの人々の中で一番心を打たれたのは、谷崎夫人と、その姉の渡辺夫人の姿を目にしたことだった。もし谷崎さんがもう少し長生きしていたら、あの夜ストックホルムに発《た》っていたのは、きっと谷崎さんだったに違いない。私は今でもそう信じている。「だが、はたして谷崎さんは、川端さんほど鷹揚《おうよう》であったかどうか。例えば今度の講演にしても、谷崎さんなら几帳面に、きちんと原稿を清書していたに違いあるまい」。

三島も空港まで来ていた。「そして、もう私にたいして怒ってなどいないと言ってくれた」。実は彼に向かって、十分大人になっていないなどと、先輩めいたことを口にし、怒らせてしまっていたのだ。つまり、もう少しおとなしくして待っていれば、そのうちノーベル賞がもらえるだろうなどと、つい口走ってしまったのである。私などよりはるかに高名な人物にたいして、先輩じみた忠告をするなど、よくもそんなことをしたものだと、今さらながら汗顔の至りというものだが、とにかく、もう怒ってないと聞かされて、大いにホッとしたのだった。

川端さんは、コペンハーゲンまでの機内で、私から通路を隔てた反対側に座っていたが、まるで死んでいるかのように見えた。「よっぽど彼の席に行って、脈を取ってみようかと思ったくらいだった。実に、驚くべき人である。地球の反対側まで旅をする間、とても翻訳不可能な講演の原稿を、しかも、まだ未完成のままにしておきながら、それでも私に、この人のことが憎くて、憎くて、憎くてたまらぬという気を起こさせないなどということが、この人以外、一体誰にできるというのか」。

コペンハーゲンばかりか、いよいよストックホルムに着いてからも、両方の大使館にこもって、翻訳に集中しなくてはならなかった。どちらの大使館でも、非常に親切にしてくれたが、特にコペンハーゲンでは、相談相手まで見つけてくれた。京都の、ある仏教関係の大学の教授で、藤吉慈海という人が、ちょうどその年、コペンハーゲンに講義で来ておられたのである。日記には、氏は静謐《せいひつ》と学殖の磁波を発していると書きとめているが、実際、氏のおかげで、絶望の淵から引き揚げられる思いがした。こうして、川端さんが少しずつ渡してくれる講演の草稿を訳し続けたのだが、その内容は相変わらず、あまりいい出来とは思えなかった。「確かに面白い所もあるけれども、ほとんど意味をなさないように思える所も少なくない。それに、新しい話が始まるのかと思うと、実は尻切れトンボに終わってしまう所もある。例えば芥川の葬儀の時、川端さんが気を失いそうになったという話など。ところが、新聞に載せるために、要約まで用意しなくてはならないという。これほど断片的でまとまりのない講演を、一体、どうやって要約すればいいというのか」。

コペンハーゲンでは、記者会見もあった。いささか意地の悪い会見で、最初の質問からして、アメリカの作家アーヴィング・ウォレスの発言について、川端さんの意見を求めるものだった。ウォレスは、自身の故国で広く知られていないような作家に授与するくらいなら、ノーベル文学賞など、いっそ廃止すべきだと述べたというのだ。誰か意地の悪い日本人が、川端さんは、日本ではそれほどよく知られていないなどと吹き込んだものらしい。全くありえない話ではない。日本人の中には、もし日本の作家が受賞するとすれば、もっと思想的な立場の明確な作家が選ばれるべきだと考える人々が、決して少なくなかったからだ。この場合「思想的」とは、もっぱらフランスかドイツの思想の意味だろうが。

しかし、川端さんの答えはどうだったのか。実に見事だったと思う。三十年か五十年待たなくては、受賞が適切だったかどうかは分からないという答えである。会見後、川端さんは意気揚々としていた。自らの思うところを率直に表明し、満足しているようだった。会見の通訳は私がした。とんでもない失敗を犯すことはなかったと思うが、しかし通訳としての出来栄えには、自分では滅多に満足したことがない。

こうして、ようやくストックホルムに着いたのだが、ここでも騒動は続く。それにしても、たちまちストックホルムという町が好きになったのには、自分でも驚いた。「大使の公邸を出てみると、月が文字どおり光り輝いていた。空気は冷たいが乾いていて、コロラドとよく似ている。コペンハーゲンでは、寒さは肌を噛むような感触があったが、ここでは澄んでいて、いわば単純明快である」。

翌日もまた記者会見があり、この時もまた私が通訳した。コペンハーゲンの時よりも厳しい会見で、私としては、大失態を招く結果になってしまった。この時のノーベル賞関係の記録の中で、できることなら完全に削除してしまいたい項目のひとつである。そもそも最初の質問で失敗してしまったのだけれども、どうしてそんなことになったのか、今もってよく分からない。実は会見の前、川端さんの世話係を務めてくれていたスウェーデンの青年から（気持のいい人柄で、しかも非常に有能な人物だったが）、こういう質問があるはずだと、あらかじめ教えられていたのである。つまり、賞金を何に使うつもりか、訊《き》かれるはずだと言われていたのだ。そして、実際そのとおりの質問が出て、当然、川端さんもこれに答えた。けれども、その後、続いて出てきた質問から、何か、行き違いが生じてしまっているのに気付いた。しかし、どう訂正すればいいのか、それが分からない。何がどう行き違ったのか、よく分からなかったからである。こんな失敗など、無事にそのまま、跡形もなく消えてしまってほしいと願うしかなかったが、しかし、もちろん、そんなことが許されるはずもない。翌朝の新聞には、一面トップにデカデカと出てしまったのだ。

川端さんの答えの内容は、私にはよく分かっていたつもりだった。ところが通訳で、違ったことを言ってしまったらしいのである。川端さんの言ったのは、ストックホルムの思い出になるような物、例えば美術品のような物を買いたいということだった。ところが私は、何か彼の受賞の記念となるような物を、ストックホルムに寄贈したいと訳してしまったのだ。一体、どうすればいいのか。

日本大使館では、このこと全体をなかったことにしてしまうか、それとも訂正を発表するか迷っていた。川端さんは、なかったことにする方に賛成だったが、私の身辺にいた日本のジャーナリストたちは、何らかの発表をすべきだと言ってきかない。日本人記者団が、あれほどやいの、やいのとせっつかなければ、多分、何事も起こらずにすんでいたのかもしれない。たとえ日本人以外で気がついた人がいたとしても、そのうち忘れてしまっていたに違いないのだ。

ところが、もうそろそろ、スウェーデン・アカデミーのお偉方との昼食会に出なくてはならない時間である。こんな状況では、とても喜んで出かける気にはなれなかったが、いざ行ってみると、実に楽しい集まりになった。まことに愛すべき老紳士方の集まりで、しかも、場所がまた、まことに愉快な、中世以来の建物の地下室にあるレストラン。……

夕食会の後は、気分もずいぶん軽くなったが、それも長くは続かなかった。ホテルに帰ってみると、やはり記者会見のテープが届いていた。聞いてみると、やはり疑問の余地はほとんどない。私の言い間違いで、誤解を招いてしまったのだ。そこで、その上まだ一時間ほどバタバタした挙句、電話を掛けて訂正し、誤解を生んだ責任は、本来負うべき者、つまり私が負うことも伝えておいた。大騒ぎしたがる日本の記者団も、これで一応了承してくれた。これ以上は、誰も目くじら立てずに終わってくれればいいのだが。

けれどもこの不幸な出来事は、これで忘れてはもらえなかった。スウェーデンという国は、日本に劣らず自己意識が強く、自国のイメージに敏感だから、この国でこの種の出来事を忘れてもらいたいと期待するなど、およそ非現実的というものだった。三十年以上も経った今でさえ、この時の出来事が話題になっているのに出くわすことがある。きっと、ハムレットではないけれど、「辛いこの世のしがらみを振り捨てて」、ついにあの世に旅立つその時までは、相変わらずこんなことが続くのだろう。コメントは、ほとんど批判的なものばかりだが、所詮、驚くには当たらない。それにしても意外なのは、この言い誤りは意図的だったという解釈が、驚くほど多いことだ。しかも、そうした意図の理由について、一見、いかにもそれらしい説明が行われていることも驚きである。私の意図は、川端さんの善意を強調することにあったという説が多い。ありがたい誤解と言うべきだろうが、実際のところは、自分でも自分が何をやっていたのか、気がついてなかったというに尽きる。もしこれが、書いたもので間違いを犯したのなら、私は当然、はるかに深く狼狽していたことだろう。話し言葉を操るというのは、必ずしも、私の得意とするところではない。それは自分でもよく承知していて、だから私は昔から、通訳は下手くそだと自覚していた。私にも多少の分別というものはあるから、通訳という仕事は、できるだけ避けてきたのである。

二日後、いよいよ受賞式の当日である。この日のことは、日記には詳しく書き残してはいない。細かい事実の報告は、女性ジャーナリストたちに任せたのだ。実際スウェーデンでは、まるで女性ジャーナリズムの天下という感じだった。ただ、スウェーデン・アカデミーのメンバーの一人が、国王はじめ、会衆に川端さんを紹介した内容には、いささか失望せざるをえなかった。受賞の発表があって以来、私が日本人に繰り返し力説し続けてきたのは、受賞の理由が、決して安直なエキゾティシズムなどではなく、ただ純粋に、きわめて優れた作家が、きわめて優れた作家として認められただけだという点だったからである。

しかし、結局のところ受賞の理由は、いささか浅薄な、センチメンタルなエキゾティシズムだったようだ。京都の静寂の美、日本女性の控え目な美しさといった話題について、とりとめのないおしゃべりが続く。……国王への紹介の中では、わざわざアメリカ人にたいして、当てつけがましい言葉まで織り込まれていた。占領が終わった時、日本人は、今までオフ・リミットになっていた地区に出かけて、野蛮人どもが由緒ある古木を切り倒していないかどうか、調べて回ったというのである。東京都知事の手で、イギリス大使前の古木の並木がどんな扱いを受けたか、ぜひとも見せてやりたいと思った。この紹介を日本語に訳したのは誰か知らないが、記録に残しておくべきだろう。単純な間違いはもちろん、特に異議の出そうな部分は、周到にカットして訳していた。……

スウェーデン人は、何事によらず自信満々で、英語にかけても自信の塊だけれども、日本人に負けないほど、大失敗を演じることもある。私が特に気に入ったのは、renowned scientists（高名な科学者たち）とあるべきところを、renounced scientists（廃棄された科学者たち）と間違えていた例だ。いわれた当の科学者たちには、はたしてお気に召したかどうか。

私はスウェーデンの人たちにたいして、少々意地悪いように見えるかもしれない。彼らの方では、私を大いに厚遇してくれたことを思えば、なおさらである。しかし、それにしても川端さんを、まるで日本航空の宣伝文句にでも出て来そうな言葉で紹介するとは、いかにも残念というほかはない。

翌日、川端さんと私は宮殿に出かけ、国王陛下御自身が邸内を案内してくださった。

ゆっくり朝食をとり、ゆったりと新聞を読む。どれを見ても、川端さんのことが、大見出しで、デカデカ紙面を埋めている。……それから机の前に身を落ち着けて、受賞演説の推敲に取りかかろうとした時、不意に、国王との約束のことを思い出した。急いでわずかな髭を剃り、階段を駆け降りながら考えた――これで、おそらく、一国の王様に会うという、二度とないチャンスを失ってしまったのかと。けれども、実は心配する必要などなかったのだ。川端さんも遅れたし、川端夫人は、それよりさらに遅れて、結局、畏《おそ》れ多くも国王陛下を、十五分ほども待たせてしまったのである。

王様はまことに気持のいい御老人で、その朝がまた、実に気持ちのいい朝だった。王様は、中国の工芸品のコレクションを見せてくれたが、なかなか見事な収集品もあり、そして川端さんは、まさしく模範的な反応を見せた。立派な品は褒め、つまらない物はつまらないと評したのである。国王は、その的確な批評に、いちいちニッコリと笑ってうなずく。川端さんの判断に、いちいち同意していることは明らかだった。

……王様は、待従が次の約束があるからと、落ち着かぬ顔でせき立てるのにもお構いなしに、私たちのためにたっぷり一時間を割いてくれ、その後も、今度は私たちだけでさらに一時間、王様が日常使っている部屋から部屋へと歩いて回った。至る所に家族の写真、それに、いかにも素人くさい絵が掛かっていたけれども、どうやら宮殿というものは、どれほど家庭らしく見せようと努力しても、うまくはゆかないものらしい。毎日を宮殿で暮らしている人々は、まるで自分の家がないかのように感じるのではあるまいか。

夜は憂鬱だった。「まだ明日がありますね」——川端さんは屈託なくそう言い残して、国王と夕食を共にするために出掛け、私の手許に、例の受賞演説の原稿の続きを、ほんのわずか託して出て行った。

その、ほんのわずかを訳し終えて、バーに降りて行ってみると、悩んでいるのは、実は私一人だけではないと分かった。新聞記者の諸君も、演説原稿のコピーがもらえないと怒っていて、ひょっとすると、何か誤魔化されているのではないかと恐れているらしい。夜中近くなってバーを後にした時には、記者一同が集まって、川端さんが宮殿から帰ってくるのを待ち伏せしていた。確かに、今になってもまだ原稿ができていないとなれば、川端さんも、待ち伏せされても無理はないかもしれないが、しかし記者諸君の行動も、いささか奇妙に思えなくはない。みんなが一団となって同じ行動を取り、誰も絶対に抜け駆けできないように決めているのなら、別に、みんながわざわざ、雁首そろえて待ってなどいなくても、一人が待っていれば十分だろうに。

ストックホルムの街を歩いていると、スウェーデンが、ヨーロッパのほかの国々からはやや孤立して、一種の島国根性をもっている印が目につく。コペンハーゲンでは、事実上どの車も、デンマークを表すDKという標識をつけていた。つまり、外国に行ったことがあるか、これから行く予定ということだ。ところがストックホルムでは、スウェーデンを表すSの印をつけた車は、滅多にお目にかかることはない。

いやも応もなく(少なくとも私にとっては、応はほとんどなくいやばかりだったのだが)、スウェーデン・アカデミーの建物で、とにもかくにも講演は終わった(ちなみにこれは、アカデミーを創立したグスタフ三世の時代、つまりは十八世紀末以来の美しい建物だった)。この日の私の日記は少々長いが、かなり細かく書いてあるので、読者にお許しを願って、ほぼ全文を引用させていただくことにしよう。

第二の大きな行事のある今日になっても、午前中どころか午後に入ってさえ、気も狂わんばかりの状態だった。記念講演の原稿が出来てきたのは、ようやく昼になってからだったばかりか、その後も、書き直しや削除が次から次へと送られて来る。ようやく最後のページが届いた時には、ついに癇癪《かんしゃく》を起こしてしまった。鎌倉時代の、ろくに名前を聞いたこともない文章の、西行の詩論について語った一節が、ほぼ丸々一ページ、長々と引用してあって、しかも、一体何を言っているのか、意味もよく分からないときている。私の訳の手書きの原稿のうち、最後の三分の一ほどは、大使館に送ってタイプしてもらう暇もなかった。それに、そもそも最初の三分の二にしてからが、アカデミーに出発する十分ほど前になるまで、大使館から私の手許に届けてくるとは知らされてなかったのだ。それに新聞記者の連中も、原稿の遅れを怒っているのはやむをえないとしても、これはすべて、私が悪いせいだと言わんばかりに文句を言う。私が無理矢理にでも川端さんに原稿を書かせて、引ったくって来るべきだったというのである。昨夜は夜中の三時まで、連中は川端さんを追いかけ回し、ようやく日本語の草稿の、最初の一〇枚分を渡してもらったらしい。ノーベル財団と交わした取決めには違反することだが、私には、そんなことを気に病んでいる暇はなかった。

アカデミーに出発する直前になって、川端さんは講演から、かなりまとまった部分を何個所かカットすることに決めた。どうせ切るのなら、翻訳する前に切っておいてくれたらよかったのだが、それはともかく、これは好ましい決断だった。カットになった個所はどれも、例えば太宰の死を論じた一節など、あまり意味のない部分だったからである。……

それにしても、ひとつのまとまった文章を書いてゆく方法として、ずいぶん変わったやり方だと思うけれども、実はこれは、みなの言うところによると、川端さんのいつものやり方らしい。というのも川端さん自身、いわば、いよいよ最後の最後が来て、もうどうにも逃げられない状態に追いつめられないと、ものが書けないのだと漏らしたことがあるからだ。しかし、だとすると、そもそもの最初はどうやってものを書き始めたのか、大いなる謎と言うべきかもしれない。川端さんがまだ若く、無名だった頃には、今の私が期待されているように、傍にいて無理やり原稿を書かせ、強引にもぎ取ってゆく人など、誰もいなかったはずなのだから。

だが、そんな騒ぎもすべて終わって、いよいよアカデミーに向かう途中(例によって、遅れ気味だったけれども)、川端さんは、これ以上はないほどやさしく、苦労をかけてすまなかったと詫びながら、そっと封筒を手渡し、お礼の印だという。ホテルに帰ってから開けてみると、五〇〇ドル札が入っていた。もちろんお返しするつもりだが、その代わり、一ドル札を一枚ください と頼んでみようと思っている。額に入れて、今度のこの出来事の記念に残しておきたい。

最後の最後まで、何度も原稿に直しがあった結果として、直しの入った原稿の最後の何ページかを持っているのは、私一人しかいないことになった。かりにこれを売りに出せば、物凄い金になるに違いないが、もちろん、そんなことをする気はない。額に入れて、遺産として誰かに残し、その人に大儲けさせることにするつもりだ。

やがて、講演が始まった。といっても、川端さん自身はあまり話さず、もっぱら私が英訳を読みあげた。聴衆は老婦人たちがほとんどだったが、ファルクマン氏によると〔前にも言った、川端さんの世話係の、スウェーデンの若い外交官である〕、ノーベル賞の受賞講演では、いつものことだという話だ。ファルクマン氏は非常に聡明な人物だったが、驚いたことに、川端さんの講演は、とても気に入ったという。形にとらわれない自由さがいい、感傷的なところがなく(あえて書いておきたいが、それは私が、いわば産婆役として配慮した結果でもある)、それに、必要以上にクドクド説明しようとしないところが気に入ったというのだ。それはそれでいい。ただ老婦人方にとっては、そうした話を直接、巨匠の口から聞くのではなく、私の口を通じて聞くのは、あまりお気に召さなかったかもしれない。私自身としては、自分が必要以上に出しゃばっているのではないかという、いかにも居心地の悪い思いを抱かずにすんだのは、今回が初めてのことだったような気がする。

夜、日本大使館で盛大なレセプション。版権の問題で、少しばかりゴタゴタがあったようだが、私はできるだけかかわらないことにした。われわれは、どうやら、ノーベル財団の意向に反することをしたらしい。参事官の前田さんは、とてもいい人であるだけに、気の毒でならなかった。財団のスウェーデン人たちは、プロシア人そこのけに頑固で融通がきかず、前田さんをすっかり狼狽させてしまったのだ。しかしもちろん原因は、もっぱら川端さん自身と、ギリギリまで原稿を完成しない彼の癖にあるのだけれども。

翌日は、たまたま十三日の金曜日だったが、ストックホルムのオペラハウスで、昼食を御馳走になった。スウェーデン最大の出版社で、川端さんの作品を一手に出している会社の、編集部長の招待である。久しぶりに太陽が顔を出し、南側の窓からは燦々《さんさん》と陽光が流れ込んで、食堂はさながら温室のようだった。ちなみに、この十二月十三日は、カトリックの教会暦では聖ルチアの祝日に当たるが、「ルチア」は元来「光」の意味であるところから、スウェーデンではこの日を「光の祝日」として祝う。そして、若い女性が、いわば光の使徒として、一年のうちでも一番暗いこの時期、光の祝祭を主宰するのだ。明らかに、異教時代の風習の名残だろう。私たちのテーブルにも、スウェーデン代表のルチアがやって来て挨拶した。元気のいいブロンドの女の子で、水泳の選手だという。この日の夜中には、ロイヤル・ホテルの私たちの部屋にも、それぞれ大勢のルチアが訪れたが、みんな一様にブロンドで、その髪が、手に手に掲げ持ったローソクの光を映し、まぶしいばかりに輝いていた。カメラマンたちも彼女たちについて来て、盛んにシャッターを切る。私の写真が新聞に載ることはなかったけれども、川端夫妻がベッドに起きあがり、目を丸くしている写真は、どの新聞にもデカデカと載った。

今回の受賞の舞台裏について、この部長から、いろいろの話を聞くことができた。発表の丸一日前、川端さんが受賞することは、すでに知っていたという。「新しい教皇に誰が選ばれるか予想するのと同様、肝心なのはまず、候補者の中で誰が有力かを知り、その後は時時刻刻、奥の院で何が起こっているかを推定することです」。今度の場合は、ヨーロッパの作家二人の間で決着がつかず、暗礁に乗り上げてしまった結果、ヨーロッパ以外の候補者が浮かび上がってきたのだが、その人物は、川端さん以外にはありえない——少なくとも、部長はそう考えていたという。この話は、東京で私にインタビューしたスウェーデンの記者の説とは、必ずしも一致しない。あの記者の説では、三島が有力だという話だった。いずれにしても、しかし、事情通の間では、実際の発表を待つまでもなく、ほぼ目安がついていたものらしい。

翌日は、オラフ・レディンと一緒に、ウプサラで過ごした。植物の分類学で有名なリンネゆかりの場所を訪ね、名物の蜂蜜酒《ミード》なるものも飲んだが、ビールに甘味を加えただけではないかという気がした。オラフは、コペンハーゲンで教えているスウェーデン人の日本研究家で、この北の果ての国に春が訪れる時の様子を、いきいきと想像させる話をしてくれた。以前、ウプサラからストックホルムまで列車で通勤していた頃、まるで誰かが号令でもかけたかのように、乗客が突然、一斉に顔を上げたという。前の年の秋以来、初めて太陽が顔を出した朝だったのだ。

翌日は、帰国の準備で大わらわだった。二度ばかり、川端さん夫妻のスイート・ルームをのぞいて見ると、全く手のつけようもない大混乱で、はたして出発に間に合うのかどうか、いささか心配だと漏らすと、夫人が答えて言うのである。日本を発つ前の晩の、鎌倉の家の有様を見てほしかったと。私は川端さんに言った。「ようやくまた奥様と二人、水入らずになれて、ホッとしていらっしゃるでしょう」。川端さんの答えは、いやいや、「二人きりだけにはなりたくないんだが」。

コペンハーゲンでは、ウッドベリー夫妻の家に厄介になって、ゆっくり休みを取り、風邪を治した。御主人のウェンデルは、東京のアメリカ大使館で、ライシャワー時代に勤務していたが、今は、コペンハーゲンの大使館に勤めていた。ようやく東京に帰り着いたのは、十二月十九日のことで、「十五時間ほど飛んでいたことになる。

ほとんどは眠りこけていた。その間、藤吉教授の夢を見続けていたような気がする。あれほど泰然自若とし、静穏そのもののような人物に出会ってみると、禅というものにも、確かに何かがあると感じざるをえない」。

　帰りは、行く時よりはずっと静かだった。第一、川端さん夫妻は、さらにヨーロッパをあちこち旅行するので、帰りは一人旅だったということもある。思えば受賞の発表以来、とにかく興奮の連続だったが、この時こそ、生涯を通じて、日本との関係が絶頂に達した時だったと言っていいだろう。この時ほど、日本との一体感を深く覚え、かけがえのない役割を果たしているという思いを強くしたことは、ほかになかった。この時以来この関係が、ただひたすら下降線をたどり続けてきたと言えば、あまりにも単純化が過ぎることになるだろうが、しかし実際にたどってきた道程《みちのり》は、時として、そんなふうに思えなくもなかった。やはり六〇年代が、一番昂揚した十年間だったことは事実で、あれ以来、あれほど充実した時期は、ついになかったと言うべきだろう。

　ノーベル賞に関して、最後にもうひとつ、例の記者会見でのヘマのほかに、できれば世間に忘れてしまってほしいと思うことがある。受賞講演のタイトルの問題である。日本語の標題は、周知のとおり『美しい日本の私』で、日本語としてもやや奇異な表現だが、これをこのまま英語に直せば、“Beautiful I of Japan”とでもなるだろう。しかしこれでは英語として、いかにも奇妙な、ひねくれた言葉遣いになってしまう。タイトルとして使うことなど、とてもできない。中でも特に難しいのは、「美しい日本」と「私」をつないでいる、「の」という一字だ。しばらく後になって、JRがこのタイトルを、観光キャンペーンのキャッチフレーズとして使ったが、その時、この「の」を「と」に入れ代え、「美しい日本と私」にした。これなら意味もすっきり通るし、英語に訳すにしても、別に問題はない。そのまま“Beautiful Japan and I”とすればいい。しかし、これはやはり、川端さん自身のつけたタイトルではない。

　ストックホルムからコペンハーゲンに向けて発つ晩、空港でニコラス・イングルトンというオーストラリアの編集者（私の『眠れる美女』の訳について、あえて直訳を避けた個所をすべて批判した人物だが）が、受賞講演のタイトルとして、新しい英訳を提案してくれた。

“Japan, the Beautiful, and Myself”というタイトルである。「なるほど、それでゆこう」——英語として、あまりにもぎこちないタイトルにしなくてすむのにホッとして、私は彼にそう答えた。それ以来、この講演の英訳では、一貫してこのタイトルを使うことになったのである。

あの時から今日まで、このタイトルは、誤訳だと批判され続けてきた。なるほど、もしこれが翻訳のつもりでつけたタイトルなら、確かに誤訳に違いないとも言えるだろう。だが私は、そもそもそんなつもりではなかった。十分に考慮を重ねた結果、あえて翻案を試みたのだ。『眠れる美女』を、*House of the Sleeping Beauties*（「眠れる美女たちの館《やかた》」）としたのと同様である。批判の中には、単に翻訳の技術上の問題にとどまらず、まさしく哲学的というか、あえて言えば、世界観上の根本原理にかかわるようなものもあった。講演がきわめて断片的で、想に任せて自由に感懐を語ったものであるところから、これを論ずる側では、そこに、何らかの体系を読み込まずにはいられないのかもしれない。最近も、何の説明もなく、いきなり雑誌論文の抜き刷りが送られてきたことがある。どうやらロシア語らしいので、ロシア語の分かる人に見てもらうと、確かにそのとおりで、彼が内容を要約して教えてくれた。筆者はモスクワ在住の女性で、例の厄介な「の」という一字について、私が解釈を誤っていると非難しているらしい。つまり、われわれアングロ・サクソン系の人間はいつもそうだが、自然というものにたいして、二元論的な見方から脱け出せないと批判しているのだ。なるほど彼女の批判にも、一理はあるのかもしれないけれども、弁明として私に言えることがあるとすれば、やはり、私はこの英語のタイトルを、翻訳と考えたことは一度もないというに尽きる。

日本のメディアでは、講演は当然大きく取り上げられた。「一日ほど前、『朝日』の夕刊に出た江藤淳の文章はこの講演を、西欧にたいする大いなる挑戦と見ている。いわば、決闘状を叩きつけたものだというのだ。なるほど川端さんはある意味で、美の永遠性の前に歴史が消滅することを説いているのかもしれないし、これを読んで、根本的に歴史的世界観に立っているわれわれ西欧人は、たじたじとなって怯《ひる》むべきなのかもしれないけれども、しかしストックホルムで講演を聴いた年輩の御婦人がたが、この講演に、かりに何か象徴的な意味を直感したとしても、ただ単に美しい話と思っただけで、とても、そんな深遠な意味を感じ取ったとは思えない。それに第一、川端さん自身、あの講演に、そんな深刻な意図があったなどと聞かされたら、誰よりも驚いたのではあるまいか。もしそんな意図が訴えたかったのなら、もっと論理的に、一貫した筋道を立てることくらい、川端さんにだって、当然できたはずではないか。もしあれが江藤淳の講演だったら、彼の著作全体の中でも重要な作品になっていたかもしれない。しかし川端さんの仕事としては、やはり、それほどいい出来であるとは、少なくとも私には思えない」。

けれども、この講演の弁護のために、あえてひとつ付け加えておくべきことがある。川端さんのためにも、私自身のためにも、相当の印税を稼いでくれたという事実だ。原文と英訳を合わせた新書は、かなりのベストセラーになった。今度の場合も、今まで、ほぼいつでもそうだったように、川端さんは、印税の半分を私の分にしてくれた。

東京に帰ってからまもなく、然るべき仲介者を通じて、今のところ私の家を管理してくれている斎藤さんの一家が、近く引っ越す予定だと知らせてきた。日本では、単なる個人的な問題でも、多少とも重要な交渉事なら、仲介者が間に立つのが一般的である。この習慣には、立派な理由があることは明らかだろう。仲介者は、いわば名付け親に似た責任を取るのである。例えば不動産についての取り決めの場合なら、赤ん坊の代わりに、問題の取り決めが将来にわたって恙《つつが》なく運ぶよう、配慮するというわけだ。

ただし、なるほどこの習慣には、いい面も多々あるにしろ、私としてはむしろ、当人同士が直接会って、話合いで事を決めたいと思うこともなくはない。しかし、もちろん私は外国人で、しかも、とかく敵方に回りがちな西洋人だ。とはいえ、斎藤さんが仲介を依頼したのは私の友人で、写真家の坂口さんだった（ちなみに彼は、その後まもなく交通事故の犠牲になったのだが）。私の友人を仲介者に選んだのは、何ら不都合なことは起こらないと、私に安心させるためだったのだろう。それに、私がヨーロッパから帰ってくるまで、引っ越しの話を持ち出すのを待ってくれていたのも、彼らの心配りの表れだったに違いない。ノーベル賞のお祝い気分に、水を差したくないと思ったのだ。

そういうわけで、斎藤さんに文句を言う筋合いは全くなかった。今まではずっと、何代もの家族が（時には独身者のこともあったが）、小石川の小さな家に、私が東京にいる間は一緒に住み、私が東京にいない間は留守番をしてくれていた。斎藤さんの家族は、その最後の一家だったわけだが、多摩川を渡った神奈川県にマンションを買い、夏か秋には、そちらに移るつもりだというのである。

一家の行動には、全く文句のつけようはなかったけれども、私の生活の平静を、ひどく乱したことも事実だった。留守番の家族の交代が、あまりにも頻繁になりすぎていたからである。何か、別の方法を考えるべき時期が来ていたのだ。考えられる方法は、多分、二つしかない。留守の間は空家のままにしておくか、そうでなければ、思い切ってマンションに移るかである。マンションなら、留守の間も安全を心配することはない。現実的な方法としては、やはり第二の手しかあるまい。空家のままにしておくと、安全なはずの東京でさえ、少なくとも新聞で読む限り、招かれざる客が居座って、家を荒らすことはめずらしくないからである。時には、おそらく指紋を残さないためだろうが、放火することさえあるというではないか。

新しい住居《すまい》を見つけるのは、そう難しくはなかった。新聞に出ている新しいマンションの広告を頼りに、実際にあれこれ現地を回って、まさに私にぴったりの所が見つかったのだ。場所は、今までと同じ文京区内だった。別に、それを条件にしていたわけではなかったけれども、これも気に入った点のひとつだった。大田区とか世田谷区とか、南や西の裕福な郊外に住んでいる人々は、文京区と聞くと馬鹿にするかもしれないが、私はむしろ誇りにしている。私にとっては、金はなくとも生まれのいいといった階層を、自然に連想させる土地柄なのだ。ただ今度の住居は、同じ文京区でも、東の半分にあたる本郷である。今まで住んでいたのは西半分の小石川で、実はこの二つの地域が昭和二十二年に合併し、文京区になったのである。文京区といえば、普通まず連想するのは東大だろうが、正直に言うと、私は東大はあまり好きではない。必要がある場合は別として、キャンパスに足を踏み入れたことさえ一度もない。しかし隣近所として、世間体が悪いような所ではない。

こうして私は、一九六九（昭和四十四）年、文京区の湯島に移り、以来ここが今日まで、私の東京での住居になっている。建物の名前は、「湯島レジデンス」という。東京では、多少とも高層の集合住宅には、何かしら気取った、英語やフランス語、さらにはスペイン語の名前のついていることが多いけれども、その理由は多分、ひとつには、家を探し当てる上で、便利だからということだろう。というのも日本では住居表示が、欧米流に通りを基準にするのではなく、ブロック単位になっているので、探し当てるのに苦労することが多い。この不便を少しでも軽くしようとして、こんな名前をつけているのではあるまいか。おそらくは、しかし、ただ単に気取って、わざわざ仰々しい名前にしているだけのことかもしれない。一番普通なのは「マンション」という名前だが、英語本来の意味からすれば、広壮な敷地をめぐらせた大邸宅のことだから、義理にもふさわしい命名とはいえない。その点、「レジデンス」なら、単に「住居」の意味でしかなく、はるかにふさわしいと言えるだろう。

このあたりは火事が多く、消防車のサイレンで眠れないことがめずらしくない。そんな時は、湯島に越して来たことを後悔することもあるけれども、そう度々というわけでもないし、そう長く続くわけでもない。何といっても、ここは便利がいいし、歴史もある。東京でも一番景色のいい場所のひとつで、盛夏には、蓮の花見で有名な不忍池から、坂を登ってすぐの丘の上だし、それに、消防車が多いばかりではなく、岩崎という家も多い。岩崎家は、いうまでもなく三菱財閥の創始者だが、十九世紀末に建った岩崎家の邸宅は、私のマンションから道ひとつ隔てた向かいで、冬、木々の葉が落ちて視野を遮らなくなると、うちの窓からすぐ斜め下に見える。重要文化財に指定されているが、自分の家の窓から重要文化財が見えるという人は、そう大勢はいないはずだ。ある日、たまたま、その三菱の岩崎さん当人に、道でばったり出会ったことがあった。ゴルフの練習場でスイングを練習しようと、坂を下りて来るところだった。その当の岩崎さんから、なぜこの辺に岩崎という家が多いか、その訳を教えられたのである。実は、彼と縁続きの人は一人もいない。ただ、湯島に住んでいる岩崎だと言うと、相手はみんな、当然あの三菱の岩崎家の親類だと思う。それで、いろいろの岩崎さんたちが、いつの間にか、湯島に集まってきたのだという話だった。

新しい住居を見つけるのは、そう難しくはなかったけれども、古い家を処分するのは、やってみると、実はなかなか厄介だった。交渉の最初から最後まで、どの段階でも、予想もしないことに次々に出くわすのである。おかげで私も、今さらながら、自分が今、神秘なる東洋にいるという事実を、あらためて思い知らされたのだった(その頃は多少、慣れっこになってしまって、驚異の感覚を忘れかけていたのだが)。

家を売る相手として、当然まず候補に挙げるべきなのは、地主さんということになるだろうが、第一に出くわした驚きは、今までほぼ十五年間、いつでも地代を集めに来ていた老婦人が、実は地主ではないと分かったことだった。土地を所有しているのは、近所に大きな、しかし、かなり趣味の悪い家を構えている男で、夕方散歩に出た時など、時々顔を見たことのある人物だった。この種の情報を仕込むには、行きつけの床屋さんが一番である。そりゃ、知ってますとも——地主は誰か尋ねる私に、床屋さんは教えてくれた。あの婆さん、大昔は、あの男のお妾さんだったんですよ。それにしても——と、今度は床屋の方が驚いて言う。あの地主さんが、今でもあの女に、そんな役得を認めてやっているとはねえ。だって、今じゃあ、あのとおりの婆さんだし、逆に男の方は、今だってデップリ太って、相変わらず若いもんねえ。けれども結局、なぜ男が今でもそんなに気前がいいのか、それは分からずじまいだった。

そこで今度は、その当の地主の所へ出かけてみた。一人ではない。中に立ってくれる人として、古い方の家を買う時、間に入ってくれた不動産屋に一緒に行ってもらったのである。どのくらい欲しいのかと、地主は尋ねる。いや、まあ、家は築三十年か四十年になるから、大した値段にはならないだろうが——私がそう言いかけると、いや、家屋のことじゃない——馬鹿にしたような口調で相手は言う——問題は土地だ。いや、しかし(私は答えた)、土地はあなたのものだ。そもそも私が何か要求することなど、どうしてできます? これにたいして相手の発した言葉は、このやり取りの中でも断然、最大の驚きだった。あの土地に、かれこれ十五年も住んでいたとなると、私にもそれなりの権利が生じていて、金に換算することもできるというのだ。だから、どのくらい欲しいのか――相手はそう繰り返すのである。

こんな権利が存在しようなどとは、夢にも思ってはいなかった。まるで私は、子供の頃から思い描いていたように、中世の昔に生まれ変わったかのような気がした。こんな権利があろうなどとは、夢にも予想していなかった以上、どのくらいの値打ちがあるかなど、およそ見当もつかない。相談役の不動産屋に聞いてみても、そういう点は、自分にもよく分からないと言う。本当に分からないのかどうか、疑わしくなくもなかったけれども、私の無知につけ込んで、いい加減なことなど言わないというのは、なかなか立派だと思った。御自分で、誰か弁護士に相談してごらんなさいと、彼は言う。弁護士なら、探すまでもなく身近にいる。この家を買う時に力を借りたオーストラリアの友人、ロビンソン夫妻である。

不動産屋はそこで身を引き、私は、ロビンソンと一緒に地主と話し合った。地主は、神田という、いささか感じのよくない男である。自分がたまたま所有していると分かった権利に、果たしてどの程度の値打ちがあるのか、ほとんど何の知識もない状態だったから、相手がどんな申し出をしようと、黙って同意しても不思議はなかったのだが、実を言うと、やがて裁判沙汰になってしまったのだ。最大の理由は、相手があまりにも鼻もちならぬ奴だったからである。あんたがた金持ちのアメリカ人が、貧乏な日本人から法外な金を絞り取るのはけしからんと、何度も何度も繰り返し続けるのである。

これは当時、日本人がさかんに口にしていた言い草で、私にはいつも、無性に癪にさわる言葉だった。なるほど、今から三十年、四十年も前のことだから、当時はこの言い方にも、多少の理屈はあったのかもしれないが、実は今でも時折、耳にする屁理屈である。日本は貧乏な国だから、われわれにできる以上のことを求められても困るというのだ。けれども今言う神田の場合は、たとえ四十年前のことでも、その言い分には、全く何の正当性もなかった。私の家の敷地程度ですら、いやしくも東京に自分の土地を持っているということ自体、私などより何層倍金持ちかしれない。ましてや彼の、あの仰々しい家の建っている土地まで持っているとなれば、億万長者といっても誇張ではないだろう。そんなわけで、私は、日本での訴訟のためには、オーストラリアの友人ではやはり具合が悪いから、新しく頼んだ弁護士の浅見さんと一緒に、七月も末のある朝、裁判所に出かけて行くことになったのである。

まず浅井さんの事務所に寄って、書類や、われわれの申し立ての内容を再点検してから、日比谷公園の奥の東京地裁（正確にはその一部）に行く。見すぼらしい、息苦しくなるような所だ。悪党の神田と彼の弁護士は、三十分も遅れてやって来たが、判事と書記（二人とも上着なしだった）が現れたのは、それよりさらに遅かった。それから、ごくおざなりな態度で（少なくとも、私にはそう思えたのだが）、事実関係を確認した（私が地代をいくら払っていたか、など）。……私はほとんど何もしゃべらなかったし、浅見さんも、ごくわずかしか発言しなかったのにたいして、神田はのべつ、しゃべりにしゃべった。判事は明らかに閉口していたけれども、相変わらず微笑を崩さない。最後に判事は、私にとっては好ましい判断を、それも、驚くほど率直に述べた。判決は、神田側ではなく、私の申し出に近いものになるだろうと言う。判事は、明らかに示談を提案しているにもかかわらず、神田はそれに従う素振りも見せない。……後でディックが教えてくれたのだが、これは簡易裁判というものだった。

ディックというのは、東京で開業しているアメリカ人の弁護士で、古くからの友人である。浅井さんもディックも、今も親しい友人付き合いが続いている。

裁判所には、それ以上、もう出頭することはなかった。小石川の家は、すでに四月、風の強い日だったが、引っ越しを終えていた。「家は風の中で揺れていた。まるで私に、別れの挨拶を送っているかのようだった。それともむしろ、私を早く追い立てようとしていたのだろうか。二つの比喩のうち、どちらが当たっているのか、私は決めかねていた」。そして、新居に移るまでの仮住居として、芝公園に近いホテルに移った。アポロ宇宙船の月面着陸をテレビで見たのは、このホテルでのことだった。裁判所に出頭する、ちょうど一週間前のことである。「アームストロング船長が梯子《はしご》を下りて、おそるおそる、月面に足の爪先を触れた時、私はつい、父が門の戸を開けようと車から下り、すっぽり穴に足を踏み入れて、いきなり姿が見えなくなった時のことを思い出してしまった。もしアームストロング船長の姿が、あのまま不意に消えてしまっていたとしたら、あの時と同様、思わず笑い転げていたに違いない」。

夏の間中、ホテルの室を借り切っていることはできなかったので、友人の木版画家、福田さんと一緒に、二週間ばかり沖縄に旅行に出かけた。

八月、父が他界し、葬儀に出るためにコロラドに帰り、それからアナーバーに戻った。故郷のキャッスル・ロックでは、いとこのメアリ・クラークが、たまたま見つけたという古い新聞記事を見せてくれた。「『キャッスル・ロック・ニューズ』だったか、それとも『ダグラス郡ニュース』だったか忘れたが、一八七〇年代の記事で、なかなか面白い。これによると、当時キャッスル・ロックは、人口はせいぜい二〇〇人程度にすぎなかったはずなのに、今日よりも街の態をなし、人の集まる所だったらしい。ホテルも二軒あり、宿泊者の名簿まで律義に掲載してある。例えば私の曽祖父で、ベア・クリーク在住のジョージ・ラトクリフとか、レイク・ガルチ在住のジョージ・デプケなども、この宿で一夜を過ごしている。今では、しかし、こんな田舎の淋しい町に泊まる人がいるとすれば、カリフォルニアに行く途中、予定より遅れてしまって、やむなく一泊する場合しかない。……曽祖父がいかに愛すべき人物だったか、そして実際、どれほど誰からも愛されていたかも知った。投書欄に寄せられた手紙の数々からすると、ケチで、ホラ吹きで、おまけに、少々山師でもあったらしい」。

ベア・クリークというのは、郡の西半分、つまりイギリス系の移民の住んでいた地域の町。レイク・ガルチは東側、つまりドイツ系の地域にあった。レイク・ガルチ川はチェリー川に合流し、その頃はよく、デンバーに洪水の被害をもたらしていた。そのためにダグラス郡は、デンバーにたいして非常な優越感を抱いていたものだ。デプケというのは、私の子供の頃、すぐ近くに住んでいた家族である。父の話していたところによると、最初に移住してきた開拓者世代の人たちは、ドイツ語の一種を話していたというが、彼ら以外、誰にも分からない方言だったらしい。それにしてもデプケというのは、ドイツ系としても変わった名前ではないかと思うが、この点は、私にも十分な知識がなく、よく分からない。

十一月五日になって、弁護士の浅見さんから電話があり、裁判の判決が出たと知らせてきた。予想どおりの結果だった。判事があらかじめ示唆したとおり、「悪党の神田」が払うつもりでいた額よりも、私が期待していた条件に近い裁定だった。「もちろん、最初から神田が、然るべき額を申し出てさえいれば、こんな面倒なことをしなくてすんだはずだが、これだけの時間と経費を費やしたことを、まるきり無駄だったとは思っていない。彼には得るところは皆無だったが、私は日本の財産権のシステムについて、得がたい情報を得ることができたのだから」。

私が学んだ中で一番重要だったのは、現代の法律においても、古来の慣習がいかに大きな役割を果たしているかという点だった。ある意味では、これは最初から分かっていたことではある。私はもともと、日本人がいかに根強く保守的であるか、昔から飽くことなく繰り返してきたからである。ただ、この時までは、地代とか家の売り買いなどという世界は、自分自身で深く経験する機会がほとんどなかった。この次、神田に会うことがあったら、いささかの冷笑を込めてではあるにしても、礼を言いたいと思ったほどだが、結局、二度と顔を合わせることはなかった。数年後、私があんなに気に入っていた家は取り壊され、後は駐車場になってしまった。隣近所の噂話について、私の最大の情報源だった床屋の家も、やはり同じ運命をたどった。

十一月には、もう一度コロラドに帰った。戦前、横浜に住んでいた叔母夫婦の、結婚五十年のお祝いのためである。そして、故郷は美しいという思いを、あらためて深くした。

「朝、フランクタウンの方角に丘を登り、見渡す限りの風景に、歓ばしさを感じないではいられなかった。温かいトビ色の丘、冷え冷えと澄んだ空、地平線を切り裂いて連なる山脈《やまなみ》——みな、氷のように鋭く輝き、あたかも内側から光を発しているかのようだ」。

その後、冬のさなか、一番寒さの厳しい時期にコロラドに帰って、その時もまた、実に深く興味を覚え、感動を覚えた。デンバーに出かけて、西部大畜産博で午後を過ごしたのだが——。

羊の番犬は特にすばらしかったし、それにまた、集まった人々がみな、女性や小さな女の子たちに至るまで、牧畜のことを実によく知っている。カウボーイたちの演技についても、誰がどのくらいやれるか、正確無比に予想するのだ。西部の生活も、すでにひとつの伝統となっていて、さまざまな規準があり、微妙な変化があり、そしてそうした事柄に、誰もが価値を認め、賞讃しているのだ。

空が夕焼けに染まる頃、キャッスル・ロックに帰る。パイクス・ピークの雄大な山容が、仄暗い大平原を守るかのように聳《そび》え立っている。かつて幌馬車隊がこの地に初めてやって来た時にも、あの峰はやはり、ああして人々を見下ろしていたはずだ。そして、いつの日か私たちが、この高地の水を使い果たし、再び平原を渡って東に帰ってゆく時も、あの峰は、やはり、あそこにああして聳え、見送っているに違いない。プラット川に沿って並んだポプラの樹々も、まわりに住む人々の生活などには、全く関心の素振りも見せない。この無関心こそ、長く存在し続ける物の何よりの徴《しるし》なのだ。

日記にはこんなことを書きつけているくせに、コロラドに帰って住みたいなどとは、片時も考えたことがないというのは、あるいは不思議に思われるかもしれない。理由は多々あるが、何と言っても最大の理由は、おそらく、ここでは人間が自然の美しさに加えた美が、あまりにも乏しいということだろう。それどころか、コロラドに住む人々は、むしろ、自然の厳しさに不平を漏らすのである。

春になって、もう一度ヨーロッパに旅行した。北イタリアのコモ湖のほとりの、この世のものとも思えぬ美しいヴィラで学会があり、これに出席するためだった。そこで数日間、実際、この世のものとも思えぬ日々を過ごし、それからマーフィン夫妻と一緒に、トスカーナ地方をドライブして回った。かつて横浜の総領事館にいて、その後シチリアに移り、今はジェノバにいる友人夫妻である。それから今度は、まだコペンハーゲンにいたウッドベリー夫妻と一緒に、ユトランド半島を車で一巡した後、東京に帰り、新しいマンションに入った。

六年をわずかに越える年月の間に、私が親しく知ることのできた日本の作家のうち、一番大切に思える人たちが、今やすべてこの世を去ってしまった。以来、東京がもう、それまでほど興味のある所ではなくなったのも、けだし、当然というものだろう。谷崎さんの場合は、自殺などと想像した人は誰もいない。ただ、酒を飲みすぎて死ぬことがあるのと同様、食べすぎて死ぬというのも、いわば間接的な自殺と考えることができるとすれば、話は別だけれども。ほかの二人の場合は、どちらも、自殺だと見るのが一般的である。厳密に言えば、三島由紀夫は殺されたのだが、しかし、彼が生涯の最後の事件を、自らの死によって締めくくりたがっていたことは明らかだ。しかも切腹という、名誉ある武士の作法——とはいえ、われわれには、ただ単に凄惨な仕来りとしか見えないのだが——そうした作法をすべて踏んで、自らの生に決着をつけたのである。だがこの儀式を完結するためには、当人の割腹の後、誰かが介錯して首を落とさなくてはならない。この役を務めたのは、三島に心服する若い信奉者だったが、この若者は自らの務めを終えると、自らもまた、首を落とされた。

川端さんの昔からの友人たちは、彼の死は事故だったと、最後までそう信じている人が多かった。だが、古い友人もみな他界してしまった現在、今でもなおそう考えている人は、少なくとも私の知る限り、一人もいない。川端夫人の反応は、最初は全く動顚そのものだったが、今では夫人もまた、御主人は、自らの手で命を断ったと考えているようだ。

近・現代の日本の作家の間では、自殺はそうめずらしいことではない。少なくとも十数人は、高名な作家が自殺したとされている。時には、今も挙げた川端さんの例のように、疑問の余地の残る場合もあるけれども、発生率が異常に高いことには疑問の余地はない。そもそも日本では昔から、若者の自殺はよくあることだった。しかし文学者の場合は、中年、あるいはそれ以上の例が多い。さまざまの説明がありうるが、おそらくは、生きていること自体の苦しみが原因と考えるのが、結局のところ、一番当を得た説明ではないだろうか。もちろん、生きていることが苦しいのは、世界中どこであろうと、どんな種類の人々の間であろうと、別にめずらしいことではない。しかし近代の日本のように、変化があまりにも急激、かつ錯綜している社会では、ひときわ痛切に感じられるのかもしれない。

日本人が、時折、集団的な殉死の衝動に駆られることがあるのも事実だし、生と死の区別を、とかく軽く見る傾向があるのも事実だ。死者は生者のすぐ隣にいて、時に応じて生者の世界をのぞき込む。しかし、こんな事情を挙げてみても、やはり十分に説明がつかないのは、一体なぜ、最も想像力の豊かな人々が、どうしてこれほど多く、しかもこれほど性急に、死ぬ以外、取るべき道はないと決めてしまうのかということだろう。もしこの現象を、かりに日本の謎のひとつと呼ぶとしても、近代の日本について、謎は決してこれひとつには留まらない。さらに深く、さらに重要なのは、むしろ、なぜこの国民が、あえて自殺的な戦争に引きずり込まれることになったのか、という謎なのではないだろうか。

自殺の中には、あらかじめ予見できたものもある。三島の場合には、いつか自殺するのではないか、さもなくては、彼の作家としての活動全体が嘘になるのではないかと、実は私自身、かなり前から考えていた。ただ、実際にああいう形を取るとは、さすがに予見できなかった。ほかの誰もが驚いたのと同様（そして実は、彼の家族にとっても驚きだったのだが）、私にとってもやはり驚きだった。とはいえ、自殺ということ自体は、必ずしも、全くの驚きだったわけではない。

けれども川端さんの場合には、全くの驚きだった。先程も書いたとおり、コペンハーゲンで出会った藤吉教授（講義のために京都から招かれていた仏教学者）には、まことに深い魂の静謐を感じ、ノーベル賞の記念講演を訳すについても、大いに助けていただいたのだが、実は私は川端さんにも、これと相似た静けさを感じていたのだ。「私は西洋風な悲痛も苦悩も経験したことがない。西洋風な虚無も頽廃も日本で見たことがない」。昭和二十二年執筆の、「悲哀」と題したエッセイの一節である。美しい、そして、当然のことながら、広く知られた名編である。

もうひとつ、これは、その十数年前、昭和九年に書かれたエッセイ、「文学的自叙伝」の一節——。

私は東洋の古典、とりわけ佛典を、世界最大の文学と信じている。私は教典を宗教的教訓としてでなく、文学的幻想としても尊んでいる。「東方の歌」と題する作品の構想を、私は十五年も前から心に抱いていて、これを白鳥の歌としたいと思っている。東方の古典の幻を、私流に歌うのである。書けずに死にゆくかもしれないが、書きたがっていたということだけは、知ってもらいたいと思う。西洋の近代文学の洗礼を受け、自分でも真似事を試みたが、根が東洋人である私は、十五年も前から、自分の行方を見失った時はなかったのである。これは今まで人に打ち明けたこともない、川端家の楽しい秘法であった。

ここにあるのは、深い諦観の声である。けっして自己破壊の願望ではない。もちろん、諦念が究極の帰結として、ついには自殺に繋がることもありえないわけではない。しかし川端さんに関して、そのようなことを感じたことは一度もなかった。感じるのは、ただ、静かな忍従だけだった。

三島の場合は、事情は全く違っていた。私はかなり前から、彼がやがて自殺すると予感していた。一九六七(昭和四十二)年末の日記に、すでにこんな一節がある。

光文社の広告によると、三島は『葉隠』の編注に着手したという。同じ広告で三島は、ほかになすべき仕事が山積しているにもかかわらず、なぜあえてこの仕事をするのかと自問し、自らこう答えている。私の『葉隠』を、他人の手に渡したくないからだと。戦後の迷妄の闇の中で、この書物は彼にとって、きわめて重大な意味をもってきたと彼は言う。実際、最近の彼がもし真実を語っているとすれば、彼はいつか自殺しなくてはならないだろう。さもなければ、自らにたいして忠実ではなかったと、率直に認めなくてはならないだろう。

三島の自決は、一九七〇(昭和四十五)年十一月二十五日のことだった(アメリカの東部時間では、十一月二十四日だったが)。ノーベル賞の騒ぎから、ほぼ二年後である。アメリカでは、たまたま感謝祭の前日に当たっていた。川端さんの死は、この一年半後のことになる。二つの死の間には、何か関係があるのではないかという見方が、当時、文壇関係者のよく行くバーなどで、さかんにささやかれたものだった。三島が、ノーベル賞を取れなかったことで、ひどく落胆していたことは確かだと思う。同時にまた川端さんが、三島の死に、深い衝撃を受けていたことも事実だ。二人は、非常に近い間柄だった。そもそも作家として出発した時からして、三島は川端さんに後見人として庇護を求めた。けれども、ノーベル賞の件にしろ川端さんとの関係にしろ、三島の気持が、本当に自殺のきっかけになるほど強烈だったのかどうか、大いに疑問と言うべきだろう。とはいえ、川端さんのノーベル賞受賞後、今までとは違う三島の姿を感じたことも、やはり事実だ。自分自身に閉じ込もり、日本の中に引き込もってゆくように見えたのである。それまでの三島は、日本のコスモポリタニズムの中でも、優れた実例を示してきていた。相当のダンディーだったが、日本的なダンディーでは全くなかった。

十一月二十五日当日、私は、ワシントンの国務省で講演をしていた。テーマは、別に今の話題に特別かかわりがあるわけではないが、テロリズムだった。そんなテーマについて、私に話をする資格があるとすれば、それはもっぱら、日本の学生紛争を間近に見た経験があるということだった。その日の天候がどうだったか問われれば、あらめて日記を調べて見る前であったら、まぶしく晴れ上がっていたと答えていただろう。北米大陸の東海岸が、例年この時期に恵まれる完璧な秋の空で、こういう快晴は、多分、ほかの土地には類例がない。ところが日記を開いて見ると、その日はどんよりと曇っていて、底冷えがしたとある。記憶が不思議な錯覚を生むことは、誰しもよく経験するところだが、なぜわざわざ特定の錯覚を起こすのか、その理由を言い当てるのは、必ずしも容易ではない。三島の死は、東部標準時では前夜の真夜中のことで、そのニュースは、ワシントンでもニューヨークでも、その日の朝刊にすでに出ていた。

あちこちの新聞から電話が来た。日本の新聞は、目当ての人を探し出すのは実に有能で、家を留守にしているばかりか、どこにいる予定か、何の連絡も残していない場合でさえ、ものの見事に探し当てる術を心得ている。この時こそ、マスメディアでスポット・ライトを浴びるには絶好の機会だったはずだが、私はそのチャンスをつかみそこねた。どこの新聞にも、結局、私の談話は載らなかった。記者のインタビューを受けている時からすでに、紙面には載りそうもないという予感があった。

まずかったのは、容易に引用できるような、ピリッとした、警句的な表現が口にできなかったということだ。何か言うと、すぐその後に、ただしとか、とはいえとか、留保条件を付け足してしまうのである。例えば——それは確かに事実ではある、けれども、ことはそれほど単純ではないし、同時にまた、もうひとつ忘れてはならないことは、云々といった具合だ。いささかヘンリー・ジェイムズ的だと、自分でもそう思った。ただ、私はあくまで、自分に正直であろうとしていたのである。三島由紀夫は、そもそも非常に複雑な、屈折した人物で、その最後の行動も、それに見合うだけ屈折した説明でなくては、そもそも説明にはならないはずだ。それに第一、当時も、私には理解できない点が大いにあったし、現在でもまだ、理解できているという確信はいまだにもてない。そればかりか、ある種の問題は、触れること自体、タブーのようにも思えた。記者の中には、三島の同性愛の問題はよく分からないという者が、一人ならずいた。確かにこれは、きわめて重要な問題であって、この点に触れることなしには、完全な理解に近づくことは不可能だとは感じていた。いずれにしても、しかし、記者の求めていたのは、ともかく明快な警句だったのだが、私には、そんな言葉を提供することは、所詮、できなかったのである。

ニュースに接して、私がまず何を考えたか、その日の日記が、十分に語ってくれるだろう。かなり長くなるが、あえて引用しておく。


今日最大の事件は、三島の自決だった。『ワシントン・ポスト』でニュースを知ったのは、ポトマック川を越えて、国務省まで往復するシャトル・バスを待っている間だった。国務省に呼ばれて、日本の左翼について話をするためである。川を渡りながら、しかし、日本の右翼についても触れなければ、いかにも不公平になるのではないかと思えてきた。だがそれを言うなら、左翼も右翼も、同じロマンティックな原則に従って動いている点では変わりはない。違いがあるとすれば、右翼には勇気と確固たる目的意識があるのにたいして、左翼にはそれがないということだろう。ただ、なぜそうなのか、少なくとも私には分からない。それなら、なぜ左翼について語らなくてはならないのか。むしろ、右翼について話した方がいいではないか。

私の最初の反応は——いや、最初ではない。実は四番目の反応だ。最初の反応は、言うまでもなくショックだった。二番目は——本当は絶対に認めたくないことなのだが、あえて率直の命ずるところに従って書くとすれば、一種の安堵感だった。というのも、三島はずっと私の心に、重荷としてのしかかってきていたからだ。本当は私自身がやらなくてはならないことを、他人にやってもらっていると、前々から感じ続けてきたのである。そして第三に、しばらく熟考してから、「なるほど」と思った。実は最初から、すべてそう決まっていたのだ。私自身、何度もそう言ってきたではないか。三島はやがて、自殺するほかはなくなる、さもなければ、明らかな嘘をついたと責められることになるだろうと。そして、私の四番目に抱いた感想は、国務省に着いた後、日本の事件などは、ここの連中にとっては、いかに小さな問題にすぎないか、思い知らされたことだった。彼らの注意する点があるとすれば、それはただ、日本での出来事がみな、いかに奇異で、常軌を逸しているかにすぎない。ここでは誰一人、わずかに困惑するか、さもなければ、少々面白がる程度の反応しか示してはいないのである。午後になって、ディック・エリクソンが話してくれたところによると、ディック・スナイダーから電話があって、このニュースのことを伝えて来たが、その時スナイダーは、大声で笑い続けていたという。しかもスナイダーは、別に、このニュースを知らせるために、電話をかけて来たのですらなかったのだ〔エリクソンもスナイダーも、国務省の昔からの友人で、どちらも、最後には大使を務めたエリートである〕。そして最後に、さらに沈思した結果、もうひとつの思いが心に浮かんだ。結局のところ、三島の行動は成功したのだ。なぜなら、事件は永く人々の記憶に残るに違いない。それに一体、三島以外の誰が、『ニューヨーク・タイムズ』と『ワシントン・ポスト』両紙の第一面を飾り、さらには夕刊紙『イヴニング・ニューズ』で、一ページ全面を占めることができたというのか。

私が記者に追いかけられるというのは、そう始終あることではない。ところが、いざそんな時になってみると、私はとかく、どこかへ雲隠れしてしまう癖がある。この前そんな状況になったのは、一九六八（昭和四十八）年の秋のことだった。あの時も、ノーベル賞受賞の知らせがあったのは、ちょうど韓国の山に登っている時だった。そして今日だ。ずいぶん大勢の記者が私を探し当てたが、どうやって見つけ出したのか、まるで見当もつかない。昨日アナーバーを発《た》った時には、私が今日どこにいる予定か、知っている人は一人もいなかったはずだからだ。私を捕まえると、記者たちは、私の最初の反応はどうだったのか知りたがった。答えは、特に難しくはなかった。先程も書きとめた反応を、いくつか挙げればそれでよかった。すると今度は、この事件を、日本の民族主義の復活の印として、憂慮を感じるかという質問である。これも答えは簡単だった。いやいや、そんなことは全然ない——私は答えた。むしろ正反対で、もし誰か、日本の軍国主義の復活を本気で望み、ほんのわずかでも、その可能性があると考える者がいるとすれば、当然、全く違った行動を取ったであろう……。

　私は簡単にそう答えたのだが、それは、しかし、ただ簡単な答えでしかなかった。というのも、次にはどんな質問が出るか、よく分かっていたからであり、そして、その問いに正直に答えようとすれば、たった今答えたこととは、矛盾することになっていたはずだからだ。次の質問とは、当然のことながら、三島の動機は何だったのか、なぜあんな行動に出たのかという疑問である。私は、あまりにも単純な、あまりにもロマンティックな解釈を信ずることはできない。つまり、彼がしきりに、自らのライフワークと呼んできた大作がついに完結し、すべてのエネルギーを使い果たして、極度の精神的疲弊に陥り、今こそ死すべき時だと感じたのだなどといった解釈は、今度の事件の真相には、実は大して関係がない。こんな見方を推し進めれば、記者たちがしきりに私にしゃべらせようとしていたように、今回の行動は、結局のところポーズにすぎず、自己劇化にすぎぬのではないかという疑念に帰結するだろう。

　それに、もちろんエロティシズムの問題もある。晩年の小説を、自ら主演して映画化した『憂国』にも明らかなように、若くして美しく死ぬこと、温かい血に浸されて死ぬことの至福……三島は、生涯のいよいよ最後の段階に至って、楯の会の腹心の同志たちが、死の彼方まで欣然と運命を共にしてくれると知って、一種の恍惚を覚えていたのではないのだろうか。

事件以来、すでに三十年あまりが過ぎた。あの時私が考えたことを、今でもどれひとつ否定しようとは思わない。ただ、二番目に感じたという思い――「私の心に、重荷としてのしかかってきていた」という点だけは、どういう意味なのか、今となってはよく分からない。多分、彼の作品の英訳のことを指しているのだろう。最後の作品となった四部作の英訳を、私にやってもらいたいと彼は望んでいたからだ。ちなみに、四部作の連載の最終回の執筆の日付は、彼の死の当日となっていた。

ただ、かりに五つに分けた私の反応のうち、どのひとつにしろ否定しようとは思わなくとも、今はその内容を、もう少し整理し直しておきたいと思う。三島は演技者だった。いつも変身を試み、いつでも自らの生を、一編の劇に仕立てようと努めていた。かりにこれは、動かしようのない事実として確証することはできなくても、彼を親しく知り、その華麗な活動の軌跡を絶えず見守ってきた者にとっては、疑いようもなく明らかなところだったし、彼の死の情況を説明するについても、何にもまして重要なポイントであると思う。彼は最後の行動を、細部に至るまで見事に計画していたのだ。誰もが彼に注目し、永く記憶に留めるように、すべてを入念に練り上げていたに違いないのだ。

市ヶ谷の自衛隊員たちが、彼の訴えに応じて決起し、実際に反乱を起こすことがありうるなどと、三島ほど聡明な男が、本気で信じていたとは考えられない。あるいはまた、彼ほど明敏な人物が、彼の創設した「楯の会」が、根本的にどれほど愚かしい代物か、自覚していなかったはずもない。会士たちの身につけていた制服も(もちろん、三島自身が金を出して調えたものだが)、見るからに愚かしかったし、彼らの挙止も愚かしければ、彼らにまつわる一切が、ことごとく愚かしかった。それに、会の創設にも維持にも、物凄く金がかかった。だからといって、しかし、これが、彼の最後の行動の動機のひとつだったなどというつもりは毛頭ないが。

三島は最初から、ある種の民族主義者ではあった。ただしそれは、先程も触れたコスモポリタニズムと、必ずしも矛盾するものではなかった。だが晩年になると、三島の民族主義は、極端な形にまで過激化していった。例えば彼は、天皇が現人神《あらひとがみ》であることを今も信じると公言し、天皇自身が終戦直後、自分は神などではなく人間だと宣言した、いわゆる天皇の人間宣言を拒否して、なお神としての天皇を尊崇すると揚言して憚《はばか》らなかった。こうした行動もまた、彼のきわめて明敏な知性とは、およそ両立しがたいように思われるかもしれないけれども、しかし、私はそこに、深い真情を直感しないではいられなかった。彼は自衛隊に体験入隊して自ら訓練に参加し、この経験に大いなる充足を覚えたと語ったが、その言葉が嘘であるとは、容易に信じることはできなかった。

だがここで、そんなことは問題にならないという人もいるだろうし、そんな点には全く触れないですませる人もいるけれども、やはり、彼の同性愛的傾向を論じておかなくてはならないだろう。

三島は、特に美男子とは思えなかったが、相当のナルシストだったとは言えると思う。ヌードか、それに近い形で写真に撮られるのが好きだった。中でもおそらく一番有名な写真は、自らを聖セバスチャンになぞらえ、雨あられと降るローマ軍兵士の弓に射抜かれる姿を撮った写真だろう。初期の代表作『仮面の告白』は、まさしく文字どおりの告白で、彼の作品のほとんどより、率直に自らを語っているけれども、その中で、この聖者の殉教の有様を描いた絵が、いかに強烈にエロティックな衝撃を与えたかを描写している。

民族主義と、天皇尊崇と、自衛隊体験、そして楯の会――もしこうしたものが、何かしら愛に似たものによって、若者たちと深く結ばれることへの渇望を表しているとすれば、それは身震いを感じさせることであるかもしれぬとしても、ただ冷笑してすますことのできるようなものではあるまい。

彼は老齢を恐怖していた。これはもちろん、ナルシシズムや、若い戦士たちと共にありたいという願望からして、ごく自然なことだろう。彼は、五十になったら自殺するのではないかと、私は早くから予感していた。実際に自殺したのは、これより四年と数週間早かった。

三島から手紙や葉書をもらった数は、谷崎さんや川端さんの場合よりはるかに少ない。理由はおそらく、私が谷崎さんや川端さんの作品ほど、三島の作品を高く買ってはいなかったからだろう。彼もそれに気づいていたのだ。私は、自分の好き嫌いを隠すのが得意ではない。それに、彼ほど鋭敏な男を騙すことなど、とてもできない芸当だろう。時には英語で便りを書いてくれたこともあった。完璧とは言えないけれども、味のある英語だった。例えば――"I love to see you soon and talk about our mutual mountainous frustrations."（「ぜひあなたに会って、われわれ共通の山のような不満について語りあいたい」）。一九七〇（昭和四十五）年五月三十一日付の手紙の一部だ。死の前、半年にわずかに足りぬ日付である。葉書や、ごく簡単な短信などは、ほとんど内容のないものが大部分で、大抵は、会う日取りや場所の相談である。落ち合うのは、ほぼいつでも銀座だったが、銀座では、かなり詳しく打ち合わせをしておかないと、無事に目当ての場所で会えるかどうか、自信がもてない。

手紙の類は少なかった代わりに、面白い会話を交わしたことはずいぶんあった。一九七〇年七月初めの日記には、こんな会話を書きとめている。多分、今引用した葉書のすぐ後、会って交わした会話だろう。

夜、三島由紀夫と会う。実に興味深い人物だ。かつて、彼はユーモアに欠けるなどと考えたのは一体なぜだったのか、全く理解できない。たっぷりと風刺の利いたユーモアのセンスがあって、物真似が実にうまい。いくつかお得意のレパートリーがあるが、中でも特に傑作なのは、山の手の進歩的な教育ママが、三島作品の教育的価値を滔々《とうとう》と論じ立てる場面だ。

興味深い発言のいくつかを挙げると――

警察について。左翼学生運動のセクト間に内ゲバ闘争を引き起こしているのは、実は警察である。セクト間に激越な憎悪を煽《あお》り立てるよう、故意にデマを流しているのだ。

憲法について。昨年から今年にかけての騒乱の結果、憲法改正を真剣に考慮する動きが起こるのではないかと期待したが、騒乱を企らんだ連中の力はあまりに弱く、体制にたいする重大な脅威とはなりえなかった。事態は絶望的である。われわれは相も変わらず、あの醜悪な平和憲法と共に生きてゆかなくてはならない。

文壇について。堕落している。文学賞の審査委員を務めてみると、委員はみな自分の身近な連中に、しかも誤った理由を挙げて、賞を与えようとしているのに気づかざるをえない。要するに、自分自身の利益を図っているのだ。しかし結局のところ、新しい才能は確実に認められることになる。だから、堕落は絶対的ではありえない。

戦争について。限定戦は、必ず負ける。敵は一般国民を利用することができるのにたいして、こちらはそれができないからだ。したがって、総力戦を不可能にするような武器は廃止するよう、努力しなければならない。

自作について。『奔馬』の裁判の場面には、大いに苦労したという。戦前の裁判手続きについて、正確を期すのに手間がかかったというのだが、この述懐から、彼が実は、非常に保守的な小説家であることが明らかになるように思える。きらびやかな現代風の衣装の陰に、私はすでに以前から、こうした事実のあることに気づいていた。四部作の最後について、その構想の一部を語ってくれた。老齢に至った本多は、奈良で聡子の許を訪れるが、彼女は、そんな男は知らないと言う。アイデアはいいと思うが、この結末が何を意味するのか、必ずしもよく分からない、人生は夢だということなのか――そう尋ねると、実は、自分にもよく分からないという答えだった。

今の引用のうち、平和憲法についての一節には、三島が生涯の最後に、なぜああした行動に出たのか、もうひとつの理由が暗示されている。つまりは、絶望である。一九七〇年、いわゆる七〇年安保の騒動で、政府にたいする深刻な反対運動が起こると予想されていたにもかかわらず、そんな激しい対立など、実際には生じなかった。これを見て三島は、日本を変革する希望を失ってしまったのだ。日米安保条約は、この年、日米どちらかの政府が破棄を望みさえすれば、現に破棄することもできたはずだったのだが。

この二年前、一九六八（昭和四十三）年六月のある晩のこと、三島はあの最後の行動について、その計画を、私にほとんど打ち明けそうになったことがあった。だが私は、次の引用からも分かるとおり、その真意を把みそこねてしまったのだ。ただし、はたして計画の細部に至るまで、綿密に考え抜かれていたのかどうかは分からない。それに、彼にユーモアが欠けていると私が考えた理由も、今となってみると、理解できるような気もする。彼はよく甲高い声で哄笑したが、あの笑いは、少なくとも私には、何かしら不安を感じさせるものがあった。

夜、三島由紀夫と会う。場所は銀座の関西料理の店で、まことに愉快な一晩だった。最初は私たち二人だけで、彼は大いに語った。民主主義を憎むこと、同業の文学者たちにたいする憎悪、あるいは暴力と自殺についいて。この二つが結びついている点にこそ、彼の見るところ、日本的なるものの精髄があるという。彼がこの二つに深い魅力を覚えているということは、単なる修辞や比喩ではなく、本心であると私は感じた。彼が、これほど率直に本心を語ることはめずらしい。自らの作品についても、滅多に真意を漏らすことはない。けれども、今言う暴力と自殺、それに近作の『憂国』に関しては、確かに本心を語っていると感じざるをえない。最近のアメリカの問題、特にロバート・ケネディの暗殺についても、彼は言う。すばらしいことだ。アメリカはまだ死んでいない証拠だ、イギリスやスウェーデンは死んでいる。見ているがいい、日本でも、やがて暗殺が続発するに違いない。どうやら彼は、五十歳になる前に、何かドラマティックなことをやってのけるつもりらしい。その何かが、文学上の何かでないことは明らかだ。しかし、一体それが何なのか、はっきり語ることはなかった。けれども彼が、暴力の有効性を信じていることは確かで、その確信の根は、非常に深いところにあるように思えた。同時にまた、いかにも日本的なものでもあると。

彼はまた、中野正剛くらいのことはやってのけたいと語ったが、それがどういう意味なのか、やはりよく分からなかった。ただ、彼が何か行動を起こそうとしていることだけは確かだし、それにともかく、少なくとも、実に興味深い人物だ。これほど興味をそそる人物は、日本の文学者の中にそう多くはない。彼が取巻きを扱う態度は（そのうち二人は同席していたが）、まるで幸田露伴の描く親分を思わせる。自らの男らしさを、ことさら誇示しているように見えるのだ。そこに何か、同性愛的なものがあることは、わざわざ指摘するまでもないほどだった。

念のために注釈を加えておくと、中野正剛（明治十九〜昭和十八年）は、いわゆる一匹狼的なジャーナリストで、後に政治家に転じ、ヒトラーとムッソリーニの礼賛者となった。第二次大戦中、東条内閣の倒閣を企てるが失敗し、しばらく投獄されたが、釈放後、割腹自殺した。三島は、彼自身が先蹤とした正剛を、はるかに凌駕したと言えるだろう。

さて、次は川端さんの場合である。

川端さんは、昭和四十七年四月十六日、逗子の仕事場で死んでいるのが発見された。風呂場を暖めるためにガス栓が開けてあったが、火はついていなかった。こうした状況からして、自殺の可能性がきわめて高く、当時の私の日記にも、当然、自殺だったと想定している。だがその後、疑念を抱き始め、現在でも、その疑いの念は消えていない。その理由は、少なくとも二つある。

第一に、私は、自殺であってほしくないのだ。だから、ほかの説明の仕方を、何とか探し出したいのである。三島の場合には、別に悩むことは全然なかった。自殺願望は、三島の作品にも考え方にも、常に一貫して流れていたし、それに彼の自殺は（それを「自殺」と呼んでいいとして）、前々から入念に計画されていたものだった。けれども川端さんの場合には、そんなことは、どれひとつとして当てはまらない。川端さんのことを思い出すにつけ、自殺などではなかったと考えた方が、やはり納得できる気がする。

そこで、あれこれと、手当たり次第、いわば脱出口を探ってみる。一番大きく開いている脱出口は、川端さんのごく古くからの友人たちも（その多くは、当時すでに他界していたけれども、まだ存命の人たちは）、私と同様、自殺とは考えていないという事実だった。似たようなことは、前にもあった——彼らはそう言う。しかし、その時も、単なる事故にすぎなかった。なるほど今度の場合、その場に最初に来合わせた人物は、川端さんの顔を見て、喜んで死んだ人の顔だったと証言している。しかしそれは、彼が自らの意志で命を絶ったというのとは、必ずしも同じことではないのではないか。

第二の理由は、私が最後に川端さんに会った時（死の一カ月半ほど前のことだったが）、おそろしく衰弱して、死期の迫った人のように見えたということである。一九七二（昭和四十七）年三月四日の日記には、こんな一節がある。「夜、上野にて、長谷川泉さんの浩瀚《こうかん》な鷗外研究の出版記念会。盛大な集まりで、ずいぶん沢山のスピーチがあった。ところがその間も、会場が揺れんばかりの談笑が続いている。私もその犠牲になった一人だったが、ほかの来賓の時よりは、多少ましだったかもしれない。ヴァル・ヴィリエルモの話では（彼も犠牲者の一人だったのだけれども）、私がスピーチを始めると、騒音は明らかに、やや静まったという。東大の久松教授も出席していて、お齢の割には、ずいぶんお元気そうに見えた。川端さんも出ていたが、ひどくやつれた様子で、まるで、今にも消え果てそうに揺らめいている、仄《ほの》かな炎のようだった」。

これにも注釈を加えておくと、久松教授は、前にも書いたとおり、東大でお世話になった恩師の一人。ヴィリエルモは、昔からの友人で、ハワイ大学で日本文学を教えている。

けれども、かりにもし、あれが自殺だったとすれば、私の解釈は、今でも当時とほぼ同じである。「誰もが口にしている疑問は、言うまでもなく、なぜ川端さんがあんなことをしたのかということだ。病気のためだったと言う人もいる。ノーベル賞のせいだと言う者もいる（受賞後、川端さんはあまりに多忙で、本来の仕事ができなくなっていたことは事実だ）。あるいはまた、三島の事件が原因だと考える向きもある。だが私には、川端さんはあまりにも疲れていて、不眠に苦しんでいたというのが、一番可能性の高い原因のような気がする。しかし、結局のところ、確かに言えることは、ただひとつしかあるまい。『私には分からない。本当に、どうしても分からない』」。

最後に引いた言葉は、川端夫人の言葉である。川端さんの亡くなった夜、夫人はこの言葉を、何度も何度も繰り返していた。ただ、私にひとつだけ加えることがあるとするなら、かりにあれが自殺だったとしても、あくまで衝動的なものだったと、強く感じるということだけだ。三島は自らの死を、入念に計画し、準備していた。それも、もっともドラマティックな効果を上げるべく計算していた。けれども川端さんが、自らの死を計画していたなどとは、到底考えられない。これもまた、彼の死が偶発的なものだったと考えるべき、もうひとつの理由だろう。川端さんは、自分が何をしているのか、分かっていなかったのではないのだろうか。

十六日の日曜の夜から数日間というもの、あのノーベル賞の騒ぎの時と同様、新聞やテレビに完全に支配されてしまった。友人はほとんどみな、テレビでニュースを知ったという。どんな番組中であろうが、画面にテロップが流れ続けたらしい。滅多にないことだけれども、その晩は、私もテレビの前にいたのだ。しかし、理由は今ではもう思い出せないし、日記から判断すると、その時も、なぜだかよく分からなかったようだが、その晩はずっと気が滅入っていて、坂を下り、寝酒を飲みに街に出た。ちょうどこの時間に、ほかの人たちはテレビを見て、あの事件のことを知ったのだ。ところが私は、その知らせに気がつかなかったし、私のいた飲み屋でも（もう何年も前に店をたたんでしまったが）、一緒に飲んでいるお客の間には、たとえ知らない者同士でも、親密な仲間意識があったものだけれども、誰もニュースに気のついた者はいなかったらしい。少なくとも、誰も私に、テロップの出ていることを教えてはくれなかった。

次に引くのは、九月十八日の日記の一部である。引用にもあるとおり、十六日の夜中以後、あまりに忙殺されすぎていて、事件を知ってから後、日記をつけるのは、この日が初めてのことだった。

坂を上り、十一時ごろ家に帰って、初めて第一報を聞いた。家に入ると、電話が鳴っている。産経の記者からだった。言うまでもなく、深い衝撃だった。三島の場合は、うすうす予感させるところがあった。しかし川端さんの場合は、私の知る限り、そんな予感を与えるようなところは、全くなかった。

夜中の一時まで、次から次へと電話がかかり続け、それ以後も四六時中、記者に追いかけられ続けている。最初のうちは、追悼を頼まれると、みな引き受けていたのだが、後になると、どこに何を何枚書くのか、思い出すのに苦労する始末。いずれにしても、あれ以来、あいた時間はことごとく原稿書きに潰され、寝る時間さえ、大幅に切り詰めざるをえない有様だ。

日曜の夜は、結局、一睡もしなかった。電話をかけてきた出版関係者の中に、中央公論の伊吹さんもいて、これから車で鎌倉へ行くから、一緒に出かけることにしてはどうかと言ってくれた。そこで、わざわざ車で私の所へ寄ってくれて、もう夜中の二時になっていたが、鎌倉に着く。川端邸に入る路はひどく混雑していて、長谷の大通りには、車が百台は駐車していたと思う。カメラのフラッシュや、突き出されるマイクの数は物凄く、テレビカメラの照明があまりに眩しくて、足下《あしもと》の水たまりを避《よ》けることもおぼつかない。

だが、いったん門内に入ると、一切が静まり返っていた。すでに大勢の人々が集まっていて、葬儀の手筈の相談が進んでいる。最初に焼香した時は、顔に白布が掛けてあったが、一時間ほどして、お別れをしてくださいと言われた時には、布は取り去られていた。死顔は穏やかで、色も変わってはいないように見えた。まるで眠っているようだと思ったけれども、実は、川端さんの寝顔を見たことは、一度もなかった。それにしても、あの異様に大きな、すべてを見通すような両眼が閉じられていると、全く別の顔のような印象だった。

今読み返すと、「川端さんの寝顔を見たことは、一度もなかった」というのは、ちょっとした記憶の錯覚だったことに気がつく。前にも書いたとおり、ノーベル賞の授賞式のためにスウェーデンに向かう機中で、川端さんの眠っている顔を見たことがあったからだ。眠っている時、川端さんは死んでいるかのように見えた。だが死んだ時には、まるで眠っているかのように見えた。

十七日。月曜の夜。「日曜の夜中以来、寝ていない。今夜も鎌倉へ。今度も伊吹さんと一緒だが、今夜はお通夜に出るためだ」。

通夜には、当然のことながら、おびただしい数の有名人が出席していた。谷崎さんのお通夜とは、いかにも対照的だった。あの時は、ほとんどお祭り騒ぎだったが、今度は静寂、厳粛そのもので、誰もが黙りこくっている。仏式の葬儀だが、現代の仏教は、必ずしも品がよくない。鎌倉の有名な寺院から来た僧侶のくせに、いささか粗野で、威厳に欠ける。それに、あのカメラマンの連中たるや！　新聞記者も、決して愉快な人種ではないけれども、カメラマンはなお悪い。こんな悲しい、厳粛な場合なら、それにふさわしい服装というものがあるはずだろうに、衣服を改めようとさえしないのだ。まるで、つい昨日まで暴力団にいて、ゆすりでもやっていたかのような風体ではないか。

　日記には書いてないが、あの晩ひときわ押し黙り、人目を避けているかのような人の姿が、鮮明に記憶に残っている。三島由紀夫の未亡人だった。会葬者のほとんどは家の中には入れず、庭に立って読経を聞いていたのだが、三島未亡人は、植込みの陰に身を隠し、立ちつくしていた。気取りもわざとらしさも、いささかも感じられない、今まですでに、いやというほど、カメラマンや記者に追い回されていたのだろうが。

　四月二十日の日記には、この数日を振り返って、こんなことを書いている。「昨夜も、そして今夜もまた、坂を下りて、寝酒を飲みに街に出た。……店で顔を合わせると、誰もが口をそろえて、テレビで私を見たと言う。多分、合わせて十分ぐらいは画面に出ていただろうし、新聞や雑誌にも、私の写真が何度出たか知れない。中には、ひどく目立つ写真もあった」。

　二週間ほど後、五月の初めには、川端さんの死について、さらにこんな一節がある。

　この数日、なぜ、年老いた人々が春に自殺することが多いか、分かったような気がする。それに、川端さんの死についても、もう少し理解できるようになった気もする。わが家の窓から見下ろすと、一面、新しい命の息吹で一杯だ。旧岩崎邸の欅は、目にもあざやかな春の青葉を風にそよがせ、南側の、一軒置いた向こうの土地では、つい最近、家の取り壊し作業があって、実に興味深かったのだが、今は、新しい家の建築が始まっている。これがまた、やはり実に面白い。大工たちが、それぞれ勝手に各々の仕事をしていて、お互い相談することもなければ、協力する様子も見えない。そのくせ、不思議にも、一軒の家が、やおら姿を顕《あら》わしてくる。その有様がまことに面白いのだが、それより何より、その全体が、いかにも活力と生命感に溢れている。実際、上半身ほとんど裸になって、春の陽光を浴びてうずくまり、思うさま屋根の下地にバンバン釘を打ちつけているうちに、目ざす家の姿が、確かな手応えをもって現れてくるとすれば、どれほど愉快なことだろう。

そうなのだ。問題はこれなのだ。身のまわりの至る所に、まざまざと命の息吹を感じながら、自分自身のうちには、何の命の拍動も感じられないということ……私には、少なくとも『源氏』に帰って行くことができる〔当時、私は『源氏』の全訳に取り組んでいた〕。明日は、必ずまた仕事に戻ろうと誓った。最近、ハロルド・ストロースの所に届いた川端さんの手紙から判断すると、川端さんには、もう、そんな意欲も残ってはいなかったらしい。アメリカで得た印税は、そのままストロースの所に残して、積み立ててあったのだが、手紙には〔多分、死の二、三週間前に書いたものと思われるが〕、日本に送ってくれと頼んでいるという。というのも、手紙によると、川端さんは、あまりにも憔悴《しょうすい》していて、もう二度と、外国に行くことはできまいと思うから——というより、そもそも実はもう、二度と作品を書くことすらできないと思うとあるる。ストロースが、手紙の内容を、そう知らせてきたのである。

あの自殺を、前よりはよく分かるようになったと思うと書いたけれども、結局のところは、私が最初に考えたこと——とっさの反応だっただけに、多分、直覚的に達した洞察だったのだろうが、その最初の考え方が、裏書きされたということだったのかもしれない。一人の年老いた男が、あまりにも疲れ果て、ただひたすらに眠りたかったのだ。今朝の『朝日新聞』に、睡眠薬と自殺との関係について〔間接的な関係ではあるが〕、興味を惹く記事があった。睡眠薬を常用しすぎると、中毒症状に陥ることがあり、そうなると、人格そのものまで変わってしまって、やがては絶望に至ることがあるという。ひょっとすると川端さんも、薬の力を借りても眠れなくなり、体力も気力も奪われてしまったということではなかったろうか。私の場合、中毒症状があるとすればアル中で、まだしも有難いことだと思う。アルコールは、確実に眠りをもたらしてくれるからだ。

川端さんからもらった手紙が、三十通あまり手許にある。日付のはっきりしている中で一番古いものは、一九五三（昭和二十八）年の手紙である。だが、ひょっとすると、もっと古いかもしれない手紙がもう一通あって、日付は六月一日になっているけれども、何年なのか分からない。日本語の手紙では、こうした例はよくあることで、理由はよく分からないが、ひょっとすると、始終耳にする近代日本の「苦悩」と、多少の関係があるのかもしれない。つまり、東洋と西洋との間に引き裂かれているという「苦悩」である。今の場合で言えば、面倒な古来の年号の方式と、もっと便利で新しい、西洋流のシステムとの分裂ということになるのだろう。だが西洋流のシステムは、便利なのはいいとしても、残念ながら、外来の宗教に由来しているという難点がある。ちなみに日本では、一八七三（明治六）年までは、太陰暦を使っていた。

何年に来たのかはっきりしている方の手紙は、雑誌『エンカウンター』に私の訳した太宰の翻訳についてだが、もう一通の方は、川端さんの『伊豆の踊子』の翻訳についての手紙である。ちょうど私が訳し終えたか、あるいは訳そうと思っている時だったのだろう。具体的には、登場人物たちの年齢について書いてある。これは実は大事な問題で、ここにもまた、東洋と西洋との衝突の一例が現れている。問題は、主な登場人物、中でも特に、ヒロインの踊子自身が何歳かという点だが、川端さんの答えは、これほど単純なことはないというものだ。つまり、本文中にはっきり書いてあれば、そのままに従えばいいし、書いてなければ、翻訳にも出さなければそれでいい、というのである。しかし、それでも実は、問題は残る。原文には、確かに年齢のことは書いてあるが、古い数え方なのか、新しい数え方に従っているのかは書いてない。古い数え方は、いわゆる「数え齢」で、生まれた時はすでに一つと数える。だから、大晦日に生まれた赤ん坊は、翌日には、もう二歳になっているわけだ。新しい数え方は西洋と同じで、誕生日が来て初めて一歳になる。いわゆる「満年齢」である。

作中に出てくる年齢は、もちろん数え齢だと川端さんは教えてくれた。とすると翻訳では、原文の齢から、誕生日によって、一つか二つ引かなくてはならないことになる。しかし川端さんも、踊子には現実のモデルがあったけれども、誕生日がいつかは知らないという。直接そのモデルの女性に手紙を書いて、尋ねてみなさい——もし川端さんにそう薦められたら、いささか困惑するところだったが、そんな助言がなかったのは有難かった。主人公の旧制高校生は、踊子は十六ぐらいだと思ったとある。そこで私は安心して、それから一歳引くことにした。これは実は、決して些細な問題ではない。最初、主人公は彼女に、性的な意味で強く惹かれる。しかしやがて、彼女がまだ女性として成熟に達していないことを発見する。やはり、川端さんに尋ねてみてよかったとは思ったけれども、しかし、いずれにしろ彼女の歳は、翻訳では一つ引いていただろうと思う。非常に微妙な年頃で、十五歳にした方が、最初に女として惹かれたという思い違いが、十六というよりは、やはり自然に思えるだろうからである。

手紙の三分の二は和紙に毛筆、残りは洋紙の原稿用紙に万年筆である。川端さんは能書家として有名だったが、達筆の人というのは、とかく文字を読みづらく書く傾向がある。なぜなのか、私には分からない。それというのも、書家が手本にする中国の墨跡では、読みにくさが問題になることは、あまりないように思えるからだ。それはともかく、川端さんの字は、眺めるには美しいけれども、その元来の目的からすれば——つまり、相手に意思を伝えるという点では、必ずしも成功しているとは言えない。時間をかけて、独力でほぼ全部読み解くことはできたが、一通だけ例外が残ってしまった。

この一通の場合だけは、専門家の意見を仰いだのだけれども、彼にも判読のつかない所がいくつか残った。ただ、川端さんからもらった三十何通かの手紙の中で、一番興味深いのは、実はこの一通なのである。内容もさることながら、むしろその紙面の様子、それに、その日付のためで、一九七一年、昭和で言えば四十六年の五月五日、つまり三島の自決から、まだ半年も経っていない時の手紙なのだ。三島の死後、私が川端さんから受け取った最初の手紙だった。文面はひどく乱れていて、しかもその乱れは、意図したものとはとても思えなかった。毛筆の手紙だったが、あちこちに墨の滴《しずく》が散っている。表書きまで不分明で、ただアナーバーとしか書いてない。ミシガンという州名と大学の名前は書いてあるが、それ以外、細かい地名や番地などは書いてないのだ。日本の郵便局は、宛名が不十分な郵便物を無事に配達するのは得意だとよく言われるが、アメリカの郵便局も、時にはこれに負けない場合もあるのだ。

三島君の死は、傷心去る時がなさそうです。今は作家とともに、傑れた批評家を失いました。

文面は短いけれども、三島の死の与えた衝撃がいかに深いものだったか、言葉が語る以上に、痛切に伝わってくる。

ノーベル賞の受賞から死までの間は、川端さんからもらった手紙はそう多くはなかった。この三年半の間に、三通しか残っていない。最後の手紙は、死の二カ月あまり前、最後に会う一カ月ほど前の日付になっている。先程引いた手紙と比べれば、はるかに乱れは少ない。まず時候の挨拶の後、『名人』の私の英訳について書いてある。私の訳は、ちょうどこの年に出たばかりだった。三島のことには、全く触れていない。先程の手紙を書いた時には、川端さんが非常な心痛に陥っていたことは間違いない。だが翌年には、ずいぶん立ち直っていたことも同様に明らかで、だから私は、三島の死が、川端さん自身の死の決断に（かりにもし、それが決断の結果だったとしての話だが）、決定的な影響を及ぼしたとは、にわかには信じがたいと思うのである。

谷崎さんや川端さんが他界して、私の生活に大きな穴が開《あ》いたとか、その結果、東京がはるかにつまらない町になったとか、そんな印象を読者に与えてしまったとすれば、それは必ずしも事実ではない。二人がいなくなって、寂しくなったことは確かで、特に川端さんの場合、その思いは強かった。川端さんの方が会いやすかったし、実際に会った機会も、谷崎さんよりは多かったからである。けれども、実はこの同じ一九七二（昭和四十七）年の春には、もう一人、世を去った人がいた。平林たい子さんである。私にとって、川端さんの場合よりさらに切実だったのは、むしろ、この平林さんの死だった。もし何か困ったことがあったとしても、例えば版権のような、仕事の上での問題ならともかく、二人の男性作家の場合は、どちらにたいしてにしろ、助けを求めるようなことはしなかっただろう。だが平林さんなら、相談に乗ってもらいたいと思ったに違いない。戦争中からの、アメリカ人の古い友人に相談したいと思うのと同様、頼り甲斐のある友人だった。平林さんは、実際、古くからの戦友だったのだ。昭和二十年代の後半から三十年代にかけて、進歩的文化人と戦ったあの論戦の、まことに頼りがいのある友軍だった。今でも私は平林さんを懐かしみ、もうこの世にいないことを、痛切に寂しいと思う。谷崎さんや川端さんにたいしては、これほどの感懐を抱いたことは、実は一度もないのだけれども。私の耳には、今も平林さんの声が聞こえる。それに、彼女のかわいがっていた、あの陽気な九官鳥の片言も。

さて、話をまたアナーバーに戻すと、私が給料をもらえていたのは、もちろん大学で教えていたためだった。ミシガンという土地と、州で一番重要な大学が気に入ったということは、すでに述べたとおりだけれども、こういう楽しい話題なら、多少は繰り返しになっても、別に差支えはないだろう。教師として、ミシガン時代は一番幸福な時代だった。第一、学生が優秀だった。ほかの大学でも、優秀な学生がいたことは事実だけれども、全体のレベルで言えば、ミシガンが一番だった。

大学自体について言えば、語源どおりの意味でのcollegeだった。つまり、同じ関心を共有する同僚の集まりである。スタンフォードは、これに比べるとバラバラだった。次に教えることになるコロンビア大学の場合は、その特徴を何と表現すべきだろう。故郷のコロラド大学で学んでいた頃、学生の間でよく使っていた表現が思い浮かぶ。ボウルダーにあるコロラド大学は、今ではずいぶん強力になり、プライドをもってきているけれども、当時はまだ、州都にあるデンバー大学の方が大きく、コロラド大の学生たちからすれば、いささか手ごわいライバルと見られていた。そこで多少意地悪く、デンバー大のことを、「トラムウェイ・テック」（tramway tech）などと呼んでいたのである。文字どおりには「市電工専」というほどの意味だが、つまりは大都会にあるために、狭いキャンパスに押し込められている学校、といった意味あいだった。この定義からすれば、コロンビア大はデンバー大より、はるかに「市電大学」と呼ぶにふさわしいはずだが、この点については、後でもう少し詳しく述べる機会があるだろう。

さてミシガン大では、給料をもらって授業をするほかに、給料の対象にはならない仕事にも精を出していた。翻訳――それも、今まで手がけたあらゆる翻訳のうちでも、断然、圧倒的に、最大の翻訳、『源氏物語』の全訳である。やがてクノップフ社から、前渡し金をもらうことになったし、それ以来受け取った印税を総計すれば、この翻訳を続けていたほぼ十年間というもの、生活を立ててゆくのに十分な額になっている。けれども当時は、そんな金が入ってくるなどと考えていたわけでは決してない。最初はただ純粋に、好きだから始めた仕事だった。日本人はよく、英語世界で一番広く読まれている日本の作家は誰か、質問する。そして、私の答えを聞いて、いつもびっくりした顔をする。紫式部――それが私の答えだ。あくまで、私自身の経験から引き出した答えにすぎないけれども。『源氏』の翻訳から得た印税は、ほかの翻訳全部から得た金額すべてを合わせたよりも、なお多いのである。

　初めて『源氏』のことを聞いたのは、まだ戦争の前、コロラド大学で勉強していた時代だった。寄宿舎の隣の部屋にいたのが、マシュー・ハクスリー――例の、イギリスの有名な作家、オールダス・ハクスリーの息子だった。オールダス・ハクスリーについては、名前ぐらいは知っていたかもしれないけれども、作品はひとつも読んだことがなかったので、いくつか読み始めてみた。そこでたまたま、『いくたびか年を経《へ》て』という小説の中に、『源氏物語』のことが出て来たのである。学校には、小さいながらまずまずの図書館があったが、そこに『源氏』が見つかった。もちろん、アーサー・ウェイリーの英訳である（図書館には、日本語の本はほとんどなかった）。棚から取り出して、本の最後に挟み込んである借出票を見てみると、今まであまり多勢の人が借り出した様子はないし、第一、かなり長大な作品だ。私はそのまま、棚に戻した。

　戦争中になって、今まで以上に深く日本にかかわることになった時、初めて『源氏』を読んでみた。今度もウェイリーの英訳だったが、実にすばらしい作品であると感じた。ヨーロッパでは、文学作品と称すべき物など、まだほとんど何ひとつ書かれていなかった時期の作品である。いや、単にヨーロッパに限らない。世界中のどこであろうと、まだ散文の小説など、ほとんど全く書かれていない時期の小説なのだ。前にも書いたとおり、私は英文学の専攻だったが、英文学史上、これほど絶えず、しかもこれほど繊細、緻密な自然描写に満ちた作品は、ついぞ思い当たらなかった。それに、これほどに生き生きとした人物像を、しかも、これほどにも数多く創り出した小説も、英文学史に類例がない。これほど豊かな人物群像が生まれるには、シェイクスピアの到来を待たなくてはならないけれども、しかし、もちろんシェイクスピアは、散文小説は書いてはいない。多少ともこれに類したものといえば、チョーサーには見つかるかもしれないが、チョーサーは紫式部より、ほぼ五〇〇年近くも後の人だ。ただしチョーサーのことは、私はそれほど詳しくはないのだけれども。

私が初めて、ある程度まとまった翻訳を手がけたのは、同じ平安朝ながら、『源氏』よりわずかに前の時期の作品、『蜻蛉日記』だった。けれども実は、この仕事をしている間にも、漠然とした思いながら、もっと勇敢で名誉ある仕事があるとすれば、それはやはり、あの至高の傑作に挑戦することしかあるまいと考えていた。とはいえ、その思いはまだごく漠然とした、形をなさない、取りとめのない夢想でしかなかった。第一、恐ろしく長く、しかも、ひどく難しい作品で、みんな分かったような顔はしていても、実は誰一人、完璧に分かってはいない章句がゾロゾロある。それにまた、ウェイリーという先行訳があるのも、いささか厄介な問題だった。かつても今も、私がウェイリー訳を大いに賞讃している点に変わりはない。このことは、私の『源氏』訳の序文でも明らかにしている。しかし、だからといって、ただウェイリーの影を追うばかりで、そこから一歩も出ようとしない翻訳なら、何の意味もないだろう。かといって、ウェイリーとは違った新しい道に、あえて一歩を踏み出そうなどとするのは、まことに心胆を寒からしめる暴挙というほかはない。私がこの壮挙ないしは暴挙にあえて乗り出した時、一番するどくその危険を突き、かつまた、多分もっとも私の勇気を怯《ひる》ませる効果のあった評言は、多分、ドナルド・キーンの言葉だった。「ウェイリー訳の後、十人か十五人か新訳を試みた後ならともかく、初めて新訳に手をつけることなど、私なら思いもつかない」。

けれども実は私自身、よし、今日から全訳を始めるぞなどと、はっきり決心した記憶はないのである。いつの間にか、ズルズルと仕事に入り込んでしまっていたのだ。あちこち断片的に訳し始めたのは、まだスタンフォードにいた頃だった。授業で学生たちと読む予定の個所を、あらかじめ苦労しながら読み解いているうちに、折角こうして訳しておくのなら、紙に書き残しておかないのは、少々もったいないと思い始めたのである。難しい所を読み解く時間に比べれば、書きつけておく時間など物の数ではない。そこで、英訳を書き残すことを始めたのだ。こんな形で最初に訳した個所は、この長大な作品でも最後の、いわゆる宇治十帖の部分で、日本の『源氏』研究家のほとんどが、全五十四帖の中でも、一番優れていると評している部分だった。当時は、私もこの評価に賛成だったが、今は、必ずしもそうは考えない。今では、源氏が舞台から姿を消した後よりも、むしろ、やはりそれ以前の方が好きである。だがそれを言うなら、ある作品が同種の作品中、最高の傑作であると認めながらも、好き嫌いだけから言えば、別の作品の方が好きだということも十分ありうる。例えばバッハやベートーベンのミサ曲が、なるほど最高の傑作だと認めることにやぶさかではないけれども、私自身の好みで言えば、モーツァルトのミサ曲の方が好きなのだ。

ミシガンに転勤してまだ間もない頃、「『源氏物語』に十年」という題で講演をしたことがあった。しかしこれは、別にこれから十年かけて、『源氏物語』を訳してゆくつもりだと、決意を語ったものではなかった。むしろ聴衆に向かって、はたして『源氏』の全訳に、十年もの歳月を費やすのが賢明かどうか、疑問を呈する趣旨の講演だったのだが、結局、実際に十年を費やして、この大仕事をやってのけることになってしまった。全訳が完成したのは、一九七五年のことである。とはいえ、この十年は、すべて『源氏』の訳に集中していたわけではない。川端作品もかなり訳したし、三島の最後の長編の翻訳も、この「『源氏』の十年」の間にした仕事だった。

最初は実は、「宇治十帖」だけを訳すつもりだった。源氏が突然姿を消してから、その子の薫を新しい主人公として物語が展開し、それまでとはかなり断絶していて、ある程度独立した部分だったからである。一九七一年三月三十日付の日記には、この十帖の訳が完成したことが記されている。すぐ後のエイプリール・フールの日には、「翻訳の原稿は今や神々の手に委ねられている。

つまり、ハロルド・ストロースと郵便局の手中にある」と書いている。

それまでにも、ストロースの意見を求めたことは何度もあったが、今度の原稿には、おそらく興味を示さないのではないかと考えていた。というのも、クノップフ社は古典の翻訳は出版しないと、かつて明言したことがあったからだ。私はただ、どこかほかの出版社に当たってみるとして、どこなら一番出してくれる見込みがあるか、ストロースの意見を求めたかっただけである。ところがストロースは、彼に限らず、われわれ誰しも同じことだろうが、言うこととすることとが、必ずしも完全に一致していたわけではない。古典の訳は出さない方針だと、かつて明言したばかりではなく、私の「宇治十帖」の訳が出来上がる少し前にも、アイヴァン・モリスの『枕草子』の翻訳を、出版しないと断ったばかりだった。それにまた、川端作品にしてからが、いささか気取りが鼻について、もう二度と出したくないなどと、かつて私に語っておきながら（彼自身は、そんなことは言っていないと否定するが、確かにそう語ったのである）、ノーベル賞を取ったとなると、相当に勢い込んで、また出版を始めたのだ。それればかりではない。わが社は短編集は出さないと言っていたくせに、ハワード・ヒベットの訳した谷崎の短編集は、現に出版した例もある。けれども、こうした言行不一致はあったにしても、結果がこれほど好ましければ、責めてみても仕方がない。むしろ、いかにも人間的な、愛すべき過ちだと言うべきだろう。

さて、今回、ストロースの答えは、『源氏』の新訳となれば、話は別だというものだった。けれども、最後の十帖をまず出版するという案は感心しない、ぜひとも全訳を敢行すべきだという。今度もまた、私は決心を他人に決めてもらったと言うべきかもしれないが、今までの場合と同様、私はむしろ、有難いことだったと感謝している。

一九七二年四月三日の日記には、こうある。


ハロルド・ストロースから手紙。今、契約書を準備しているところで、原稿の締切は、一九七五年七月一日にしたいという。何とか間に合わせられるだろう。ただし、私の肝臓が、それまでもちさえすればの話だが。

原稿は、確かに締切に間に合った――どころか、半年も前に出来上がった。一九七五年の一月、完成した原稿を発送。翌年、上下二巻本、一一〇〇ページに近い立派な書物となって上梓された。この出版について、私の気に入っているエピソードがある。友人のディック・ラビノウィッツと交わした会話である。彼が訊《き》く。

「で、値段は?」

「二十五ドル」

「そりゃひどい」

「でも、円でいえば七千円だよ」

「じゃあ、何でもないか」

この会話から、為替の相場について、いろいろなことが分かる。ドルの方が、円より購売力が高いけれども、しかし為替のレートというのは、その通貨にどれだけの需要があるかによって決まるのであって、購売力で決まるのではない。だからこそ、日本人の誰それとか、日本の銀行のどこそこが、世界で一番金持ちであるとか、世界最大の銀行だとか言われながら、実際にはそうではないといった現象も生まれるわけだ。

私の『源氏』訳の評価は、概して好意的だった。イギリスで出た書評が一番好ましく思えたが、必ずしも好意的だったからではない。問題の本質を、よく把握しているように思われたからである。アメリカの書評は、時にはとんでもない見当外れが目についた。例えば――「カザノヴァも、ドン・ファンも、ロチェスター伯(十七世紀イギリスの詩人で、漁色家として有名)も、あるいはヒュー・ヘフナーの『プレイボーイ』の空想上の生活も、源氏とその情事に比べれば、たちまち顔色を失うだろう」。『ニューヨーク・タイムズ』の書評である。けれども源氏の場合は、一夫多妻制の社会の標準からすれば、別に、特筆すべきほど奔放な女性遍歴ではない。もし『ドン・ジョバンニ』でレポレロが数えあげている話をそのまま信じるとすれば(信じてはならない格別の理由はないと思うが)、源氏など、ドン・ファンと比べるなら、漁色家として(もし彼のことをそう呼ぶとして)、ひどく消極的なタイプと言うべきだろう。

私が一番気に入ったのは、イギリスの作家C・P・スノウの批評だった。『フィナンシャル・タイムズ』に出た書評で、ウェイリーと私の訳では、私の新訳の方が

「原文に近いかどうか、それは訳者当人の言葉を信じるしかないが、かりに原文に忠実である点で得たものがあったとしても、だからといって、文学的効果がそれだけ失われるということは、少しもないと言ってよい」というものだった。イギリスの書評は、ウェイリーを擁護して、私の訳にたいしては、厳しい評価を下すのではないかと予想していたのだけれども、そうしたことは全然なかった。一番厳しい批評は、むしろ、オーストラリアやニュージーランドの書評だった。

八、円環を閉じる

それにしても、「円環を閉じる」とはどういう意味か。

今さら言うまでもないことだろうが、中国では古来、六十年を周期として暦を整えてきた。そこで、中国文明の影響下にあった国々では、日本も含めて、多かれ少なかれこの暦法に従ってきた。人類全体の中でも、その広大な部分を占める地域では、「世紀」という観念は新奇な輸入品であって、はるか彼方に住む人々のもとから、比較的最近、借り入れたものにすぎない。百年ばかり前、たまたまこの遠隔の地の住民たちが、経済的に進歩していたという偶然の事情によって、彼らの習慣に合わせるべく、輸入したというだけの話である。

なぜ六十という数がそれほど重要と見なされたのか、その理由は明らかだろう。十と十二の両方で割り切れる最小の数だからだ。そして十も十二も、太古の人々にとっては、きわめて大切な数だった。ひとつは両手の指の数だし、残るひとつは、一年に月が満ち欠けを繰り返すのが、ほぼ十二回であることに由来する。実は西洋でも、かつて六十という数は、今よりはるかに重要な数と見なされていたのである。今日ではあまり使わないけれども、昔は英語にも、「六十」を示す特別の名称があった。“shock”という。こうした特別の名前のついている数は、ほかにはそう多くはない。「十二」を“dozen”と言い、「二十」を“score”と呼ぶくらいのものだろう。

六十というのはまた、人の生涯を数えるのにも、ちょうど区切りのいい数である。六十歳を迎えれば、ひとつの周期を終え、ひとつの円環が閉じて、新しい周期が始まることになる。つまり、還暦である。この、還暦から始まる新しい周期は、いわばおまけで、二周目を最後まで生き抜く人は、あったとしてもごく少ない。

私が還暦を迎えたのは、一九八一年二月十一日、パロアルトでのことだった。私はこの自伝を、いわば宙ぶらりんのまま、この日付で終えたいと思う。「宙ぶらりん」という所以は、それ以後についても、多少は語るべきことが、まだ残っていなくもないからである。概して言えば、そう興味深い年月ではないかもしれない。こういう問題は本来、一般化して数や量で表すことは不可能ではあるにしても、あえて言うなら、親しく付き合った著名な作家たちが徐々に世を去ってゆくにつれ、私の生活もその分だけ、徐々に興味を減じていったと言えると思う。だとすれば、この物語も一年一年、徐々に、しかし確実に、面白味を失ってゆくはずで、だから、文字どおり最後まで、つまり現在の時点まで語り尽くしてみたところで、そう大した意味はないだろう。

とはいえ、私はある自伝が評したように（自伝として優れた作品ではあるけれども）、このおまけの余生を、「ただひたすらに下り坂」とは呼びたくない。これでは、生活がだんだん暗く、陰気になる一方という印象を与えてしまうが、私の場合、そんなことは全然当てはまらないからだ。しかし、他人に話して面白いと思ってもらえそうな話が、だんだん少なくなってゆくことだけは、やはり認めざるをえない。要するに、書くべきことが、だんだん少なくなってくるのである。

私は十干十二支の一巡を、生涯のうちに最初から最後まで経過することができた。これは実は、誰にでもできることではない。というのも、十干十二支の切れ目は、生涯の中途で来ることもよくあるからだ。私は、この一巡の始まりに近い時に生まれ、そのサイクルの終わる頃に、六十回目の誕生日を迎えることになった。中国暦の六十年周期は、紀元前二六九七年に始まっている。ということは、私の生涯の属するサイクルは、それから数えて七十八番目の周期に当たり、一九二四年に始まって、一九八三年に終わったわけだ。つまり私は、このサイクルが始まった時三歳で、この一巡が終わった時には、六十三歳だったということである。ジョージ・オーウェルの傑作『一九八四年』は、この暦法で次のサイクルが始まった、その最初の年に設定されているわけだが、はたしてオーウェル自身、そういうことを意図してその年を選んだのかどうか、前から疑問を抱いていた。しかし調べてみると、どうやらそんな意図はなかったらしい。ちなみに私の妹も、気の合った従妹のエリザベス・ボイヤーも、いずれも一九二四年の生まれで、まさに、サイクルの始まりと一致している。だが二人とも、ついに還暦を祝うことはできなかった。いかにも残念と言うほかはない。

アイヴァン・モリスは、すでに何度か触れたとおり、日本文学の研究者・翻訳者として指導的な立場にあり、当時はコロンビア大学の教授だったが、一九七六年の夏、イタリア滞在中に急死してしまった。晩年には、私との関係は多少ぎくしゃくしていたけれども、それまでは、東京でもニューヨークでも、いつも親しい付き合いだった。ニューヨークに出かけて滞在する時は、よく彼のアパートに泊まったものである。マンハッタン島の西側、ハドソン川に沿ったリバーサイド・ドライブの、なかなか立派な部屋だった。

ただ、彼の生涯の最後の十年ほどは、二人の間は少しばかり疎遠になった。彼の亡くなる何年か前、彼が東アジア学科の学科長を務めている時だったが、ちょっと変わった、面白い取決めが出来上がった。ドナルド・キーンが、一年のうち半年だけ授業を受け持つ形にしたいと考え、私に尋ねてきたのである。コロンビア大学に、終身在職権《テニュア》のある教授として移り、自分と半年ずつ交代して、私が秋の学期、つまり九月から二月まで、そして残りの春の学期は、彼が授業を担当することにしてはどうだろうというのだ。私は大歓迎だった。戦後すぐコロンビアで勉強した時以来、私はいつも、この大学こそ私の母校と考えてきたし、それにニューヨークに住むというのは、当時はまだ、この大都会の治安の悪さを怖がる人もいたけれども、私は少しも恐ろしいとは思わないどころか、大いに刺激になるだろうと期待したからである。私は早速、喜んでこの提案を受け入れた。

ところが、そこでモリスが、自分がキーンと交代したいと言い出したのである。おそらく、学科長という役職についていたからだろうと思うが、結局、彼の希望が優先された。あの時もそう思ったし、実は、今でもそう思っているのだけれども、私は不当にあしらわれたのだ。その埋め合わせのつもりだったのかもしれないが、モリスは私に、テニュアなしの教授の資格で、コロンビアに来ないかと言ってきた。これでさらに、騙《だま》されたという気持ちが二倍にも、三倍にもなってしまった。

彼が急死したという知らせを聞いた時、私はちょうど東京にいた。しかしコロンビアの学科の人たちとは、中でも特にキーンとは（ちなみに彼も、その時たまたま東京に来ていたのだが）、十分連絡を取っていたので、モリスの後任に、私が招かれることになりそうだという空気は、私のところにも伝わって来ていた。九月、コロラドに帰っていた時、コロンビアから電話があった。秋の学期から、モリスの担当していた授業のうち、ひとつだけ引き継いでくれないかという。

多分、私は心が狭かったのだろう。だが、またしても馬鹿にされたと感じたのだ。前にも一度引いたけれども、九月三日の日記に、私はこう書いている。「彼らの言うとおりにすれば、私は学期中ずっと、週に一日ニューヨークに行かねばならないことになる。それにしてもコロンビアが、自らの権力と権威にこれほどの自信をもち、こんなことを考えつくとは、まこと御立派というものだろう。われわれのような、いいしがない田舎大学などには、到底考えもつかないことだ」。

日記は、一九七六年の九月半ばから翌七七年の七月末まで、十カ月ばかりが欠けている。日記の欠けている所はほかにもあるが、なぜ抜けているのか、大抵は説明がつく。だが、今言うこの、七六年から翌年にかけてのギャップは、その理由がよく分からない。普通は、日記が再開した時、今まで途切れていた事情が説明してあるのだが、今のこの場合は、二冊ばかり、日記をどこかに置き忘れてしまったとでも考えるほかはない。もしそうなら、どこかに隠れているはずなのだが、どこに置き忘れたのか、どうしても思い出せない。一九七七年の秋、ニューヨークに移った後にも、一カ月ばかり日記の途切れているところがあるが、この時は、ある文学賞をもらって、その受賞式のために、東京へ旅行したせいだった。帰りの飛行機に、日記を置き忘れてしまったのである。もちろん航空会社に問い合わせたが、満足な結果は得られなかった。飛行機に物を忘れた時は、いつでも同じ結果に終わる。しかも私は、つい物を忘れることが、ことさら多い性格なのだ。しかし、もしこれが私だけの経験ではなく、飛行機で何か忘れ物をした時、誰でもよく経験することであるとすれば、どうやら航空会社というところは、飛行機に残っていた物は何であれ、見境もなくゴミ箱にほうり込んでしまうらしいと、つい、そんなことを考えてみたくもなる。

ちなみに文学賞と言えば、ついでに触れておいていいかもしれない。日本の文学界で多少とも注目を引いた人なら、誰しも何らかの賞をもらうもので、私もいくつか賞を受けた。日本政府から叙勲されたこともある。一九七五（昭和五十）年、旭日章をもらったのである。といっても、勲三等にすぎない。ドナルド・キーンも、このしばらく前、同じ勲三等を受勲したが、その後、勲二等に昇格した。勲一等は、ライシャワー・クラスの人しかもらえない。私自身は、勲三等以上に昇格されることはなかった。理由はおそらく、私がキーンほど無条件に、日本を支持してこなかったからだろう。もうひとつ、叙勲を審査する人々が、私の作品などより、彼の作品の方を高く評価したからかもしれない。しかし、こういう職掌にある人たちはひどく秘密主義だから、理由は結局、分かることはないだろう。もし理由が作品の評価にかかわることなら、私としては、残念とは思うけれども、あえて文句を言うつもりはない。

受勲の後、数週間ハワイで過ごした。当時、私はホノルルにアパートを借りていた。アパートというより、部屋を借りていたのだが、友人のジャック・カーの小さな家の二階で、マキキ・ハイツにあった。ホノルルでも、一番美しい場所のひとつだ。部屋賃はごくごくわずかだったから、ハワイで最高の貸間だという人もいた。私も、確かにそのとおりだと思っていた。

ここに滞在している間にも、東京では、先程の文学賞の受賞記念パーティーの計画が進んでいて、十月の八日、集まりは東京のあるホテルで開かれた。

その晩のことを、日記ではこう書いている。

スピーチは、どれもみな親切で、有難いものばかりだった。中でも一番うれしかったのは、谷崎夫人のスピーチで、私と谷崎とはよく似ている、二人とも『源氏物語』を訳したし、本当の意味で江戸っ子だし、どちらも猫好きだと話してくれた。村松英子さんと佐伯彰一さんの話は、いずれもウイットに富んでいたが、村松さんは、私が天皇から招待を受けながら、あえてこちらの会の方に出てくれたのだと、この集まりの準備の事情を説明した。こんな形で、この話がみんなに知れたのは有難かった。

村松さんと佐伯さんは、二人で会の準備に当たり、当日の司会も務めてくれたのだった。それから、天皇の招待を断ったというのは、実はこういう事情である。ホノルルでの滞在も終わりに近づいていた頃、昭和天皇が皇后と御一緒に、初めてアメリカをご訪問されるにあたって、ワシントンで歓迎の夕食会が開かれるから、出席してほしいという招待状が届いたのだ。しかし、この招待を受けるとすると、東京での受賞パーティーは計画を変えなくてはならなくなる。いかにも残念ではあるけれども、私にとっては選択の余地はなかった。ところが、いざ東京に戻ってみると、受賞パーティーの日取りが変更になっていると分かった。残念という思いは、ますます深くなったことは言うまでもない。それなら、実は両方に出席することもできたはずだったのに……。

日記が途切れているので、アナーバーの最後の数カ月間と、ニューヨークに移った最初の何カ月間かについては、頼りにすべき資料がごくわずかしかない。かりに記憶に思い違いがあったとしても、チェックする方法がほとんどないのだ。そんな思い違いが、多くもなく、重大でもないことを祈るしかない。

一九七六年から七七年にかけての学年暦の、どの段階だったかはっきりしないが、最終的、かつ永続的に、コロンビア大に移籍が決まった。最近のコロンビアとの交渉の過程を通じて、この「母校」にたいする愛着は少々弱くなってはいたものの、私は移籍を熱望していた。人には、格別コロンビアに行きたいわけではなく、ましてや、ミシガンを去りたいと望んでいるわけでもないと話していたけれども、私が本当に行きたいと願っていたのは、実は、ニューヨークという街そのものだったのだ。別にコロンビアに行きたいのではないというのは、だから、いささか調子のいい言い草だったかもしれないとしても、確かに事実ではあったのである。

ミシガン大学は、今度もまた実に親切にしてくれた。何とかしてミシガンに残る方法はないものか、考えつく限りあらゆる努力を尽くしてくれたし、まだ何か見逃していることはないか、繰り返し調べてもくれた。その結果、お互いの間で、ある妥協策を思いついたのである。つまり、ともかく一年間、試験的にニューヨークに行ってみて、もしそのままコロンビアで勤め続けたいという結論になれば、初めて正式にミシガンを退職するという案だ。こうして結局、この案のとおりやってみることに決めたのだった。

そんなわけで、私はまたしても、自分の将来を他人に決めてもらうことになったのだが、さて、ニューヨークに着いてまだそれほど間もない頃、ミシガンのマージョリー・ペトリングから電話が来た。東アジア言語文化学科の秘書である。このままコロンビアで仕事を続けるのかどうか、私の決断を聞かせてほしい、というのも、もしそのつもりなら、私の後任の人事について、ミシガンでも、早急に選考にかからなくてはならないからというのだ。そこで、ほとんど考えることもなく、選考の準備を始めてほしいと伝えた。強力で有能な秘書だったから、彼女は結果的に、学科長や学部長が私との間で取り決めていた妥協案を、早々にキャンセルしてしまったわけだが、私はこの結果を、むしろ有難いと思った。決断がつきかねている時には、私はいつも、他人に決断を下してもらった方が、むしろ有難いと思う。

秋になってから後は、日記は無事手許に残っているが、コロンビア大で初めて過ごすこの秋、「能率が悪い」とか、「居心地が悪い」といった言葉がしきりに出てくる。コロンビア大の印象を評した言葉だ。十二月三十日の日記にも、こんなことを書いている。「ニューヨークに来て、まだ本当に落ち着いた気分がしないと言うと、ハーシェルは答えた。ニューヨークは元来、落ち着いたと感じない人たちの町なんだ。私自身、ここで本当に落ち着いたとか、くつろいだとかいう感じを抱いたことは一度もない。実はそれが、私がニューヨークの好きな理由のひとつなんだ」。ハーシェル・ウェッブは日本史の専門家で、私がコロンビアに在任中、ある日曜日、突然他界してしまったのだが、テキパキ仕事を片づけるというタイプではなかったけれども、聡明で、かつ、愉快な人柄だった。

私の言葉が、はからずもハーシェルの警句を引き出すことになったわけだが、私の述懐は、実は必ずしも正確ではなかった。私の言ったのは、ニューヨークのことというより、コロンビアのことだったのである。ただ、ハーシェルのように、生涯コロンビアで教職についてきた人にむかって、そんな印象を、そのまま口に出す気にはなれなかったのである。よほど愚かな人でなければ、ニューヨークにも欠点があることなど、誰にも否定できるはずがない。けれども私は、初めてこの町を訪れた時以来、いつでもニューヨークを愛してきた。思い返せば、最初にこの町を訪れたのは、日本語学校に入学する許可を得ようと、面接を受けにワシントンに向かう途中、初めて東海岸に来た時のことだった。こうして今、ニューヨークに移り住むことになって、私はよく人に話したものだ、まさしく理想的な生活のパターンが出来上がったと。ニューヨークで半年だけ授業を担当し、後の半年は、好きなだけ東京に住むことができることになったのだ。ということは、つまり、世界中で一番面白い二つの都会を、定期的に往復することになったのである。なるほど、これがはたして、本当に「理想的な」パターンと言えるかどうか、議論の余地がないわけではない。パリ、ロンドン、あるいはローマの方が、ニューヨークや東京より面白いという人も多いだろう。だから、おそらく私の言い分は、つまりは誇張と言えるのかもしれない。それでもやはり、それが私の実感だった。

　だがコロンビアの方は、話はまた別だった。確かに効率が悪く、親切でもない。どちらの点でも、ミシガンの方がはるかに上だった。最初、コロンビアで教える気があるかどうか打診のあった時からして、いささか突慳貪《つっけんどん》な態度だったが、やがて、少々疑問になってきたのである。私が今までコロンビアのことを、わが母校と思い続けてきたというのも、大学そのもののためというより、むしろもっぱら、かの恩師、角田先生の力によるものではなかったのか。だが当時、先生が他界されてから、すでに十年以上経っていた。その後この疑問は、やがて確信に変わっていったのだが、しかしニューヨークに移ったことに関しては、後悔の念は全くなかった。もしかりにコロンビアが、何らかの理由を見つけて私を解雇するようなことがあったら、そして同時にミシガン大が、なお私の復帰を望むというなら、私は喜んで、またアナーバーに帰っていたことだろう。けれども、そんなことは起こりそうにもなかったし、私には、教職を退くつもりもなかった。

　日記では、ハーシェルの警句を引いた後に、いわば独白とでもいう形で、もう一度、中国の暦法のことに触れている。六十年の周期のうちには、実は、さらにもう二つ、もっと小さな周期、ないし循環が含まれている。いわゆる十干と十二支である。十二支の年には、それぞれ動物の名前がついていて、現実の動物もあれば、神話上の、あるいは架空の動物もある。私の生まれた一九二一年は酉《とり》年だったが、一九七八年、ニューヨークに移るはずの年は、たまたま午《うま》年に当たっていた。当時の日記に、こんなことを書きつけている。

> しばらく前、面白いことに気がついた。午年は私にとって、移動の年になっているらしいのだ。来年は、アナーバーからニューヨークに移らなくてはならない。一まわり前の一九六六年には、パロアルトからアナーバーに移ったし、もう一まわり前の一九五四年は、確か、小石川の林町に引っ越した年である。ちなみに自分の持家に住んだのは、この家が最初だった。さて、さらに十二年前の一九四二年は、物理的ではなく、精神的な引っ越しということになるだろうが、英文科をやめて日本語の勉強に移った。ただし一九三〇年、生まれて初めて迎えた午年には、特にこれといった移動はなかったと思う。強いて挙げるとすれば、キャッスル・ロックの小学校で、あの明るい南教室に移ったということくらいだろうか。南教室というのは、今まで触れたことはなかったと思うが、秋の景色が断然、最高の教室だった。コロラドに樹木はそう多くはないけれども、多少ながら茂っている林は、秋はなかなか見事に色づくのである。

コロンビアでの最初の学期には、ドナルド・キーンのアパートを使わせてもらった。彼はこの時期、留守だったからである。アパートは、マンハッタンの西側、リバーサイド・ドライブのかなり北寄りで、ハーレムに近いあたりにあった。翌年早く、東京に出かける前、アナーバーを引き払って、ニューヨークに自分のアパートを確保した。ドライブのもっと南、コロンビアの正門をわずかに下ったあたりである。キーンがニューヨークに帰って来ると、彼もこの新しいアパートに移って来た。今でもここは、彼の所有になっている。二人は、いわゆるボックス・アンド・コックス方式——つまり二人で交互に、相手のいない間、同じ部屋を利用することにしたのである。だから二人は、一年にほんの数日間を除いて、同時にニューヨークにいる期間は、一度もないことになったわけだ。

コロンビアは、なるほど能率が悪く、親切ではなかったけれども、例外もなくはなかった。例えば住居《すまい》を用意するといった点では、よくやってくれたと思う。キーンと私が共用することになったアパートは、なかなかいい住居だった。第一広々していたし、世紀末風の落ち着きがあり、リバーサイド・ドライブの向こうに、ハドソン川の眺めが見事で、対岸のニュージャージー側に連なる切り立った岸も見渡せた。ニュージャージー側の岸では、その後いくつか工事を施し、川の眺めを損なってはいるけれども、今でもなお、美しい川であることに変わりはない。

一九七八年一月七日、リバーサイド・ドライブ四四五号に入居した。「四四五号は、十分気に入ったと言えると思う」――その日の日記に、こう書いている。「墓地と橋の眺めがすばらしいし、幸いなことに、リバーサイド・チャーチの姿は見えない。ドナルドに言わせると、あの教会こそ、私の気に入らない唯一の点だという」。「墓地」というのは、グラント将軍（後の第十八代大統領）の墓、「橋」は、ジョージ・ワシントン・ブリッジである。前のキーンのアパートは、リバーサイド五六〇号だったが、あそこの住民は大抵、この墓のことを嫌っていた。だが、私はそうは思わなかった。むしろ、なかなか立派だと思っていた（ただし近隣の人たちが、いろいろ飾り立てようとするのはあまり感心しなかったが）。そんなわけで、教会だけは別として、キーンのアパートから見渡すドライブの眺めは、大いに気に入っていたのだけれども、新しいアパートでは、残念ながらドライブを見渡すことはできなかった。キーンのアパートは道路にたいして、斜めに突き出た形になっていたのに、今度のビルは、平行に建っていたからである。一長一短というところか。

荷物がアナーバーから届いた時（荷物の中には、ほんの申し訳程度の物ではあるにしても、前々から集めた美術品も入っていたのだが）、愕然とした。別に、何か壊れていたというのではない。トラックの運転手は、メイン州出身の生粋の北部人で、絶対の信頼を置ける人物だったし、確かにその信頼に値する仕事ぶりだった。ただ、私が一番大事にしていた朝鮮の壺が、なくなっていたのである。私のコレクションはほとんどが陶磁器で、それも、ほとんどが朝鮮と中国の品だった。こと陶磁器に関しては、私は昔から、日本より大陸の焼物の方が好きだった。東京の有名な美術商にそのことを話すと、彼は言ったものである。「しかし朝鮮の焼物は、あまり物悲しすぎますよ。見つめていると、何だか訴えかけてくるんです。あんたがかわいがってくれなかったら、ほかに私を大事にしてくれる人はいないんです――そう語りかけているような気がするんです」。美術商の言う意味は、私にもよく分かるような気がしたし、つい、うちの猫の華子のことを思い出してしまったのだが、華子のことは、後でまた、もう少し詳しく話す機会があるだろう。それより、問題の壺は李朝の白磁で、梢にとまって懸命にさえずる小鳥が一羽、青の釉《うわぐすり》で描かれている。私の目にとまる前から、すでに不思議な運命を経てきた品であるばかりか、さらにそれ以前にも、何世紀もの長きにわたって、さまざまの有為転変を重ねてきているはずだったが、そんな遠い昔のことは、所詮、私の知る由もない。

私の知る限り、その来歴について言えば、この壺は戦前、ホノルル在住の私の親友、ジョージ・カーが、日本で買ったものである。その後ジョージはこの壺を、ホノルル美術アカデミーに、サー・ジョージ・サンソムの記念のために寄贈した。私がサー・ジョージを大いに敬愛していたことは前にも書いたが、このジョージ・カーも、私に劣らずサー・ジョージを尊敬していたからである。ところがアカデミーは、何か新しい収集品を購入する資金の調達のためと称して、問題の壺を売り払ってしまったのだ。当時もそう思ったし、今でもやはりそう思うが、所長がそんな処置を決めたのには、個人的な悪意があったのではあるまいか。所長とジョージは、仲がよくなかったのである。

ジョージは、壺を買ったのが誰か、探り出した。買ったのは、ある中国人だった。ジョージはその男の所へ出かけ、売り戻すつもりはないか尋ねた。中国人は常識をわきまえた人物で、買った値段で売ってもいいと答えた。ただ、当時ジョージは金に困っていて、買い戻すだけの金がなかった。そこで私に、買ってくれないかと頼んだ。こうして壺は、私のささやかなコレクションのひとつとなり、たちまち、私の大事な宝物のひとつとなったのである。私は、ジョージの手許に返す気はあったのだけれども、ジョージは、私が払っただけの金が用意できたら、その時あらためて考えてみると言った。けれども結局、金ができなかったのか、それとも、忘れてしまったのかもしれない。いずれにしても、こうして壺は、私と一緒にアナーバーに移り、それから今度は、一九七七年か、それとも七八年か、不意に、姿を消してしまったのである。

その後、そのままの状態で、かなりの年月が過ぎた。ニューヨークに住んでいた時代ばかりか、その後ホノルルに移ってから何年か経つまで、その状態のままだったのだ。私は壺をなくしたことを、なかなか諦め切れなかった。一九七八年二月十日の日記には、こうある。「どこで、一体どこで、あのナイチンゲールを見つけることができるのだろう。あの壺のことは、できるだけ考えないようにしているのだが、しかし時には、取り戻したいという渇望はあまりに激しく、いつかきっと、どこかその辺で、ひょっこり見つかるに違いないと思えてくる」。

ところが、やがてホノルルに住むようになってから、ある日、古くからの韓国の友人、チュー・ウォン・スーから電話があった。今ではアメリカに帰化して、アナーバーの大学図書館で働いている女性だが、引っ越しで荷物を整理しているうちに、彼女の家のガレージで、例の壺を見つけたというではないか。

知らせを聞いて、私は大いに安堵した。もちろん、あの大事な鳥がどこにいたのか分かって、大喜びしたのはいうまでもないけれども、それればかりではない。いやな疑惑に囚《とら》われていたのが、きれいに晴れてうれしかったのだ。アナーバーを離れて、いったん東京へ寄ってから、ニューヨークに移る直前、お別れのパーティーをしたのだったが、何十人もお客が集まってくれて、結構大きな会になった。ちょうど冬のことで、玄関のホールには、オーバーの山ができてしまっていた。きっと誰かがあの鳥を、このオーバーの山の中に押し込み、帰る時、自分のオーバーに隠して持ち去ったのだ——実は私は、そんなことを考えていたのである。もし事実そうだとすると、犯人は、私の友人の誰かだということになる。そう思うと、いよいよ心が痛むのだったが、しかし、と、私はさらに考えて、自らを慰めようと試みた。誰が持って行ったにしろ、きっと、あの鳥をかわいがってくれているに違いないと。けれども今、チュー・ウォンのガレージで見つかったと聞いて、友人が持って行ったなどというのは、単なる妄想にすぎなかったと分かったのだ。

チュー・ウォン自身は、壺がどうして彼女のガレージに紛れ込んだものか、見当もつかないということだったが、私には、事情はきっと、こうだったに違いないという仮説がある。実は私自身が、あのガレージに持って行っておきながら、そんなことをした事実を、すっかり忘れてしまっていたに違いない。ほかにも、彼女の所に預けた荷物があった。本当は、あの大事な壺だけは特別扱いにして、ほかの荷物とは分けておくべきだったのかもしれない。しかしそれも、必ずしもいい案ではない。私は大抵、すぐに忘れてしまうからだ。いずれにしても、しかし、見つかって、本当にホッとした。チュー・ウォンは、郵便局や船会社に、この大切な荷物を預けて送るのは、とても安心できなかった。確かに壺はこれまでにも、すでに十分すぎるほど運命に翻弄されてきている。そこで彼女は、こう提案してきた。ホノルルで、彼女のスタッフを務めている青年が、今度のクリスマスの休暇でニューヨークに帰郷するから、多少先のことになるのを我慢してさえくれるなら、彼に持って行ってもらうことにしたいというのだ。こうして壺は、ようやく無事に私の所に帰ってきた。この年のクリスマス・プレゼントの中で、最高の贈り物となったことは言うまでもない。

私がこの世を去った時には、壺はまた、ホノルル・アカデミーに帰ることになっている。壺は壺で、自らの円環を閉じることになるわけだ。アカデミーの方でも、館の韓国関係の収蔵品に加えるにふさわしい作品だと認め、二度と売り払うことなどしないと約束してくれている。実際、今アカデミーで展示している収蔵品と比べて、この壺の方が優れていると思う例が多々ある。この事実からしても、これを売り払おうとした館長には、やはり、悪意があったと疑わざるをえない。いずれにしても、私のこのナイチンゲールをめぐる物語は、ちょっとした奇談と言えるのではあるまいか。

『源氏物語』の翻訳がようやく完成すると、私は小説を書き始めた。ちょっと変わった形の小説で、現代ではあまりはやらない形式だが、書簡体小説である。つまり、地の文や会話で物語を進めてゆくのではなく、何人かの人物の間で交わした手紙を繋ぎ合わせ、構成してゆく小説だが、私のこの作品では、手紙の書き手は三人で、主人公は、日本の大きな商社に勤める若い日本人女性、二人目はアメリカ人ジャーナリストで、ヒロインは、この男に熱を上げている。三人目は、アメリカ人女性の大学教授で、ヒロインはこの女性を、いわば戦友と考えている。二人が戦っているのは、女性の権利のための戦いなのだが、しかしアメリカ人女性の方は、必ずしもこの主張に、完全にコミットしているというわけではない。主な舞台は東京という設定だが、場面が京都に移ることも少なくない。

ニューヨークに移ってまだ間もないうちに、小説は完成した。そこで今度は、出版社を見つける算段に取りかかった。今までいろいろ一緒に仕事をしてきた間柄だから、クノップフなら、この小説が少々変わっている点も、あるいは理解してくれるのではないかと思った。しかし実際は、案に相違して、原稿を読んだ編集の担当者は、ただ軽薄、滑稽であると評し、頭から相手にしてくれない。私自身は、相当にユーモアの利いた作品と考えていたのだけれども、この反応には少しばかり地団駄を踏み、ユーモアと見るか、ただつまらない滑稽と見るかは、要するに趣味の問題にすぎないと、悔しい思いをしたのだった。

もうひとつ編集者が評するには、人物像が平板だという。私はむしろ、微妙で繊細と考えていたし、今までクノップフが出版した小説の中には、人物像がもっと平板で面白味のない作品は少なくない、何なら実名を挙げて例を出してもいいと思った。しかし、そんなことをしてみても、相手の意見を翻させる役には立たない。そこで、ほかの出版社もいろいろ当たってみたのだけれども、結果は同様に思わしくない。ニューヨークのあるエージェントが寄越した手紙によると、この作品は独創的で、確かに興味深くはあるけれども、出版は不可能だという。私は返事を出して、こう言ってやったのだ。もし一冊の書物が、この三つの特徴を同時に備えていることがありうるとすれば――つまり、独創的で興味深く、しかも出版が不可能であるとするなら、アメリカの出版界の未来は、まさに暗澹《あんたん》たるものであろうと。返事は来なかった。私は結局この小説を、イギリスで自費出版するほかはなかった。

小説の題名は、『こちらへ来る人はほとんどいない』とつけたが、これは実は、ヴィクトリア時代のイギリスのナンセンス詩人、エドワード・リアの引用である。リアをよく知っている人ならすぐ分かるだろうが、この小説にはリア、それに、ルイス・キャロルの影響が至る所に浸透している。私自身はこの作品を、ナンセンス文学の伝統に属するものと考えているのだ。もちろん、同じナンセンスといっても、いいものもあれば、下らないものもある。けれども、例えばリアやルイス・キャロルのような優れた作品には、いわば、独自の狂気の論理がある。説明などしなくても（そして実際、私は説明など一切しなかったのだが）、私が何を狙っているか、読者には十分に分かってもらえるはずだと、そう期待していたのである。

分かってくれる人も、少しはあった。しかし、分からない人がほとんどだった。小説には、あちこち詩がちりばめてある。故意に下手に作った詩だが、クノップフ社の、あまり好意的ではなかった編集者も、詩の部分だけは気に入ったようだった。しかし作品全体を、同じナンセンスの視点で読もうとはしなかったのだ。友人のジェイムズ・ラフリンは詩の研究家で、自分でも詩を書いているくせに、彼の感想にはがっかりした。原作の詩は、さぞや美しい作品だったに違いないのに、なぜこんな、愚劣なヘボ詩に翻訳したのか、理解できないというのである。この詩に原作があったなどと、まさか、そんなことを考える人がいようなどとは、およそ想像もつかなかったし、ヘボ詩にもそれなりの、ナンセンス流の意味があることぐらい、誰にだって分かりそうなものだと思った。

だがこの件については、これ以上は触れないことにしておこう。私は今でもこの小説を、かなりの作品だと考えている。少なくとも、今まで現に出版されている作品の中には、これよりはるかに下らない作品は少なくないことは確かだ。しかし、そんなことを言ってみても始まらない。この作品は諷刺だが、今日のメディアでは、諷刺はほとんど注目されることがないし、それにこの小説は、日本と密接に結びついているけれども、日本という国にたいしてもまた、親密な関心を抱いている人は、残念ながら、決して多くはないのである。

ニューヨーク時代、私はほかにも三冊、小説を書いたが、どれも出版には至らなかった。どうも私には、小説書きの才能がないらしい。ただ、あえてもう一度繰り返してもよければ、はるかに下らないものが出版されているという確信には、今もやはり変わりはない。

『源氏』の訳を終えて以後、長い翻訳は全くしていない。多分、もう二度とすることもないだろう。現代の日本の作家の中で、訳すに値する作品、訳してみたいと思う作品は、すでに訳してしまっている。中でも特に重要なのは、川端さんと谷崎さんの二人だが、どちらの場合も、一番いい作品を選んできたと思う。いずれにしても、しかし、日本文学で最大の作家と言えば、それは川端でも谷崎でもなく、やはり紫式部だ。そして、彼女のあの傑作を訳した後では、ほかの何を取りあげても、いわば蛇足に終わってしまうほかはない。それに『源氏』に比べれば、どんな作品を取りあげようと、訳すのはずっとやさしいはずである。けれども翻訳というものは、あまりやさしすぎると、たちまち退屈になってしまうものなのだ。もちろん、難しい原文を相手に四苦八苦して格闘するのは、必ずしも楽しいとは限らない。しかし、全精力を集中することを求められ、夢中で熱中せざるをえないこともまた事実だ。現代の作品の中にも、無論難しい作品はあるけれども、それはもっぱら、雑な書き方をしている結果であることが多く、『源氏』が難しいのとは、全く別のことである。紫式部が難しいのは、なるほど言葉が、現代とはかけ離れているということもあるけれども、もうひとつ、もっと大事な問題として、多くのことを、表に出して言わないままに残しているからである。読者に多くを委ねているのだ。こういう表現の仕方に、業を煮やす人々も少なくない。しかし私はむしろ、これは式部の心の闊《ひろ》やかさではないかと思う。

近頃、巨人がいなくなったのは、日本だけに限らない。どこの国でも、同じような現象が目につく。アメリカでも同様で、私自身の感じるところからすれば、巨人と呼べる人々は、ハリー・トルーマン、ディーン・アチソン、それに、ジョージ・マーシャルが最後だったのではないかと思う。最近、口は悪いが頭はいい日本の女性政治家が、首相候補に立った三人の男どもを評して、凡人、軍人、変人と呼んで話題を呼んだが、けだし、的確な評言と言うべきかもしれない。だが、事情は文学の世界でも似たようなもので、要するに、巨人がいなくなってしまっているのだ。誰しもが文豪と認めたのは、谷崎が最後だと言っていいだろう。巨人がいなくなった分、文学界が寂しくなったことは事実だけれども、だからといって、しかし、私にどうできるというものでもない。むしろ、何もしないでいることの方が、私にできる最大のことと言えるのではあるまいか。三十年前は、文壇の各種の集まりは実に刺激的だった。今はもう、さしたる刺激は感じられない。スピーチにしても、耳を傾けるだけの値打ちのない話があまりに多い。何事であれ、今ではもう、わざわざ苦労して試みるほど価値のあることなど、いっかな見つからないように思えるし、そして翻訳という仕事もまた、たとえやさしすぎて、退屈になるほどであったにしても、今では煩わしいものに思われるのである。

それにしても、今の世の中がこんな状態になったのは、一体何が原因なのか。今の悪弊の最大の元凶は、テレビではないかと私は思う。文学界の現状をもたらしたのも、やはり、最大の責任はテレビにあると考えたい。文学者も、実は、バーやクラブの女性と同様の状況にある。今時のホステスになるのは、かつての、きわめて高度な技芸を身につけた芸者と比べれば、そもそも比較にならぬほど安直で安易である。今の時代は、若くて、多少話がうまければ、簡単にテレビ・タレントになれる時代だ。本物の芸や才能《タレント》があるかどうかなど、さして問題にはならない。それに今の人は、昔に比べてはるかに本を読まない。本のページを追うよりは、派手なテレビの映像を追っている方が、はるかに面白いからだ。

こんな現状を、ただ嘆いてみても仕方がないことは事実だし、決して日本だけに限った問題ではないことも、やはり確かな事実ではある。けれども、かつては日本が活字文化の国と呼ばれ、日本人は世界でも、ことに読書好きだと言われていたにもかかわらず（そしてこの評価は、十分に根拠のある評価だったのだけれども）、今ではもう、そんな評価を与えることなどできぬというのも、やはり、否定すべくもない事実なのだ。それに、文学上の巨人というのは、実はきわめて繊細な感受性の持ち主で、読者がいるという確かな手応えが、ぜひとも欠かせない人々なのである。

ニューヨーク時代、私は小説のほかにも、何冊かノンフィクションの本を書いた。ただ、そうした本のことをすべて話すと、還暦以後のことにも触れることにならざるをえないのだが、まず書いたのは、二巻本の東京の文化史だった。一巻目は、東京が江戸から東京になった時

――つまり明治維新から、大正の大震災までをたどり、第二巻は、それ以後、執筆当時に至るまでを扱ったのだが、二巻目が完成したのは、すでにニューヨークからホノルルに住居を移した後のことだった。上巻の『東京――下町、山の手』の出版は一九八三年、下巻は、大震災と第二次大戦の戦災という、二度の壊滅から復活した有様を物語った『立ち上がる東京』で、一九九〇年に出版を見た。

クノップフ社は、ノンフィクションの作品にたいしては、小説よりは高い評価を与えてくれて、二巻とも出版を引き受けてくれたのだが、幸い書評は、いずれも概して好評だった。第二巻について『ニューヨーカー』は、「高度な内容を一般読者向けに平易に説いた」という評だったが、褒めてくれたには違いないにしても、やや冷淡という感じがなくもなかった。おそらく書評者は、何人かニューヨーク在住の専門家の意見を求めて、「一般読者向け」の「平易」化といった評価を聞かされたのではないかと思う。

さて、ここらでそろそろ、猫の華子のことを話しておかなくてはならない。例の李朝の壺をめぐって、東京の美術商が朝鮮の陶磁器について語ったことから、つい、わが家の猫のことを思い出してしまったのだが、それがなぜか、理由は後で説明すると前に書いた、あの話である。一九七八（昭和五十三）年の六月、私は猫を買った。牝のシャム猫である。買った時の事情は、今でもはっきり覚えている。ちょうど鳥越様のお祭りで、その帰り路、たまたま彼女の姿を目にしたのだ。鳥越様は、東京の夏祭りの中でも特に好きなお祭りである。というのも、例えば三社祭など、有名なお祭りはすっかり観光化して、ずいぶん遠い所からも見物客が押しかけ、警官が列を作って警備に当たる有様であるのに、鳥越様のお祭りは、今でもまだ、地元の夏祭りの雰囲気を色濃く残しているからだ。ただ、時には相当に荒れることもあり、怪我こそしなかったが、踏みつけられたことも一度ならずあった。ある時など、睡蓮の浮いている大きな桶の中に押し込まれてしまったことさえあった。だからこそ、このお祭りが大好きなのだ。

さて、その年の鳥越祭の帰り路、ペット・ショップの前を通りかかると、歩道の上に、シャムの仔猫たちの入っている籠が出ていた。一度に生まれた仔豚の中で、一番体の小さい豚を、「聖アントニーの仔豚」と呼ぶことがあるが、この表現を借りるなら、華子はまさしく「聖アントニーの仔猫」だった。彼女は私を見上げ、そして私に訴えていた。あの朝鮮の壺が、東京の美術商に与えたのと全く同じ哀願を、私に訴えかけてきたのである。「もしあなたが親切にしてくれなければ、私を守ってくれる人は誰もいない」——そう語りかけているように思えたのだ。そのとおりだと私は思った。もし私が買わなかったら、彼女は殺されてしまうに違いない——私はとっさに、そう確信したのである。その晩は、ひと晩中そのことを考え続け、翌朝、その店に戻って、彼女を買ったのだった。いかにも見栄えのしない仔猫だったから、大した値段ではなかった。健康診断とか、後でいろいろ獣医さんに払う費用の方が、最初の費用の何倍にもなるほどだった。

実際、仔猫はひどく痩せていたし、まことに弱々しげで、とても長く生きてはいないだろうと虞《おそ》れていたのだけれども、実は十七年も生き延びた。人から聞いたところでは、シャム猫としては相当の長生きだという。シャム猫は、そう寿命が長くはないというのだ。そのうち血統書が届いてみると、彼女の誕生日は三月三日、雛祭りの日だと分かった。牝の猫としては、まことに歓ばしい誕生日というべきだろう。ちなみに彼女が死んだのは、五月三日のことだった。後二日だけ長生きしていれば、端午の節句に死んだことになっていたはずで、そうすれば、彼女の生涯は、さらに象徴的なものとなっていただろうに。

彼女の亡骸の眠っている寺に、私は今でもお参りに行く。人間も動物も、あらゆる生き物の成仏を祈って、供養の行われる日に詣でるのである。シャム猫が成仏した時どんな姿になるのか、なかなか想像は難しいが、仏教の見方からすると、まず第一歩として、牡の猫に転生することになるのだろう。だとすれば、もし端午の節句に死んでいたら、まことに縁起がよかったはずなのだが。寺は両国にあり、境内には江戸の義賊として有名な、鼠小僧次郎吉の墓もある。傍に鼠小僧がいるとあれば、華子も気に入ってくれているのではあるまいか。

「華子」「華子」と、いきなり彼女を名前で呼んでしまったけれども、実は彼女に、私は「華子」という名前をつけたのである。猫だって、名なしのままではすまない。日本の皇族の中でも、私の一番好きな方のお名前と、たまたま同じ名前である。ペット屋の話では、「日本猫協会」というのかどうか知らないが、ともかくその種の団体は、今ひどく仕事が混んでいるので、遅くなっているけれども、そのうち血統書が届くはずだということだったが、いざ届いてみると、彼女の本名――というのかどうかも、実はよく分からないのだけれども、ともかく、書類上の名前が分かった。何と、「ドロシー」とある。

華子はむら気で、怒りっぽく、いささか乱暴な奴で、正直、あまりかわい気のある猫ではなかった。しかし、私は、目がないといっていいほど彼女が大好きだった。何であれ嫌いなものがあると、まこと露骨に表に出す。そもそも人間にたいしては、好意を見せることなど滅多になかったが、特に女性を嫌っていた。だから、いつもは室内で飼っていたのだけれども、掃除のおばさんが来る日だけは、紐をつけて散歩に連れ出したものだった。さもないと、おばさんの仕事が、ひどく手間取ってしまうのである。道を歩く時は、一足ごとに脚を引きずる。ところが、途中で警官に出くわすと、いきなり飛びかかろうとする。警官も、嫌いなもののひとつだった。それにしても、彼女がどうやって警官を見分けるのか、見当もつきかねたが、とにかく、ちゃんと分かるらしいのだ。ほかにも嫌いなものはいろいろあったけれども、何を基準に区別しているのか、はっきりしない。ある日、編集者が訪ねてきたが、帰りは鼻から血を流していた。華子にやられたのである。

いつもは、マンションの部屋から外に出ることは許さなかったのだが、ある晩、うっかりドアを少し開けたままにしていた隙に、華子が部屋を逃げ出したことがあった。私の部屋は六階で、まずこの階をずいぶん気をつけて探し回ったけれども、どうしても見つからない。いるとすれば、どこか、ほかの部屋に入り込んでしまったとしか考えられない。彼女はいなくなったものと、諦めるより仕方なかった。それでも念のため、ドアのチェーンを掛け、少し隙間を残したままにしておいた。するとある晩、オドオドした声で、ニャーニャー鳴いている声で目が醒めた。華子が、そこにいた。まるで、また、あのペット・ショップに返されるのではないかと、恐れているかのようだった。家からいなくなった間、マンション中、誰一人、彼女の姿を見たという人はいなかった。その間、彼女が一体どこにいたのか、それに、どうやって家に帰る道が分かったのか、今もって、皆目見当がつかない。

もしあのまま家に帰って来なかったら、華子もほかの野良猫の群れと一緒に、通りの奥の小さな公園に、ずっとたむろしていることになったのだろう。それとも、三味線の皮にされてしまっていたかもしれない。東京で飼った猫は、実は彼女が最初ではない。小石川の家にも、牡のかわいい黒猫がいた。家の外で飼っていたので、そのうち姿が見えなくなってしまった。三味線の皮にされたのだと、誰もがそう言った。当時、三味線の皮には、猫の皮を使っていたのである。だから当時は、猫の姿が見えなくなると、きっと、そのために殺されたのだとされたものだ。しかし、もしこれが事実とすると、東京には今でもなお、なぜこれほどたくさん野良猫がいるのか、説明がつかないだろう。川端の短編の中に、猫を捕えるのを商売にしている人物の出てくる作品があるが、どうやらこの商売は、今では消えてなくなってしまったらしい。

華子の生涯には、多分、大事件と称するに足る出来事がひとつあった。おかげで彼女も、有名人——というか、有名猫の仲間入りをしそうになった事件である（ただ、彼女自身はこの出来事を、そう長くは覚えていなかったのではないかと思うが）。一九八〇（昭和五十五）年の五月のこと、『演劇界』という月刊誌が、私の所に華子という名の猫がいることを知り、歌舞伎役者の中村歌右衛門さんの所には、同じ華子という犬がいるところから、この二匹を会わせてみてはどうかという企画を思いついたのだ。私は喜んで応じたし、歌右衛門さんの方でも、別に反対はなかったらしい。お住居《すまい》は大田区の方だったので、私はタクシーで華子を連れて出かけ、こうして御対面がかなったというわけである。

その日の日記には、こうある。

華子は途中、ずっと落ち着きがなかったが、着いてからは、まことにお行儀がよかった。御対面は大成功だったと思う。……歌右衛門さん自身も、言うまでもないことながら、華子と同様、まさに一点の隙もない、みごとな立居振舞だった。

当日の対面の模様は、写真入りで、翌月の『演劇界』に載った。中でも一番いい写真——二匹の「華子」を真ん中に、歌右衛門さんと私がその両側に座っている写真は、うちの居間の棚の上に飾ってある。犬の方は、うちの華子に大いに興味を示しているが、うちの華子の方は、何となくうさんくさそうな顔をしている。犬の種類はよく分からなかったが、小さなテリア——多分、ヨークシャー・テリアではなかったろうか（むしろ、まだ生きているとすれば、ないだろうかと書くべきかもしれない。しかしおそらく、まだ生きている可能性は少ないだろう）。華子にだって血統書がついて来たのだから、当然、この犬にも血統書はあるに違いない。いずれにしても、歌右衛門さんの飼い犬とあれば、これ以下の犬であるはずはあるまい。

一九九五（平成七）年の五月三日、たまたま憲法記念日に当たっていたが、外で夕食をする約束があった。華子はひどく弱っていて、食物を受つけようとしない。いよいよ最後が近いことが見てとれた。ドアから外へ歩み出た時、彼女を残してきた部屋の中から、何か倒れるような音がした。急いで中へ戻ってみると、華子が自分の籠をよじ登り、外へ這い出して、そばに置いてあった水の容器をひっくり返していた。私は彼女の体を乾かし、元の籠に入れ、そして、彼女は息絶えた。約束の時間にはもう遅れていたが、近所の日本人の友人たちに来てもらい、香を焚き、蠟燭《ろうそく》を灯して、亡骸を居間のテーブルの上に横たえた。そして翌朝、寺に葬ったのである。あの時、あの物音がしたのは、きっと彼女が、私を呼び戻したのだ。傍にいてもらい、最後を見守っていてほしかったのだ。

彼女の死の、いわば追伸として、いささか陰惨なエピソードがある。彼女に蚤がついているなどとは、全く思ってもいなかったし、ほかの猫と一緒にいたことなど、一度もなかったことを考えれば、どうして蚤がついたのか分からない。だが、亡骸をテーブルの上に寝かせると、お棺代わりの箱から、蚤が何匹か這い出してきて、新しい血を探してか、どこかへ消えて行ったのだった。

これが、華子の物語である。

さて今度は、全く別の、もっと奇怪な話である。

この話に、私より先に気づいていた人もいたようだが、私にとっては、華子の話の始まった時とほぼ同時に、この話もまた始まった。一九七八（昭和五十三）年六月二十九日の日記には、こんな書き込みがある。「午後、『産経』から奇怪な、まことに奇怪な電話があった。私の書いた小説と称するもののゼロックス・コピーが、マスコミの間に出回っているというのだ。作品の内容を詳しくは話さなかったが、題名は *The Fall of the House of Fujiwara*（『藤原氏の滅亡』）といい、皇室内の放縦な事件の数々を描いた小説だという。いささか腹立たしさを感じたものの、だからといって、具体的にどう手の打ちようもないと、ほぼそう結論を出していた」。

もしそのままで終わっていれば、事件は別に、これといった波風など立てることもなかったろう。ところが、厄介なことに、『週刊新潮』が事件を取り上げてしまったのだ。実は東京オリンピックの時、聖火ランナーの人選について私が反対したのを取り上げたのも、やはりこの同じ週刊誌だった。何もすまいと決心してはいたものの、私はまたまた腹立たしくなってきた。十分注意して読めばともかく、この記事をただ斜め読みしただけの読者には、私が本当にそんな小説を書いたなどと、誤った印象を与えてしまいかねない。そこで私は、弁護士の浅見さんに相談することにした。小石川の家を売る時、一緒に裁判に出てくれた、あの弁護士さんである。

彼の最初の反応は、これは法律とか裁判とかというよりは、むしろ警察に訴え出るべき問題だということだった。しかし、ともかくまず、いろいろな方面に当たってみて、特に私が危惧している点――つまり、私がその小説の作者だと誤解されるのではないかという点について、調べてみようと約束してくれた。そしてまず、当の週刊誌の編集長に電話してみてくれたのだが、日記の記していたところによると、「相手はゲラゲラ大笑いした」という。「あの記事から、小説の作者が私だと考える読者がいるのではないかなどと、かりにもそんな心配をするとは、冗談にもならない」と、一笑に付したというのである。私も、なるほどと同意せざるをえなかった。それにこの記事は私にたいして、別に敵意をもったものとも思えなかった。

しかし、厄介なのは斜め読みの読者だ。浅見さんは、奥さんの意見も尋ねてみてくれた。私も、彼女の判断力は大いに信頼していたから、私からも、わざと急いで、斜め読みをしてみるように頼んだのである。奥さんは、問題の小説が私の書いたものだとは、誰も考えることなどありえないという意見だった。そこで私も、この件は、これで終わりということにしてもいいと思った。少なくとも今のところ、わざわざ警察に訴えるほどのことはないと思ったのである。

私は問題の小説を手に入れて（明らかに謄写版の印刷だったが）、念のために読んでみた。よく書けているとは義理にも言えないし、格別面白いというわけでもない。ただ、虞《おそ》れていたほど悪意のある作品ではなかった。もし悪意があるとすれば、皇室にたいする敵意だった。設定は未来のことになっていて、二十世紀末、ないし二十一世紀の初頭、昭和天皇はまだ存命中ということになっている（ただし、これが最後の天皇になるという設定である）。天皇はニューヨークから、さる高貴な女性を呼び戻し、身近に置いて慰めを得ようとする。ところで、この小説を書いた張本人とされる私自身は、こうした出来事をはじめ、ほかにもさまざまなスキャンダル情報によく通じていて、そうした話を、いかにも投げやりな調子で、次々と描き出してゆくのである。それというのも、実は私はその当の女性と、かつて関係があったからだというのだ。誰にしろ、実際にこの小説を書いた人物は、文学的な才能は乏しいけれども、多少は本を読んでいるらしく、例えば『源氏物語』を借用したと思える個所もいくつかあった。

ところで、小説の後書きによると、これは英語の原作を翻訳したものであり、訳者は不破哲三で、参考資料として、共産党のあらゆる機関に、この訳本を配布しているという。不破哲三は、言うまでもなく、当時の日本共産党書記長である。そこで浅見さんは、共産党本部にも電話をかけてみたところ、日記によると、「猜疑と敵意にみちた応答」だったが、『赤旗』はその前の月、この問題を確かに取り上げたという事実を知った。「もしこれが、共産党の新しい運動方針に従った行動の一例であるとするなら、〈愛される共産党〉というスローガンも、大した効果があるとは到底考えられない」。共産党は時々、こうした愛想のいい態度を取る衝動に駆られるらしいが、当時もやはり、こんなスローガンを打ち出していたのである。

そこで、実際に『赤旗』を調べてみたのだが、記事はむしろ、私にたいして同情的だった。この話そのものが実は作り話で、私にとっては、非常に不愉快な事件に違いないとしている。悪意ある悪戯か、それとも、こうした話にはすぐに飛びつく週刊誌に取り上げさせようと、わざわざ企んだことなのかは分からないが、いずれにしろ、実在の個人の実名を用いている点は、かりにブラック・ユーモアだったとしても、許容範囲を超えているという論旨である。

こうして調べてみた結果、浅見さんも私も、これ以上不愉快な展開が生じない限り、特に対抗処置は取らないことにした。実際には、それ以上何も起こらなかったからよかったものの、まだこの先、何か不愉快な事件が続く可能性は、確かに存在していたのである。それにしても、しかし、こんなデマを流した動機は、そもそも何だったというのだろうか。こんな小説を書いた人物が、いわゆる「進歩的」傾向の持ち主だったと考えるべき根拠はいろいろある。というのも、急進的な右翼は、皇室にたいする扱いには著しく過敏に反応し、扇情的な攻撃に出る傾向が強い。そして、不敬罪を犯したと見なした人物にたいしては、暴力的な攻撃を加える実例も少なくはない。とすれば、問題の小説の作者は私の身に、そうした攻撃が加えられるよう画策したということだろうか。ただ、そんな可能性があるなどと信じるとすれば、それはむしろ、被害妄想の部類に入ることになるかもしれない。けれども、そう考える以外、どんな説明がありうるというのか。それともこれは、いささか奇矯とはいえ、一種のユーモアのつもりとでもいうのだろうか。

しかし、ひょっとすると、また別の可能性もあるのではないか——そんな思いも、ふと浮かんだ。その時も、いささか突飛なこじつけの理屈のような気がしたし、今も同じ感じがするのも確かだけれども、そんな可能性が思い浮かんだということ自体、その当時の雰囲気を、ある程度は物語っているかもしれない。あの小説を書いたのは、左翼系の人物ではなく、実は右翼の人物であり、私にたいして、何らかの非難、攻撃の行動を取らせようと意図したのではないか。いや、相手は私に限らない、誰に反対してであろうと、何事に反対してであれ、右翼による行動でさえあればいい、とにかく非難、攻撃の行動を喚起しようとする画策だったのではないのだろうか。いかにも無理な、こじつけの想像にすぎないのかもしれない。だが、しかし……。

一九七八（昭和五十三）年六月も末の日記には、古くからの友人、福田恆存さんと会ったことを記している。日本の知識人の中で、私が誰よりも尊敬していた人物であることは、前にも強調したとおりである。「彼が平和論に疑問を唱えた、あの有名な論文を書いてから、まもなく四半世紀が経つ。この四半世紀は、アッという間に過ぎてしまったような気がするが、この間に平和論者は、論壇の主流からほぼ完全に退場してしまった」。

けれども今や、また別の、新しい状況が現れようとしていた。すでに一九五九（昭和三十四）年、聡明な日本の友人、竹山道雄さんが私に語ってくれたことがあった。「進歩派」の高潮は、今や退潮しつつあるという洞察だった。時が経つにつれて、私も徐々に、この洞察の正しさを認識するに至った。だが、早くも一九六七（昭和四十二）年には（実はその頃になって私もようやく、竹山さんの指摘どおり、左翼の退潮が事実であることを悟って、未来には喜ばしい時代が待ち受けているものと考えていたのだったが）、今も言う、この新しい情況の出現を、もう一人の明敏な日本の友人に教えられたのである。そして、しばらく後になってようやく、今度もまた徐々にではあったけれども、これが同時に、本物の脅威であることもまた、悟ることになったのだ。こうした問題に関しては、賢明な日本人の方が、私などより鋭敏な感覚をもっているというのは、当然といえば当然ながら、やはり残念ではある。これでは私が、いかにも鈍感と感じざるをえないからだ。

二人の聡明な日本人のうち、二人目は福田恆存さんだが、この年（昭和四十二年）、彼からもらった年賀状の全文を引用しておこう。ちなみに賀状は、まるで織物のような仕上げの、美しい白地の和紙に、群青の波と扇を描いた用紙で、まことに日本的な意匠だったが、福田さんの手紙の中ではめずらしく、英語で書いてあった。しかしここでは、かりに日本語に訳して引用しておく。

われわれリベラル派が、これからの日本で進む道は、左右両派に挟まれて、いよいよ狭くなってゆくのでしょう。それはともかく、私のシェイクスピア訳の最後の巻、ようやく脱稿しました。二月には出版になると思います。シェイクスピアの日本語訳に興味がおありなら（日本語に訳してしまうと、シェイクスピアも詩を奪われた詩になってしまいますが）、お送りすることにしましょう。

「詩を奪われた詩」という表現は、なかなか面白いと思った。自身の訳を謙遜して、あえてそう呼んだものだろう。わざわざ英語で書いた理由は、日本語でいう「リベラル」という言葉では、言わんとする意味からズレてしまう虞《おそ》れがあったからではなかったろうか。彼が言う“Liberals”とは、十九世紀のイギリスで使った意味に違いない。つまり、寛容と度量の大きさを示す意味だったはずである。

実は最初は、彼が何を言わんとしているのか、私にはよく分かってはいなかった。だが今にして思えば、暴力に訴えようとはしない穏健な保守派の間に、民族主義的な傾向が現れ始めていることを指していたのだ。この現象自体も徐々に台頭してきたものだったし、私も徐々に気づき始めたことだから、この自伝で区切った枠の中に、きちんと納まるというわけにはゆかない。自伝の最後は、還暦を区切りにすると決めたけれども、この現象も、これにたいする私の反応も、この限界からこぼれ出てしまわざるをえない。それはそれで、仕方がないとしておこう。しかし、この問題は実に重要な問題で、私がこの現象をどう考えるかなど、実際に何らかの影響を及ぼすものではないとしても、福田さんの念頭にあったのは、確かにこの、新しいナショナリズムの台頭だったはずだと思う。彼がしきりに、ほとんど強迫観念に取り憑かれでもしたかのように、日米の知識人が協力しなくてはならないと、飽くことなく繰り返し続けていたのも、その意味するところは、必ずしも明快ではなかったにしろ、こうした現状認識が背景にあったと考えれば、その意味は、今こそよく理解することができるのではあるまいか。

過激な保守派は、少数派ながら、昔からいつでも存在してきた。終戦以前のほぼ二十年間、軍国主義的、暴力的な反動派として、強力な影響力をふるった勢力の後継者である。進歩派から見るなら、福田さんはまさしく、彼らが十把ひとからげに好んで用いたレッテルを使えば、「保守反動」と映ったかもしれない。けれども彼は、実はあらゆる点で穏健、中道の立場を貫いていた。彼が平和論者にたいして、あの有名な批判の論戦を展開した頃、過激な保守反動勢力などは、まだ大した問題ではなく、せいぜい、騒音で迷惑だという程度でしかなかった。数寄屋橋の交差点では、日中はほとんどいつでも、時には夜になってまで、街宣車の発する轟音が響き渡り、逃れようがない。警察も、手の出しようがないと考えているふうだったが、しかし、警察が手をこまねいている時というのは、手を出したくないからである場合が少なくない。警察はむしろ、われわれが迷惑をこうむっているのを、実は面白がっていたのではないか——そんな気さえする。私は決して、右翼と警察とが、こんなふうに手を結ぶことなど望んではいなかった。けれども現実には、両者が暗黙のうちに協力しているとしか思えなかったのである。

しかし新しい保守派は、この手の右翼とは全く違う。基本的には、かつて進歩派に対抗した保守派であって、ごく大雑把に言えば、アメリカの共和党派の保守主義に相当する。ところが、少なくとも、この新しい保守派自身の言葉を、そのまま受け取るとすれば、彼らは大のアメリカ嫌いなのである。この点では、かつての進歩派と、ほとんど変わるところがないのだ。

けれども彼らの嫌悪の対象を、私は「アメリカ」とは呼びたくない。彼らが嫌っているのは、むしろ西欧一般であり、西欧的な観念一般なのである。進歩派が全盛の時代、私が進歩派にたいして、私なりに小競り合いを繰り返していた時にも、彼らは私をアメリカの手先と呼び、無署名のコラムなどで、特に激しく私に攻撃を加えようとする時には、ＣＩＡの回し者呼ばわりすらしたものだった。今はどうかと言えば、私のような人間は、「文化的帝国主義者」などと呼ばれる。こんな批判に答えるためには、方法は二つある。二つは必ずしも両立はしないが、第一の答えは、そんな呼び方には、さしたる意味がないと応ずることだ。なぜなら私には、およそ帝国を築きあげる機会など、ほぼ皆無だからである。しかし第二の反論として、そうだ、そのとおりだと応じることもできるだろう。私には、西欧が理想とする寛容の精神、そして、万人が平等な権利を享受する状態を、できる限り完全に実現しようとする理想は、かつて人類が考えつくことのできた、最善の理想であると信じている。もし、こうした理念を支持することが文化的帝国主義だというのなら、結構、私はまさしく文化的帝国主義者だ。

こうした理念に対立するものとして、最近しきりに持ち出されるのが、いわゆるアジア的価値観なるものである。しかし、ほとんどの擬似宗教と同様、この価値観もまた、もっぱら、この立場を主張する人々の目的に奉仕するお題目にすぎない。西欧的理念にたいしては、こうした批判はまるで当てはまらないと思う。だが、「アジア的世界観」の信奉者を除いて、大多数の一般の人々にとっては、かつてラスク国務長官のいみじくも喝破したとおり、アジア流のやり方など、要するに、愚にもつかぬたわごとでしかない。この言葉は、絶対に公表するつもりのない発言だったからこそ、私には余計に愉快に思えるのだが、これと同様、こちらは最近、現に公表された発言だけに、ことさら快哉を叫びたいのだ。最後の香港総督となったイギリス人の言葉である。「これまでしばしば目にしてきた事実だが、家父長制家族の最大の受益者は、当然のことながら家父長その人だったのだ」。

進歩派は、ほとんど半世紀前から、すでに現実から完全に遊離していた。彼らの主張の出発点は、全世界と同盟を結び、地上から戦争を根絶するというところにあった。だが、もしこんな空論が、かりにも国家の基本方針となっていたなら、とんでもない災厄を招いていたに違いない。けれども彼らの主張は、それ自体が非現実的であったばかりではなく、もうひとつ別の意味でも非現実的だった。そもそもこれが国家の基本方針となる可能性など、全くなかったという点である。にもかかわらず、少なくとも結果的には、われわれは今なおその悪影響を被っている。新しい保守主義は、確かに国家の基本方針となる可能性をある程度はらんでいるが、もしそんなことになったとすれば、その責任の大半は、まさしく進歩的知識人たちが負わねばならない。なぜなら彼らの言動の結果、保守派に対抗するものとして、一般市民の信頼を得るべき勢力が、現実の政治の世界から、消えてなくなってしまっているからである。

新しい保守主義を構成するひとつの要素として、反西欧的感情があることは先程も指摘したとおりだが、この側面は、今さら言うまでもなく、民族主義、ナショナリズムと固く結びついている。だがナショナリズムもまた、やはり非現実的というほかない。ただし、決して国家の基本方針の根底となりえないからではなく、世界の見方において、いかにも非現実的であることを露呈するからである。この点がもっとも明らかとなるのは、第二次大戦の起源、原因をめぐる論議だろう。

今ではほとんど常識と言っていいほど、広く一般に信じられている説として、日本を戦争に引き込んだのは、実はアメリカの罠だったという説がある。これはまさしく、歴史の背後には、いつでも大悪魔の陰謀があったとする見方の一変形で、進歩派が好んで口にする歴史観にほかならない。今の場合もまた、大悪魔は、やはりアメリカである。

事実は一体どうだったのか。事情は相当に混み入っていて、単純に断定することはできないけれども、しかし少なくとも、こんな見方が主張するほど単純でないことだけは確かだろう。実際、一九四一（昭和十六）年秋の一連の出来事は、お互い複雑に絡み合っているばかりか、私に専門的な知識があるなどというつもりも全くない。しかし、新しいナショナリストの見方が事実に反していることだけは、まさしく歴然としていると言わねばならない。彼らの主張に従えば、日本はようやく十二月の初めになって、不本意ながら、もはや戦争は避けがたいという結論に達したという。そして彼らはこの結論を、十一月二十六日の、いわゆるハル・ノートの結果であると主張する。ハル・ノートとは、言うまでもなく、当時の国務長官コーデル・ハルが、駐米日本大使に示した提議だが、事実上は最後通牒である。そして最後通牒とは、その本来の性質上、相手側には受け入れがたい通告にほかならない。ということは、つまり、アメリカはすでに、戦争は不可避であるという結論に達していたのだ――新しいナショナリズムは、こう主張する。しかし、それを言うなら日本側も、すでにこの時には、同じ結論に達していたと考えざるをえない。というのも、十二月の初めにはもう、日本の連合艦隊は、ハワイに向けて千島列島を出発してから、すでに数日を経過していたからである。新しいナショナリストたちは、ハル・ノートの手交に至るまでの一連の出来事にたいして、十分な注意を払っていない。意図的に歪曲しているかどうかはともかく、あまりにも単純化していることは確かだ。半世紀前の進歩派と同様、今度もまたアメリカは、その邪悪な意図を追求するにあたって、現実にはありえないほど狡猾、巧妙だったと非難されるのである。だから私は、ナショナリストの知人に尋ねてみるのだ。どれだけアメリカが巧妙で有能でも、一度や二度は、ごく些細なことであろうと、うっかり見落としている悪事があるのではないかと思うが、そんな事実は皆無であるというほど、それほどアメリカは悪魔的に狡猾なのかと。しかしこの種の皮肉は、日本人にはあまり通じないらしい。

一九四一年の十二月、日本がなぜ、あえて世界の大半を敵に回してまで戦争に突入していったのか、ナショナリストにとっては、説明は別に難しくはない。あれは正義の戦いだったのだ。欧米の帝国主義の桎梏から、アジアの諸民族を解放するための聖戦だったのである。世界の列強が中国を支援しなければならぬと考えたのは、まことに愚かなことであった。なぜなら中国は、中国を助けるべきもっとも有能、かつ、もっとも献身的な隣国の手中にあったからだ——新しい民族主義者たちは、そう考える。

このような主張にたいして言うべきことがあるとすれば、要するに、ナンセンスという以外にはない。何百万もの日本の若者たちが、中国大陸を解放すべく出征したのだ——最近、ある保守派の知識人が、さる雑誌で語った言葉だ。相当の支持者をもつ人物である。私自身の経験に照らして言えば、若者が戦争に行く理由は種々雑多で、しかもほとんどの場合、私自身も含めて、強制されて従軍したにすぎない。もうひとつ、忘れてはならない事実がある。一九四五（昭和二十）年、つまり終戦の年の時点で、日本はすでに半世紀にわたって台湾を支配し続けていたし、韓国統治も、すでに三分の一世紀を超えていた。だが、台湾にしろ韓国にしろ、解放や自由を示す兆候は全くなかった。けれども、どちらの場合に関しても、日本の統治から解放すべきだと主張する世論が、日本国内にかなり広くあったなどという事実は、寡聞にして私は知らない。対照的にイギリスでは、すでに早くも一九三〇年代から、インドに関して、イギリスの統治から解放すべきだという国内世論は、かなり広くあったのだ。

なるほど、日本が大陸に侵攻したことによって、欧米の植民地支配の終末が早まったという主張も、議論としては成り立たないわけではない。いずれにしても、英米はかなり早く撤退していただろうが、ヨーロッパの大陸諸国は、なお踏みとどまろうと試みていただろう。その意味では、今の議論も成り立つ余地があるわけだが、しかし、だからといって、日本の拡張が反植民地運動だったというのとは、全く別の議論のはずではないか。

それにしても、情況はずいぶん大きく変化したものである。半世紀前には進歩派が、行手にある一切をなぎ倒さんばかりの勢いだったが、今はあらかた沈黙してしまっている。政治上、彼らの立場を代表していたのは社会党だったけれども、今やほぼ完全に瓦解している。自らの無用な、時代遅れの思想そのものが重荷となって、自ら押し潰されてしまったのだ。代わって論壇の第一線に躍り出たのが、ほかならぬ新しい保守派である。けれどもひとつ、両者を貫いて持続している要素がある。すなわち、明確さを欠く思考であり、現実の把握がいかにもあやふやである点だ。今のナショナリストも、かつてのインターナショナリストと少しも劣らず、その思考は明晰さを欠く。というのも、かつての進歩派は、いささか頭脳に変調をきたしたインターナショナリストだったからだ。彼らのテーマ・ソングは、まさしく「インターナショナル」だったのだから。

新しいナショナリズムにも、好ましいと言える点がひとつある。ある種の責任から解放されていると感じさせてくれる点だ。かつての進歩派の主張には、われ関せずなどと言っている余裕はなかったのにたいして、新しいナショナリズムの主張など、私の知ったことではないからだ。もし今度も、「ヤンキー・ゴー・ホーム」と言われれば、結構、なら帰りましょうと答えるまでのことである。もしまた、日本には残ってほしいけれども、長い間苦しんできた沖縄には、これ以上負担をかけないでほしいというのなら、それも結構。どこか、日本の別の場所を見つけてくれればいい。しかし日本中どこへ行っても、うちの近所だけは御免こうむるという感情が強すぎて、別の場所を見つけることなど、実際にはできるはずはないだろう。しかし、それは日本人自身の解決すべき問題である。四、五十年前には、私もあえて立ち上がり、かりに殴り合いはしないにしろ、論争しなければならぬと思った。けれども今は、もうそんな気にはならない。もしわれわれが故国に帰って、それで日本人の気がすむのなら、それで結構。ただ韓国の人々にたいしては、確かに少々気の毒な気がしないでもない。かりにアメリカ軍がいなくなったら、彼らはおそらく、怯《おび》えざるをえないだろう。東隣りの国からは、たとえナショナリズムが支配的になったとしても、直接的に挑戦を受けることはあるまい。しかし韓国人自身としては、北と東の両面から脅威にさらされていると感じ、しかも、頼るべき味方は、はるか太平洋の彼方にしかいないと恐れたとしても、無理からぬことではないのだろうか。

たとえかりに新しいナショナリズムが、この程度の解放感は与えてくれるとしても、だからといって、別に、われわれの生活が全体として、それだけ楽になったというわけではない。四、五十年前には、何につけても区別がはっきり目に見えていた。敵の姿は、現に目の前のそこにあった。例えば、あのケストラー事件の時の、日本ペンクラブの主流派だった。それに味方も、現に私のそばにいた。例えば平林たい子さんであり、竹山道雄さんであり、あるいは福田恆存、林健太郎など、みな、私の深く敬愛した人々だった。だが今は、確かに敵は至る所にいるけれども、みな姿を潜めている。例えばどこの大企業のオフィスだろうと、どの新聞社の編集部であろうと、どこに隠れているのか、目に見えない。いや、「敵」という言葉自体、あるいは強すぎるのかもしれない。むしろ、「漠然たる敵意」とでも呼ぶべきかもしれないのだが、いずれにしても、しかし、至る所に遍在していることだけは確かだ。

ソ連邦が崩壊し、冷戦が終わったことで、イデオロギー上の対立という点では、世界は平和になっていいはずだった。しかし、現実には、そんな状態になってはいない。保守陣営は新しいナショナリズムに蝕まれ、しかも、これ以外に選ぶべき拠り所はない。この点でもまた、かつての進歩派が災いをもたらしていると言うべきだろう。彼らのせいで、本来なら保守の対抗勢力となるべき社会党が、見る影もなく瓦解してしまっているからである。現在では、政治的信条の左翼側に残っているのは、事実上、共産党しかない。だが共産党が、選挙を通じて政権の座につく時は、決して訪れる見込みはない。

ただ、時々考えることがある。ひょっとすると、共産党政権というのも、意外に面白いのかもしれないと。ただし、選挙で敗れた時には黙って政権を去ると、重々厳粛に宣誓することが大前提だが、その上でなら、官僚の傲慢の鼻をくじく点では、少なくとも保守政権よりはましかもしれない。

冷戦後の、新しい体制のもとで生活するのがいかに複雑で、単純に敵味方を分けることがいかに難しいか、一例として、ひとつ挙げておきたいことがある。私の親友の中にも、実は、保守派のナショナリストがいるという事実である。しかもそうした人々と、愉快に、興味深い対話を交わすことができ、少しも敵意など感じないでいられるという事実だ。こんなことは、かつての進歩派の場合は、到底ありえないことだった。私は彼らを真底憎んだし、彼らの方でも、多少とも私に注意を払った時には、私のことを激しく憎んだ。新しい保守派の場合にも、とても同意に達することなどできないという点では、かつて進歩派と論じあった時と変わりはない。けれども今は、かつてよりは友好的で、お互い、憎みあうなどということはない。しかし、実はだからこそ、新しいナショナリストを相手に議論するのは、余計に難しいのである。

ニューヨークに住むようになってからも、コロラドにはよく帰っていた。普通は冬と夏、東京へ行く途中、あるいは東京から帰る途中に立ち寄るのである。ある年の二月、いつもより長くニューヨークに残っていなくてはならない用事があって、コロラドには寄らずに、直接サンフランシスコまで飛んだことがあった。ニューヨークのケネディ空港から、サンフランシスコ国際空港までの航空路が、私の生まれた土地の真上を通るなどとは、それまで夢にも考えたことはなかったのだが、事実、ほぼ厳密に真上を飛んだのである。

乗客はまばらで、気の向くままに席を移動し、見たい物を見下ろすことができた。左手に（ということは、言うまでもなく南側だが）、ダグラス郡がはっきり見える。……キャッスル・ロックはもちろん、ダグウェイさえ見えた。この二月の午後の光の中で、ダグラス郡は一面、荒涼として氷結したツンドラが、果てしなく広がっているように見える。人間にしろ動物にしろ、住むに適した土地とはとても言えない。

ダグウェイというのは、生家の傍にある丘で、村から家に帰ってくるには、この丘を登ってこなくてはならない。登ってくるには、冬は特に、至極怖い思いをすることもあった。ある冬、おそらく滑らないようにするためだったのか、それとも、燃料と関係があったのかもしれないが、父はバックで運転し、坂を登って帰ったことがあった。だがこの道は曲がりくねっていて、季節が一番いい時でも、相当に危ない道だった。実際、車が転がり落ちることさえある。しかし、死者が出たことは、確か一度もなかったと思う。この道から見下ろす谷には、コロラド・オダマキの見事な群生があった。野草の中でも一番愛らしい花で、コロラドの州花でもある。このあたり一帯でも、あれほど立派な群生はほかにはない。

時折妹と私は（兄は、この種のことには滅多に加わらなかったから）、この地域の生活史の「ルーツ」を探索に出かけたものだ。とはいえコロラドでは、メキシコ起源のもの以外、「ルーツ」といっても、さして根が深くはない。

朝、妹と散策に出る。ビル・ハイアー（妹の御主人）が、石灰岩の台地《メサ》の北側の側面まで車で連れて行ってくれて、そこから先は妹と二人、山腹を登って行った。乾燥した頂上を横切り、向こう側に降りる。そこでビルが私たちを待っていて、ダグラス郡の遺跡を案内してくれた。「遺跡」というのは、台地の斜面を登って続いている石垣のことで、私自身は子供の頃、このあたりを歩きまわっていた時、たまたまこの石垣に出くわしたことを思い出した。妹は去年の冬、初めて発見したのだという。石垣は、ずんぐりした柊樫《ひいらぎがし》の陰になっている所など、漆喰で固めてさえなく、おそらく一〇〇年以上前に造られた時と、ほぼそのままの姿を残している（日記の日付は、一九八〇年八月である）。子供の時には、発見して興味を覚えはしたものの、つぶさに眺めることはなかったけれども、今見ると、なかなかに美しい。多分、西洋流の構造物として、ダグラス郡で一番古い遺物なのではあるまいか。もしこうした遺物を、自分で保護しなくてはならないとなったら、一体どうすればいいのだろう。広く世間に知らせれば、この容赦のない個人主義の社会では、きっと誰もが勝手に壊して、持ち去ってしまうに違いない。それなら、逆に黙っているべきだろうか。もちろん、こちらの方が楽ではあるが、しかしそれでは、私たちごく少数の者以外、最初にここを開拓したドイツの移民たちがいかに懸命に働いたか、誰にも知られることがなくなるだろう。

この最後の文章は、少々誇張というべきかもしれない。ダグラス郡の東半分、ドイツ系移民の住みついた地域には、どこの牧場にも、石垣の名残が残っているからだ。けれども初期の農地の跡が、これほどよく保存されている所は、ほかには見当たらないことも事実である。これ以外の遺物として、歴史の浅いこの地域で一番古い物と言えば、妹の所有地に建っている板張りの小屋だろう。ヨーロッパ系の移民の子として、この郡で初めての赤ん坊が生まれた家だと伝えられている。その赤ん坊とは、ここでは誰でも知っている伝説的な女性で、サム・スミス夫人という名前だが、私自身は、一度も会ったことはないと思う。

ニューヨークに移った時には、十年以上住むつもりはなかった。別に、ニューヨークが嫌いだったわけではない。ただ、永住するには危険だと感じていたのである。早目に退職して、ニューヨークを離れたいと願ったのには、実は理由が二つある——私はよく、人に説明したものだった。ひとつには、例えば強盗に襲われた時、もう走って逃げるだけの体力がなくなっていても、まだニューヨークに住んでいたいとは思わなかったし、それに、聖《セント》ルーク病院で死にたいとは思わなかったからだった。どちらの理由も、半分は冗談のつもりで挙げたのだが、しかし半分は、真面目にそう考えていた。ニューヨークは、老人が住むのに向いた所ではない。聖ルーク病院というのは、コロンビア大学のすぐ東にあって、大学の健康保険に入っている者は、この病院に行くことになっていたが、いかにも陰気な所だった。コロンビアは、辞めたいと思えばいつでも辞めることはできたが、私が「早目に」退職したいと言った意味は、六十五歳で辞任するという意味だった。結局、私はニューヨークに、実際には八年と三カ月ほど住んでいたことになる。

次はどこに行くことにするか、決めるのに時間はたっぷりあった。いろいろ考えて、候補は最後に三個所に絞られた。バンクーバー、サンフランシスコ、そしてホノルルである。バンクーバーに行くとなると、国境を越えて移住することになる。だが当時カナダは、移民の受け入れに、それほど大歓迎という態度ではなかった。東京のカナダ大使館へ行って調べてみたのだが、大いに人懐っこい国民であるはずなのに、応対がいささか冷淡なのである。サンフランシスコについては、前々から私は懐疑的だった。ほかの人たちは、みなこの町を好いているらしかったけれども、私自身は、本当に好きになったことは一度もない。そこで結局、ホノルルということになったのである。大戦中から大好きだったし、戦後も、少なくともこの時までは、やはり大好きな所だった。

ホノルルについては、そう多く語るべきことはない。あるとすれば、ここでの生活は快適ではあるにしても、刺激には乏しいということ、それに、文化的な辺境ではよくあることだが、必要以上に自意識が強く、自らの重要性を過大視する傾向がなくもない。ハワイ大学には「東西《イーストウエスト》センター」という組織があり、いわゆる環太平洋地域の、文字どおりの中心と考えているけれども、しかし、ニューヨークやロサンゼルスから東京、ソウル、あるいは北京の間を行き来する者にとって、ホノルルに立ち寄ろうとすれば、実は、少々迂回しなくてはならない。それに、いざこの土地に住んでみると、この土地なりのローカルな問題に悩まなくてはならなくなる。例えば、土着のハワイ人たちの主権といった問題である。コロラドで言えば、デンバー空港の手荷物の扱いが、いかにも不手際なのを悩むようなものとでも言えるだろうか。ホノルルに移り住んで残念に思うことがあるとすれば、ここに住むようになった今は、住んでいなかった昔ほど、この土地が好きではなくなったということだろう。それを言うなら、しかし、バンクーバーでも同じだったに違いない。サンフランシスコの場合は、そもそも最初から、大して期待はしていなかった。

還暦を迎え、ひとつの円環を閉じるにあたって、ありがたいことに、二度もお祝いをしてもらった。ひとつは、誕生日よりわずかに前のことだったが、ニューヨークの中華料理店を会場に、コロンビアの同僚のうち、中国系の友人二人、ロレッタ・パンとメアリ・ヒューが開いてくれたパーティーである。前にコロンビアのことを、あまり親切ではなかったなどと書いたが、それは大学全体の雰囲気と、組織としての感じを指してのことであって、人間的に、誰もが不親切だったなどと言うつもりは全くない。

二番目は、まさに還暦にあたる当日、一九八一年二月十一日に、パロアルトで開いてもらったお祝いの会で、還暦に付き物の衣装も装飾も、すべてそろっていた。全身、赤の装束を着せられたのだ。もう一度赤ん坊に帰って、新しい一歩をあらためて踏み出すことになったわけだ（ただし、ボケ老人になり果てて、また子供に帰ったというのではもちろんない）。この、まことに忘れ難い一夕を取り仕切ってくれたマリベル・キルマーティンは、バークレーでこの装束を見つけてきてくれたのだった。

マリベルを手伝って部屋を掃除し、それから坂の下まで、彼女に頼まれた買い物に歩いて出かけた。坂の下からさらに先、カリフォルニア・アベニューからサザン・パシフィック通りまで歩く。春の花々が美しく、空気も肌にやわらかい。

夜、還暦のパーティー。すばらしい、懐かしいパーティーだった。五十人ばかりの人たちが集まってくれて、ビル・マカロック〔かつてのスタンフォードの同僚で、その後バークレーに移った。故人〕が、見事な乾杯の挨拶を述べてくれた。友情に溢れ、かつ、深い学殖をたたえた挨拶で、還暦というものの由来と意味を語り、私の今までの仕事や著作を紹介してくれた。マリベルが赤いチャンチャンコを見つけてくれていて、私はパーティーの間中、身に着けていた。例の、大黒様がかぶっている頭巾のような赤い帽子もかぶってみたが、こちらは少々道化じみていたので、時々脱ぎ、写真を撮る時だけ頭に載せた。そして、いつも考え続けていたのだ。ここにいる人々が相手なら、退屈することなどありえない。第一に、当然のことながら、私と関心のあり方が近いということもあるけれども、問題はもっと一般的なことであって、みんなものの見方という点で、ある種の視野の広さを共有している。それに、ここでは誰も不平を漏らさず、愚痴など口にしない。誰もが実に和やかな、晴れやかなお祝いの気分で一杯で、みんなから、ずいぶん沢山のプレゼントを贈られた。例えばポウニー〔ポモナ・ミッチェル。パロアルト時代からの友人で、離婚した御主人は、サンフランシスコの大立者だった〕のくれた、かわいい、小さな蛙の置物。そう、まことにすばらしい、そして、まことに懐かしいパーティーだった。こんなパーティーがしてもらえるのなら、何度でも、喜んで六十になりたいと思うくらいに。

訳者あとがき

すでに見事に円環を閉じた本書に、ここで訳者がわざわざ顔を出し、あとがきなど書き加えるというのは、それにしても烏滸の沙汰と言うほかないのだが、原著者にたいして、と同時に読者の方々にたいしても、やはりお詫びを申しあげておかなくてはならないことがあるので、あえて蛇足を付け加えることをお許しいただきたい。

サイデンステッカー先生から、パソコンで打った本書の生原稿をお預かりしたのは、確か、もう四年近く前のことだったと思う。本来ならすぐにでも翻訳に取りかかって、アメリカで英語版が出るより先に、まず日本語版が出るはずになっていた。ところが訳者は、その後まことに折悪しく、少々厄介な病気に取り憑かれ、何度か入退院を繰り返す羽目になって、いつもひどく気にかかりながらも、訳稿の完成には、思いもかけず手間取ることになってしまった。そのことを、原著者にも、そして読者の方々にも、まず、心からお詫びしておかなくてはならない。

それから、これはお詫びというより、お断りしておかなくてはならない点だが、本文中に引用されている書簡の類——川端康成、谷崎潤一郎、あるいは三島由紀夫、福田恆存といった方々の手紙は、編集部とも相談の上、思い切って、現代表記に改めた。なお、これらの私信について、その引用を快くお許し下さったそれぞれの版権所有者の方々に、あらためてお礼を申しあげておかなくてはならない。

思い返してみれば、サイデンステッカー先生とのお付き合いは、もう、かれこれ四十年近くにもなる。これまでにも、先生の御本は何点も訳させていただいたが、今回のこの、まことに記念すべき美しい自伝の訳を、ほかならぬ私に託してくださったとは、まことに光栄なことだった。細かい質問に丁寧にお答えいただいたこととも併せて、深い感謝の念を表しておきたい。

最後になってしまったけれども、時事通信出版局の相沢与剛さん、手間のかかる編集の実務を、辛抱強く果たして下さった白石真理さんと舟川修一さんに、厚くお礼を申し述べて筆を擱く。

安西　徹雄

二〇〇四年二月

【著者紹介】

Edward G. Seidensticker（エドワード・G・サイデンステッカー）
1921年コロラド州生まれ。第二次大戦直後、海兵隊員として日本に進駐。のち外交官として滞日。コロンビア、ハーバード、東大に学び、川端康成、谷崎潤一郎などの英訳のほか、1975年『源氏物語』の新訳を完成。著書に『源氏日記』『東京―下町、山の手』『立ちあがる東京』『日本との50年戦争』など。コロンビア大学名誉教授。

【訳者紹介】

安西　徹雄（あんざい　てつお）
1933年松山市生まれ。上智大学大学院修了。著書に『仕事場のシェイクスピア』『英語の発想』『彼方からの声』など。訳書に、上記サイデンステッカー教授の諸作のほか、チェスタトン『正統とは何か』など。

流《なが》れゆく日々《ひび》 ―サイデンステッカー自伝《じでん》―

2004年7月20日　初版発行

著　者　エドワード・G・サイデンステッカー
訳　者　安 西 徹 雄
発行者　井 口 智 彦
発行所　株式会社 時事通信出版局
発　売　株式会社 時事通信社
〒104-8178 東京都中央区銀座 5-15-8
電話03(3501)9855　http://book.jiji.com
印刷所　大日本印刷株式会社

ISBN 4-7887-0472-2 C0095 Printed in Japan
落丁・乱丁はお取り替えいたします。定価はカバーに表示してあります。